CITY DEVELOPMENT LAW FIRM 建纬

《建设项目工程总承包合同纠纷仲裁案件的审理指南》理解与适用

编　著　上海市建纬律师事务所

主　编　朱树英

副主编　韩如波　邵万权　宋仲春

法律出版社 | LAW PRESS

北京

图书在版编目(CIP)数据

《建设项目工程总承包合同纠纷仲裁案件的审理指南》理解与适用 / 上海市建纬律师事务所编著；朱树英主编；韩如波，邵万权，宋仲春副主编. -- 北京 ：法律出版社，2023

ISBN 978 -7 -5197 -8031 -9

Ⅰ. ①建… Ⅱ. ①上… ②朱… ③韩… ④邵… ⑤宋… Ⅲ. ①建筑工程－承包合同－合同纠纷－法律适用－中国 Ⅳ. ①D923.65

中国国家版本馆 CIP 数据核字(2023)第 109689 号

《建设项目工程总承包合同纠纷仲裁案件的审理指南》理解与适用
《JIANSHE XIANGMU GONGCHENG ZONGCHENGBAO HETONG JIUFEN ZHONGCAI ANJIAN DE SHENLI ZHINAN》LIJIE YU SHIYONG

上海市建纬律师事务所 编著
朱树英 主编
韩如波 邵万权 宋仲春 副主编

策划编辑 肖越 魏艳丽
责任编辑 肖越 魏艳丽
装帧设计 汪奇峰

出版发行 法律出版社
编辑统筹 法商出版分社
责任校对 王晓萍 王语童
责任印制 胡晓雅
经　　销 新华书店

开本 710 毫米×1000 毫米 1/16
印张 30.25 **字数** 460 千
版本 2023 年 7 月第 1 版
印次 2023 年 7 月第 1 次印刷
印刷 三河市兴达印务有限公司

地址：北京市丰台区莲花池西里 7 号(100073)
网址：www. lawpress. com. cn
投稿邮箱：info@ lawpress. com. cn
举报盗版邮箱：jbwq@ lawpress. com. cn

销售电话：010－83938349
客服电话：010－83938350
咨询电话：010－63939796

书号：ISBN 978 -7 -5197 -8031 -9　　**定价**：128.00 元

凡购买本社图书，如有印装错误，我社负责退换。电话：010－83938349

总结工程总承包纠纷案件的审理指南刻不容缓

撰写这本书是受已正式施行《建设项目工程总承包合同纠纷仲裁案件的审理指南(试行)》的赣江新区国际仲裁院的授权委托。而作这篇序基于我的三个身份:赣江新区国际仲裁院副院长兼工程总承包仲裁中心主任;国家住建部《完善工程组织实施方式研究》课题组组长以及国家发改委《政府投资项目事中和事后监管制度研究》课题组组长;上海市建纬律师事务所建纬研究院院长。在此之前,2020 年 3 月 1 日,由我负责起草的、住建部和发改委印发的《房屋建筑和市政基础设施项目工程总承包管理办法》实施当天,我的专著《工程总承包实务问答》一书正式出版;我担任主编的《房屋建筑和市政基础设施项目工程总承包管理办法理解与适用》《〈建设项目工程总承包合同(示范文本)〉(GF－2020－0216)适用指南》《工程总承包"发包人要求"编写指南》《工程总承包(EPC/DB)诉讼实务:基于裁判文书网之大数据检索研析》《工程总承包全过程法律风险管理实务》也先后出版。这六本有关工程总承包的专业著作均由法律出版社出版。

从我国目前工程总承包发展的制度背景和司法裁判现状来看,系统总结工程总承包纠纷案件的司法审理规则已经到了刻不容缓的地步。现阶段我国能否尽快总结工程总承包纠纷案件的审理规则,并经系统、深化论证后固化为具有司法效力的司法解释,将决定工程总承包模式在我国能否健康发展、行稳致远,以及工程总承包模式在我国推行的广度和上限。可以说这已是箭在弦上,不得不发。

一、总结工程总承包案件的审理规则日渐成为一个不容忽视的问题

工程总承包争议案件种类众多,包括真假工程总承包、合同性质与效力、主体资质、工期争议、固定价款结算争议、质量缺陷争议、联合体争议、合同解除、发

包人指定分包、优先受偿权等相关争议。以中国裁判文书网为检索载体，以“建设工程合同纠纷”为案由，以“工程总承包”为关键字，以“民事案件”为审理程序，检索到2009年至2023年4月这15年间共12，563篇法律文书，其中判决书10，899份，裁定书1634份，反映出工程总承包类型纠纷案件的整体体量已逐年增多，数量也比较庞大。在上述案件中，2017～2022年这6年间共10，508件，约占案件总量的83%，可见工程总承包纠纷案件的存量规模已经开始显现，并逐渐进入司法审判领域，总结工程总承包案件审理规则的重要性也日渐凸显。

二、现阶段司法裁判标准不统一、不规范的现象出现并日趋严重

以工程总承包模式发承包的工程建设项目，其设计、设备采购和工程施工是个完整的过程，由于各类建设项目各不相同的设计标准和适用规范，整个建设过程中疑难复杂的专业问题层出不穷。解决这些专业的技术问题目前尚不是法院或仲裁机构的强项，也不是目前解决传统施工合同质量、工期和造价争议的专业鉴定机构的强项，众多案件由于无法确定司法鉴定单位致案件审理旷日持久。如果法院或仲裁机构不能在较短时间内或主动或被动地完善工程总承包的知识论体系，仍旧以审判传统施工总承包案件的方法论处理工程总承包案件，势必会进一步扩大司法裁判标准不统一、不规范的现象，这种裁判确定性的真空必然使市场主体无所适从，亦会阻碍我国工程总承包模式在推行过程中的不断优化。

在笔者看来，工程总承包裁判标准不统一、不规范的现象与两大矛盾直接相关。一是审判机构倾向于通过司法鉴定解决争议问题与目前尚无工程设计和设备争议鉴定机构之间的矛盾。大多数法官、仲裁员对工程总承包合同并不熟悉，有关案件专门性问题的认定一般需依赖专业鉴定机构的意见。工程总承包模式设计、采购、施工等多个阶段的专门性问题的难度和复杂性呈指数级上升，目前各级法院和仲裁机构尚未建立相应的司法鉴定单位和名录，尤其是针对工程设计、设备采购争议的司法鉴定。二是工程总承包争议数量不断增加、争议类型日趋复杂的趋势与当前我国并无工程总承包审判、仲裁实践的裁判规则之间的矛盾。我国现行各层级工程总承包法规制度主要集中于行政领域，且偏于某些具体建设领域或某一地域，尚无专门统一适用工程总承包的法律法规以及审理规则或者司法解释，这也导致法官自由裁量的范围被不当扩大，工程总承包案件审理过程类案不同判的情况也日益严重。

三、按现有经验能够归纳总结初步的案件审理指南用以指导司法实践

为使工程总承包模式在我国建设领域全面、有序、稳定地铺开，从长远看，可以考虑制定一部“工程总承包法”，以具有强制约束力的法规，横向以工程总承包模式为中心，连接业界各种商业运作模式；纵向贯通自政府、建设单位到总承包人再到建设工人等各个参与方的权责体系划分。从近期看，国务院应尽快制定“工程总承包管理条例”，这是我国工程总承包发展的必需，也符合党中央依法治国的客观需求。

“上山问樵，下水问渔。”我国已经有足够肥沃的市场土壤和足够完备的司法运行体系来推行工程总承包纠纷案件的裁判规则。我们可以尝试将更多的目光投入到实务界，以此更深入地了解建设市场的核心需求，通过广泛征求工程总承包领域学者、法官、律师、造价师及其他市场从业人员的意见，先行形成一部能够被审判机构和建设市场主体初步认可的工程总承包纠纷案件审理指南；如果能进一步被吸收、演化为工程总承包司法解释，则能够实现“从实践中来，到实践中去”，为市场主体处理工程总承包纠纷提供最直接的法律依据，则将进一步打通工程总承包“执法”和“立法”之间的障碍，进一步推动我国工程总承包制度的立法进程。希望本书的正式出版能对此有所助益和推进。

《建设项目工程总承包合同纠纷仲裁案件的
审理指南》课题组负责人

朱树英

2023 年 5 月 1 日

全称、简称对照表

一、法律

全　　称	简　　称
《中华人民共和国民法典》	《民法典》
《中华人民共和国民法通则》【已失效】	《民法通则》
《中华人民共和国建筑法》(2019 修正)	《建筑法》
《中华人民共和国招标投标法》(2017 修正)	《招标投标法》
《中华人民共和国政府采购法》(2014 修正)	《政府采购法》
《中华人民共和国民事诉讼法》	《民事诉讼法》
《中华人民共和国城乡规划法》(2019 修正)	《城乡规划法》
《中华人民共和国合同法》【已失效】	《合同法》
《中华人民共和国仲裁法》(2017 修正)	《仲裁法》

二、行政法规

全　　称	简　　称
《中华人民共和国招标投标法实施条例》(2019 修正)【国务院令第 709 号】	《招标投标法实施条例》
《中华人民共和国政府采购法实施条例》【中华人民共和国国务院令第 658 号】	《政府采购法实施条例》

三、司法解释/文件

全　　称	简　　称
《最高人民法院关于审理建设工程施工合同纠纷案件适用法律问题的解释(一)》【法释〔2020〕25 号】	《施工合同司法解释(一)》
《第八次全国法院民事商事审判工作会议(民事部分)纪要》【法〔2016〕399 号】	《八民会纪要》
《全国法院民商事审判工作会议纪要》【法〔2019〕254 号】	《九民会纪要》
《最高人民法院关于审理独立保函纠纷案件若干问题的规定》(2020 修正)【法释〔2020〕18 号】	《最高院关于独立保函的规定》
《最高人民法院关于审理建设工程施工合同纠纷案件适用法律问题的解释》【法释〔2004〕14 号】【已失效】	《原施工合同司法解释》
《最高人民法院关于审理建设工程施工合同纠纷案件适用法律问题的解释(二)》【法释〔2018〕20 号】【已失效】	《原施工合同司法解释(二)》
《最高人民法院关于适用〈中华人民共和国民事诉讼法〉的解释》	《民诉法解释》
《最高人民法院关于民事诉讼证据的若干规定》(2019 修订)【法释〔2019〕19 号】	《新证据规定》

四、部门规章/文件

全　　称	简　　称
《房屋建筑和市政基础设施项目工程总承包管理办法》【建市规〔2019〕12 号】	《工程总承包管理办法》
《住房城乡建设部关于发布国家标准〈建设项目工程总承包管理规范〉的公告》【中华人民共和国住房和城乡建设部公告第 1535 号】	《住建部建设项目工程总承包管理规范》
《房屋建筑工程质量保修办法》【建设部令第 80 号】	《房建工程质量保修办法》
《建设工程质量保证金管理办法》(2017 修订)【建质〔2017〕138 号】	《质保金管理办法》
《建设工程项目管理试行办法》【建市〔2004〕200 号】	《建设部项目管理试行办法》
《住房和城乡建设部关于印发工程保函示范文本的通知》【建市〔2021〕11 号】	《住建部工程保函示范文本》

续表

全　　称	简　　称
《建筑工程施工发包与承包计价管理办法(2013)》【住房和城乡建设部令第16号】	《施工发承包计价管理办法》
《国务院办公厅关于促进建筑业持续健康发展的意见》【国办发〔2017〕19号】	《国务院办公厅促进建筑业持续健康发展的意见》
《建设部关于培育发展工程总承包和工程项目管理企业的指导意见》【建市〔2003〕30号】	《建设部培育发展工程总承包和工程项目管理企业的指导意见》
《必须招标的基础设施和公用事业项目范围规定》【发改法规〔2018〕843号】	《必招的基础设施和公用事业项目范围规定》
《工程建设项目施工招标投标办法》(2013修正)【国家发展和改革委员会、工业和信息化部、财政部、住房和城乡建设部、交通运输部、铁道部、水利部、国家广播电影电视总局、中国民用航空局令第23号】	《施工招标投标办法》
《房屋建筑和市政基础设施工程施工分包管理办法》(2019修正)	《房建市政施工分包办法》
《住房和城乡建设部关于进一步加强建筑市场监管工作的意见》【建市〔2011〕86号】	《住建部关于进一步加强建筑市场监管工作的意见》
《住房和城乡建设部关于印发〈建筑工程施工发包与承包违法行为认定查处管理办法〉的通知》【建市规〔2019〕1号】	《住建部施工违法行为认定查处管理办法》
《建设工程工程量清单计价规范》(GB 50500—2013)	《2013版清单计价规范》
《建设工程价款结算暂行办法》【财建〔2004〕369号】	《价款结算暂行办法》
《建筑安装工程费用项目组成》【建标〔2013〕44号】	《2013建安费用组成》

五、示范文本

全　　称	简　　称
《设计采购施工(EPC)/交钥匙工程合同条件》	FIDIC银皮书2017版
《生产设备和设计—施工合同条件》	FIDIC黄皮书2017版
《施工合同条件》	FIDIC红皮书2017版
《建设项目工程总承包合同(示范文本)》(GF-2020-0216)	2020版《工程总承包合同示范文本》

续表

全　　称	简　　称
《建设项目工程总承包合同示范文本(试行)》(GF－2011－0216)	2011 版《工程总承包合同示范文本》
《建设工程施工合同(示范文本)》(GF－2017－0201)	2017 版《施工合同示范文本》
《建设工程设计合同示范文本(房屋建筑工程)》(GF－2015－020)	《设计合同示范文本(房建工程)》
《建设工程设计合同示范文本(专业建设工程)》(GF－2015－0210)	《设计合同示范文本(专业建设工程)》
《中华人民共和国标准设计施工总承包招标文件》(2012 年版)	《标准设计施工总承包招标文件》

六、行业规定

全　　称	简　　称
《建设工程争议评审规则》(2014 修订)	《争议评审规则》(2014 修订)

目 录

Contents

第二条　工程总承包合同承包范围的认定

第三条　工程师的合同地位及权责认定

第四条　政府与社会资本合作项目中发包人的职责认定

第五条　建设项目不符合发包条件的过错责任认定

第六条　招标文件所列“发包人要求”不明确的处理原则

第七条　项目招标时前期基础资料真实性准确性的责任范围

第八条　因发包人原因导致工程总承包合同无效的认定

第九条　因承包人原因导致合同无效的认定

第十条　工程总承包分包合同无效的情形

第十一条　设计和施工专业业务除暂估价外允许直接发包

第二十条　固定价格的工程总承包合同解除后的价款结算

第二十一条　变更的处理原则

第二十四条　超过约定期限的索赔建议不予支持

第二十五条　对专家辅助人意见的采信

第二十六条　工程总承包合同价款优先受偿权的行使

第二十七条　工程总承包单位保修责任

第三十二条　合同解除后质保金返还

第三十五条　承包人为联合体的主体责任

第三十六条　联合体成员对外签订合同的连带责任认定

第三十七条　独立保函在工程总承包联合体的适用

第三十八条　联合体行使优先受偿权

第三十九条　中标后联合体一方退出的合同解除

第四十条　争议评审结论在仲裁审理中的效力

第一部分　《建设项目工程总承包合同纠纷仲裁案件的审理指南》及课题组各组人员名单

建设项目工程总承包合同纠纷仲裁案件的审理指南

第一条　工程总承包合同与施工总承包合同的区分认定

当事人合同约定建设工程承包范围除了施工阶段,还同时含有施工图设计阶段的,建议认定为工程总承包合同纠纷。

第二条　工程总承包合同承包范围的认定

当事人对工程总承包合同承包范围有争议,以合同约定为准。如合同没有约定或约定不明的,建议结合项目审批或核准、备案文件、招标文件(含"发包人要求")、投标文件等相关文件认定。

第三条　工程师的合同地位及权责认定

工程师的权限依据发包人的授权认定,授权不明时工程师签字确认的文件,涉及工程量、工期等事实的,建议认定对发包人具有约束力;涉及合同价款确认及其调整的,建议认定对发包人无约束力,但工程师的行为构成表见代理的除外。

因工程师的指示错误或延误造成承包人损失的,承包人主张由发包人承担由此增加的费用和合理利润的,建议予以支持;造成工期延误的,建议相应顺延工期。

第四条　政府与社会资本合作项目中发包人的职责认定

政府与社会资本合作项目(PPP 项目)并成立项目公司的,项目公司与承包人签订工程总承包合同,承包人主张政府方或社会资本方承担发包人责任的,建议不予支持。

第五条　建设项目不符合发包条件的过错责任认定

发包人未按规定履行项目的审批或核准、备案等手续即发包工程总承包项目,承包人主张发包人承担由此给其造成损失的,建议予以支持,承包人有过错的,建议予以承担相应的责任。

第六条　招标文件所列“发包人要求”不明确的处理原则

招标人招标时无“发包人要求”或者“发包人要求”不明确的,可以参照招标文件所附的项目建议书、可行性研究报告、方案设计文件或者初步设计文件、招标投标文件、双方签订的合同、双方在合同订立及履行过程中形成的与合同有关的文件等综合认定“发包人要求”。

第七条　项目招标时前期基础资料真实性准确性的责任范围

发包人在招标阶段提供的基础资料或数据等错误导致承包人增加费用、工期延误的,承包人以此主张发包人应承担由此增加的费用、支付合理利润并顺延工期的,建议予以支持。

第八条　因发包人原因导致工程总承包合同无效的认定

当事人以工程总承包项目发包时未取得工程规划许可手续为由主张工程总承包合同无效的,基于工程总承包模式和施工总承包模式的区别及发包阶段的差异,建议不予支持。

第九条　因承包人原因导致合同无效的认定

承包人或其联合体一方不具备法律规定的资质条件或借用资质签订的合同,一方当事人请求确认合同无效的,建议予以支持。

第十条　工程总承包分包合同无效的情形

工程总承包的分包合同存在下列情形之一的,一方当事人主张合同无效的,建议予以确认无效:

(一)承包人将其承包或联合体将其分工范围内且其资质证书许可范围内的勘察设计主体部分或施工关键性工程、主体结构对外进行分包的;

(二)工程总承包合同中暂估价项目,属于依法必须招标范围且达到规定规模标准的,未经招标而分包的。

第十一条　设计和施工专业业务除暂估价外允许直接发包

除依法必须进行招标的暂估价项目外,如承包人采用直接发包的方式进行分包,当事人以未经招投标为由主张分包合同无效的,建议不予支持。

第十二条　分包合同“背靠背”条款争议的处理

承包人和分包人在分包合同中约定,以发包人向承包人付款作为承包人向分包人付款的前提条件,分包人主张该条款无效的,建议不予支持。

承包人怠于向发包人主张权利或不正当阻止付款条件成就的,仍以合同约定发包人付款的前提条件为由进行抗辩的,建议不予支持。

第十三条　发包人指定分包的过错责任处理

发包人指定分包商或供应商造成建设工程质量缺陷、工期延误的,建议认定其承担过错责任;承包人有过错的,建议认定其承担相应的过错责任。

第十四条　发包人任意压缩合理工期引起质量缺陷的责任

发包人任意压缩合理工期导致工程质量缺陷的,由发包人承担过错责任;承包人有过错的,建议认定承担相应的责任。

第十五条　竣工试验、竣工验收不符合发包人要求的质量责任

竣工试验或竣工验收不符合"发包人要求"的,发包人主张承包人按合同约定承担违约责任,建议予以支持;但因发包人原因导致竣工试验、竣工验收未能通过的除外。合同对相应责任没有约定或者约定不明,发包人主张承包人予以修复的,建议予以支持;如发包人愿意接收工程,发包人主张减少承包人工程价款、赔偿损失并承担工期延误责任的,建议予以支持。

第十六条　竣工后试验不符合发包人要求的质量责任

工程竣工后试验阶段未能实现"发包人要求"的,发包人主张承包人承担修复责任或依合同约定承担修复费用的,建议予以支持;因无法修复构成根本性违约,发包人主张解除合同并要求承包人承担违约责任的,建议予以支持。

第十七条　合同开始工作时间的认定

当事人对工程总承包合同开始工作日期有约定的,从其约定。没有约定或约定不明的,建议分别按照以下情形予以认定:

(一)以发包人或者工程师发出的开始工作通知载明的开始工作日期作为实际开始工作日期。

(二)发包人或者工程师虽未发出开始工作通知,但承包人经发包人同意已经开始工作的,该开始工作的时间作为实际开始工作日期。

(三)发包人或者工程师未发出开始工作通知,亦无相关证据直接证明实际开始工作日期的,建议综合考虑发包人要求、承包人的相关文件(开始工作申请报告、项目进度计划、设计文件等)等认定实际开始工作日期。

第十八条　当事人主张以竣工后试验通过日为竣工日期的不宜支持

发包人以工程总承包合同包括竣工后试验为由主张竣工后试验通过日期为竣工日期的，建议不予支持。

第十九条　固定价格合同的结算

工程总承包合同约定采取固定总价，一方当事人申请对固定价格范围内价款进行鉴定的，建议不予支持。

工程总承包合同约定采取固定总价，工程总承包合同未约定以行政审计或财政评审为结算依据，一方当事人主张按照行政审计或财政评审结论进行结算的，建议不予支持。当事人以合同约定的行政审计或财政评审部门未在合理期限内出具结论，或一方当事人有证据证明其结论有错误，申请仲裁庭委托鉴定的，建议予以支持。

第二十条　固定价格的工程总承包合同解除后的价款结算

固定价格的工程总承包合同解除，当事人就已履约部分达成结算协议，承包人请求发包人按结算协议支付已履约部分的价款的，建议予以支持。

工程总承包合同中没有合同解除后价款结算的约定，双方又不能对已履约部分的结算达成一致，发包人有证据证明已履约部分不符合“发包人要求”，主张减少价款或赔偿损失的，建议予以支持；承包人有证据证明已履约部分质量合格，主张已履约部分的合同价款的，建议按以下原则处理：

(一)对设计成果价款，建议结合设计阶段、设计深度参照合同关于设计价格的约定按比例结算；

(二)对于设备采购价款，建议根据设备采购情况参照合同关于设备价款的约定结算；

(三)对于工程价款，建议根据合同解除时承包人实际完成的工程量，在同一取费标准下分别计算出已完工程部分的价款和整个合同约定工程的总价款，并以其折算比例乘以合同约定的固定价予以结算。

第二十一条　变更的处理原则

承包人仅以设计发生变更为由要求顺延工期的，建议不予支持，但若出现工程总承包合同约定的变更情形，或“发包人要求”错误、变更等，导致承包人费用增加、工期延误的，承包人主张发包人应承担由此增加的费用、支付合理利润并顺延工期的，建议予以支持。

工程总承包合同约定增加费用、顺延工期应当经发包人或者工程师签证等方式确认，承包人虽未取得该等确认，但能够证明在合同约定的期限内向发包人或者工程师申请过费用增加、工期顺延，且申请事由符合合同约定或法律规定，承包人以此为由主张费用增加、工期顺延的，建议予以支持。

第二十二条　变更估价的认定

当事人对变更估价有约定，按约定处理；没有约定或者约定不明确的，一方当事人请求按以下顺序确定变更估价的，建议予以支持：

（一）采用合同中相同工程项目的费率和价格；

（二）参照合同中类似工程项目的费率和价格；

（三）参照市场价计算工程项目的成本加利润；

（四）参照签约时项目所在地建设行政主管部门发布的计价方法或者计价标准。

第二十三条　未按约定程序索赔的后果

当事人约定未在约定期限内提出追加或减少费用、延长缺陷责任期或顺延工期，视为丧失相应权利的，建议按照约定处理。但请求方提出合理抗辩或者相对方在约定期限后同意追加或减少费用、延长缺陷责任期或顺延工期的除外。

当事人约定一方当事人收到对方索赔主张未在约定期限内答复视为认可对方主张的，建议按照约定处理。

第二十四条　超过约定期限的索赔建议不予支持

发承包双方对于合同价款结算达成一致后，除另有约定外，承包人依据已达成一致的结算价款要求支付工程款，发包人以承包人原因导致工程存在质量问题或逾期竣工等违约为由，请求拒付、减付工程款或赔偿损失的；或者承包人要求发包人支付结算价款以外的增加工程价款、工期延误损失等索赔主张的，建议不予支持。

第二十五条　对专家辅助人意见的采信

专家辅助人的意见视为当事人的陈述，专家辅助人与当事人就同一问题陈述有矛盾，建议仲裁庭可要求当事人明确最终陈述意见。

专家辅助人对鉴定意见提出质证意见，鉴定人不能作出合理解释，仲裁庭可以要求鉴定人进行补充鉴定,鉴定人不予配合补充鉴定的,建议仲裁庭可结合相关证据对该部分鉴定意见评判是否采信。

第二十六条　工程总承包合同价款优先受偿权的行使

与发包人订立工程总承包合同的承包人,依据民法典第八百零七条的规定请求其承建项目的工程总承包合同价款就工程折价或者拍卖的价款优先受偿,建议予以支持。

第二十七条　工程总承包单位保修责任

承包人以分包或联合体分工为由拒绝承担保修责任的,建议不予支持。

第二十八条　合同约定低于或高于法定最低保修期限的处理原则

合同约定的保修期限低于法定保修最低期限,承包人以约定保修期限届满为由拒绝在法定保修最低期限内承担保修责任的,建议不予支持。

合同约定的保修期限高于法定保修最低期限,承包人未按约定期限履行保修义务,发包人主张承包人承担违约责任的,建议予以支持。

第二十九条　缺陷责任调查的费用处理

发承包双方对工程质量缺陷启动缺陷责任调查的,对缺陷责任调查费用承担有约定的从约定,没有约定或约定不明时,建议由造成质量缺陷的责任方承担,双方均有责任的,建议按责任比例分担。

第三十条　发包人委托他人维修费用的处理原则

保修期间,因承包人原因致使工程质量或功能不符合"发包人要求",经发包人书面通知后,承包人拒绝修复,或维修后仍不能满足"发包人要求",或者发包人有正当理由拒绝承包人维修的,发包人在书面通知承包人后自行或者委托他人维修所产生的合理费用请求承包人承担的,建议予以支持。

第三十一条　质保金返还期限约定不明时的处理

当事人对工程质量保证金返还期限未约定或约定不明,承包人主张自建设工程通过竣工验收之日起两年届满后返还的,建议予以支持。发包人主张自竣工后试验通过之日起两年届满后返还的,建议不予支持。

第三十二条　合同解除后质保金返还

当事人对合同解除后返还质保金有约定的,从其约定。没有约定或者约定不明确的,因发包人违约解除合同,承包人请求返还质保金的,建议予以支持。

第三十三条　联合体一方的仲裁主体资格

承包人为联合体的,联合体中的一方可具备独立的仲裁主体资格。

第三十四条　联合体资质及其等级要求的认定

承包人联合体成员不具备与其承包或分工范围相适应的勘察、设计或施工资质的,建议认定工程总承包合同无效。

承包人联合体成员有勘察、设计或施工同类资质的,且按照联合体分工承担相同性质工作的,按照较低的资质等级确定联合体的资质等级。

第三十五条　承包人为联合体的主体责任

承包人为联合体,发包人要求联合体各方成员承担连带责任的,建议予以支持;承包人以联合体内部约定为由主张承担按份责任或不承担责任的,建议不予支持,但是发承包双方另有约定的除外。

第三十六条　联合体成员对外签订合同的连带责任认定

除发包人外,与承包人联合体某一成员有分包、采购、租赁等合同关系的当事人,要求联合体其他成员承担连带责任的,建议不予支持,法律、行政法规另有规定或当事人另有约定的除外。

第三十七条　独立保函在工程总承包联合体的适用

承包人为联合体,开立人根据联合体各方或者一方申请以发包人作为受益人开具了独立保函的,建议认定为联合体已经履行向发包人提供独立保函的义务。

第三十八条　联合体行使优先受偿权

承包人联合体中的任意一方均有权就其承包或分工范围主张建设工程价款优先受偿权;承包人联合体中一方放弃其优先受偿权的,建议认定其效力不及于其他联合体成员。

第三十九条　中标后联合体一方退出的合同解除

承包人的联合体部分成员未经发包人同意退出联合体或将其分工范围内工作转给其他成员实施的,发包人主张解除工程总承包合同或主张联合体承担违约责任的,建议予以支持。

第四十条　争议评审结论在仲裁审理中的效力

当事人通过争议评审程序,由评审小组作出的评审意见或评审决定,可以在仲裁审理中作为证据使用。

评审小组依据发包人和承包人合同约定作出的争议评审决定,一方当事人主张另一方未履行争议评审决定而给其造成损失赔偿的,仲裁庭可予支持,但仲裁裁决不予支持争议评审决定的除外。

当事人书面认可争议评审意见或决定后,仲裁程序中一方当事人再行对该争议事项申请鉴定的,建议仲裁庭不予支持。

《建设项目工程总承包合同纠纷仲裁案件的审理指南》课题组各组人员名单

一、课题组

组　　长：朱树英

副 组 长：邵万权

执行副组长：韩如波　史鹏舟　张　良

二、课题联络沟通协调组

韩如波　张　良　袁　维　高舒婷

三、课题组的小组分工

第一组　国际项目调研组

组　　长：陈　军　林　桢

副 组 长：魏　来　尚晓民　宋玉祥　李靖祺

全体成员（包括组长、副组长）：

陈　军　林　桢　徐　娜　赵钎妘　张　雷　孔祥强
魏　来　孙　静　向　锐　周　婵　俞　娟　郭　娜
聂华锋　袁　健　吴　迪　陈　兵　马　喆　孙一人
李靖祺　王　峰　汤枭剑　陈宁宁　李望铄　宋玉祥
张庆亮　高　敏　郜　飞　王　晶　尚琬淇　李　森
张　宇　尚晓民　周　纲　李　师　易　星　刘家菱
廖其春　程　歌　何　媛　李孔攀

第二组　国内项目调研组

组　　长：史鹏舟　卢安龙

副 组 长：龙晓忠　张立群　刘彦林　林　金　袁书鹏

全体成员（包括组长、副组长）：

史鹏舟　杨　峰　徐　茜　车　丽　德　慧　沈　川
章剑飞　卢安龙　张晓霞　黄军军　卢明兴　蔡冬梅
冯　进　陈修宇　石秀达　张骥遥　张　帆　刘彦林
曹满堂　赵雪银　牛迦豪　尉燕芳　唐　通　于　文
牛巨星　张兆伟　张　强　江海军　梁清锋　王　治
龙晓忠　黄成威　沈　琦　万妍玫　廖建新　张立群
袁书朋　魏博田　赵焕增　张甜甜　章梦涵　左　军
周　敬　庞思凡　金德宽　林子瓯　徐惠凤　林　金
林孔耀　房　珑　徐利蓉　王志伟　吕　峥　孟　潇
王玉有

第三组　司法裁判检索分析组

组　　长：宋仲春　李俊华　张晓玲　汪丽清　朱　亚

副 组 长：张　良　侯伟华　邱富民

全体成员（包括组长、副组长）：

宋仲春　李俊华　唐　浩　郎启政　闫　悦　张馨元
张晓玲　李大伟　张　斌　贾幗硐　李旭旺　贺钟慧
张誉莹　赵娇阳　吕　梁　刘　慰　张　良　袁　维
吕　尚　李毓松　宦祖希　程　晨　王洪飞　高舒婷
杨启之　侯伟华　李贵修　郝运来　毕琼媛　江海洋
周珊珊　李建飞　屈　婷　吴娜丽　申东超　赵　杰
陈　琳　李佩玲　崔　婧　奚萍萍　陈　诺　汪丽清
陈品澄　朱　亚　代高磊　杨石朋　邱富民　张　帆
丁　一　李佳臻

第四组　实务问题分析组

组　　长：韩如波　戴勇坚　樊地建　张志文

副 组 长：郑冠红　徐荣兰　韩朝芹　华心萌　彭　丹

全体成员（包括组长、副组长）：

戴勇坚　唐　砬　郑冠红　郝　运　张志国　汪　铭
蒋　峰　韩如波　徐荣兰　叶向平　宋韪帆　赵家伟
杨　柳　杨　涵　廖　成　樊地建　颜　园　马飞鸿
张达清　陈小英　何　鑫　唐　梅　唐　航　肖　仙
康震华　任奕达　刘晋宏　何　勇　侯文增　王维欣
李　敏　刘福进　韩朝芹　张　楠　崔力文　阮乐雨
闫　伟　王子硕　隋　晓　赵　双　柯　颍　徐　杰
梁志远　郭石磊　禹景奇　华心萌　黄亚江　阎　军
冷　潜　彭　丹　章德奎　黄克海　王守军　赵玉虎
余焕杰　骆训雄　袁　辉　张志文　宋晓霞　刘　强
申斯微　魏学美

第五组　工程总承包合同纠纷审理指南起草组

组　　长：朱树英

副 组 长：邵万权　韩如波　陈　沸　栗　魁　袁海兵

全体成员（包括组长、副组长）：

朱树英　邵万权　陈　沸　栗　魁　袁海兵　陈　军
林　桢　魏　来　尚晓民　宋玉祥　李靖祺　史鹏舟
卢安龙　龙晓忠　张立群　刘彦林　林　金　袁书鹏
宋仲春　李俊华　张晓玲　汪丽清　朱　亚　张　良
侯伟华　邱富民　韩如波　戴勇坚　樊地建　张志文
郑冠红　徐荣兰　韩朝芹　华心萌　彭　丹　王馨苡
何郁宁　石　鹏　德　慧　陈宁宁　李　妃

第二部分 《建设项目工程总承包合同纠纷仲裁案件的审理指南》理解与适用

第一条

工程总承包合同与施工总承包合同的区分认定

当事人合同约定建设工程承包范围除了施工阶段，还同时含有施工图设计阶段的，建议认定为工程总承包合同纠纷。

裁决指引

工程总承包合同和施工总承包合同的主要区别体现在以下方面。

一、工程总承包的工作内容至少同时包含“施工图设计、施工”阶段

现行国家规范层面工程总承包的概念规定于《工程总承包管理办法》第3条，该条规定本办法所称工程总承包，是指承包单位按照与建设单位签订的合同，对工程设计、采购、施工或者设计、施工等阶段实行总承包，并对工程的质量、安全、工期和造价等全面负责的工程建设实施方式。相较之前的《住建部建设项目工程总承包管理规范》《铁路建设项目工程总承包办法》等文件，《工程总承包管理办法》进一步明确了工程总承包的工作内容，表述从“全过程或若干阶段承包”调整为“设计、采购、施工”和“设计、施工”两种具体的承包模式，明确工程总承包至少应该同时包含“设计、施工”阶段。需要说明的是，在项目管理理论研究层面，工程总承包模式演变还包括融资性总承包（F + EPC）、运营维护性总承包（EPC + O + M）等，但为了适应我国工程总承包模式发展现状，突出工程总承包模式的设计施工融合的特征，主管部门在规范性文件中重点强调了设计—施工（DB）模式和设计—采购—施工（EPC）模式。

施工总承包则指施工单位负责项目的施工阶段，在实践中施工总承包单位的工作范围也可以包括设备和材料采购，但并不参与和负责设计，而是根据设计单位的要求“按图施工”，而且，严格来说，工程总承包的“采购”与施工总承包的设备和材料采购内涵和外延也不相同。承包范围上的区分是工程总承包和施工总承包二者最基本的区别。

（一）工程总承包“设计工作”的理解

对于“设计工作”的理解，工程总承包合同要求承包人承担“实质性设计工作”，即至少包括施工图设计阶段，也可以同时包括初步设计阶段和方案设计阶段，承包人仅参与深化设计或设计审核工作的，不宜认定为工程总承包合同。如实践中存在施工总承包合同中约定，承包人对给业主下发的施工图纸具有审核义务，如果承包人未能发现图纸设计错误或发现后未能及时书面通知业主的，承包人需要承担相应的未能及时审核设计成果的风险，或业主提供图纸但承包人负责深化设计，此类合同中承包人虽然承担部分设计或设计审查等工作，但不能充分体现设计施工融合的特性，不宜认定为工程总承包合同。

（二）工程总承包“采购”与施工总承包“采购”的比较

工程总承包的“采购”不是简单的建筑物资的买卖而是基于实现业主合同目的而进行相关生产设备的采购，包括设备设计、制造、运输、安装乃至保险、融资等系统性的全流程管理。施工总承包的采购工作主要是依据施工组织进度按时按量提供材料、设备，采购规划基本依赖施工人员或发包人要求。然而工程总承包模式下的采购不仅要确保设备数量和供给日期满足相关要求，还要确保所采购的设备充分满足设计和施工等部门提出的各方面要求。以上差别主要体现在大宗材料、设备，特别是特种设备、定制设备的采购管理之上。与普通建材或非定制设备的采购管理不同，由于此类设备是按需定制，因此会涉及设备设计，为保证质量，通常还需要监造、变更、修订设计；此外由于定制设备往往价值更高，运输风险、运输难度、运输费用也需要专项管理，在采购管理过程中可能还会涉及设备保险、根据特定需求构建专项的技术服务架构等，在各类履约管理中还掺杂着知识产权、国际货物买卖、国际货运、融资租赁、技术保护与技术引进等可能的特种管理体系。对此，国际咨询工程师联合会为应对以特种、定制设备的设计、生产、安装为核心的工程项目专门编写了 FIDIC 黄皮书以适用于该类型项目的管理。因此，工程总承包模式下，采购工作的重要性和复杂程度明显高于施工总承包模式，需要覆盖项目设计到项目维护的全流程，并且涉及多部门、跨部门的沟通、协调，不仅要保证采购设备的质量，还要满足发包人要求实现业主的合同目的。

二、工程总承包人的基本义务是按发包人要求提供最终产品而非施工总承包中的按图施工

工程总承包相较施工总承包的重大转变是承包人基本义务从“按图施工”转变为“按发包人要求施工”，承包人必须对最终产品负责。施工总承包模式中，根据《建设工程质量管理条例》第 28 条的规定，承包人只需要按照图纸和标准进行施工，在施工过程中发现设计文件等存在错误应及时提出，也就是说承包人依据施工图纸施工并交付工作成果后就可以认为适当履行合同义务。而工程总承包模式中，判断承包人是否适当履行义务的标准是其交付的工程是否满足合同预期目的（FFP）和使用功能要求而非仅其是否按照标准或图纸施工，即使承包人按照图纸和规范实施工程也不能为实现不了发包人要求而免责，不能因修改工程以使其满足规定的功能而获得额外的支付价款。

三、工程总承包模式中承包人的承包范围包括设计工作，由此承担更多的风险

一般认为，相较施工总承包模式，工程总承包模式的价值取向是业主以更多的价款交换最终价格和竣工日期的稳定性，这意味着承包人在取得更多价款的前提下承担更多的风险。

参照国际咨询工程师联合会（FIDIC）国际惯例不同承包模式的风险分配，红皮书（DBB）模式下，业主承担大部分或全部设计风险、工程量变化风险、不可预见的物质条件风险和例外事件的风险；承包商承担施工风险。FIDIC 黄皮书（DB）模式下，业主承担不可预见的风险和例外事件的风险；承包商承担设计风险、工程量变化的风险以及“满足合同规定的工程预期目的”的风险。FIDIC 银皮书（EPC）模式下，业主承担例外事件的风险，承包商承担设计风险、工程量变化风险、不可预见的物质条件风险以及“满足合同规定的工程预期目的”风险。由此可见设计施工总承包模式下，承包商负责设计工作，承担的风险要明显高于施工总承包模式。

风险负担与价格形式直接挂钩，施工总承包模式下单价合同需要每期进行计量，承包商往往在低价中标后通过大量签证不断增加支付周期内的工程量，以实现低中标、勤签证、高索赔。但在工程总承包模式下，每期支付依据完成的里程碑确定，并不完全以实际完成工程量为基础，这意味着，只要发包人要求不变，工程量变化的风险始终由承包人承担。

在国家规范层面,考虑到工程总承包模式在国内处于培育和推广阶段,在借鉴国际工程风险分配基础上,适应国内建筑市场实际情况,对工程总承包的风险分配力求合理分担。《工程总承包管理办法》的规定在政策导向上追求发承包人双方的利益平衡,并以列举方式说明建设单位承担的风险,主要包括 5 个方面:(1)主要工程材料、设备、人工价格与招标时基期价相比,波动幅度超过合同约定幅度的部分;(2)因国家法律法规政策变化引起的合同价格的变化;(3)不可预见的地质条件造成的工程费用和工期的变化;(4)因建设单位原因产生的工程费用和工期的变化;(5)不可抗力造成的工程费用和工期的变化。该规定并不属于效力强制性规定,对于工程总承包合同的具体风险负担原则仍首先尊重当事人之间的合同约定。对此,有学者认为,合同双方风险承担量的“不均”系通过价格调整以实现权利义务关系的平衡,行业主管部门可以在编制、修改工程总承包合同范本的过程中进一步细化工程总承包模式的风险分配机制。

四、工程总承包要求承包人具备“设计、施工双资质”,相较施工总承包对资质要求更高

我国建设工程领域具有严格的资质管理制度。对于工程总承包的资质要求法律行政法规层面尚无明确规定。《工程总承包管理办法》基于工程总承包模式设计施工深度融合特性,首次在房屋建筑和市政基础设施工程中提出工程总承包的“双资质”要求,并确立设计单位和施工单位的资质相互申请和业绩认可制度。其第 10 条规定:“工程总承包单位应当同时具有与工程规模相适应的工程设计资质和施工资质,或者由具有相应资质的设计单位和施工单位组成联合体……”第 12 条规定:“鼓励设计单位申请取得施工资质,已取得工程设计综合资质、行业甲级资质、建筑工程专业甲级资质的单位,可以直接申请相应类别施工总承包一级资质。鼓励施工单位申请取得工程设计资质,具有一级及以上施工总承包资质的单位可以直接申请相应类别的工程设计甲级资质。完成的相应规模工程总承包业绩可以作为设计、施工业绩申报。”

总体来说,相较施工总承包,工程总承包模式对承包人提出了更高的资质要求。同时,借鉴各地工程总承包文件规定,如果工程总承包的承包范围包括勘察,承包人的资质要求中还应包括相应勘察资质。

五、裁判实践中应注意的问题

本条是关于工程总承包合同和施工总承包合同的区分认定,仲裁人员在识

别工程总承包合同时应尽量注意以下三点：

第一，在形式识别上，为了适应我国工程总承包模式发展现状，《工程总承包管理办法》第 3 条对于工程总承包模式规定了设计—施工（DB）模式和设计—采购—施工（EPC）模式。承包人仅承担施工阶段，不承担施工图设计阶段的，不应认定为工程总承包合同纠纷。

第二，在实质性识别上，由于实践中对新模式的认识不足和利益衡量，不乏“以工程总承包之名，行施工总承包之实”的现象，针对此类实践困境除了从形式上进行区分还需要从工程总承包本质属性进行实质性识别。在审理过程中，结合相关条款、合同目的、交易背景等能够综合认定承包人未参与实质性设计工作的合同不宜认定为工程总承包合同。仲裁员在裁决工程总承包合同纠纷案件中，还应对承包商是否对工程的质量、安全、工期和造价等全面负责的实质性特征予以关注。

第三，在法律适用的问题上，工程总承包纠纷通常会有合同效力、计价及工程款结算、变更索赔、风险分配、未能实现发包人要求及争议鉴定、实际施工人主张权利及工程款逾期利息、优先受偿权等情形。工程总承包合同纠纷不同于建设工程施工合同纠纷类别，相比建设工程施工合同有一定的特殊性。在处理工程总承包合同纠纷时不应当然适用建设工程施工合同的相关规定，应当高度关注工程总承包合同的特点，综合判断是否参照建设工程施工合同的相关规定来处理案件。

参考依据

1.《工程总承包管理办法》

第三条　本办法所称工程总承包，是指承包单位按照与建设单位签订的合同，对工程设计、采购、施工或者设计、施工等阶段实行总承包，并对工程的质量、安全、工期和造价等全面负责的工程建设组织实施方式。

2.《住建部建设项目工程总承包管理规范》

2.0.1　工程总承包　依据合同约定对建设项目的设计、采购、施工和试运行实行全过程或若干阶段的承包。

3.《铁路建设项目工程总承包办法》

第二条 本办法所称铁路建设项目工程总承包，是指建设单位（或业主，下同）通过招标将建设项目的施工图设计、采购和施工委托给具有相应资质的工程总承包单位（或联合体，下同），工程总承包单位按照合同约定，对施工图设计、物资设备采购、工程实施实行全过程承包，对工程的质量、安全、工期、投资、环保负责的建设组织方式。

4.《运输机场专业工程总承包管理办法（试行）》

第三条 本办法所称工程总承包，是指承包单位按照与建设单位签订的合同，对工程设计、采购、施工或者设计、施工等阶段实行总承包，并对工程的质量、安全、工期和造价等全面负责的工程建设组织实施方式。

案例分析

案例一

上诉人中国能源建设集团安徽电力建设第二工程有限公司与被上诉人吉林协合电力工程有限公司建设工程施工合同纠纷

案号：（2018）甘民终232号

审理法院：甘肃省高级人民法院

裁判类型：二审民事判决

一、案情介绍

2013年3月10日，永昌协合太阳能发电有限公司与吉林协合电力工程有限公司（以下简称吉林协合公司）签订总承包合同，约定：永昌协合太阳能发电有限公司将涉案光伏厂区建筑、安装工程及升压站建筑、设备、安装工程发包给吉林协合公司，承包范围不包括：水土保护工程、环境保护工程、电气设备、电缆及光缆采购、35KV电缆头制作及安装，合同总价款4628.37万元。

2013年4月25日，吉林协合公司与中国能源建设集团安徽电力建设第二工程有限公司（以下简称安徽电建二公司）签订施工合同，约定：安徽电建二公司承包修建吉林协合公司分包的“甘肃永昌 50MW 光伏并网发电项目升压站建筑、安装工程”项目,工程承包范围包括:光伏发电场区建筑工程(光伏区场平,检修道路、光伏支架基础、箱变基础、电缆分支箱基础等设备基础工程,电缆沟道工程,房屋建筑等光伏区相关建筑工程),安装工程(光伏组件、支架、箱式变电站、电缆分支箱、逆变器、直流柜、汇流箱、电缆线路、防雷接地等),升压站建筑、安装、站区取水工程,以上均包括相应的施工辅助、水土保持、环境保护工程等;工程承包范围不包括:全部电气设备、电力电缆、光缆的采购,高压电缆头的采购及制作安装;合同工期自 2013 年 5 月 6 日至 10 月 31 日(计划竣工日期结束);合同固定总价为 3684 万元;吉林协合公司已支付安徽电建二公司工程款 2587 万元。

二、各方观点

安徽电建二公司主张:吉林协合公司是 EPC(设计采购施工)总承包,根据建设部《关于培育发展工程总承包和工程项目管理企业的指导意见》(建市[2003]30 号)第 2 条第 2 款“……工程总承包企业可依法将所承包工程中的部分工作发包给具有相应资质的分包企业”的规定,安徽电建二公司具有电力工程施工承包资质,故吉林协合公司将其承包的部分工程发包给安徽电建二公司的施工合同合法有效。

吉林协合公司主张:吉林协合公司根据其与业主签署的总包合同将涉案工程转包给安徽电建二公司,双方签署了施工合同,对比两份合同约定的施工范围,并无实质区别,实际是整体转包,并非安徽电建二公司所称的部分分包。将全部建筑工程转包的行为违反了《建筑法》的强制性规定。

三、裁决要旨

EPC 模式只是工程总承包的一种方式,即设计 + 采购 + 施工,而吉林协合公司签订《总包合同》时,并没有约定承包工程设计和采购,从合同内容看,《总包合同》的实质就是一个施工合同。

四、法律分析

《住建部建设项目工程总承包管理规范》第 2.0.29 项规定:工程总承包为“设计、采购、施工和试运行实行全过程或若干阶段的承包”。仅从文义解释的角度,施工 + 试运营似乎符合该条所说的若干阶段的承包。但从工程总承包内涵和国家法律法规及政策的理念来看,这样模式下的设计变更和设计修改仍是由设计单位反馈给业主,业主再发出设计变更要求承包人实施,并不能起到设计和施工深度融合的作用,本质上与"施工总承包"无异。

案 例 二

中冶焦耐(大连)工程技术有限公司、黑龙江龙盛达煤化工有限公司建设工程施工合同纠纷

案号:(2020)最高法民终1040号

审理法院:最高人民法院

裁判类型:二审民事判决

一、案情介绍

双方当事人在合同中约定案涉工程为"交钥匙工程",承包人中冶焦耐(大连)工程技术有限公司(以下简称中冶焦耐公司)负责工程设计、设备材料采购、施工至工程试运行、投产、达产、达标等全过程和最终效果。按照合同约定,中冶焦耐公司完工后需组织竣工验收,整个工程的竣工验收大致分实物移交和装置投料试车并考核达标两个阶段执行。根据本案现有证据尚不能认定案涉工程在实物移交后,承包人中冶焦耐公司完成了竣工检验程序,也不能认定其未完成竣工检验程序系发包人黑龙江龙盛达煤化工有限公司(以下简称龙盛达公司)的原因所致,最终工程总承包人请求支付剩余工程款的主张未获支持。

二、各方观点

龙盛达公司主张:案涉工程为"交钥匙工程"。所谓"交钥匙工程",就是项目承包方负责项目的设计、供货及施工,直至试运行合格后,将项目移交业主方,也就是最终是交给业主一把插入项目就能够运行的钥匙,业主接手后就能够直接进行正常生产的工程项目。根据案涉总包合同及二系总包合同约定,中冶焦耐公司的承包范围包括工程设计、设备材料采购、施工、试运行服务及为工程验收、投产、达产、达标等有关工作,该公司同时对案涉工程的安全、质量、进度、造价等全面负责,最终需向龙盛达公司提交一个满足约定使用功能、具备约定使用条件的工程,故龙盛达公司的上述主张符合双方当事人的约定。相较于普通建设工程而言,"交钥匙工程"中的承包方往往具有技术等方面的优势地位,故该类

工程对承包方的要求更高、更严，承包方在此类工程中承担的义务也更多、更重。具体到本案，根据技术附件的内容，中冶焦耐公司的工作范围包括设计、采购、施工、生产考核及竣工验收，故中冶焦耐公司最终向龙盛达公司交付符合双方约定标准的案涉工程前，该工程非因龙盛达公司原因产生的一切问题，均应由中冶焦耐公司承担相应的后果和责任。

中冶焦耐公司主张：龙盛达公司举示的证据不能证明案涉工程试车过程中出现的问题系由原材料、操作或者设备质量问题造成。中冶焦耐公司还主张，因龙盛达公司原料不足而不能继续进行负荷联动试车。

三、裁决要旨

相较于普通建设工程而言，“交钥匙工程”中的承包方往往具有技术等方面的优势地位，故该类工程对承包方的要求更高、更严，承包方在此类工程中承担的义务也更多、更重。具体到本案，根据技术附件的内容，中冶焦耐公司的工作范围包括设计、采购、施工、生产考核及竣工验收，故中冶焦耐公司最终向龙盛达公司交付符合双方约定标准的案涉工程前，该工程非因龙盛达公司原因产生的一切问题，均应由中冶焦耐公司承担相应的后果和责任。

四、法律分析

工程总承包模式对承包人要求更高，随着设计工作由发包人委托完成向承包人承担的转变，承包人由传统的按图施工转向按约施工，承包人必须交付满足约定使用功能和条件的工程，而非仅仅是通过竣工验收交付满足国家强制性标准的建设工程。即便承包人交付的建设工程通过竣工验收，但不能满足发包人要求或者实现合同目的，承包人仍应当承担违约责任。

第二条

工程总承包合同承包范围的认定

当事人对工程总承包合同承包范围有争议，以合同约定为准。如合同没有约定或约定不明的，建议结合项目审批或核准、备案文件、招标文件（含“发包人要求”）、投标文件等相关文件认定。

裁决指引

一、施工总承包和工程总承包在承包范围方面的区别

施工总承包合同的承包范围通常是由施工图纸确定的，承包范围还可以依据施工图纸编制工程量清单，再通过工程量清单的方式，相对准确的描述承包范围中所涉及的项目特征、工程量等细节内容。

工程总承包合同的承包范围明显区别于施工总承包合同，首先，相对于施工总承包而言，工程总承包的承包范围除了施工，还包含设计、设备采购等内容。其次，工程总承包的承包范围在签订工程总承包合同时无法通过施工图纸或工程量清单进行界定，主要原因是工程总承包发包时并没有施工图纸，施工图纸往往是发包之后由承包人负责完成。最后，工程总承包的承包范围通常作为“发包人要求”的一部分，承包人按照“发包人要求”进行设计、采购与施工。

综上，工程总承包模式下，因承包范围的界定难度加大，可能产生的争议也随之增加。

二、工程总承包合同承包范围，对确定当事人的权利义务具有重要意义

承包范围的认定，直接影响双方当事人主要权利义务确定，例如工程价款的确定，尤其是固定总价合同，固定总价合同是建立在合同承包范围和内容基础上的，若发生合同承包范围变更容易引发合同价款结算争议。（2020）兵12民终59号案中，双方争议焦点之一即EPC总承包合同是否应当包含调度自动化工程，发

包人是否应当另行支付该部分工程对应的价款。发包人京电公司认为调度自动化设备是输变电工程必不可少的工程设备，总承包合同EPC工程应该包含调度自动化；但承包人西域公司认为，双方签订的EPC总承包合同并未明确约定包含调度自动化。法院审理认为，根据EPC总承包合同约定，承包人西域公司编制的初步方案、施工图设计等均应由京电公司审查通过，如果调度自动化工程应该包含在总承包合同内，而西域公司提交设计施工图纸缺失调度自动化工程，京电公司应在审查中提出并要求西域公司增加该项工程的设计，但京电公司并没有提出增加设计的建议或要求，因此未采信京电公司以并不详知西域公司的设计内容、双方合同确定的工程内容包含调度自动化工程的辩解。

三、工程总承包合同承包范围，属于工程总承包合同实质性内容

参考《施工合同司法解释(一)》第2条的规定，招标人和中标人另行签订的建设工程施工合同约定的工程范围、建设工期、工程质量、工程价款等实质性内容，与中标合同不一致，一方当事人请求按照中标合同确定权利义务的，人民法院应予支持。虽然该规定是针对建设工程施工合同纠纷，但该规定是为了落实《招标投标法》第46条、《招标投标法实施条例》第57条的内容，从招标投标秩序维护的角度，建设工程施工合同有关实质性内容的规定，对工程总承包合同而言具备同样的参考价值。此外，根据《政府投资条例》第21条的规定，政府投资项目应当按照投资主管部门或者其他有关部门批准的建设地点、建设规模和建设内容实施，拟变更建设地点或者拟对建设规模、建设内容等作较大变更的，应当按照规定的程序报原审批部门审批。从审批程序上也可以看出建设内容对工程建设的重大影响。由此可见，工程总承包合同的承包范围应属于工程总承包合同的实质性内容。

四、工程总承包合同承包范围是确定工程总承包单位资质要求的依据

根据《工程总承包管理办法》第10条的规定，工程总承包单位应当同时具有与工程规模相适应的工程设计资质和施工资质，或者由具有相应资质的设计单位和施工单位组成联合体。

《工程总承包管理办法》虽然为规范性法律文件，但其中关于要求承包单位具备设计和施工双资质的规定，反映了主管机关希望通过促进设计与施工融合，培育和发展工程总承包模式提升建设效率的初衷。结合《最高人民法院关于裁判文书引用法律、法规等规范性法律文件的规定》(法释〔2009〕14号)第6条的规定，人民法院可以规范性文件作为裁判说理的依据，因此，《工程总承包管理办法》对工程总承包的“双资质”要求，也将间接影响司法实践的判断。例如，在(2020)甘04民终1032号案件中，根据法院查明的事实，发包人甘肃稀土公司与西安设计公司签订了《建设工程总承包(EPC)合同》，西安设计公司作为总承包人按合同规定完成工程的设计、采购、施工等工作，嗣后，西安设计公司与西安阳明公司签订了《建设工程施工合同》，西安设计公司将其承包的甘肃稀土公司生活区主马路、人行道工程施工分包给西安阳明公司。甘肃省白银市中级人民法院审理认为：西安设计公司作为设计单位并无施工资质，发包方甘肃稀土公司未尽审查义务，与西安设计公司签订《建设工程总承包(EPC)合同》，存在重大过错，西安设计公司作为总承包方，在明知自己无施工资质的情况下签订总承包合同存在重大过错，应承担相应责任。

五、承包范围没有约定或约定不明，可结合项目审批或核准、备案文件、招标文件(含“发包人要求”)、投标文件等相关文件认定

2020年11月25日住建部、市场监管总局发布2020版《工程总承包合同示范文本》的合同协议书第1条“工程概况”包括6项内容：(1)工程名称；(2)工程地点；(3)工程审批、核准或备案文号；(4)资金来源；(5)工程内容及规模；(6)工程承包范围。此处是关于承包范围最直接的约定。实践中，此处的约定常常并不明确，需要通过合同其他条款或文件进行解释，这些文件包括项目审批或核准、备案文件、招标文件(含“发包人要求”)、投标文件等相关文件。

(一)审批、核准或备案文件

根据《政府投资条例》第9条的规定，政府采取直接投资方式、资本金注入方式投资的项目，报投资主管部门或者其他有关部门审批，要求项目单位应当编制项目建议书、可行性研究报告、初步设计，按照政府投资管理权限和规定的程序，报投资主管部门或者其他有关部门审批。根据《企业投资项目核准和备案管理条例》第3条的规定，对关系国家安全、涉及全国重大生产力布局、战略性资源开发和重大公共利益等项目，适用核准制。项目需要核准的，企业自主编制项目申请报告，项目申请书应当包括项目名称、建设地点、建设规模、建设内容等项目基本情况，分别向城乡规划、国土资源和环境保护部门申请办理规划选址、用地预审和环评手续。履行手续后，企业向发改部门报送项目申请报告，并附规划选址、用地预审和环评审批文件。核准后，依据核准文件向城乡规划部门办理规划

许可证、向国土部门办理正式用地（用海）手续（国土资源主管部门明确可以不进行用地预审的情形除外）、港口行政管理部门出具的岸线使用审批意见（使用岸线项目）等。最后依据上述手续向建设主管部门办理开工手续。审批或核准之外的项目实行备案制，企业向政府部门提交备案申请，履行备案手续。企业登录投资项目在线审批监管平台，填报项目备案信息即可。一般包括企业基本情况、项目名称、建设地点、建设规模、建设内容；项目总投资额；项目符合产业政策的声明等，无须提交任何前置要件。备案通过后企业或项目单位分别向城乡规划、国土资源和环境保护部门申请办理规划选址、用地预审和环评手续，最后根据批复文件向建设部门办理开工手续。

本条规定的审批或核准、备案文件就是上述审批或核准、备案过程中形成的相关文件，涉及项目的建设内容与规模，可以作为认定工程承包范围的依据之一。

（二）招标投标文件

根据《招标投标法》第 19 条第 1 款的规定，招标人应当根据招标项目的特点和需要编制招标文件。招标文件应当包括招标项目的技术要求、对投标人资格审查的标准、投标报价要求和评标标准等所有实质性要求和条件以及拟签订合同的主要条款。根据《工程总承包管理办法》第 9 条的规定，招标文件包含了 10 个部分内容：投标人须知；评标办法和标准；拟签订合同的主要条款；发包人要求，列明项目的目标、范围、设计和其他技术标准，包括对项目的内容、范围、规模、标准、功能、质量、安全、节约能源、生态环境保护、工期、验收等的明确要求；建设单位提供的资料和条件，包括发包前完成的水文地质、工程地质、地形等勘察资料，以及可行性研究报告、方案设计文件或者初步设计文件等；投标文件格式；要求投标人提交的其他材料；履约担保要求（如有）；投标单位拟分包内容（如有）；最高投标限价（如有）或最高投标限价的计算方法。投标文件是投标人响应招标而编制并向招标人出具的文件。因此，招标、投标文件中有对于项目内容、范围的描述，可以作为认定工程总承包范围的依据之一。

（三）发包人要求

根据《工程总承包管理办法》第 9 条的规定，工程总承包项目招标文件应当包括《发包人要求》。继 2012 版《标准设计施工总承包招标文件》之后，2020 版《工程总承包合同示范文本》再次明确组成合同的文件中包括《发包人要求》，其第1.1.1.6目约定:《发包人要求》指构成合同文件组成部分的名为《发包人要求》的文件,其中列明工程的目的、范围、设计与其他技术标准和要求,以及合同双方当事人约定对其所作的修改或补充。2020版《工程总承包合同示范文本》附件1《发包人要求》记载:《发包人要求》应尽可能清晰准确,对于可以进行定量评估的工作,《发包人要求》不仅应明确规定其产能、功能、用途、质量、环境、安全,并且要规定偏离的范围和计算方法,以及检验、试验、试运行的具体要求。对于承包人负责提供的有关设备和服务,对发包人人员进行培训和提供一些消耗品等,在《发包人要求》中应一并明确规定。《发包人要求》包括11个方面,分别是功能要求、工程范围、工艺安排或要求(如有)、时间要求、技术要求、竣工试验、竣工验收、竣工后试验(如有)、文件要求、工程项目管理规定、其他要求。在合同文件优先解释顺序上,2020版《工程总承包合同示范文本》修改了2012版《标准设计施工总承包招标文件》中《发包人要求》劣后于专用合同条款、通用合同条款的安排,在第1.5款“合同文件的优先顺序”中,将《发包人要求》作为专用合同条件的附件,在合同文件优先解释顺序上与专用合同条件并列,优先于通用合同条件。

由此可见,发包人要求本身就包括对工程范围的描述,且形成于招标投标过程,先于工程总承包合同的约定,系确定工程总承包合同承包范围的最直接依据。

六、裁判实践中应注意的问题

1. 当事人对承包范围有争议,合同有明确约定的,以合同约定为准进行认定。合同主文、合同文件的条款关于承包范围的约定前后不一致的,应以合同关于解释合同文件的优先顺序为标准来确定。2020版《工程总承包合同示范文本》通用合同条件第1.5款是关于合同文件优先顺序的内容,约定:组成合同的各项文件应互相解释,互为说明。除专用合同条件另有约定外,解释合同文件的优先顺序如下:(1)合同协议书;(2)中标通知书(如果有);(3)投标函及投标函附录(如果有);(4)专用合同条件及发包人要求等附件;(5)通用合同条件;(6)承包人建议书;(7)价格清单;(8)双方约定的其他合同文件。上述各项合同文件包括合同当事人就该项合同文件所作出的补充和修改,属于同一类内容的文件,应以最新签署的为准。在合同订立及履行过程中形成的与合同有关的文件均构成合同文件组成部分,并根据其性质确定优先解释顺序。

例如:某单位建设一栋业务大楼,经过招投标确定一家EPC总承包单位,合同约定计价方式为固定总价合同。发包人与总承包人签订的总承包合同第一部分合同协议书中的第 1 条第 6 项工程承包范围中明确约定“消防等工程”属于总承包范围,并对不在招标范围内的工程予以特别标注提示总承包人。现总承包人以总承包合同第三部分专用合同条件“项目进度计划”具体要求中未提到消防工程为由,认为总承包范围不含消防工程。发包人认为该处约定仅仅是就项目进度的约定,并非有关工程范围的约定;且根据建设工程总承包合同第三部分通用合同条件 1.5 合同文件优先顺序约定,在对合同内容理解产生歧义时,第一部分合同协议书效力优先,合同协议书对工程承包范围已经约定清楚具体明确约定“消防等工程”包括在总承包工程范围内,应以合同协议书的约定为准。

2. 双方另行签订的合同与中标合同约定的承包范围不一致的,以中标合同的约定为准。参照《施工合同司法解释(一)》第 2 条第 1 款的规定,招标人和中标人另行签订的建设工程施工合同约定的工程范围、建设工期、工程质量、工程价款等实质性内容,与中标合同不一致,一方当事人请求按照中标合同确定权利义务的,人民法院应予支持。承包范围属于上述司法解释所规定的实质性内容,如果另订合同改变该中标合同的实质性内容,承包范围仍应以中标合同约定的为准。

3. 合同关于承包范围没有约定或约定不明确的,结合项目审批或核准、备案文件、招标文件(含“发包人要求”)、投标文件等相关文件进行认定时,应当以《发包人要求》为核心。

工程总承包与施工总承包的按图施工不同,在工程总承包模式下,设计与施工深度融合,发包方不提供完整的设计图纸,而是通过性能和功能定位、产量目标、投资预期、建设标准和关键里程碑节点等实现对项目的控制。《发包人要求》是工程总承包项目的关键性文件,是总承包人实施设计、采购、施工的基础文件。《工程总承包管理办法》第 6 条第 2 款规定“建设内容明确、技术方案成熟”的项目才适宜工程总承包模式,目的也是希望发包人在发包项目时,对项目的建设范围、建设规模、功能要求、技术方案等基本条件是明确的,避免因《发包人要求》的不明确,导致投标报价和合同履约产生争议。同时《工程总承包管理办法》第 9 条也规定招标文件应当包括“发包人要求”,因此《发包人要求》是工程总承包人的履约依据,它取代了施工合同中的施工图纸和规范,其作为确定工程总承包合同承包范围的核心文件比较有利于纠纷的解决。

参考依据

1.《招标投标法》

第十九条 招标人应当根据招标项目的特点和需要编制招标文件。招标文件应当包括招标项目的技术要求、对投标人资格审查的标准、投标报价要求和评标标准等所有实质性要求和条件以及拟签订合同的主要条款。

国家对招标项目的技术、标准有规定的,招标人应当按照其规定在招标文件中提出相应要求。

招标项目需要划分标段、确定工期的,招标人应当合理划分标段、确定工期,并在招标文件中载明。

2.《政府投资条例》

第九条 政府采取直接投资方式、资本金注入方式投资的项目(以下统称政府投资项目),项目单位应当编制项目建议书、可行性研究报告、初步设计,按照政府投资管理权限和规定的程序,报投资主管部门或者其他有关部门审批。

项目单位应当加强政府投资项目的前期工作,保证前期工作的深度达到规定的要求,并对项目建议书、可行性研究报告、初步设计以及依法应当附具的其他文件的真实性负责。

第二十一条 政府投资项目应当按照投资主管部门或者其他有关部门批准的建设地点、建设规模和建设内容实施;拟变更建设地点或者拟对建设规模、建设内容等作较大变更的,应当按照规定的程序报原审批部门审批。

3.《工程总承包管理办法》

第九条 建设单位应当根据招标项目的特点和需要编制工程总承包项目招标文件,主要包括以下内容:

(一)投标人须知;

(二)评标办法和标准;

(三)拟签订合同的主要条款;

(四)发包人要求,列明项目的目标、范围、设计和其他技术标准,包括对项目的内容、范围、规模、标准、功能、质量、安全、节约能源、生态环境保护、工期、验收等的明确要求；

（五）建设单位提供的资料和条件，包括发包前完成的水文地质、工程地质、地形等勘察资料，以及可行性研究报告、方案设计文件或者初步设计文件等；

（六）投标文件格式；

（七）要求投标人提交的其他材料。

建设单位可以在招标文件中提出对履约担保的要求，依法要求投标文件载明拟分包的内容；对于设有最高投标限价的，应当明确最高投标限价或者最高投标限价的计算方法。

推荐使用由住房和城乡建设部会同有关部门制定的工程总承包合同示范文本。

第十条　工程总承包单位应当同时具有与工程规模相适应的工程设计资质和施工资质，或者由具有相应资质的设计单位和施工单位组成联合体。工程总承包单位应当具有相应的项目管理体系和项目管理能力、财务和风险承担能力，以及与发包工程相类似的设计、施工或者工程总承包业绩。

设计单位和施工单位组成联合体的，应当根据项目的特点和复杂程度，合理确定牵头单位，并在联合体协议中明确联合体成员单位的责任和权利。联合体各方应当共同与建设单位签订工程总承包合同，就工程总承包项目承担连带责任。

4.《施工合同司法解释（一）》

第二条　招标人和中标人另行签订的建设工程施工合同约定的工程范围、建设工期、工程质量、工程价款等实质性内容，与中标合同不一致，一方当事人请求按照中标合同确定权利义务的，人民法院应予支持。

招标人和中标人在中标合同之外就明显高于市场价格购买承建房产、无偿建设住房配套设施、让利、向建设单位捐赠财物等另行签订合同，变相降低工程价款，一方当事人以该合同背离中标合同实质性内容为由请求确认无效的，人民法院应予支持。

案例分析

案　例

新煤化工设计院(上海)有限公司、中铝矿业有限公司等建设工程合同纠纷

案号:(2021)最高法民终450号

审理法院:最高人民法院

裁判类型:二审民事判决

一、案情介绍

2014年12月,新煤化工设计院(上海)有限公司(以下简称新煤化工)在中铝矿业有限公司(以下简称中铝公司)河南分公司招标的"中国铝业股份有限公司河南分公司氧化铝节能减排升级改造项目自备煤气站工程"(以下简称自备煤气站)项目中中标。中标通知书载明的中标金额为34,401.73万元。2015年3月18日,新煤化工与中铝公司河南分公司签订EPC商务合同和技术协议,双方对合同价款约定为33,500万元。

商务合同关于工程承包范围的第2.2.1项约定:该工程为交钥匙工程,承包人的工程内容详见招标文件技术部分及签订的技术协议。第2.2.1.2目约定:属于发包人要承担的范围,承包人必须单独列出,如未列出,均属承包人范围。第2.2.1.3目约定:如现场发包人提出变更,或本协议没有明确的事项,双方现场协商解决,牵涉商务因素可以签订补充协议。第5.4.2项约定:如发包人需要对项目范围进行增减,价格变动执行"分项报价表"。如需在本合同工程承包范围及内容之外额外补充的,由双方协商确定补充合同价款。

技术协议中双方对自备煤气站系统工程的四台气化炉单元、脱硫单元、空分单元、备煤单元、煤气输送单元及配套的公用工程进行了详细约定,附件7对文件和资料的提交进行了约定,附件10对竣工验收进行了详细约定。

合同签订后,新煤化工对案涉工程进行了设计、设备采购、安装和施工。

2017 年 2 月，该煤气站改造工程 A、B、C、D 炉开始投煤试车使用。2017 年 4 月，中铝公司河南分公司对该工程 C、D 炉进行性能检测并确认性能考核通过；2017 年 7 月，对 A、B 炉进行性能检测并确认性能考核通过。2017 年 9 月，双方签署工程移交证书。2018 年 8 月，新煤化工取得交(竣)工验收证书。现该工程已经竣工并交付中铝公司河南分公司投入生产使用。

2018 年 4 月 23 日，新煤化工向中铝公司河南分公司提交结算书，中铝公司河南分公司未予确认。

新煤化工主张自备煤气站工程施工过程中，增加了以下工程："干煤棚增加 A－C 轴"、"变配电楼增加一层"、"空分增加后备系统"、"雨排水管线向南改为向西"、"新增氮气管线"、"新增氨水管线"、"排洪沟堤护坡"、"新增围墙"、"生活污水网管改造"、"三七灰土换填"、"煤气外管新增两台 DN7××的阀门"、"空分配电室空调"、"消防水泵房改造"工程和"完成 168 考核后增加的运行维护费用"与"项目实施增加费用"。中铝公司河南分公司及中铝矿业公司对新煤化工主张的增加工程不予认可，认为案涉工程为"交钥匙工程"，不存在增加工程。

二、各方观点

中铝矿业公司认为，变配电楼、空分设备系统、围墙、生活污水网管改造、三七灰土换填、空分配电室空调等 6 项工程均不属于合同外增加工程。变配电楼的功能与面积与投标文件相比均有减少，空分设备系统是新煤化工重新更改技术方案后增加，非中铝矿业公司要求；新增围墙系安全卫生的必需设计，不属于新增项目；生活污水网管改造工程非合同外工程；新煤化工由于自身失误未将三七灰土换填工程费用纳入合同范围应自担风险；空分配电室空调是由轴流风机调整变更而来，安全必需，非新增设备。

新煤化工认为，通过对比原投标文件及商务合同附件、技术协议供货范围及服务范围，新增加的设备、材料建筑安装工程费等属于项目实施增加的费用，要求中铝矿业公司另行支付。

三、裁决要旨

EPC 项目将设计、采购、施工等内容通过交钥匙合同一并交给承包方。在这种 EPC 模式中业主与承包方签订工程总承包合同把建设项目的设计、采购、施工等工作全部委托给承包方负责组织实施，业主只负责整体、原则的目标管理和控制。设计、采购和施工是承包方统一策划、组织、指挥、协调和全过程控制。在此情况下，业主介入实施的程度较低，总承包商运用其管理经验对项目建设中的相关零星设备和材料进行适当调整，也是EPC项目建设过程中边施工、边设计、边改进的常见现象。对于项目实施过程中需要重大调整和改进的工程项目，承包方按照合同约定可以启动索赔或者追加项目费用。对于本案请求的这些项目增加费用，新煤化工没有提供在涉案项目施工过程中双方经常采用的澄清说明、联系函、备忘录、设计变更单等书面文件予以确认。《商务合同》也约定在合同有效期内，本合同工程承包范围及内容不发生变化时，合同总价不变。该设备及材料增加后，没有证据证明将项目功能明显超越原合同约定的功能。故新煤化工主张的增加项目属于合同外工程项目不予支持。

四、法律分析

工程总承包项目中，对仅涉及设备及材料增加，没有证据证明项目功能明显超越原合同约定的功能，承包人没有举证承包范围发生变更的，其要求合同总价之外增加费用的主张不成立。

第三条

工程师的合同地位及权责认定

工程师的权限依据发包人的授权认定，授权不明时工程师签字确认的文件，涉及工程量、工期等事实的，建议认定对发包人具有约束力；涉及合同价款确认及其调整的，建议认定对发包人无约束力，但工程师的行为构成表见代理的除外。

因工程师的指示错误或延误造成承包人损失的，承包人主张由发包人承担由此增加的费用和合理利润的，建议予以支持；造成工期延误的，建议相应顺延工期。

裁决指引

本条是对工程师的权限以及因工程师的错误造成承包人损失后的责任认定的规范。

发包人需对承包人的设计、采购、施工、服务等工作过程或过程节点实施监督管理的，有权委任工程师。工程师的权限根据发包人的授权认定。同时，鉴于工程师系代表发包人履行职责，对于工程师因指示错误造成承包人损失的，应由发包人对此承担责任。

根据2020版《工程总承包合同示范文本》第1.1.2.6目的定义，工程师是指在专用合同条件中指明的，受发包人委托按照法律规定和发包人的授权进行合同履行管理、工程监督管理等工作的法人或其他组织；该法人或其他组织应雇用一名具有相应执业资格和职业能力的自然人作为工程师代表，并授予其根据本合同代表工程师行事的权利。

在实践中，常常容易将工程师与工程师代表混淆。应该明确，工程师是进行合同履行管理、工程监督管理等工作的法人或其他组织，而工程师代表则是根据工程师的授权代表工程师履行相关责任的自然人。工程师代表如任职于此类单位,则其所发出的指令,应理解为一种职务行为,由单位承担相应责任。

一、工程师合同地位的认定

"工程师"受发包人委托,按照发包人的授权进行管理,也即"工程师"对工程总承包合同的监督和管理权利源于发包人。

"工程师"通过委派工程师代表实际参与项目监管。结合建设项目工程总承包合同示范文本具体条款可知:工程师应将被授权人员的姓名及其授权范围通知承包人,被授权的人员在授权范围内发出的指示视为已得到工程师的同意,与工程师发出的指示具有同等效力。(见图1)

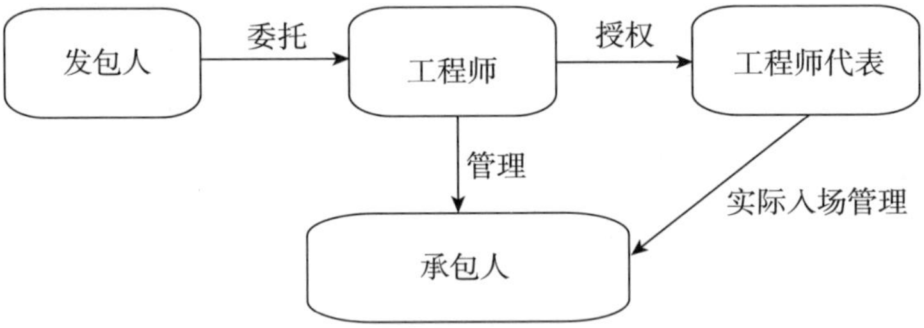

图1　工程师的合同地位

根据图1可知,工程师的合同定位主要包含两项:

1. 发包人(FIDIC中的业主)与工程师之间是一种平等民事主体之间的委托合同关系,发包人与工程师签订协议,委托工程师对工程进行管理并支付报酬,工程师则通过提供管理服务而获得报酬。关于发包人和工程师之间的协议,FIDIC称为"服务协议",而在我国此前合同示范文本此角度主要是监理,则称为"委托监理合同"。尽管在称呼和内容上存在一定的差异,但二者在法律性质上都属于委托合同。我国《民法典》第796条规定:"建设工程实行监理的,发包人应当与监理人采用书面形式订立委托监理合同。发包人与监理人的权利和义务以及法律责任,应当依照本编委托合同以及其他有关法律、行政法规的规定。"原《合同法》第276条规定:"建设工程实行监理的,发包人应当与监理人采用书面形式订立委托监理合同。发包人与监理人的权利和义务以及法律责任,应当依照本法委托合同以及其他有关法律、行政法规的规定。"

因此,工程师在与发包人在合同关系中处于平等地位,双方之间是委托合同关系。工程师受发包人委托代为对承包人施工过程中的各项环节进行管理和监督,而其管理和监督所依据的权限均来自工程师与发包人所签订的委托监理合同。

2. 工程师与承包人之间系一种管理与被管理的关系。工程师与承包人之间不存在合同关系,其主要任务之一是受发包人(业主)的委托对承包人履行合同情况进行全面的监督管理。因此,工程师与承包商之间既不是平等主体间的合同关系,也不是领导与被领导的关系,而是一种管理与被管理的关系。工程师应当基于法律规定,通过行使合同中明确规定的或必然隐含的权限,来对承包人的履约情况进行监督管理;通常来说,在合同无约定或约定不明的情况下,司法实践中一般认为,监理单位对工程量、工期、质量问题所作的意思表示,原则上对发包人具有约束力(详见第二部分)。

二、工程师的权责认定

根据 FIDIC 红皮书 2017 版第 3.1 款,工程师应享有合同规定中作为工程师所必需的一切权利,如第 3.5 款"工程师的指示",工程师可(在任何时候)按照合同规定向承包商发出实施工程可能需要的指示,以及第 3.7 款"商定或确定",工程师应与双方共同和/或单独协商,并鼓励双方进行讨论,尽量达成协议……工程师应根据合同,在适当考虑所有相关情况下,对此事项或索赔做出公正的确定。

工程师必须按照委托合同的授予范围来行使权利。需要进一步说明的是承包人与工程师之间并无合同关系,工程师之所以仍然可以根据服务协议的授权对承包人行使权利,是由于承包人对服务协议的事先认可。通过这种事先认可,承包人经由业主间接对工程师进行了授权。

工程师的权力源于业主与承包人之间签订的施工合同和业主与工程师之间签订的服务协议,是业主和承包人对工程师所进行的一种授权或者认可,在法律性质上属于授予权。工程师享有这两项权力的深层次原因或内在合理性在于,这是工程师代理业主对工程进行全方位的专家式管理的必然要求,也是有效维护业主和承包人双方权益、高效实现合同目的的内在要求。

工程师的权利与责任认定主要来自其与发包人(业主)所签订的服务协议,正是由于承包人与发包人签订建设工程施工合同过程中,承包人对此项授权进行了事先认可。因此,工程师的权利主要来自发包人的委托合同授权。另外,还包括法律规定的强制监理工程所赋予的工程师所享有权利。

而工程师的责任承担也主要依据双方签订的委托合同,并且工程师主要基于双方的委托合同向发包人承担责任,其与承包人之间属于管理与被管理的关系,并无责任承担。但是,依据2020版《工程总承包合同示范文本》第3.3.1项"发包人需对承包人的设计、采购、施工、服务等工作过程或节点实施监督管理的,有权委任工程师"的约定,工程师作为建设工程总承包项目各环节的管理与监督人,也需要对该工程的质量负责,并对其中各环节出现的由其依照权限决定的事项承担责任。

三、工程师在2020版《工程总承包合同示范文本》的变化

"工程师"是指按发包人委托的范围、内容、职权和权限,代表发包人对承包人实施监督管理,借助于第三方专业咨询力量对项目进行过程监管。2020版《工程总承包合同示范文本》借鉴了FIDIC黄皮书的管理思路,即在第3条发包人的管理中通过设置"工程师"条款,实现建设单位以及第三方专业咨询机构对工程项目的管理,确保工程质量和安全。

2020版《工程总承包合同示范文本》的突出变化之一就是增加了"工程师"的相关内容,取代了2011版《工程总承包合同示范文本》中"监理人"的相关内容。而2020版《工程总承包合同示范文本》关于工程师的内容集中体现在第3.3款[工程师]、第3.4款[任命与授权]、第3.5款[指示]、第3.6款[商定或确定]中,几乎占据了第3条[发包人管理]的大部分篇幅,足以凸显新版合同中对于"工程师"这一新设角色的重视。从合同条款的编制角度而言,2020版《工程总承包合同示范文本》也将2011版《工程总承包合同示范文本》第2条[发包人]进行了细化、增补和完善,形成了新版示范文本中的第2条[发包人]和第3条[发包人的管理]两部分内容。

但是,工程总承包项目在我国建设工程领域设立之初,就经历了曲折的发展路程,导致在工程总承包项目模式下出现了工程师与建设监理方的并存局面,而且二者的权责在多数层面上处于重叠状态。

四、对本条第一款"授权不明"的理解

2020版《工程总承包合同示范文本》第3.2款约定:发包人人员包括发包人代表、工程师及其他由发包人派驻施工现场的人员,发包人可以在专用合同条件中明确发包人人员的姓名、职务及职责等事项。第3.3.2项约定:工程师按发包人委托的范围、内容、职权和权限,代表发包人对承包人实施监督管理。若承包人认为工程师行使的职权不在发包人委托的授权范围之内的,则其有权拒绝执

行工程师的相关指示，同时应及时通知发包人，发包人书面确认工程师相关指示的，承包人应遵照执行。

事实上，工程师虽然作为独立专业的第三方，根据自己的专业技能和判断进行工作，但在某种程度上，同时也被视为发包方的人员。正因如此，承包人对此有一定的信赖利益。在授权不明时，可参照《北京市高级人民法院关于审理建设工程施工合同纠纷案件若干疑难问题的解答》对监理签证的规定："监理人员确认的签证文件，涉及工程量、工期及工程质量等客观事实的，原则上对发包人具有约束力，涉及工程价款变更等经济决策的，原则上对发包人不具有约束力，但施工合同对监理人员的授权约定的除外。"本款规定工程师针对工程量、工期等事实的签字确认，对发包人是有约束力的。

但是，在授权不明的情况下，工程师的权限也不是无限的。2020 版《工程总承包合同示范文本》第 3.3.3 项约定：在发包人和承包人之间提供证明、行使决定权或处理权时，工程师应作为独立专业的第三方，根据自己的专业技能和判断进行工作。但工程师或其人员均无权修改合同，且无权减轻或免除合同当事人的任何责任与义务。根据这一约定，工程师无权修改合同，也无权减轻或免除合同当事人的任何责任与义务。其第 3 条第 1 款也在此基础上明确规定，涉及合同价款的确认，工程师的签字确认对发包人无约束力。这里又增加了一个但书，即只有在工程师的签字确认行为构成表见代理的情况下，对发包人是具有约束力的。而表见代理也是代理制度的重要内容。《民法典》第 172 条规定：行为人没有代理权、超越代理权或者代理权终止后，仍然实施代理行为，相对人有理由相信行为人有代理权的，代理行为有效。关于表见代理的法律意义，主要体现在以下三个方面：一是对外表授权的承认和保护。外表授权是一种法律事实，它的效力就是使表见代理人获得代理权。二是对于善意相对人利益的保护。三是保护财产交易的动态安全。[①] 在工程师的授权不明但涉及合同价款的确认构成表见代理时，对发包人亦会产生约束力。

五、对本条第一款"指示错误或延误"的理解

2020 版《工程总承包合同示范文本》第 3.5.3 项约定：由于工程师未能按合同

① 参见最高人民法院民法典贯彻实施工作领导小组主编：《中华人民共和国民法典总则编理解与适用》，人民法院出版社 2020 年版，第 862 ~ 863 页。

约定发出指示、指示延误或指示错误而导致承包人费用增加和(或)工期延误的,发包人应承担由此增加的费用和(或)工期延误,并向承包人支付合理利润。该条已经约定了工程师因不当的指示导致承包人损失以及工期延误的责任承担。

指示错误,是指工程师发出的指令不科学、不严谨,或者判断错误。指示延误,是指工程师发出的指示不及时或不适时。因指示错误或指示延误,造成承包人损失的,应由发包人承担。同时,如因此造成工期延误的,工期也应相应顺延。根据2020版《工程总承包合同示范文本》第3.5.3项的约定,如果工程师未能按照合同约定发出指示,也应属于指示延误的一种情况,在造成承包人损失的情况下,同样应由发包人承担。

发包人对工程师发出的指令错误或延误而承担责任的依据,是代理的法律效果这一民法理论的具体体现。《民法典》第162条规定:代理人在代理权限内,以被代理人名义实施的民事法律行为,对被代理人发生效力。所谓以被代理人的名义,是指代理人表示代被代理人实施民事法律行为,并使行为效果直接归属于被代理人的意思。①

另外尚需要讨论的是,发包人因工程师发出的指令错误或延误而承担责任后,是否能向工程师追偿。根据《民法典》第929条的规定,发包人应能够向工程师追偿,但发包人应举证证明工程师具有过错。《民法典》第929条规定:有偿的委托合同,因受托人的过错造成委托人损失的,委托人可以请求赔偿损失。无偿的委托合同,因受托人的故意或者重大过失造成委托人损失的,委托人可以请求赔偿损失。受托人超越权限造成委托人损失的,应当赔偿损失。此处的工程师与发包人之间应属于有偿的委托合同关系。

参考依据

1.《民法典》

第一百六十二条 代理人在代理权限内,以被代理人名义实施的民事法律行为,对被代理人发生效力。

---

① 参见最高人民法院民法典贯彻实施工作领导小组主编:《中华人民共和国民法典总则编理解与适用》,人民法院出版社2020年版,第809页。

第一百七十二条　行为人没有代理权、超越代理权或者代理权终止后，仍然实施代理行为，相对人有理由相信行为人有代理权的，代理行为有效。

第七百九十六条　建设工程实行监理的，发包人应当与监理人采用书面形式订立委托监理合同。发包人与监理人的权利和义务以及法律责任，应当依照本编委托合同以及其他有关法律、行政法规的规定。

第九百二十九条　有偿的委托合同，因受托人的过错造成委托人损失的，委托人可以请求赔偿损失。无偿的委托合同，因受托人的故意或者重大过失造成委托人损失的，委托人可以请求赔偿损失。

受托人超越权限造成委托人损失的，应当赔偿损失。

2.《建筑法》

第三十一条　实行监理的建筑工程，由建设单位委托具有相应资质条件的工程监理单位监理。建设单位与其委托的工程监理单位应当订立书面委托监理合同。

第三十三条　实施建筑工程监理前，建设单位应当将委托的工程监理单位、监理的内容及监理权限，书面通知被监理的建筑施工企业。

3.《施工合同司法解释(一)》

第八条　当事人对建设工程开工日期有争议的，人民法院应当分别按照以下情形予以认定：

(一)开工日期为发包人或者监理人发出的开工通知载明的开工日期；开工通知发出后，尚不具备开工条件的，以开工条件具备的时间为开工日期；因承包人原因导致开工时间推迟的，以开工通知载明的时间为开工日期。

(二)承包人经发包人同意已经实际进场施工的，以实际进场施工时间为开工日期。

(三)发包人或者监理人未发出开工通知，亦无相关证据证明实际开工日期的，应当综合考虑开工报告、合同、施工许可证、竣工验收报告或者竣工验收备案表等载明的时间，并结合是否具备开工条件的事实，认定开工日期。

第十条　当事人约定顺延工期应当经发包人或者监理人签证等方式确认，承包人虽未取得工期顺延的确认，但能够证明在合同约定的期限内向发包人或者监理人申请过工期顺延且顺延事由符合合同约定，承包人以此为由主张工期顺延的,人民法院应予支持。

当事人约定承包人未在约定期限内提出工期顺延申请视为工期不顺延的,按照约定处理,但发包人在约定期限后同意工期顺延或者承包人提出合理抗辩的除外。

4.《北京市高级人民法院关于审理建设工程施工合同纠纷案件若干疑难问题的解答》(京高法发〔2012〕245 号)

10. 工程监理人员在签证文件上签字确认的效力如何认定?

工程监理人员在监理过程中签字确认的签证文件,涉及工程量、工期及工程质量等事实的,原则上对发包人具有约束力,涉及工程价款洽商变更等经济决策的,原则上对发包人不具有约束力,但施工合同对监理人员的授权另有约定的除外。

5. FIDIC 红皮书 2017 版

3.3　工程师代表

工程师可根据第 3.4 款[由工程师付托]的规定,任命工程师代表,并授权其在现场代表工程师行使所需的权利,但替换工程师代表的情况除外。

工程师代表(如有任命)应遵守第 3.1 款[工程师](a)和(b)段的规定,在整个工程施工期间常驻现场。如果工程师代表在工程施工期间临时离开现场,工程师应指定一名同等资格、经验丰富和能胜任的替换人员,并应向承包商发出此类替换通知。

3.5　工程师的指示

工程师可(在任何时候)按照合同规定向承包商发出实施工程可能需要的指示。承包商仅应接受工程师或工程师代表(如有指定),或根据第 3.4 款[由工程师付托]的规定被付托适当权利的助手的指示。

在符合本款下列规定的情况下,承包商应遵守工程师或工程师代表(如有指定)或付托助手对合同有关的任何事项发出的指示。

如指示说明构成一项变更,则第 13.3.1 项[指示变更]应适用。

如未说明,承包商则认为该指示:

(a)构成一项变更(或已成为现有变更一部分的工作);(或)

(b)不符合适用的法律或将降低工程的安全性或技术上不可行。

承包商应在开始与本指示有关的任何工作之前，立即向工程师发出说明原因的通知。如工程师在收到通知后7天内未能做出答复，发出确认、取消或变更该指示的通知，工程师应被视为取消了该项指示。否则，承包商应遵守工程师的答复条件并受其约束。

6. FIDIC 黄皮书2017版

3.2　工程师的任务和权利

除本条件中另有说明外，每当工程师履行或行使合同规定或隐含的任务或权利时，应作为熟练的专业人员和视为代表雇主执行；

除本条件中另有说明外，工程师无权修改合同，或解除合同规定的或与合同有关的任一方的任何任务、义务或职责。

工程师可行使合同中规定或必然隐含的应属于工程师的权利。如果要求工程师在行使规定权利前须取得雇主同意，这些要求应在专用条件中写明。在工程师根据第3.7款[商定或确定]的规定行使权利前，不要求取得雇主的同意。雇主将不对工程师的权利作进一步的限制。

但是，每当工程师行使需由雇主同意的规定权利时，则（就本合同而言）应视为雇主已予同意。

工程师、工程师代表或任何助手的任何接收、协议、批准、校核、证明、评论、同意、不批准、检查、检验、指示、通知、不满意、会议记录、许可、建议、记录、答复、报告、要求、审核、试验、评估或类似行动（包括无任何此类行动），不应解除承包商根据合同有关规定应承担的任何任务、义务或职责。

3.5　工程师的指示

工程师可（在任何时候）按照合同规定向承包商发出实施工程可能需要的指示。承包商仅应接受工程师或工程师代表（如有指定），或根据第3.4款[由工程师付托]的规定被付托适当权利的助手的指示。

在符合本款下列规定的情况下，承包商应遵守工程师或工程师代表（如有指定）或付托助手对合同有关的任何事项发出的指示。

如指示说明构成一项变更，则第13.3.1项[指示变更]应适用。

如未说明，承包商则认为该指示：

(a)构成一项变更（或已成为现有变更一部分的工作）；（或）

(b)不符合适用的法律或将降低工程的安全性或技术上不可行。

承包商应在开始与本指示有关的任何工作之前,立即向工程师发出说明原因的通知。如工程师在收到通知后7天内未能作出答复,发出确认、取消或变更该指示的通知,工程师应被视为取消了该项指示。否则,承包商应遵守工程师的答复条件并受其约束。

3.7 商定或确定

在履行本款规定的职责时,工程师应在双方之间保持中立,不应被视为代表雇主行事。

本条件规定工程师应按照本款对任何事项或索赔进行商定或确定时,以下程序应适用:

3.7.1 协商达成协议

工程师应与双方共同和/或单独协商,并鼓励双方进行讨论,尽量达成协议。工程师应立即开始此类协商,以便有足够时间遵守根据第3.7.3项[时限]商定的时限。除非工程师另有提议并经双方商定,工程师应向双方提供协商会议记录。

如果在第3.7.3项[时限]规定的商定期限内达成协议,工程师应将协议通知双方,由双方签署该协议。应说明该通知是一份"双方商定的通知",并应包括一份副本。

如果:

(a)在第3.7.3项[时限]规定的商定时限内未能达成协议;(或)

(b)双方告知工程师未能在此时限内达成协议。

以较早的时限为准,工程师应相应地通知双方,并应立即按照第3.7.2项[工程师的确定]的规定执行。

3.7.2 工程师的确定

工程师应根据合同,在适当考虑所有相关情况下,对此事项或索赔作出公正的确定。

在第3.7.3项[时限]规定的确定时限内,工程师应将其确定通知双方,该通知应说明是"工程师确定的通知",详细说明确定的理由并附详细证明资料。

3.7.3 时限

如果达成协议,工程师应在42天内或由工程师提议并经双方商定的其他时

限(本条件中的“商定时限”)内,在下列时间之后发出商定通知:

(a)如为待商定或确定的事项(不是索赔),本条件适用条款中规定的商定时限的开始日期;

(b)如为第 20.1 款[索赔](c)段规定的某项索赔,工程师收到第 20.1 款规定的索赔方通知的日期;(或)

(c)如为第 20.1 款[索赔](a)或(b)段规定的某项索赔,工程师收到(下述索赔)的日期:

(i)第 20.2.4 项[充分详细的索赔]规定的充分详细的索赔;(或)

(ii)第 20.2.6 项[具有持续影响的索赔]规定的索赔,临时或最终充分详细的索赔(视情况而定)。

工程师应在 42 天内或由工程师提议并经双方商定的其他时限(本条件中的“确定时限”)内发出其确定通知,在其根据第 3.7.1 项[协商达成协议]最后一段规定的履行其义务的相应日期之后。

如果工程师不能在相关时限内发出商定或确定通知,则:

(i)在索赔的情况下,工程师应被视为已作出拒绝该项索赔的确定;(或)

(ii)在待商定或确定的事项的情况下,该事项应视为是一项争端,任一方均可根据第 21.4 款[取得争端避免/裁决委员会的决定]的规定,将该争端提交争端避免/裁决委员会作出决定,而不必发出不满意通知(第 3.7.5 项[对工程师的确定不满意]和第 21.4.1 项[将争端提交争端避免/裁决委员会](a)段将不适用)。

3.7.4　商定和确定的效力

每项商定或确定对双方均具有约束力(工程师应遵守),除非并直到根据本款进行了改正,或在某项确定的情况下,根据第 21 条[争端和仲裁]的规定作出了修改。

如果某项商定或确定涉及一方向另一方支付一笔金额,承包商应将此金额列入下一份报表,工程师应随该报表将此项金额列入付款证书。

在发出或收到工程师商定或确定的通知后 14 天内,如发现有任何印刷,或文书,或算数性的错误:

(a)如由工程师发现:则由其立即通知双方;(或)

(b)如由某一方发现:则该方应根据第 3.7.4 项的规定向工程师发出通知,

并明确指出错误之处。如果工程师不同意有错误，其应视情立即通知双方。

工程师应在发现错误 7 天内，或收到上述(b)段(视情况而定)规定的通知后，向双方发出改正后的商定或确定通知。此后，此改正后的商定或确定应视为本条件的商定或确定。

3.7.5 对工程师的确定不满意

如果任一方对工程师的确定不满意：

(a)不满意的一方可向另一方发出不满意通知，并抄送工程师；

(b)此份不满意通知应说明是"对工程师的确定不满意的通知"，并应阐述不满意的理由；

(c)此份不满意通知，应在收到工程师根据第 3.7.2 项[工程师的确定]的规定作出的确定通知后 28 天内发出，或如适用，在工程师根据第 3.7.4 项[商定或确定的效力]的规定发出的改正通知(或，如被视为拒绝索赔的确定，在根据第 3.7.3 项[时限]的规定作出确定的时限期满后 28 天内)；(以及)

(d)此后，任一方均可根据第 21.4 款[取得争端避免/裁决委员会的决定]的规定执行。

如果任一方在上述(c)段所规定的 28 天内未能发出不满意通知，工程师的确定应被视为已由双方接受的最终确定，并对双方均具有约束力。

如果不满意的一方仅对工程师的部分确定不满意：

(i)该部分应在不满意通知中明确说明；

(ii)该部分以及受该部分影响或依赖其完整性的确定的任何其他部分，应视为与确定的剩余部分可分割；(以及)

(iii)确定的剩余部分应成为双方最终的并具有约束力的确定，如同未发出不满意通知。

如果一方未能遵守双方根据第 3.7 款达成的商定，或工程师作出的最终和具有约束力的确定，另一方可在不损害其可能拥有的任何其他权利的情况下，根据第 21.6 款[仲裁]的规定将不遵守的事项直接提交仲裁。在这种情况下，第 21.7 款[未能遵守争端避免/裁决委员会的决定]的第 1 段和第 3 段应适用于此类提交，提交方式与这些段落适用于争端避免/裁决委员会的最终和具有约束力的决定相同。

7. 2020 版《工程总承包合同示范文本》

3.2　发包人人员

发包人人员包括发包人代表、工程师及其他由发包人派驻施工现场的人员，发包人可以在专用合同条件中明确发包人人员的姓名、职务及职责等事项……

3.3.1　发包人需对承包人的设计、采购、施工、服务等工作过程或过程节点实施监督管理的，有权委任工程师。工程师的名称、监督管理范围、内容和权限在专用合同条件中写明。根据国家相关法律法规规定，如本合同工程属于强制监理项目的，由工程师履行法定的监理相关职责，但发包人另行授权第三方进行监理的除外。

3.3.3　在发包人和承包人之间提供证明、行使决定权或处理权时，工程师应作为独立专业的第三方，根据自己的专业技能和判断进行工作。但工程师或其人员均无权修改合同，且无权减轻或免除合同当事人的任何责任与义务。

3.5.1　工程师应按照发包人的授权发出指示。工程师的指示应采用书面形式，盖有工程师授权的项目管理机构章，并由工程师的授权人员签字……

3.5.2　承包人收到工程师作出的指示后应遵照执行。如果任何此类指示构成一项变更时，应按照第 13 条[变更与调整]的约定办理。

3.6.1　合同约定工程师应按照本款对任何事项进行商定或确定时，工程师应及时与合同当事人协商，尽量达成一致。工程师应将商定的结果以书面形式通知发包人和承包人，并由双方签署确认。

案例分析

该案例虽为施工合同纠纷案件而非工程总承包案件，但该案例中对于工程师职权认定的裁判规则对于处理工程总承包合同相应纠纷同样具有参考意义。

案例一

吉林民融投资有限公司、中国建筑第六工程局有限公司建设工程施工合同纠纷

案号：(2018)最高法民终 629 号

审理法院：最高人民法院

裁判类型：二审民事判决

一、案情介绍

2012年8月15日，吉林民融投资有限公司（以下简称民融公司）与中国建筑第六工程局有限公司（以下简称中建六局）签订《建设工程施工合同》，约定由中建六局承建民融公司发包建设的延边义乌国际商贸城一期商业综合体。工程内容为商业及公寓项目的施工总承包，总计一、二、三期，其中一期14万平方米商业为地上四层、6万平方米的公寓。合同价款约5亿元，开工日期2012年8月15日，竣工日期为2014年12月15日，而后中建六局按约施工。

2013～2014年，双方在未完工情况下，针对工程量、工期、结算方式等事项进行多伦磋商。2014年6月19日，民融公司、中建六局与吉林省工程建设监理有限责任公司三方共同对2013年已完工程质量签订《已完工程评定报告》，确定2013年已完工程符合设计及规范要求；2014年9月，中建六局又与吉林省工程建设监理有限责任公司共同对2014年已完工程签订《已完工程评定报告》，确定2014年已完工程符合设计及规范要求。2014年11月，民融公司正式确认项目停工状态，并注明停工原因均系自身原因。

2017年，中建六局向一审法院起诉，要求解除合同，并主张民融公司向中建六局支付欠付工程款及高额违约金，后该案进入庭审程序。

二、各方观点

民融公司认为：民融公司应当在案涉工程质量鉴定合格的前提下，依据工程造价审核结果支付工程款。案涉工程质量应当作为本案审查的重点。一审法院未对基础隐蔽工程、后续施工部分、成品保护是否合格等事关工程质量问题进行审查，仅依据中建六局与吉林省工程建设监理有限公司于2014年9月径行出具的已完工程评定报告，认定案涉工程质量合格，依据不足。

中建六局认为：中建六局施工完成的灌注桩基础、商业综合体基础及首层主体等部分，已经由建设单位、施工单位及监理单位联合出具已完工程评定报告，报告认定案涉工程符合设计及规范要求，评定合格。

三、裁决要旨

最高人民法院审理过程中认为：中建六局对案涉工程施工过程中，因民融公司违约导致工程无法继续施工，民融公司于2014年11月11日向中建六局提出停工,后因该公司一直未能解决资金问题,中建六局于 2017 年 2 月 20 日向民融公司发出解除合同通知书,要求解除双方之间的《建设工程施工合同》及补充协议,民融公司对此无异议,双方之间的合同即行解除。根据《原施工合同司法解释》第 10 条第 1 款关于“建设工程施工合同解除后,已经完成的建设工程质量合格的,发包人应当按照约定支付相应的工程价款;已经完成的建设工程质量不合格的,参照本解释第三条规定处理”的规定,建设工程施工合同解除后,已完工程质量合格,发包人应当按照约定支付相应的工程价款;已完工程质量不合格比照合同无效、工程质量不合格的规定处理,即建设工程有利用价值的,发包人可以请求减少工程价款或者由承包人承担修复费用。本案中,案涉工程整体未竣工,属于烂尾工程,客观上无法进行整体竣工验收。中建六局、吉林省工程建设监理有限责任公司、民融公司三方于 2014 年 6 月 19 日共同对 2013 年已完工程质量签订已完工程评定报告,确定 2013 年已完工程符合设计及规范要求,故能够认定中建六局对 2013 年已完工程的施工质量合格。中建六局和吉林省工程建设监理有限责任公司于 2014 年 9 月 28 日共同对 2014 年已完工程质量签订已完工程评定报告,确定 2014 年已完工程符合设计及规范要求。民融公司虽未参与此次工程质量评定,但质量评定有发包方聘请并代表发包方利益的监理单位参与,故应当据此认定中建六局 2014 年的施工工程质量合格。民融公司虽抗辩主张已完工程评定报告未涵盖中建六局施工的全部工程,但其并未提出未经检测合格的具体工程内容及证据。根据《原施工合同司法解释》第 13 条的规定,承包人应当在建设工程的合理使用寿命内对地基基础工程和主体结构质量承担民事责任。据此,若民融公司日后有证据证明案涉工程存在地基基础工程和主体结构质量问题,其可另诉主张权利。据此,民融公司以工程存在质量问题为由拒付工程款,理据不足,故不予支持。

四、法律分析

本案中,从争议发展过程来看,实际上最核心的争议点系 2014 年监理人对工程质量的确认,对发包人是否具有约束力。

建设工程质量合格是承包人主张工程价款的前提条件,竣工验收完成意味着工程满足质量标准。但在竣工验收前或中途退场情况下,监理对工程质量的确认意味着承包人起到了对工程质量合格的初步举证责任,此时,发包人若对此存在异议,需提出证据或以申请质量鉴定的方式证明其主张。

此外,司法实践中一般认为,在施工合同无约定的情况下,监理人对工期、质量、承包人施工范围的确认,对发包人具有约束力;监理人对基本事实的确认在诉讼过程中亦具有较强证明力。故发包人应在施工合同中明确监理人代理权限与代理期限,以免因授权不明导致自身损失。

案　例　二

广州宝天生物技术有限公司、广州致合工程咨询有限公司建设工程监理合同纠纷

一审案号:(2020)粤0115民初9886号

二审案号:(2021)粤01民终26065号

一审审理法院:广州市南沙区人民法院

二审审理法院:广东省广州市中级人民法院

裁判类型:二审民事判决

一、案情介绍

2014年5月18日,广州宝天生物技术有限公司(以下简称宝天公司/委托人)与广州致合工程咨询有限公司(以下简称致合公司/监理人)签订《建设工程委托监理合同》,约定宝天公司委托致合公司对基地工程进行施工监理,监理工期为6个月。合同第二部分"标准条件"约定监理人在委托人委托的工程范围内,享有以下权利:在工程施工合同约定的工程价格范围内,工程款支付的审核和签认权,以及工程结算的复核确认权与否决权。未经总监理工程师签字确认,委托人不支付工程款。当委托人发现监理人员不按监理合同履行监理职责,或与承包人串通给委托人或工程造成损失的,委托人有权要求监理人更换监理人员,直到终止合同并要求监理人承担相应的赔偿责任或连带赔偿责任。合同第三部分"专用条款"约定:委托人应在3天内对监理人书面提交并要求作出决定的事宜作出书面回复。若施工需要延期,监理方应继续履行监理义务。延期监理费用双方协商为每月一万元(含税)。

2016年7月6日,宝天公司与致合公司就上述《建设工程委托监理合同》签

订补充协议,约定:基地工程已基本完工,因竣工资料设计未盖章,尚差最后竣工验收未完成。鉴于致合公司的现场监理工作已经完成,双方协商一致同意提前结束监理合同。

基地工程完工后,施工单位广东集盛建设有限公司(以下简称集盛公司)因工程款纠纷,向一审法院提起(2018)粤0115民初5004号民事诉讼,要求宝天公司支付欠付工程款22,513,186.52元及利息。集盛公司为证明基地工程的总造价,向一审法院申请司法鉴定。一审法院依法委托诚业公司对基地工程造价进行了评估。确认基地工程鉴定总造价为38,292,427.78元,其中宝天公司未签章工程签证单反映的项目造价为13,409,565.11元(包括赶工措施费1,553,707.16元和其他争议工程造价)。宝天公司认为,作为其他争议工程造价依据的签证单没有得到宝天公司的确认,并且系致合公司和集盛公司事后补充制作,存在串通伪造嫌疑,故不能作为工程造价的计算依据。

二、各方观点

宝天公司认为:根据涉案《建设工程监理合同》第17条、《建设工程监理规范》第5.34款以及第5.3款规定,致合公司提交的工程签证单系其在工程结束后自行制作,并且致合公司还存在逾期结算及未能合理控制造价等违约行为。给宝天公司造成了13,409,565.11元的损失。然而,一审判决却未对此事实予以查清,而是简单认定"宝天公司提供的证据不足以证明致合公司造成了其主张的经济损失"。根据宝天公司提交的原告未签章工程签证单项目审核情况表与涉案工程造价鉴定报告的比对,明显可以看出致合公司所签订大部分工程签证单项目均不存在或者重复计算。对于本案致合公司存在与施工单位串通伪造工程签证单(工程签证单项目是否真实存在)这一重要事实。

致合公司认为:致合公司签署的涉案工程签证单所涉及的工程量均真实发生,涉案工程签证单在(2018)粤0115民初5004号一案以及本案一审法院审理的过程均已查明并充分阐述,不存在致合公司虚假制作的情形。涉案工程作为边勘测、边设计、边施工的"三边工程",其建设工期、工程造价本身存在极大的不确定性,需依据宝天公司的要求以及施工单位的签证进行最终的工程结算。致合公司为涉案工程提供监理服务期间,严格按照致合公司与宝天公司签订的《建设工程委托监理合同》的约定及《建设工程监理规范》(GB/T 50319—2013)的规定开展工作,对承包人提出的工程计量等意见和要求提供处置意见。监理合同及监理规范并没有规定致合公司具备控制造价的权限,致合公司每星期均将施工过程中形成签证及时送达宝天公司,不存在逾期签证的情形。致合公司及监理工程师在充分了解工程进度、核实现场工程项目及工作量、尊重客观事实的前提下,对签证单载明的内容独立发表了意见,同时表述了“请业主审批”等内容。这表明致合公司及专业监理工程师在“项目监理机构意见”一栏发表的意见是独立于宝天公司,但签证单所载内容仍应由宝天公司最终确认,宝天公司未对签证单进行确认是其自身原因所致,并不能证明致合公司存在违反监理规范及程序等其他情形。签证单对应的13,409,565.11元系宝天公司必须支付的工程款,并不属于宝天公司的自身损失。

三、裁决要旨

一审法院认为:监理人虽然是受委托人的委托进行监理,但其在行使监理职责过程中,系按照独立自主的原则开展监理活动,不能仅仅依据宝天公司自行委托审核的工程造价结果与诚业公司出具的司法鉴定结果不一致,就认定作为司法鉴定依据的争议签证单是致合公司与集盛公司串通伪造的。该案确认的宝天公司应付的基地工程款系其依据《广州市建设工程施工合同》应当向集盛公司支付的工程对价,而非经济损失。宝天公司提供的证据不足以证明致合公司未尽到监理人义务,也无法证明致合公司的监理行为给宝天公司造成了其主张的经济损失。

二审法院认为:首先,签证单系在工程施工过程中形成,并有致合公司、集盛公司签章,宝天公司与致合公司签订的《建设工程委托监理合同》明确约定致合公司作为监理人有施工质量的检验权、工程施工进度的检查监督权、工程款支付的审核签认权以及工程结算的复核确认权与否决权,致合公司在签证单上签字是履行合同约定的监理人权利的行为,而宝天公司一审庭审自认签证单的审核程序并无具体约定,其仅以自身未在签证单上签名主张签证单为伪造,理据不足。其次,(2018)粤0115民初5004号案司法委托的鉴定机构诚业公司明确该13,409,565.11元的工程量“图纸上有、签证单有”,仅是因为具体的数量在图纸上反映不出来而按照签证单计算,亦即签证单反映的争议工程量在图纸上有所体现,诚业公司并非仅凭签证单确认争议工程造价。诚业公司是有相应资质的鉴定机构,一审委托鉴定程序合法,诚业公司结合施工资料和现场勘验情况出具鉴定结论,一审法院据以认定工程造价,理据充分。宝天公司作为工程业主如签证单上记载的工程量未施工,其有能力也有义务提交相反证据予以反驳,但其就此并未举证,而以其自行委托审核的工程造价与法院委托司法鉴定的结果不一致,主张争议工程量部分的签证单是致合公司与集盛公司串通伪造,不足以采信。

四、法律分析

本案中,从双方合同内容来看,实际上属于致合公司受宝天公司之托对于工程进行监理,双方之间订立了委托监理合同,宝天公司为委托人,致合公司为受托人,发包人与监理人的权利义务以及法律责任,应当依照《民法典》关于委托合同的规定以及其他有关法律、行政法规的规定。

本案中宝天公司根据其提交的原告未签章工程签证单项目审核情况表与涉案工程造价鉴定报告比对,认为鉴定确认的13,409,565.11元工程款所依据的签证单属于致合公司逾期提交,是监理人致合公司与施工单位集盛公司相互串通所作,致合公司在开展监理工作过程中与施工人集盛公司串通损害宝天公司利益的行为。并且,鉴定确认增加的工程款13,409,565.11元属于监理人致合公司违反委托监理合同造成委托人宝天公司的经济损失。

但是,签证单系在工程施工过程中形成,并有致合公司、集盛公司签章,宝天公司与致合公司签订的《建设工程委托监理合同》明确约定致合公司作为监理人有施工质量的检验权、工程施工进度的检查监督权、工程款支付的审核签认权以及工程结算的复核确认权与否决权,致合公司在签证单上签字是履行合同约定的监理人权利的行为,而宝天公司在一审庭审中自认签证单的审核程序并无具体约定,仅以自身未在签证单上签名主张签证单为伪造,无法达到证明其诉讼主张的目的。

因此,宝天公司作为业主单位,在委托监理合同中也未明确工程签证的审核程序,导致庭审中无法举证证明,属于委托监理合同约定不明确导致的涉诉风险。建设工程项目本身履行周期较长,各建设方应当在合同履行过程中及时签订补充协议对各方的权利义务予以明确,减少合同履行过程中的诉讼风险。

第四条

政府与社会资本合作项目中发包人的职责认定

政府与社会资本合作项目(PPP 项目)并成立项目公司的,项目公司与承包人签订工程总承包合同,承包人主张政府方或社会资本方承担发包人责任的,建议不予支持。

裁决指引

本条主要对 PPP 项目中总承包合同的发包人主体及职责认定作出裁决指引。在 PPP 项目中,社会资本成立项目公司并以项目公司名义与总承包人签订工程总承包合同,项目公司对外承担发包人职责,政府方或社会资本方不对总承包人承担发包人责任。

一、政府与社会资本合作工程总承包模式概述

政府与社会资本合作(Public-Private-Partnership,PPP)模式,指政府与社会资本通过合作来提供公共产品或服务的一种方式。广义的政府与社会资本合作模式是指公共部门与私营部门为提供公共产品或服务而建立的各种合作关系,大致可分为外包、特许经营及私有化三大类型,在我国以特许经营权类型最为普遍。外包类 PPP 项目包括模块化外包和整体化外包;常见的特许经营权项目类型包括建设—拥有—运营—移交(BOOT/BOT)、转让—运营—移交(TOT)、改建—运营—移交(ROT)等类型;私有化类型需要私营部门负责项目的投资,在政府的监管下,通过向用户收费收回投资,实现利润,包括完全私有化和部分私有化两类。狭义的政府与社会资本合作模式指政府与私营部门以合资组建项目公司的形式开展合作。以 PPP 模式运行的工程总承包项目,其直接实施主体是各方出资成立的项目公司,其架构符合 PPP 模式及工程总承包模式的一般特点,又具备二者交叉衍生的独特性。

二、关于PPP模式发包人主体的理解

(一)PPP项目公司对总承包人承担发包人职责

在以PPP模式运行的工程总承包项目中,项目公司实际履行发包人职责,按照政府或授权机构的授权,负责总承包项目从融资、设计、采购、建设、运营和移交等全过程的运作,直至项目合作期结束。

因PPP项目一般具有投资额大、融资成本高、建设投资期长、收益回报周期长等特点,因此PPP项目公司在设立阶段更多需要考虑投融资相关的金融风险。风险分担是社会资本方进行风险控制和风险管理的关键,PPP总承包项目的各参与方在项目前期通过签订合同的方式搭建交易和风险架构,实现项目风险的分配和转移,以降低自身面临的风险。

此外,PPP总承包项目的发起人在设立项目公司时,会考虑资本与技术的深层次结合,故对参与项目公司设立的资本方和总承包企业的要求较高。工程总承包企业需要具有与工程规模相适应的工程总承包资质,以及相应的组织机构、项目管理体系和工程业绩,对工程总承包企业项目的项目经理也有较高要求。以住房和城乡建设部于2020年3月1日施行的《工程总承包管理办法》为例,该管理办法第10条、第12条规定了工程总承包单位需具有双资质或采用联合体承包,并且明确一级以上施工企业或甲级设计企业可以申请同类别的甲级设计资质或一级施工资质。该管理办法第20条规定了工程总承包项目经理应当具备下列条件:(1)取得相应工程建设类注册执业资格,包括注册建筑师、勘察设计注册工程师、注册建造师或者注册监理工程师等;未实施注册执业资格的,取得高级专业技术职称;(2)担任过与拟建项目相类似的工程总承包项目经理、设计项目负责人、施工项目负责人或者项目总监理工程师;(3)熟悉工程技术和工程总承包项目管理知识以及相关法律法规、标准规范;(4)具有较强的组织协调能力和良好的职业道德。工程总承包项目经理不得同时在两个或者两个以上工程项目担任工程总承包项目经理、施工项目负责人。

(二)PPP模式下项目公司职责范围的特殊性

基于前述分析,在PPP模式下,PPP项目公司承担的发包人职责较一般工程总承包项目发包人职责外延有所区别。

一方面,项目公司作为PPP工程总承包项目的发包人,应履行一般工程总承包项目所涵盖的发包人职责范围并承担相应风险。例如,《工程总承包管理办

法》第15条规定建设单位承担的主要风险包括:(1)主要工程材料、设备、人工价格与招标时基期价相比,波动幅度超过合同约定幅度的部分;(2)因国家法律法规政策变化引起的合同价格的变化;(3)不可预见的地质条件造成的工程费用和工期的变化;(4)因建设单位原因产生的工程费用和工期的变化;(5)不可抗力造成的工程费用和工期的变化等。在具体的PPP工程总承包项目中,项目公司负责总承包项目从融资、设计、采购、建设、运营和移交等全过程的运作,直至项目合作期结束。

另一方面,项目公司除履行其作为总承包项目发包人的一般性职责外,其应履行基于项目公司内部交易架构所产生的对政府及项目公司参与方的职责,并承担相应的风险。以项目公司内部的出资方和总承包单位为例,在PPP项目中,无论项目发起人通过招标引入总承包人进行工程建设,或者项目发起人自己作为总承包人独立建设工程,工程建设阶段都是整个PPP项目中一个相对独立的阶段,不仅关系项目能否顺利过渡到商业运营阶段,还关系项目前期投资能否顺利得到回报。因此,存于工程建设阶段的各项风险必须引起项目发起人的足够重视,总承包工程建设涵盖设计、采购、施工、测试、试运行等多个过程,与工程建设相关的风险也呈链条状分布于上述各个阶段。例如,在工程设计阶段有设计延误风险,采购阶段有采购延误风险,施工阶段有进度延误和质量缺陷风险。总之,各个阶段的风险都有可能最终阻碍工程目的的实现。与通常的工程总承包项目相比,PPP + EPC项目中的工程建设风险具有如下特点:首先,风险发生的可能性大,在PPP工程总承包项目中,项目参与方多而复杂,项目参与方为成功筹备项目和分担风险多以联合体的形式存在,项目资金数额一般较大而且主要来自融资,有些项目的融资结构并不是传统的资金结构,可能有相当大的部分来自具有多样性和不确定性的资本市场,资金来源的不确定性决定了PPP工程总承包项目中工程建设风险发生的可能性比要大;其次,风险的波及面广,在PPP项目中,如果工程建设未能按时完工,项目公司除可能要承担工程承包模式下的误期赔偿外,同时还要承担无法满足合同约定的在运营期内应达到运能的违约金。因工程未能完工,项目无法进入商业运营期,项目公司亦无法按计划收回投资成本和预期利润。

三、项目公司在特定情形下承担发包人责任的具体表现

(一)如无特殊约定,项目公司单独对总承包人承担发包人职责

社会资本可依法设立项目公司,政府可指定相关出资主体依法参股项目公司,项目实施机构和财政部门应监督社会资本按照采购文件和项目合同约定,按时足额出资设立项目公司。[①] 项目公司成立后,以其名义与工程总承包人签订建设合同,发生争议时,总承包人按照合同相对性原则以及项目公司的防火墙属性,只能向项目公司主张承担赔偿责任。此种情形下,作为 PPP 项目发起人的政府实施机构和出资主体以及作为项目公司成立方的社会资本方并非与总承包人订立建设合同的相对方,总承包人主张政府方或社会资本方承担发包人责任的,不予支持。

(二)PPP 项目合同被解除后发包人职责的承担主体

实务中,存在因特许经营权被收回等原因导致 PPP 项目合同被解除的情形,结合最高人民法院最新的相关判例[参见(2019)最高法民终 1584 号判决书],该种情形下,PPP 项目中的特许经营权被授予人成立的项目公司与承包人签订施工合同,当 PPP 项目合同被解除后,项目公司作为发包人承担工程款支付等相关责任。

(三)政府或社会资本与项目公司承担连带责任的情形探究

政府与社会资本在 PPP 项目合同中会对建设阶段的风险分担,如项目审批风险、项目设计、采购和施工风险、不可抗力风险、保险风险、政府风险等,作出详细约定。在 PPP 项目合同下,社会资本对政府承担相关责任,政府可以依据 PPP 项目合同的约定在项目实施阶段进行充分监管。

对于政府与社会资本合作模式下成立项目公司的情形,在项目建设阶段,如果订立 PPP 项目合同的双方与总承包人没有达成关于责任承担的协议,总承包人无权要求政府或社会资本方承担发包人职责。但是,实务中确实存在特许经营权人成立的项目公司侵害总承包人合法权益的情况,例如,当一个 PPP 项目公司仅仅是一家多样化公司的一个部门时,相比于特别成立的 SPV,PPP 项目在运

---

① 参见陈辉编著:《PPP 模式手册——政府与社会资本合作理论方法与实践操作》,知识产权出版社 2015 年版,第 77 页。

营期间产生的现金流可能被挪用作偿还其他高收益项目的用途。[①] 此类情形下，总承包人往往认为建设阶段风险过大或者总承包人能够获得的权利保障机制明显不足。如果项目公司不能提供有效的付款担保，项目公司的成立与担责机制显然不能满足总承包人的风险规避诉求。此时，要求作为项目发起人的政府机构或者通过联合体协议、股东协议等形式成立项目公司的社会资本方为项目公司付款提供增信、担保或债的加入，将成为总承包人寻求或者增强权利保障机制的考虑路径。

从PPP模式的交易架构来看，社会资本方作为私营部门，其在中标后通过联营等形式成立项目公司，并与公共部门签订PPP项目合同。在建设发包阶段，项目公司势必会通过“背靠背”方式或者将总承包人引入项目公司的机制，把项目合同中的相关建设风险传导至总承包人一侧。从总承包人风险规避的角度，项目公司在完美履约的意义上并非一个可完全信赖的实体，项目公司的信用体系在很大程度上会受到上层交易架构和融资持续性的影响。

在PPP项目合同中对政府方或社会资本方承担发包人责任等实体性权利义务分配进行约定，客观上使总承包人的债权保障机制大大提高。关于政府方或社会资本方承担发包人责任的属性，通说主要有债务加入与保证两种观点，笔者认为政府方或社会资本方同意承担发包人责任，构成债务加入。

债务加入与保证两个法律关系主要有下述五点不同：第一，是否具有从属性不同。债务加入仅在产生上具有从属性，其系独立的合同，承担人是主债务人之一，是为自己的债务负责，即单一债务人增加为二人以上的共同债务人；保证是“是主债权债务合同的从合同”，保证债务相对于主债务的从属性体现于成立、移转、内容、消灭等各个方面。第二，第三人的地位不同。债务加入第三人享有与原债务人的同等债务人地位，即只要履行期限届满，无论债务人是否履行债务，债权人均可以要求第三人承担相应的债务。而保证人由于其从属性的地位，不仅可以享有债务人的抗辩权，还可以基于保证合同对债权人主张抗辩权。债权人向一般保证人主张责任的前提是债务人不履行到期债务。第三，能否向债务人追偿不同。债务加入第三人履行债务后是否对债务人享有追偿权则没有明确

---

① 参见[智]爱德华多·恩格尔等：《政府与社会资本合作模式（PPP）经济学基本指南》，邱成立译，电子工业出版社2017年版，第149页。

的法律规定;保证人承担保证责任后享有法定的对债务人的追偿权。第四,成立方式不同。债务加入有两种形式:一是第三人与债务人约定加入债务并通知债权人;二是第三人向债权人表示愿意加入债务,债权人未在合理期限内明确拒绝。根据《民法典》第685条规定,“保证合同可以是单独订立的书面合同,也可以是主债权债务合同中的保证条款。第三人单方以书面形式向债权人作出保证,债权人接收且未提出异议的,保证合同成立”。第五,债权人主张权利是否受保证期间限制不同。债务加入无须受到保证期间的限制,只受诉讼时效的限制。而保证则需要受到诉讼时效和保证期间的双重限制。

《民法典》第552条规定,“第三人与债务人约定加入债务并通知债权人,或者第三人向债权人表示愿意加入债务,债权人未在合理期限内明确拒绝的,债权人可以请求第三人在其愿意承担的债务范围内和债务人承担连带债务”。在债务加入法律关系中,项目公司与总承包人订立总承包合同,作为合同相对方应当承担发包人职责;同时,在政府方或社会资本方在项目合同中作出履行发包人职责意思表示的情形下,工程总承包合同下的原债权债务关系有效存在,政府方或社会资本方作为第三人与债务人约定加入债务或者第三人向债权人表示愿意加入债务,原债务人债务并不减免,且债务加入并不需要征得债权人的同意,符合债务加入的构成要件。

《最高人民法院关于适用〈中华人民共和国民法典〉有关担保制度的解释》第36条规定:“第三人向债权人提供差额补足、流动性支持等类似承诺文件作为增信措施,具有提供担保的意思表示,债权人请求第三人承担保证责任的,人民法院应当依照保证的有关规定处理。第三人向债权人提供的承诺文件,具有加入债务或者与债务人共同承担债务等意思表示的,人民法院应当认定为民法典第五百五十二条规定的债务加入。前两款中第三人提供的承诺文件难以确定是保证还是债务加入的,人民法院应当将其认定为保证。第三人向债权人提供的承诺文件不符合前三款规定的情形,债权人请求第三人承担保证责任或者连带责任的,人民法院不予支持,但是不影响其依据承诺文件请求第三人履行约定的义务或者承担相应的民事责任。”当政府方或社会资本方在项目合同中作出履行发包人职责的意思表示,政府方或社会资本方并未向债权人提供差额补足、流动性支持等类似承诺文件作为增信措施,不符合保证的意思表示特征;此外,在PPP项目合同的实体条款中,政府方或社会资本方在项目合同中作出履行发包人职责的约定，该项债务约定并没有从属性、期限性和补充性等特征，显然更加偏向于具有加入债务或者与债务人共同承担债务等意思表示。

参考依据

1.《最高人民法院关于审理行政协议案件若干问题的规定》

第二条 公民、法人或者其他组织就下列行政协议提起行政诉讼的，人民法院应当依法受理：

（一）政府特许经营协议；

（二）土地、房屋等征收征用补偿协议；

（三）矿业权等国有自然资源使用权出让协议；

（四）政府投资的保障性住房的租赁、买卖等协议；

（五）符合本规定第一条规定的政府与社会资本合作协议；

（六）其他行政协议。

2.《工程总承包管理办法》

第十条 工程总承包单位应当同时具有与工程规模相适应的工程设计资质和施工资质，或者由具有相应资质的设计单位和施工单位组成联合体。工程总承包单位应当具有相应的项目管理体系和项目管理能力、财务和风险承担能力，以及与发包工程相类似的设计、施工或者工程总承包业绩。

设计单位和施工单位组成联合体的，应当根据项目的特点和复杂程度，合理确定牵头单位，并在联合体协议中明确联合体成员单位的责任和权利。联合体各方应当共同与建设单位签订工程总承包合同，就工程总承包项目承担连带责任。

第十二条 鼓励设计单位申请取得施工资质，已取得工程设计综合资质、行业甲级资质、建筑工程专业甲级资质的单位，可以直接申请相应类别施工总承包一级资质。鼓励施工单位申请取得工程设计资质，具有一级及以上施工总承包资质的单位可以直接申请相应类别的工程设计甲级资质。完成的相应规模工程总承包业绩可以作为设计、施工业绩申报。

第十五条 建设单位和工程总承包单位应当加强风险管理，合理分担风险。

建设单位承担的风险主要包括：

(一)主要工程材料、设备、人工价格与招标时基期价相比,波动幅度超过合同约定幅度的部分;

(二)因国家法律法规政策变化引起的合同价格的变化;

(三)不可预见的地质条件造成的工程费用和工期的变化;

(四)因建设单位原因产生的工程费用和工期的变化;

(五)不可抗力造成的工程费用和工期的变化。

具体风险分担内容由双方在合同中约定。

鼓励建设单位和工程总承包单位运用保险手段增强防范风险能力。

第二十条 工程总承包项目经理应当具备下列条件:

(一)取得相应工程建设类注册执业资格,包括注册建筑师、勘察设计注册工程师、注册建造师或者注册监理工程师等;未实施注册执业资格的,取得高级专业技术职称;

(二)担任过与拟建项目相类似的工程总承包项目经理、设计项目负责人、施工项目负责人或者项目总监理工程师;

(三)熟悉工程技术和工程总承包项目管理知识以及相关法律法规、标准规范;

(四)具有较强的组织协调能力和良好的职业道德。

工程总承包项目经理不得同时在两个或者两个以上工程项目担任工程总承包项目经理、施工项目负责人。

3.《民法典》

第五百五十二条 第三人与债务人约定加入债务并通知债权人,或者第三人向债权人表示愿意加入债务,债权人未在合理期限内明确拒绝的,债权人可以请求第三人在其愿意承担的债务范围内和债务人承担连带债务。

第六百八十五条 保证合同可以是单独订立的书面合同,也可以是主债权债务合同中的保证条款。

第三人单方以书面形式向债权人作出保证,债权人接收且未提出异议的,保证合同成立。

4.《最高人民法院关于适用〈中华人民共和国民法典〉有关担保制度的解释》

第三十六条 第三人向债权人提供差额补足、流动性支持等类似承诺文件作为增信措施，具有提供担保的意思表示，债权人请求第三人承担保证责任的，人民法院应当依照保证的有关规定处理。

第三人向债权人提供的承诺文件，具有加入债务或者与债务人共同承担债务等意思表示的，人民法院应当认定为民法典第五百五十二条规定的债务加入。

前两款中第三人提供的承诺文件难以确定是保证还是债务加入的，人民法院应当将其认定为保证。

第三人向债权人提供的承诺文件不符合前三款规定的情形，债权人请求第三人承担保证责任或者连带责任的，人民法院不予支持，但是不影响其依据承诺文件请求第三人履行约定的义务或者承担相应的民事责任。

案例分析

案　例

江西赣基集团工程有限公司、贺某群等建设工程施工合同纠纷

案号：(2019)粤民终2432号

审理法院：广东省高级人民法院

裁判类型：二审民事判决

一、案情介绍

2012年12月6日，贺某群借用江西赣基集团工程有限公司（以下简称赣基公司）名义与广东顺洋建设工程有限公司（以下简称顺洋公司）签订《道路工程专业分包合同》，约定：顺洋公司将涉案工程专业分包给赣基公司施工；顺洋公司对赣基公司实行竣工决算下浮方式结算；合同内容包括涉案工程施工图范围内的道路、排水、桥涵、绿化等所有项目的施工、竣工资料整编和工程移交；合同价为顺洋公司与业主的最终结算价下浮32%。

2012年12月20日，佛山市南海××投资有限公司（以下简称投资公司）与顺洋公司签订BT协议，投资公司确定顺洋公司与中水八局、中科××公司组成的联合体为项目成交人，顺洋公司为项目投资方，中水八局和中科××公司为项

目施工方,中水八局为联合体中施工主承担方,顺洋公司组建项目公司后,除了专属于投资方的权利义务外,将其在协议下的其他权利义务转移给项目公司承担。该协议约定,工程项目为南海区红沙高新产业基地配套道路3、4、5号路工程BT项目;回购期为5年,自工程交付使用或工程交工验收合格之日,以先到日为回购期的起计日;项目严禁转包和违法分包;项目结算时按经投资公司、项目公司、施工方、监理单位及施工过程造价咨询机构五方确认的实际发生的工程量进行结算等。

中水八局与赣基公司签订分包合同,约定:涉案工程合同价款为9100万元(以上为暂定合同价款,最终以南海区财政局实际审核结果为准)等。

2013年10月21日,道路管理处与顺洋公司签订《南海区红沙高新产业基地配套道路3、4、5号路工程BT项目建设移交(BT)合同补充协议一》,约定BT协议中投资的权利义务由道路管理处承担,本BT项目由道路管理处回购。

涉案3号路工程顺洋公司、道路管理处及佛山市南海区交通运输局确认,核定工程造价为43,099,868元;4、5号路工程顺洋公司、道路管理处及佛山市南海区交通运输局确认,核定工程造价为120,896,468.1元。3号路于2013年10月15日通车并投入使用,2014年3月26日交工验收;4、5号路于2014年10月投入使用,2015年8月7日交工验收。

另查明,赣基公司与顺洋公司于2013年签署一份确认函,确认中水八局与赣基公司签订的合同(合同编号:LFJ-GDNH-PTDL-001),其用于向相关部门提交资料,与中水八局根据此合同签订的工程结算单只作为完善相关手续,实际工程量的核算与结算由顺洋公司与赣基公司据实核算。

二、各方观点

关于BT项目的政府方道路管理处是否应向赣基公司与贺某群承担付款责任,道路管理处答辩称:赣基公司、贺某群提供的证据并不足以证明其为涉案工程的实际施工人;BT协议中已明确禁止工程违法分包,即使中水八局私自将涉案工程违法分包,但因该违法分包行为未取得道路管理处的书面同意,由此造成赣基公司、贺某群损失亦与道路管理处无关;根据BT协议涉案工程的发包方是项目公司,道路管理处是BT项目的业主,仅负有向投资方支付回购款的义务,道路管理处作为业主已经将项目在建设期内的建设管理权赋予投资方及项目公司,因此项目建设中产生的建设费用应当由投资方通过项目公司向施工单位支付。

三、裁决要旨

本案中，综观本案的现有证据显示，涉案工程的建设系采取 BT 模式，该模式系政府利用非政府资金来进行非经营性基础设施建设项目的一种融资模式，具体是指一个项目的运作，通过项目公司总承包融资建设、验收合格后移交给业主，业主向投资方支付项目总投资加上合理回报的过程。在实际具体运作过程中，政府与投资方签订 BT 投资合同，投资方组建 BT 项目公司，投资方在建设期间行使业主职能，对项目进行融资、建设，并承担建设期间的风险，也就是说，政府在该模式运营中已将项目融资和建设的特许权转让给了投资方或者由此成立的联合体。具体到本案中，道路管理处已将涉案工程建设的特许权转让予联合体，其作为业主方仅负有向投资方支付回购款之义务。故道路管理处在本案中并非涉案工程的发包人，不能直接适用上述法律之规定。赣基公司、贺某群据此要求其以未支付的工程款为限对顺洋公司欠付的工程款承担连带支付责任缺乏法律依据，不予支持。

四、法律分析

本案法院认定意见中与本条内容有关的关键点是 PPP 项目中的政府或社会资本是否应当承担发包人职责。本案中，道路管理处作为案涉 PPP 项目的政府方，顺洋公司为社会资本方，顺洋公司与中水八局、中科 × × 公司组成的联合体组建项目公司，在 PPP 项目中以 SPV 项目公司为项目建设单位的情况下，承包商或实际施工人以其没有合同关系的政府方为被告主张工程合同付款责任，不应予以支持。

第五条

建设项目不符合发包条件的过错责任认定

发包人未按规定履行项目的审批或核准、备案等手续即发包工程总承包项目，承包人主张发包人承担由此给其造成损失的，建议予以支持，承包人有过错的，建议予以承担相应的责任。

裁决指引

本条规定了工程总承包项目发包人未在发包前完成项目审批、核准或者备案等手续，属于发包人的过错，应对承包人因此受到的损害承担过错责任。若承包人也存在过错的，则承包人也应当承担相应责任。

一、工程总承包项目发包人应当在完成项目审批、核准或者备案程序后再进行发包

《住房和城乡建设部关于进一步推进工程总承包发展的若干意见》规定：“（四）工程总承包项目的发包阶段。建设单位可以根据项目特点，在可行性研究、方案设计或者初步设计完成后，按照确定的建设规模、建设标准、投资限额、工程质量和进度要求等进行工程总承包项目发包。”随后，《工程总承包管理办法》依据投资主体差异进一步区分了相应的发包阶段，其第6条规定：“建设单位应当根据项目情况和自身管理能力等，合理选择工程建设组织实施方式。建设内容明确、技术方案成熟的项目，适宜采用工程总承包方式。”第7条规定：“建设单位应当在发包前完成项目审批、核准或者备案程序。采用工程总承包方式的企业投资项目，应当在核准或者备案后进行工程总承包项目发包。采用工程总承包方式的政府投资项目，原则上应当在初步设计审批完成后进行工程总承包项目发包；其中，按照国家有关规定简化报批文件和审批程序的政府投资项目，应当在完成相应的投资决策审批后进行工程总承包项目发包。”《工程总承包管理办法》之所以区分投资主体，并明确政府投资项目原则上应当在初步设计审批完成后进行发包，是为了规范政府投资项目工程总承包模式，实现以概算作为政府投资项目投资控制的目标，减少过程中变更索赔等争议，促进工程总承包合同的顺利履行。该规定具有上位法的依据，《政府投资条例》第 11 条第 1 款规定："投资主管部门或者其他有关部门应当根据国民经济和社会发展规划、相关领域专项规划、产业政策等，从下列方面对政府投资项目进行审查，作出是否批准的决定：(一)项目建议书提出的项目建设的必要性；(二)可行性研究报告分析的项目的技术经济可行性、社会效益以及项目资金等主要建设条件的落实情况；(三)初步设计及其提出的投资概算是否符合可行性研究报告批复以及国家有关标准和规范的要求；(四)依照法律、行政法规和国家有关规定应当审查的其他事项。"根据该规定，工程总承包项目发包人应当至少在完成项目审批、核准或者备案程序后再进行发包，其中政府投资项目原则上应在初步设计完成后发包。

二、不符合发包条件而进行发包的过错责任

一般认为招标项目真实存在，并且项目资金或资金来源已经落实是开展招标工作的前提。企业投资项目按其项目性质实行备案或核准，政府投资项目则需要审批，无论企业投资项目还是政府投资项目，均需要履行相应的手续，项目具备合法性，才能具备招标的前提条件。由于项目的备案、核准或审批手续依照相关法律法规规定由项目建设单位，即发包人办理，在项目审批前擅自开始招标工作，后又因项目未获批准而不得不终止招标、终止合同或者无法正常施工的，应当属于发包人的过错，因其过错造成损失的，发包人应当承担法律责任。根据《民法典》第 1165 条"行为人因过错侵害他人民事权益造成损害的，应当承担侵权责任。依照法律规定推定行为人有过错，其不能证明自己没有过错的，应当承担侵权责任"和第 500 条"当事人在订立合同过程中有下列情形之一，造成对方损失的，应当承担赔偿责任：(一)假借订立合同，恶意进行磋商；(二)故意隐瞒与订立合同有关的重要事实或者提供虚假情况；(三)有其他违背诚信原则的行为"的规定，工程总承包项目发包人未按规定履行项目的审批或核准、备案等手续即发包工程总承包项目，属于自身过错，给总承包人造成损失的，应当承担侵权责任。

对于具备相应资质有经验的工程总承包单位而言，如果未对发包人的发包条件进行谨慎审核或者明知项目未依法办理审批、核准、备案手续，未提出异议

仍然进行投标、签约或进场施工的，此时承包人应视为有一定过错，对于产生的损失，承包人也应承担相应的过错责任。

参考依据

1.《民法典》

第一百四十三条　具备下列条件的民事法律行为有效：

（一）行为人具有相应的民事行为能力；

（二）意思表示真实；

（三）不违反法律、行政法规的强制性规定，不违背公序良俗。

第一百五十三条　违反法律、行政法规的强制性规定的民事法律行为无效。但是，该强制性规定不导致该民事法律行为无效的除外。

违背公序良俗的民事法律行为无效。

第一百五十七条　民事法律行为无效、被撤销或者确定不发生效力后，行为人因该行为取得的财产，应当予以返还；不能返还或者没有必要返还的，应当折价补偿。有过错的一方应当赔偿对方由此所受到的损失；各方都有过错的，应当各自承担相应的责任。法律另有规定的，依照其规定。

第一千一百六十五条　行为人因过错侵害他人民事权益造成损害的，应当承担侵权责任。

依照法律规定推定行为人有过错，其不能证明自己没有过错的，应当承担侵权责任。

2.《招标投标法》

第九条　招标项目按照国家有关规定需要履行项目审批手续的，应当先履行审批手续，取得批准。

招标人应当有进行招标项目的相应资金或者资金来源已经落实，并应当在招标文件中如实载明。

3.《住房城乡建设部关于进一步推进工程总承包发展的若干意见》（建市〔2016〕93号）

（四）工程总承包项目的发包阶段。建设单位可以根据项目特点，在可行性研究、方案设计或者初步设计完成后，按照确定的建设规模、建设标准、投资限额、工程质量和进度要求等进行工程总承包项目发包。

4.《工程总承包管理办法》

第六条 建设单位应当根据项目情况和自身管理能力等，合理选择工程建设组织实施方式。

建设内容明确、技术方案成熟的项目，适宜采用工程总承包方式。

第七条 建设单位应当在发包前完成项目审批、核准或者备案程序。采用工程总承包方式的企业投资项目，应当在核准或者备案后进行工程总承包项目发包。采用工程总承包方式的政府投资项目，原则上应当在初步设计审批完成后进行工程总承包项目发包；其中，按照国家有关规定简化报批文件和审批程序的政府投资项目，应当在完成相应的投资决策审批后进行工程总承包项目发包。

案例分析

案 例

中建新疆建工（集团）有限公司、夏津县城市建设投资开发有限公司等建设工程合同纠纷

案号：(2021)鲁14民终1288号

审理法院：山东省德州市中级人民法院

裁判类型：二审民事判决

一、案情介绍

2018年6月11日，夏津县城市建设投资开发有限公司（以下简称夏津城投公司）与香赵庄镇政府委托浩邦招标公司发布《夏津县香赵庄社区改造安置房建设项目工程总承包（EPC）招标项目公开招标公告》（二次）。招标公告明确"招标条件夏津县香赵庄社区改造安置房建设项目总承包（EPC）招标项目已有相关部门批准建设，项目业主为香赵庄镇人民政府、夏津城投公司，招标代理机构为山东浩邦招标有限公司，建设资金来源为棚改专项资金和财政资金，项目已具备

招标条件,现对该项目的设计施工总承包进行公开招标”。2018 年 6 月 26 日,中建新疆建工(集团)有限公司(以下简称新疆建工)向资源交易中心缴纳投标保证金 80 万元参与投标并中标。2018 年 7 月 5 日,招标人香赵庄镇政府、夏津城投公司和浩邦招标公司向新疆建工发出中标通知书。新疆建工中标后,未在中标通知书约定的期限内与招标人签订合同。2019 年 2 月 13 日,浩邦招标公司发出夏津县建设项目工程总承包(EPC)招标项目废标公告。此后,新疆建工要求夏津城投公司退还投标保证金以及结算已经产生的工程量和费用(平整土地,挖土、运土,砌筑围墙围挡等工作),引起诉讼。

二、各方观点

原告新疆建工认为案涉项目未办理立项审批、核准手续,属于违规项目,其有拒签合同的正当理由,故请求判令夏津城投公司、香赵庄镇政府、浩邦招标公司、资源交易中心退还新疆建工投标保证金 80 万元,并支付自 2019 年 2 月 14 日起至实际退还之日按全国银行间同业拆借中心公布的贷款利率计算的利息;对于已施工部分请求判令夏津城投公司、香赵庄镇政府支付工程款 807, 166. 56 元。

被告夏津城投公司、香赵庄镇政府则认为,新疆建工拒不与招标人订立建设工程施工合同,其所交投标保证金依法不应退还;其在不签约下擅自实施的施工行为,没有取得工程款的任何理由。

三、裁决要旨

涉案项目为工程总承包项目,作为政府投资项目,其可在完成相应的“投资决策审批后”进行项目发包。夏津城投公司提交的夏津县人民政府常务会议纪要能够证明案涉招投标项目已完成投资决策审批,新疆建工以案涉项目未办理立项审批、核准手续属违规项目为由主张其有权拒签合同理由不成立。新疆建工中标后无正当理由拒签合同,导致废标,无权要求退还保证金。新疆建工主张挖土、运土、砌筑围墙围挡的费用,是其自己在没签合同的前提下的单方行为,本项请求亦不能支持。

四、法律分析

建设项目应当在符合发包条件之后进行发包,否则应对承包人因此受到的损害承担过错责任。对企业投资工程总承包项目而言,完成核准或者备案即为符合发包条件;对政府投资工程总承包项目而言,完成初步设计审批即为符合发包条件,其中,按照国家有关规定简化报批文件和审批程序的政府投资项目,完成相应的投资决策审批即为符合发包条件。涉案工程属于政府投资的工程总承包项目,且招标行为发生在投资决策获得审批之后,即在符合发包条件之后开展招标活动,符合法律法规的规定。原告新疆建工在中标后无正当理由拒签合同,无权要求返还投标保证金。

第六条

招标文件所列“发包人要求”不明确的处理原则

招标人招标时无“发包人要求”或者“发包人要求”不明确的，可以参照招标文件所附的项目建议书、可行性研究报告、方案设计文件或者初步设计文件、招标投标文件、双方签订的合同、双方在合同订立及履行过程中形成的与合同有关的文件等综合认定“发包人要求”。

裁决指引

本条是发包人在招标文件中未明确“发包人要求”，可以通过其他证据资料综合认定“发包人要求”，也可在履约过程中进一步明确“发包人要求”的处理原则。

一、“发包人要求”应作为招标文件的组成部分

FIDIC 合同系列中，“发包人要求”表述为“雇主要求”（Employer's Requirement）。FIDIC 银皮书 1999 版第 1.1.1.3 目对“雇主要求”的定义为：指合同中包含的名为雇主要求的文件，以及根据合同对此类文件所做的任何补充和修改。此类文件说明了工程的预期目的、范围和/或设计和/或其他技术标准。

FIDIC 银皮书 1999 版在专用条件编写指南中指出，雇主要求应规定竣工工程在功能方面的特定要求，包括质量和范围的详细要求，还可以包括要求承包商供应的物品如消耗品等。

“发包人要求”一词在国内没有正式提出之前，常见的表述为“工程量清单”、“建设规模表”和“建设标准表”等，实际上均属于“发包人要求”的范畴。例如，2011 版《工程总承包合同示范文本》中，列为合同组成文件的“标准、规范及有关技术文件”属于“发包人要求”。

2011 年 11 月 1 日试行的 2011 版《工程总承包合同示范文本》中，尚无“发包

人要求”概念，只是明确了规范、标准、技术图纸等；2012 年 5 月 1 日起实施的《标准设计施工总承包招标文件》中，“发包人要求”被首次定义，在合同文件的构成中，“发包人要求”替代了标准、规范、设计图纸等内容；2020 年 3 月 1 日施行的《工程总承包管理办法》，规定建设单位招标时应将“发包人要求”作为招标文件的组成部分；2021 年 1 月 1 日实施的 2020 版《工程总承包合同示范文本》对“发包人要求”的编写要求在基本延续《标准设计施工总承包招标文件》中“发包人要求”的基础上，作了进一步的细化和完善，并上升为合同附件，成为合同的重要组成部分，具有与专用合同条款相同的法律地位。

2020 版《工程总承包合同示范文本》第二部分《通用合同条件》第 1.1.1.6 目约定，“《发包人要求》：指构成合同文件组成部分的名为《发包人要求》的文件，其中列明工程的目的、范围、设计与其他技术标准和要求，以及合同双方当事人约定对其所作的修改或补充”；第 1.4.4 项约定，“发包人对于工程的技术标准、功能要求高于或严于现行国家、行业或地方标准的，应当在《发包人要求》中予以明确。除专用合同条件另有约定外，应视为承包人在订立合同前已充分预见前述技术标准和功能要求的复杂程度，签约合同价中已包含由此产生的费用”。

“发包人要求”作为工程总承包合同的重要核心部分，是投标人投标报价的依据、是合同权利义务分配的基础、是竣工验收遵守的依据、是争议的解决依据，但是“发包人要求”在国内的立法并没有体系化的编写要求和示例，基于“发包人要求”在国内目前的立法空白的现状，以及“发包人要求”在合同中的重要地位，“发包人要求”应尽可能在招投标时结合项目特征通过招标文件加以详细阐述。

二、“发包人要求”应列明项目的目标、范围、设计和其他技术标准

招标文件的内容中，工程总承包模式与传统施工总承包模式最大的区别在于“发包人要求”与“建设单位提供的资料和条件”，因此要对“发包人要求”明确，“发包人要求”即合同目的，达到双方能对工程范围及工程风险具有明确认知的程度。根据《招标投标法》第 19 条“招标人应当根据招标项目的特点和需要编制招标文件。招标文件应当包括招标项目的技术要求、对投标人资格审查的标准、投标报价要求和评标标准等所有实质性要求和条件以及拟签订合同的主要条款”，“发包人要求”是对“招标项目的技术要求”的进一步解释。在施工总承包模式中，“招标项目的技术要求”通常表现为施工图纸非常翔实，从总体概念到细部构造均有明确的图纸予以注明，并且对于尺寸、材质、工艺要求等通常都有明确具体的标注。因此，在施工总承包中，施工总承包人对于应当完成的建设工程是有明确具体的认识的，可以较为清晰地依据自身的经济技术能力判断自身可能产生的成本及风险，最终明确合同报价。但工程总承包模式则不然，工程总承包模式中的“发包人要求”来自 FIDIC 国际惯例中的“the Employer's Requirements”这一概念，FIDIC 银皮书 2017 版第 1.1.31 项约定：“‘雇主要求’系指合同中包括题为雇主要求的文件，以及根据合同对此项文件所作的任何补充和修改。该文件描述了工程拟达到的目标，并列明了工程的范围、设计、或其他履行、技术和评估标准。”因此“发包人要求”与“施工图纸”法律本质是一致的，都是发包人的合同目的，即发包人希望通过合同取得的建设工程。但有别于“施工图纸”的明确具体，“发包人要求”是一种较为概括的语言表述，招标人在“发包人要求”中通常是以文字的形式描述自身对于欲取得项目的需求，但文字的理解涉及思维的壁垒，在理解上容易产生偏差。

《招标投标法》第 46 条第 1 款规定：“招标人和中标人应当自中标通知书发出之日起三十日内，按照招标文件和中标人的投标文件订立书面合同。招标人和中标人不得再行订立背离合同实质性内容的其他协议。”从实践情况看，招标人和中标人依据本条规定自中标通知书发出之日起 30 日内按照招标文件和中标人的投标文件订立的书面合同，实际是根据招标文件和中标人的投标文件订立的合同书。因此，在当事人通过招标投标方式订立建设工程总承包合同的情况下，招标文件、中标人的投标文件以及中标通知书，本身就是合同文本的组成部分。因此，招标文件中应当明确“发包人要求”，包括招标的内容、范围和要求，主要是设计、采购和施工的内容及范围、规模、标准、功能、质量、安全、节约能源、生态环境保护、工期、验收等量化指标。相关指标要求是招标人实现工程建设目的的重要体现，招标人应当在招标文件中明确相关条件和要求，作为投标人提交符合要求的投标文件和投标报价的基础。

“发包人要求”应尽可能清晰准确，对于可以进行定量评估的工作，“发包人要求”不仅应明确规定其产能、功能、用途、质量、环境、安全，并且要规定偏离的范围和计算方法，以及检验、试验、试运行的具体要求。对于承包人负责提供的有关设备和服务，对发包人人员进行培训和提供一些消耗品等，在“发包人要求”中应一并明确。

鉴于 2011 版《工程总承包合同示范文本》中发包人对工程总承包项目的要

求分散规定在合同协议书、专用合同条件、合同附件、技术文件等之中，2020 版《工程总承包合同示范文本》专门定义了“发包人要求”，特指构成合同文件组成部分的名为“发包人要求”的文件，并以专用合同条件附件的形式集中详细列明了工程的功能要求、范围、工艺、工期、项目管理、竣工验收与其他技术标准和要求等内容。

“发包人要求”体现发包人的建设目的，其重点在于明确工程项目的建设目标、能够达到的性能和产能、拟实现的社会经济效益等。基于工程项目类型的不同，在进行招投标时对“工程目的”的编制应根据各自的特点有所侧重。以保障房项目为例，可以侧重于建设目标和社会经济效益；以工业项目为例，可以侧重于性能和产能。FIDIC 国际惯例强烈建议雇主在雇主要求中清晰地定义和描述其工程完工后希望达到“目的”，以使得承包商更好地履行“符合预期目的”的义务，减少不必要争端的产生，而识别“预期目的”是承包商在项目投标和谈判阶段的重要内容，也是执行履行阶段约束承包人行为的准绳。

三、“发包人要求”不明确时如何认定

示范文本中对“发包人要求”包括哪些内容予以了明确，体现在 2020 版《工程总承包合同示范文本》附件 1《发包人要求》中列明的 11 项具体要求，包括：(1)功能要求；(2)工程范围；(3)工艺安排或要求；(4)时间安排；(5)技术要求；(6)竣工试验；(7)竣工验收；(8)竣工后试验；(9)文件要求；(10)工程项目管理规定；(11)其他要求。

工程总承包项目须满足建设内容明确、技术方案成熟的要求，这亦是《工程总承包管理办法》第 6 条所规定的进行工程总承包发包项目所必须具备的特征。在目前国内法律及司法解释对工程总承包裁判规则没有具体规定的前提下，“发包人要求”对于双方权利义务和责任分配在争议解决过程中意义重大，在仲裁实践中如果“发包人要求”不明确时，双方往往对是否构成变更、是否可以索赔、调整合同价格、是否符合合同预期目的（FFP），甚至承包范围都会发生争议，这时仲裁庭可以参照招标文件所附的项目建议书、可行性研究报告、方案设计文件或者初步设计文件、招标投标文件、双方签订的合同、双方在合同订立及履行过程中形成的与合同有关的文件等，结合相关文件的解释顺序综合认定案涉争议事项所涉的“发包人要求”。

四、仲裁实务中应注意的事项

如前所述，“发包人要求”相较“施工图纸”，主要依据文字表达，有时可能会在理解上产生偏差。例如，“发包人要求”中明确某项目应为“精装修”，那么如何界定“精装修”的范围，发承包双方就易起争议。相应地，由于“发包人要求”无论如何明确，均难以避免理解上的争议，因此就构成了潜在的风险，“发包人要求”作为合同目的，一旦理解上发生偏差，显然会直接影响工程价款及验收交付。进一步而言，“发包人要求”是一种发包人希望达到的目标，如何达到该目标的风险很大程度上由承包人承担，因此工艺技术的发展、社会经济条件、市场正常波动均是承包人需要综合考虑的内容。“发包人要求”需要达到的基本要求是保证双方当事人对于合同目的有基本一致的认识，否则将可能导致合同目的无法实现的风险；作为有资质有经验的承包商也要对“发包人要求”尽到谨慎仔细审查的义务。对发包人而言，需注意以下几点：第一，受限于发包阶段，“发包人要求”往往并不独立出现，可能与“其他文件”共同反映合同目的（或义务边界）及对价。从风险防控的角度分析，项目发包阶段更靠后，更有利于控制投资风险。第二，如果“发包人要求”的内容与“其他文件”出现冲突，需考虑解释顺序和冲突处理规则。第三，在招投标阶段需对未来签约履约阶段涉及的“变更调价”予以考量，避免实质性变更影响成本控制和项目建设进度。第四，尽量给予投标人充分时间，以获得更为理性的投标报价。第五，风险分配的同时也应注意公平原则。对于承包人而言，需注意以下几点：第一，在投标过程中，如果发现“发包人要求”不明确、“发包人要求”和“其他文件”存在冲突的，投标人应主动要求招标人澄清。第二，对“发包人要求”的实质性响应尽可能细化，避免概括模糊的表述。第三，投标报价中对“发包人要求”有细化、调整或补充的，应明确组价、计价，有助于避免后续争议。

参 考 依 据

1.《招标投标法》

第十九条　招标人应当根据招标项目的特点和需要编制招标文件。招标文件应当包括招标项目的技术要求、对投标人资格审查的标准、投标报价要求和评标标准等所有实质性要求和条件以及拟签订合同的主要条款。

国家对招标项目的技术、标准有规定的，招标人应当按照其规定在招标文件中提出相应要求。

招标项目需要划分标段、确定工期的，招标人应当合理划分标段、确定工期，并在招标文件中载明。

第四十六条 招标人和中标人应当自中标通知书发出之日起三十日内，按照招标文件和中标人的投标文件订立书面合同。招标人和中标人不得再行订立背离合同实质性内容的其他协议。

2.《工程总承包管理办法》

第九条 建设单位应当根据招标项目的特点和需要编制工程总承包项目招标文件，主要包括以下内容：

（一）投标人须知；

（二）评标办法和标准；

（三）拟签订合同的主要条款；

（四）发包人要求，列明项目的目标、范围、设计和其他技术标准，包括对项目的内容、范围、规模、标准、功能、质量、安全、节约能源、生态环境保护、工期、验收等的明确要求；

（五）建设单位提供的资料和条件，包括发包前完成的水文地质、工程地质、地形等勘察资料，以及可行性研究报告、方案设计文件或者初步设计文件等；

（六）投标文件格式；

（七）要求投标人提交的其他材料。

建设单位可以在招标文件中提出对履约担保的要求，依法要求投标文件载明拟分包的内容；对于设有最高投标限价的，应当明确最高投标限价或者最高投标限价的计算方法。

推荐使用由住房和城乡建设部会同有关部门制定的工程总承包合同示范文本。

第十五条 建设单位和工程总承包单位应当加强风险管理，合理分担风险。

建设单位承担的风险主要包括：

（一）主要工程材料、设备、人工价格与招标时基期价相比，波动幅度超过合同约定幅度的部分；

（二）因国家法律法规政策变化引起的合同价格的变化；

（三）不可预见的地质条件造成的工程费用和工期的变化；

（四）因建设单位原因产生的工程费用和工期的变化；

（五）不可抗力造成的工程费用和工期的变化。

具体风险分担内容由双方在合同中约定。

鼓励建设单位和工程总承包单位运用保险手段增强防范风险能力。

案例分析

案　例

上诉人上海数众投资管理有限公司与被上诉人上海市安装工程集团有限公司建设工程施工合同纠纷

案号：（2019）沪民终72号

审理法院：上海市高级人民法院

裁判类型：二审民事判决

一、案情介绍

2014年10月28日，上海数众投资管理有限公司（以下简称数众公司）（发包方）与上海市安装工程集团有限公司（以下简称安装公司）（承包方）签订《上海国际集控数据平台（数众云）项目建设工程EPC总承包合同》。该合同第一部分合同协议书约定，工程名称：上海国际集控数据平台（数众云）项目。工程内容及规模：上海国际集控数据平台（数众云）项目施工总承包，建筑面积约12,000平方米。工程承包范围：（1）按照发包方对机房基础和墙面板材的材料参数要求进行设计施工（要达到发包方要求及安全技术指标）；（2）机房的设计、选材、材料采购、机房装饰、地面防静电处理、材料搬运等；（3）机房的动力装置（包括外电引入的接口、备用电源的安装调试）、室内设备、空调、照明等安装、电源布线等；（4）配合发包方进行设备的调试、调测；（5）机房的接地及防雷处理（按国家标准）；（6）机房的消防设施、安全监控等相关设施的施工安装及报验。

该合同第三部分专用条款约定,发包方工程界面及工作范围:(1)2015 年 3 月 31 日前提供满足上海国际集控数据平台(数众云)所需的外市电引入的供电(含 35KV 供电引入、10KV/400V 变压器以及变压器的输出总配电柜);(2)2015 年 3 月 15 日前提供满足《上海国际集控数据平台(数众云)》冷冻机房内使用所需二路市政供水接口、供水、排水接口及消防水系统所需的主管接口及供水;(3)2015年 3 月 25 日前满足上海国际集控数据平台(数众云)使用所需的建筑外墙及二层机房区域建筑顶板的防水。承包方工程界面及工作范围:(1)建筑范围:上海国际集控数据平台(数众云)厂房一层二层室内部分,上海国际集控数据平台(数众云)厂房东侧两幢小楼、开关站和用户站的装修工作。(2)设计施工范围:在建筑范围内改建为数据中心,满足《附件 1:定制化数据中心验收基本要求》和《附件 2:定制数据中心机房技术规格及要求》。不包含的工程范围:(1)上海国际集控数据平台(数众云)厂房外立面改建的设计和施工;(2)上海国际集控数据平台(数众云)外市电引入的设计与施工(含 35KV 引入、10KV/400V 变压器以及变压器的输出总配电柜);(3)上海国际集控数据平台(数众云)厂房水消防主管及其系统设备的设计和施工;(4)上海国际集控数据平台(数众云)厂房内园区综合管路的设计与施工。

案涉工程竣工验收后,发承包双方因工程范围等问题发生争议,并诉诸法院。

二、各方观点

数众公司认为:冷却塔供水接通工程、冷却塔设备房消防水系统供水接通铺设工程项目不在总承包合同专用条款约定的非承包方施工范围之内,因此,该部分应当由安装公司施工。

安装公司认为:上述工程在总承包合同专用条款约定的发包方工程界面及工作范围之内,应当由数众公司自行负责。

三、裁决要旨

一审法院认为:双方总承包合同相关专用条款通过正反两方面约定的方式确定了安装公司总承包合同范围内的施工内容,即一方面分别确定安装公司及数众公司的工程界面及工作范围,另一方面单独明确非属安装公司的施工范围。判断诉争工程是否属于安装公司总承包合同范围内的施工内容,应当结合两个方面予以确定,数众公司单独依据总承包合同专用条款约定的非安装公司施工范围认为工程应当由安装公司施工完成，存在以偏概全的问题。总承包合同专用条款关于数众公司工程界面及工作范围约定，数众公司应当提供满足上海国际集控数据平台（数众云）冷冻机房内使用所需二路市政供水接口、供水、排水接口及消防水系统所需的主管接口及供水。安装公司据此主张上述工程应当由数众公司自行负责，具有相应依据。实际上，在工程竣工验收之时以及竣工验收之后安装公司向数众公司催讨工程款的过程中，数众公司从未提及安装公司在总承包合同范围内存在部分未施工的问题，足以佐证上述工程本不在合同约定安装公司施工范围之内。据此，可以认定安装公司已完成总承包合同范围内的全部施工。

二审法院认为：关于冷却塔供水接通工程、冷却塔设备房消防水系统供水接通铺设工程是否属EPC总承包合同范围内安装公司未施工部分的问题。数众公司认为安装公司出具的设计图纸包括该工程，缺乏事实依据。一审法院根据总承包合同专用条款关于数众公司工程界面及工作范围的约定，以及工程竣工验收之时、竣工验收之后安装公司向数众公司催讨工程款的过程中，数众公司从未提及安装公司在总承包合同范围内存在部分未施工的问题，认为足以佐证上述工程不在合同约定的安装公司施工范围之内，并无不当。

四、法律分析

本案中，发承包双方因工程范围发生争议，虽案件中并未明确提及“发包人要求”这一概念，但工程范围显然属于“发包人要求”的内涵之一。本案工程总承包合同既约定发包人工作界面和工程范围，也明确承包人工作界面和工程范围，更进一步明确不属于承包人的工程范围。发包人以诉争工程内容不在总承包合同专用条款约定的非承包方施工范围之内为由主张应由承包人施工，而承包人主张诉争工程包含在发包人工作界面范围不属于承包人施工范围，法院结合合同中正反两方面的工程范围约定，以及履约过程中工程竣工验收时及之后发包人从未提出过承包人存在应施工而未施工的内容等情况，最终综合认定诉争工程不属于承包人施工范围，未违反“发包人要求”具有事实依据。

第七条

项目招标时前期基础资料真实性准确性的责任范围

发包人在招标阶段提供的基础资料或数据等错误导致承包人增加费用、工期延误的，承包人以此主张发包人应承担由此增加的费用、支付合理利润并顺延工期的，建议予以支持。

裁 决 指 引

工程总承包项目是由发包人提出“发包人要求”、提供基础资料，承包人负责完成包括设计、采购、施工等多个环节的工作，并交付一个满足使用功能和使用条件的工程项目。发包人在招标阶段提供的基础资料是承包人投标及工作开展的基础，其重要性不言而喻。对于发包人而言，前期应当做好招标前的准备工作，对于“发包人要求”中预期实现的功能目的、竣工试验的标准等重点内容，要做清晰的描述编写，由其单方提供的或者不可更改的基础资料，更应该注重准确性。

一、前期基础资料的界定

（一）国内部门规章与各部委工作文件对前期基础资料的界定

《工程总承包管理办法》第 9 条将前期基础资料界定为“发包前完成的水文地质、工程地质、地形等勘察资料，以及可行性研究报告、方案设计文件或者初步设计文件等”。

（二）国内地方规范性文件对“前期基础资料”的界定

《山东省水利工程建设项目设计施工总承包指导意见》（鲁水规字〔2022〕2 号）第 13 条将前期基础资料界定为“项目建议书、可行性研究报告、初步设计报告和设计变更的报批以及资金筹措等前期及工程准备阶段（工程总承包范围外）的相关工作”。

《湖南省房屋建筑和市政基础设施工程总承包招标投标活动管理暂行规定》第 11 条将前期基础资料界定为“招标人提供的文件,包括环境保护、气象水文、地质条件,初步设计、方案设计等前期工作的相关文件”。

《广东省水利厅关于水利工程建设项目设计采购施工总承包的指导意见》第 7 条将前期基础资料界定为“工程建设前期工作,包括项目建议书、可行性研究报告、初步设计、设计变更的报批以及工程准备阶段(工程总承包范围外)的工作”。

(三)国际总承包合同中对“前期基础资料”的界定

FIDIC 银皮书 1999 版第 4.10 款中的现场数据将前期基础资料界定为:“基础资料应广义上包括原材料、设备、场地、资金、技术资料(具体应指工程设计、现场施工等工程实施所需的文件),依据建设工程性质的不同,主要包括可行性研究报告、方案设计文件或者初步设计文件等前期工作相关资料,毗邻区域内的供水、排水、供电、供气、供热、通信、广播电视等地上、地下管线和设施资料,气象和水文观测资料,水文地质、工程地质、地形等地质勘察资料以及相邻建筑物、构筑物和地下工程等有关基础资料。”

FIDIC 银皮书 2017 版第 2.5 款中的现场数据和参考事项将前期基础资料界定为“现场地形和地下、水文、气候及现场环境条件方面的所有相关数据”。

综上所述,前期基础资料的范围一般包括“毗邻区域内的供水、排水、供电、供气、供热、通信、广播电视等地上、地下管线和设施资料;发包前完成的环境保护、水文地质、工程地质、地形等勘察资料;项目建议书、可行性研究报告、方案设计文件或者初步设计文件、设计变更的报批以及资金筹措等前期及工程准备阶段(工程总承包范围外)的相关工作”等内容。

二、基础资料或数据错误的风险由发包人承担

基础资料是发包人启动总承包项目招标的前提条件,也是承包人编制投标书内容及拟定投标报价的基础。在实践中,不少招标文件及中标后发承包签订的总承包合同中都会约定由承包人负责现场查勘、核实与解释发包人在招标阶段提供的基础资料,并约定发包人对这些资料的准确性、充分性和完整性不承担责任。此举无疑是发包人利用其市场上的优势地位,将自己在招标阶段提供基础资料的完整性与准确性风险转移给承包人。承包人如果要对招标阶段提供基础资料的准确性承担风险,势必要求每个投标人需要对发包人提供的基础资料进行复查复勘复验等,不仅大幅增加所有投标人投标成本,造成社会资源的浪

费,还通常无法在市场现有的一般建设工程项目的投标时间内完成。在建设工程领域利润不断压缩的今天,可能造成承包人风险和收益不对等,进而影响项目顺利推进。而如果招标人对其在招标前取得的前期基础资料准确性承担相应的责任,既能确保招标人能合理预期建设工程产品的造价、质量、工期等,促进招标人提高前期工作充分性,提高基础资料和数据的真实性和准确性,也能确保投标人投标效率,实现承包人对工程项目造价、质量、工期、利润等的有效控制,进而从源头减少工程因此引发的纠纷,促进行业健康良性发展。

综上,依据《民法典》第 803 条、第 805 条及参照 2020 版《工程总承包合同示范文本》第 2. 3 款等,发包人在招标阶段提供的基础资料或数据等错误导致承包人增加费用、工期延误的,承包人以此主张发包人应承担由此增加的费用、支付合理利润并顺延工期的,建议予以支持。

在国际惯例上,"雇主"(发包人)也要对自己提供的特定前期基础资料出现的错误承担责任。例如:FIDIC 银皮书 1999 版和 2017 版在"5. 1　一般设计义务"中约定:"……雇主应对雇主要求中的下列部分,以及由雇主(或其代表)提供的下列数据和资料的正确性负责:(a)在合同中规定的由雇主负责的或不可变的部分、数据和资料……(d)除合同另有说明外,承包商不能核实的部分、数据和资料。"

参考依据

一、前期基础资料或数据范围的界定

1.《民法典》

第八百零三条　发包人未按照约定的时间和要求提供原材料、设备、场地、资金、技术资料的,承包人可以顺延工程日期,并有权请求赔偿停工、窝工等损失。

2.《工程总承包管理办法》

第九条　建设单位应当根据招标项目的特点和需要编制工程总承包项目招标文件,主要包括以下内容:……(五)建设单位提供的资料和条件,包括发包前完成的水文地质、工程地质、地形等勘察资料,以及可行性研究报告、方案设计文

件或者初步设计文件等……

3. 2020 版《工程总承包合同示范文本》

1. 6. 1　发包人文件的提供

发包人应按照专用合同条件约定的期限、数量和形式向承包人免费提供前期工作相关资料、环境保护、气象水文、地质条件进行工程设计、现场施工等工程实施所需的文件……

2. 3　提供基础资料

发包人应按专用合同条件和《发包人要求》中的约定向承包人提供施工现场及工程实施所必需的毗邻区域内的供水、排水、供电、供气、供热、通信、广播电视等地上、地下管线和设施资料，气象和水文观测资料，地质勘察资料，相邻建筑物、构筑物和地下工程等有关基础资料……

4.《山东省水利工程建设项目设计施工总承包指导意见》

十三、项目法人对工程建设的质量、安全、进度和资金使用负首要责任，应加强对工程总承包单位的管理，严格落实国家、省有关规定和合同条款，履行下列职责：

（一）组织或协助开展项目建议书、可行性研究报告、初步设计报告和设计变更的报批以及资金筹措等前期及工程准备阶段（工程总承包范围外）的相关工作。

……

5.《陕西省住房和城乡建设厅、陕西省发展和改革委员会、陕西省财政厅关于印发〈陕西省政府投资的房屋建筑和市政基础设施工程开展工程总承包试点实施方案〉的通知》

第六条　项目前期资料由建设单位负责收集，并由建设单位向城建档案管理部门移交建设工程档案。

6.《湖南省住房和城乡建设厅关于印发〈湖南省房屋建筑和市政基础设施工程总承包招标投标活动管理暂行规定〉的通知》

第十一条　招标文件合同条款应当按照权利义务对等的原则，约定招标人和承包人双方承担的风险以及风险费用的计算方法。

招标人承担的风险至少包括：

（一）招标人提供的文件，包括环境保护、气象水文、地质条件，初步设计、方案设计等前期工作的相关文件……

7.《广东省水利厅关于水利工程建设项目设计采购施工总承包的指导意见》

第七条 项目法人单位对工程建设全过程负总责，主要包括：

（一）工程建设前期工作，包括项目建议书、可行性研究报告、初步设计、设计变更的报批以及工程准备阶段（工程总承包范围外）的工作……

8. FIDIC 银皮书 1999 版

4.10 现场数据

雇主应在基准日期前，将其取得的现场地下、水文条件及环境方面的所有有关资料，提供给承包商。同样地，雇主在基准日期后得到的所有此类资料，也应提供给承包商。

承包商应负责核实和解释所有此类资料。除第 5.1 款［设计义务一般要求］提出的情况以外，雇主对这些资料的准确性、充分性和完整性不承担责任。

9. FIDIC 银皮书 2017 版

2.5 现场数据和参考事项

雇主应在基准日期前，向承包商提供其拥有的现场地形和地下、水文、气候及现场环境条件方面的所有相关数据，供承包商参考。雇主应立即向承包商提供在基准日期后其拥有的所有此类数据。

原始测量控制点、基准线和基准标高（本条件中的“参考事项”）应在雇主要求中规定。

除第 5.1 款［一般设计义务］规定外，雇主对此类数据和/或参考事项的准确性、充分性或完整性不承担任何责任。

二、发包人负责向承包人提供真实准确的前期基础资料或数据，未按期限提供、变更计划、提供有误将承担责任

1.《民法典》

第八百零三条 发包人未按照约定的时间和要求提供原材料、设备、场地、资金、技术资料的，承包人可以顺延工程日期，并有权请求赔偿停工、窝工等

损失。

第八百零五条 因发包人变更计划,提供的资料不准确,或者未按照期限提供必需的勘察、设计工作条件而造成勘察、设计的返工、停工或者修改设计,发包人应当按照勘察人、设计人实际消耗的工作量增付费用。

2.《政府投资条例》

第九条 政府采取直接投资方式、资本金注入方式投资的项目(以下统称政府投资项目),项目单位应当编制项目建议书、可行性研究报告、初步设计,按照政府投资管理权限和规定的程序,报投资主管部门或者其他有关部门审批。项目单位应当加强政府投资项目的前期工作,保证前期工作的深度达到规定的要求,并对项目建议书、可行性研究报告、初步设计以及依法应当附具的其他文件的真实性负责。

3. 2020版《工程总承包合同示范文本》

1.6.1 发包人文件的提供

发包人应按照专用合同条件约定的期限、数量和形式向承包人免费提供前期工作相关资料、环境保护、气象水文、地质条件进行工程设计、现场施工等工程实施所需的文件。因发包人未按合同约定提供文件造成工期延误的,按照第8.7.1项[因发包人原因导致工期延误]约定办理。

1.12 《发包人要求》和基础资料中的错误

……《发包人要求》或其提供的基础资料中的错误导致承包人增加费用和(或)工期延误的,发包人应承担由此增加的费用和(或)工期延误,并向承包人支付合理利润。

2.3 提供基础资料

发包人应按专用合同条件和《发包人要求》中的约定向承包人提供施工现场及工程实施所必需的毗邻区域内的供水、排水、供电、供气、供热、通信、广播电视等地上、地下管线和设施资料,气象和水文观测资料,地质勘察资料,相邻建筑物、构筑物和地下工程等有关基础资料,并根据第1.12款[《发包人要求》和基础资料中的错误]承担基础资料错误造成的责任。按照法律规定确需在开工后方能提供的基础资料,发包人应尽其努力及时地在相应工程实施前的合理期限内提供,合理期限应以不影响承包人的正常履约为限。因发包人原因未能在合理期限内提供相应基础资料的,由发包人承担由此增加的费用和延误的工期。

8.7.1 因发包人原因导致工期延误

在合同履行过程中,因下列情况导致工期延误和(或)费用增加的,由发包人承担由此延误的工期和(或)增加的费用,且发包人应支付承包人合理的利润……

4. FIDIC 银皮书 1999 版

5.1 设计义务一般要求

承包商应被视为,在基准日期前已仔细审查了雇主要求(包括设计标准和计算,如果有)。承包商应负责工程的设计,并在除下列雇主应负责的部分外,对雇主要求(包括设计标准和计算)的正确性负责。

除下述情况外,雇主不应对原包括在合同内的雇主要求中的任何错误、不准确、或遗漏负责,并不应被认为,对任何数据或资料给出了任何准确性或完整性的表示。承包商从雇主或其他方面收到任何数据或资料,不应解除承包商对设计和工程施工承担的职责。

但是,雇主应对雇主要求中的下列部分,以及由(或代表)雇主提供的下列数据和资料的正确性负责:

(a)在合同中规定的由雇主负责的、或不可变的部分、数据和资料,

(b)对工程或其任何部分的预期目的的说明,

(c)竣工工程的试验和性能的标准,

(d)除合同另有说明外,承包商不能核实的部分、数据和资料。

5. FIDIC 银皮书 2017 版

5.1 一般设计义务

承包商应被视为,在基准日期前已仔细审查了雇主要求(包括设计标准和计算,如果有)。除下述条款规定的情况外,承包商应实施并负责工程的设计,并对雇主要求(包括设计标准和计算)的正确性负责。

设计应由以下设计人员编制:

(a)是工程师或专业人员,在其负责的设计专业方面具有资格、经验和能力;

(b)符合雇主要求中规定的标准(如果有);(以及)

(c)根据适用法律有资格和有权利设计工程。

除下述本款情况外，雇主不应对原包括在合同内的雇主要求中的任何错误、不准确或遗漏负责，并不应被认为，对任何数据或资料给出了任何准确性或完整性的表示。承包商从雇主或其他方面收到任何数据或资料，不应免除承包商对工程施工承担的承包商职责。

但是，雇主应对雇主要求中的下列部分，以及由雇主（或其代表）提供的下列数据和资料的正确性负责：

（a）在合同中规定的由雇主负责的或不可变的部分、数据和资料；

（b）对工程或其任何部分的预期目的的说明；

（c）竣工工程的试验和性能的标准；（以及）

（d）除合同另有说明外，承包商不能核实的部分、数据和资料。

案例分析

案　例

北京国电富通科技发展有限责任公司与窑街煤电集团有限公司合同纠纷

案号：(2020)甘01民初522号

审理法院：甘肃省兰州市中级人民法院

裁判类型：一审民事判决

一、案情介绍

2015年4月29日，联合体牵头人北京国电富通科技发展有限责任公司（以下简称北京富通公司）及成员单位山西省化工设计院与窑街煤电集团有限公司（以下简称窑街煤电公司）签订了《窑街煤电集团有限公司油页岩炼油项目二期工程总承包合同书》和《窑街煤电集团有限公司油页岩炼油项目二期工程总承包技术协议书》。上述总承包合同和技术协议对承包范围、合同价款、付款期限、木页岩原料要求、竣工验收等事项进行了全面约定。主要内容为：

承包范围包括油页岩炼油项目二期工程的全部设计、设备采购、工程施工、项目管理、调试、验收、培训、移交及保修服务的总承包。

现有原料性质:原料名称末页岩,规格 0~15mm(备注:一期筛下物);末页岩工业分析表载明 Mar/%(3.7)、Aar%(58.9)、Var/%(26.76)、FCar%(10.64);末页岩铝甑分析表(550℃)载明油含量/%(8.97)、水含量/%(5.51)、半焦/%(79.74)、干馏气/%(5.78)。

案涉项目于 2016 年 5 月 25 日至 8 月 9 日进行了第一次带料试运行,又于 2017 年 7 月 25 日至 10 月 22 日进行了第二次带料试运行,但系统无法实现独立满负荷运行。

2019 年 4 月 30 日,北京富通公司和窑街煤电公司共同组织专家团队对案涉项目运行情况和改造技术方案进行了评审。专家组认真听取了项目组汇报,经分析和讨论,出具了《窑街煤电集团有限公司油页岩炼油项目二期工程改造技术方案专家评审会评审意见》,该专家评审意见认为:现场原料实际指标低于设计值是导致自产煤气热值低,系统无法实现独立满负荷运行的关键因素。为适应现有原料末页岩指标条件,通过工艺调整、主要设备的改造与配套系统的优化等技术方案,可实现系统自循环连续稳定运行。建议尽快开展后续项目改造工作,实现系统安全、稳定、长期、优质的运行。专家意见作出后,北京富通公司与窑街煤电公司进行协商未果,遂于 2020 年 6 月向法院提起诉讼。

二、各方观点

发包人窑街煤电公司认为:北京富通公司未能依约完成并交付涉案工程项目,无权主张收取工程款,其应继续履行合同义务,向窑街煤电公司尽快交付合格工程项目。窑街煤电公司与北京富通公司之间签订的是 EPC 总承包固定总价合同。根据建市(2003)30 号《建设部关于培育发展工程总承包和工程项目管理企业的指导意见》第 2 条第 3 款第 1 项规定,设计采购施工(EPC)/交钥匙总承包是指工程总承包企业按照合同约定,承担工程项目的设计、采购、施工、试运行服务等工作,并对承包工程的质量、安全、工期、造价全面负责。交钥匙总承包是设计采购施工总承包业务和责任的延伸,最终是向业主提交一个满足使用功能、具备使用条件的工程项目。本案所涉工程因整体试运行、调试不符合合同约定要求,一直处于技术整改阶段,并未通过竣工验收;并且合同对支付工程款的进度节点、支付比例约定明确,窑街煤电公司不产生支付工程款的义务。反而北京富通公司应依照合同约定,继续履行合同义务,尽快交付合格工程项目。

总承包人北京富通公司认为:北京富通公司认为窑街煤电公司提供的原料

不符合技术协议第3.9条约定的原料参数指标是导致案涉项目未能通过达产达标测试和总体竣工验收的根本原因，其责任应当全部归于窑街煤电公司，按照原《合同法》第45条之规定，应当视为付款条件已经成就，窑街煤电公司应当立即支付全部工程款项。

三、裁决要旨

案涉项目至今未能通过达产达标测试和总体竣工验收，责任应在窑街煤电公司，窑街煤电公司依法应当向北京富通公司支付全额工程价款，理由如下：

1. 案涉项目对于原料的要求。案涉项目的合同目的在于将末页岩中含有的油通过一定技术加工提炼出来，这样提炼的过程势必会考虑技术的可行性和经济性，意味着仅有部分品质比较高的原料才能进行提炼且提炼具有价值。因此，案涉项目顺利投产后客观上仅能处理部分末页岩原料，不可能处理任何末页岩原料。一个工程项目，作为承包人的工作范围一定是有边界的，且该边界将在合同中进行明确约定并对应了相应的合同价款。具体到本案，在技术协议的第3.9条对原料参数指标进行了明确约定，案涉项目顺利运行后将处理符合技术协议第3.9条约定的原料，超过此范围的原料则不在处理范围之内。

2. 原料参数指标系窑街煤电公司所提供。原料参数指标的设定即意味着确定了案涉项目应当处理符合什么条件的原料。处理原料的范围与投资规模密不可分，而投资规模系由业主方考虑决定，技术协议第3.9条对于原料性质进行了明确约定。末页岩原料参数指标系由窑街煤电公司设定，窑街煤电公司应当负责提供符合技术协议第3.9条约定条件的原料，否则将承担不利后果。

3. 案涉项目未能通过达产达标测试和总体竣工验收的责任在于窑街煤电公司。原料是否符合技术协议约定的原料参数指标，其举证责任在于窑街煤电公司，窑街煤电公司有义务证明原料参数指标符合技术协议约定的标准。窑街煤电公司既无证据证明原料参数指标符合技术协议约定的标准，也不同意鉴定，依法应当承担不利后果。

合同双方在合同技术协议中明确约定了原料参数，且该参数系发包人窑街煤电公司所提供，而发包人实际提供原料与技术协议中约定的标准不符，案涉项目未能通过达产达标测试和总体竣工验收，责任应在发包人窑街煤电公司。

四、法律分析

工程总承包项目相较于传统的施工总承包项目，承包人需要完成更多工作内容并承担更多风险，但该风险范围应与其收益相对应且具有合理限度，不宜一味扩大。窑街煤电公司在合同中明确约定了原料参数指标且数据由其提供，因此由于该指标有误导致完工项目未能达到预期处理产能，责任不能由作为承包人的北京富通公司承担。

本案中，承包人北京富通公司胜诉的关键在于原料参数的提供系发包人的义务，因此提供的原料与实际不符为发包人的未能按照约定履行。《民法典》第582条规定："履行不符合约定的，应当按照当事人的约定承担违约责任。对违约责任没有约定或者约定不明确，依据本法第五百一十条的规定仍不能确定的，受损害方根据标的的性质以及损失的大小，可以合理选择请求对方承担修理、重作、更换、退货、减少价款或者报酬等违约责任。"《民法典》第803条规定："发包人未按照约定的时间和要求提供原材料、设备、场地、资金、技术资料的，承包人可以顺延工程日期，并有权请求赔偿停工、窝工等损失。"近年国内推广工程总承包模式，住建部与国家发改委联合发布了《工程总承包管理办法》第15条第1款规定："建设单位承担的风险主要包括：(一)主要工程材料、设备、人工价格与招标时基期价相比，波动幅度超过合同约定幅度的部分；(二)因国家法律法规政策变化引起的合同价格的变化；(三)不可预见的地质条件造成的工程费用和工期的变化；(四)因建设单位原因产生的工程费用和工期的变化；(五)不可抗力造成的工程费用和工期的变化。"在本案中发包人的违约责任则体现为其应当为原料参数指标的错误承担责任，承包人依据其提供的数据完成的项目应当被接收，项目不能达产达标的风险以及在此过程中产生的相应的技术改造款项应当由发包人承担。

第八条

因发包人原因导致工程总承包合同无效的认定

当事人以工程总承包项目发包时未取得工程规划许可手续为由主张工程总承包合同无效的，基于工程总承包模式和施工总承包模式的区别及发包阶段的差异，建议不予支持。

裁决指引

本条规定了工程总承包发包时未取得工程规划许可证，工程总承包合同不宜被认定无效的基本原则。

一、工程规划许可证的办理阶段、手续等相关问题

我国对用地和工程建设实行规划许可制度，各项建设用地和建设工程应当符合城乡规划，依法取得规划许可。《城乡规划法》对于规划许可证件可以划分为选址意见书、建设工程规划许可证、乡村建设规划许可证和相应的临时规划许可证四类。

对于在城市、镇规划区内进行建筑物、构筑物、道路、管线和其他工程建设的，根据《城乡规划法》第 40 条的规定，建设单位或者个人应当向城市、县人民政府城乡规划主管部门或者省、自治区、直辖市人民政府确定的镇人民政府申请办理建设工程规划许可证。申请办理建设工程规划许可证，应当提交使用土地的有关证明文件、建设工程设计方案等材料。需要建设单位编制修建性详细规划的建设项目，还应当提交修建性详细规划；对符合控制性详细规划和规划条件的，由城市、县人民政府城乡规划主管部门或者省、自治区、直辖市人民政府确定的镇人民政府核发建设工程规划许可证；城市、县人民政府城乡规划主管部门或者省、自治区、直辖市人民政府确定的镇人民政府应当依法将经审定的修建性详细规划、建设工程设计方案的总平面图予以公布。由此可知，办理建设工程规划

许可证,需要提交使用土地的有关证明、建设工程设计方案(包括建设工程设计方案的总平面图)、修建性详细规划等资料,但是上述规定并未明确设计方案的深度。对于设计方案的深度问题应需要地方政府规划行政管理部门进一步细化。

经查询各地城乡规划条例,大多数省份未详细细化设计文件的深度,如湖北、湖南、广东、山东等省份,实操中以窗口提交文件要求为准,一般都对设计文件做了从严要求,要求设计文件的深度为施工图设计文件。

综上所述,我们认为虽然法律层面未明确办理建设工程规划许可证所需要提交设计方案的深度,但一些地方政府文件中对设计文件的深度提出了较高的要求,包括上海、重庆,均要求申领建设工程规划许可证需要提供施工图设计问题。目前可知的仅有北京市办理建设工程规划许可证只需要提供(扩大)初步设计文件。同时,应引起我们注意的是,目前尚无地区对工程总承包项目申领工程规划许可证做出特别规定,实务中工程总承包项目申领工程规划许可证仍执行国家层面的《城乡规划法》和地方出台的规划管理条例等文件的规定。

二、未取得工程规划许可手续会导致传统施工总承包合同无效

基于《城乡规划法》的强制性规定和《民法典》关于无效民事法律行为的规定,《施工合同司法解释(一)》第 3 条第 1 款规定了违反办理工程规划许可规定所签订的施工合同无效,具体条文内容为:"当事人以发包人未取得建设工程规划许可证等规划审批手续为由,请求确认建设工程施工合同无效的,人民法院应予支持,但发包人在起诉前取得建设工程规划许可证等规划审批手续的除外。"

对于传统的施工总承包合同来说,施工单位的合同任务是按照建设单位提供的审批蓝图进行施工,也就是我们常说的照图施工。建设单位进行发包时,已经委托设计单位完成了相应图纸的设计工作(方案设计、初步设计、施工图设计),设计单位已经出具了可施工的蓝图。按照 2017 版《施工合同示范文本》第 1.6 款专门约定了发包人提供的图纸,这里所说的"图纸"是指施工图设计图纸。故,尽管各地对于办理工程规划许可证所需设计图纸的设计深度有所区别,毋庸置疑的是传统施工总承包模式下施工单位是照图施工,施工单位签订合同进场施工时取得是应该是施工图设计,该图纸作为图纸设计工作最后阶段,从深度上可以满足工程规划许可证的办理条件。

实践中,因为各种主客观的原因,存在不少的未办理工程规划许可证就进场施工的项目,从考虑商事合同的稳定性角度来说,司法解释给予当事人整改的机

会，明确在起诉前补正工程规划许可证的，不因此影响施工合同的效力。

对此，有异曲同工之妙的是，《最高人民法院关于审理城镇房屋租赁合同纠纷案件具体应用法律若干问题的解释》第2条同样指出："出租人就未取得建设工程规划许可证或者未按照建设工程规划许可证的规定建设的房屋，与承租人订立的租赁合同无效。但在一审法庭辩论终结前取得建设工程规划许可证或者经主管部门批准建设的，人民法院应当认定有效。"

三、工程总承包工程发包时，客观上或不具备办理工程规划许可条件

（一）工程总承包项目的发包条件

发包是指建设工程合同的订立过程中，发包人将建设工程的勘察、设计、施工一并交给一个承包单位完成或者将建设工程勘察、设计、施工的一项或几项交给一个承包单位完成的行为。从房屋建筑和市政基础项目角度来说，《工程总承包管理办法》第6条规定，"建设单位应当根据项目情况和自身管理能力等，合理选择工程建设组织实施方式。建设内容明确、技术方案成熟的项目，适宜采用工程总承包方式"，该条文概括性地规定了工程总承包项目发包项目的要求是建设内容明确、技术方案成熟。

该管理办法第7条规定详细区分了政府投资项目和企业投资项目规定了工程总承包项目的发包条件。具体内容为"建设单位应当在发包前完成项目审批、核准或者备案程序。采用工程总承包方式的企业投资项目，应当在核准或者备案后进行工程总承包项目发包。采用工程总承包方式的政府投资项目，原则上应当在初步设计审批完成后进行工程总承包项目发包；其中，按照国家有关规定简化报批文件和审批程序的政府投资项目，应当在完成相应的投资决策审批后进行工程总承包项目发包"。

对于政府投资项目原则上是在初步设计审批完成后进行发包。对此，从《政府投资条例》的规定也可看出端倪，其第9条第1款规定："政府采取直接投资方式、资本金注入方式投资的项目（以下统称政府投资项目），项目单位应当编制项目建议书、可行性研究报告、初步设计，按照政府投资管理权限和规定的程序，报投资主管部门或者其他有关部门审批。"同时，根据《建设工程勘察设计管理条例》的阐述，初步设计虽然不如施工图设计文件，可满足设备材料采购、非标准设备制作和施工的需要，但能够达到的深度是：已经能据以准备主要设备及材料。

对于企业项目未严格规定发包阶段，发包前须完成项目审批、核准或者备案

程序。对于企业投资实行备案管理的建设项目,《企业投资项目核准和备案管理条例》第 13 条规定:“实行备案管理的项目,企业应当在开工建设前通过在线平台将下列信息告知备案机关:(一)企业基本情况;(二)项目名称、建设地点、建设规模、建设内容;(三)项目总投资额;(四)项目符合产业政策的声明。企业应当对备案项目信息的真实性负责。备案机关收到本条第一款规定的全部信息即为备案;企业告知的信息不齐全的,备案机关应当指导企业补正。企业需要备案证明的,可以要求备案机关出具或者通过在线平台自行打印。”对于企业投资实行核准管理的建设项目,《企业投资项目核准和备案管理条例》第 6 条规定:“企业办理项目核准手续,应当向核准机关提交项目申请书;由国务院核准的项目,向国务院投资主管部门提交项目申请书。项目申请书应当包括下列内容:(一)企业基本情况;(二)项目情况,包括项目名称、建设地点、建设规模、建设内容等;(三)项目利用资源情况分析以及对生态环境的影响分析;(四)项目对经济和社会的影响分析。企业应当对项目申请书内容的真实性负责。法律、行政法规规定办理相关手续作为项目核准前置条件的,企业应当提交已经办理相关手续的证明文件。”

(二)视不同情形研究工程规划许可证对工程总承包合同效力的影响

参考原铁道部发布的《铁路建设项目工程总承包办法》(铁建设〔2006〕221 号)、交通运输部发布的《公路工程设计施工总承包管理办法》(交通运输部令 2015 年第 10 号)、住建部与国家发改委发布的《工程总承包管理办法》和相关政策文件,目前我们一般认为工程总承包合同范围可包括勘察、设计、施工、采购、竣工投产实行全过程的总承包,也可包括其中的数个阶段,但至少包括设计、施工阶段。

基于实践中,发包人为发挥工程总承包项目设计施工深度融合进行投资控制、工期等角度的考量,在工程总承包项目的发包阶段,发包人必然未完成施工图设计。以房屋建设和市政工程为例,或者仅仅完成可行性研究,或者虽然完成了项目初步设计文件,但是根据办理工程规划许可的特别要求,绝大多数项目客观上仍然不具备办理建设工程规划许可证的条件,此时不宜直接因未取得建设工程规划许可证而认定合同无效。

(三)工程总承包项目合同效力虽然不一定与工程规划许可证挂钩,但项目建设仍须符合规划条件

虽然工程总承包项目发包时可能还不符合办理工程规划许可证的条件,但

是基于《城乡规划法》的强制性规定，工程总承包项目仍须在规划条件内进行建设，不得擅自变更规划条件，也不得在规划范围外进行建设，并应在符合办理规划许可条件后及时办理规划许可证，否则仍然违反《城乡规划法》的规定，未经核实或者经核实不符合规划条件的，可能导致项目被责令停工、建设单位也会面临一定的行政处罚，即便工程建设完成的，建设单位也不得组织竣工验收、不得投入使用。

参考依据

1.《民法典》

第四百六十五条　依法成立的合同，受法律保护。

依法成立的合同，仅对当事人具有法律约束力，但是法律另有规定的除外。

第五百零二条　依法成立的合同，自成立时生效，但是法律另有规定或者当事人另有约定的除外。

依照法律、行政法规的规定，合同应当办理批准等手续的，依照其规定。未办理批准等手续影响合同生效的，不影响合同中履行报批等义务条款以及相关条款的效力。应当办理申请批准等手续的当事人未履行义务的，对方可以请求其承担违反该义务的责任。

依照法律、行政法规的规定，合同的变更、转让、解除等情形应当办理批准等手续的，适用前款规定。

2.《城乡规划法》

第四十条　在城市、镇规划区内进行建筑物、构筑物、道路、管线和其他工程建设的，建设单位或者个人应当向城市、县人民政府城乡规划主管部门或者省、自治区、直辖市人民政府确定的镇人民政府申请办理建设工程规划许可证。

申请办理建设工程规划许可证，应当提交使用土地的有关证明文件、建设工程设计方案等材料。需要建设单位编制修建性详细规划的建设项目，还应当提交修建性详细规划。对符合控制性详细规划和规划条件的，由城市、县人民政府城乡规划主管部门或者省、自治区、直辖市人民政府确定的镇人民政府核发建设工程规划许可证。

城市、县人民政府城乡规划主管部门或者省、自治区、直辖市人民政府确定的镇人民政府应当依法将经审定的修建性详细规划、建设工程设计方案的总平面图予以公布。

3.《上海市城乡规划条例》(2018 第二次修正)

第三十五条 在国有土地上进行建设的,建设单位或者个人应当向规划行政管理部门申请办理建设工程规划许可证。

申请办理建设工程规划许可证,应当提交使用土地的有关证明文件、建设工程设计方案等材料;规划行政管理部门应当在三十个工作日内提出建设工程设计方案审核意见。经审定的建设工程设计方案的总平面图,规划行政管理部门应当予以公布。

建设单位或者个人应当根据经审定的建设工程设计方案编制建设项目施工图设计文件,并在建设工程设计方案审定后六个月内,将施工图设计文件的规划部分提交规划行政管理部门。符合经审定的建设工程设计方案的,规划行政管理部门应当在收到施工图设计文件规划部分后的二十个工作日内,核发建设工程规划许可证。

建设单位或者个人在建设工程规划许可证核发后满一年仍未开工的,可以向规划行政管理部门申请延期,由规划行政管理部门决定是否准予延续。未申请延期的,建设工程规划许可证自行失效。国有土地使用权出让合同对开工时间另有约定的,从其约定。

4.《北京市城乡规划条例》(2021 修正)

第三十三条 设计单位应当按照规定的资质等级和业务范围承担设计任务。

建设工程设计方案应当依据法律、法规、规章、国家和本市的设计规范和标准进行编制。施工图设计文件应当符合建设工程规划许可证或者乡村建设规划许可证的批准内容。

第三十八条 建设单位进行城镇建设工程建设的,应当向规划自然资源主管部门申请建设工程规划许可证。符合规划综合实施方案要求的,规划自然资源主管部门应当在七日内核发建设工程规划许可证。

重大城乡基础设施项目,建设单位应当提交经过审查的建设工程扩大初步设计方案。

城镇居民个人申请进行建设的,按照本市有关规定执行。

5.《重庆市城乡规划条例》(2019 修正)

第四十八条 新建、改建、扩建建设项目,建设单位应当依法取得建设工程规划许可证,需要办理乡村建设规划许可证的除外。

建设工程规划许可证按照以下程序办理:

(一)申请建设工程规划许可证。建设单位应当持书面申请、使用土地的有关证明文件(不需办理国有建设用地批准手续的除外)、具备相应资质的设计单位设计的建设工程设计方案等材料向城乡规划主管部门申请核发建设工程规划许可证。需要建设单位编制修建性详细规划的建设项目,还应当提交修建性详细规划。

城乡规划主管部门应当自收到申请之日起五个工作日内作出受理、不予受理的书面决定。

(二)审查建设工程设计方案。城乡规划主管部门应当会同有关部门对建设工程设计方案进行审查,自决定受理之日起二十个工作日内作出审查决定,符合规划条件的,办理建设工程设计方案审查意见,建设单位应当按照审定的建设工程设计方案开展下阶段设计工作;不符合规划条件的,书面要求建设单位修改后提交。

以出让方式取得国有建设用地使用权的建设项目,已在申请建设用地规划许可阶段通过建设工程设计方案审查的,建设单位可以直接开展下阶段设计工作。

(三)核发与公布建设工程规划许可证。施工图设计完成后,建设单位应当将施工图中有关规划的相关材料提交城乡规划主管部门复核,符合审定的建设工程设计方案的,经放线、验线后,城乡规划主管部门应当在十个工作日内核发建设工程规划许可证及附件、附图。城乡规划主管部门应当依法公布经审定的建设工程施工图的总平面图。

随道路等主体工程同步实施的地下管线、综合管廊等地下空间利用工程,道路建设业主应当进行综合管线方案设计并专题审查,统筹处理好各类地下管线的关系,随主体工程一并申请规划许可。

在已建综合管廊内敷设各类管线的,建设单位直接申请办理建设工程规划许可证。

6.《施工合同司法解释(一)》

第三条 当事人以发包人未取得建设工程规划许可证等规划审批手续为由,请求确认建设工程施工合同无效的,人民法院应予支持,但发包人在起诉前取得建设工程规划许可证等规划审批手续的除外。

发包人能够办理审批手续而未办理,并以未办理审批手续为由请求确认建设工程施工合同无效的,人民法院不予支持。

案例分析

案 例

山东水泊梁山影视基地股份有限公司、深圳文科园林股份有限公司建设工程合同纠纷

案号:(2020)鲁08民终2508号

审理法院:山东省济宁市中级人民法院

裁判类型:二审民事判决

一、案情介绍

2017年1月20日,山东水泊梁山影视基地股份有限公司(以下简称水泊影视公司)就水浒影视文化体验园(一期)建设项目设计采购施工(EPC)总承包项目招标,经依法评标后确定文科园林公司中标。2017年1月5日,水泊影视公司在招投标前,将涉案项目在梁山县发展和改革局进行了登记备案,备案项目名称即为上述招标项目。

2017年6月9日,水泊影视公司与深圳文科园林股份有限公司(以下简称文科园林公司)签订《水浒影视文化体验园(一期)建设项目设计采购施工(EPC)总承包项目合同》,约定:设计范围包括但不限于红线范围内地块及红线外相关区域概念性规划方案设计、景观方案设计、施工图设计等;勘察项目包括详细勘察(含施工期间勘察)、地下障碍物勘察、地下障碍物勘察害评价所需的资料、除

上述工作外，发包人委托的本项目的其他工程勘察工作……承包人应按照合同要求进行设计。

2018年1月27日，水泊影视公司向文科园林公司发送催告函，催告文科园林公司按合同约定向水泊影视公司提交合格的履约担保。2018年2月5日，文科园林公司向水泊影视公司复函，主要内容为：文科园林公司就涉案项目合同做了短期的资金问题、前期推进问题、前期规划设计审图和现场清理及场地整理等一系列工作，但因为项目土地尚未取得，规划建设手续尚不完备，未能取得开工许可证的前提下，文科园林公司作为上市公司在现阶段进行大规模施工，将触犯有关法律法规，并确定将被处罚，从而造成难以挽回的损失。希望在项目达到土地手续完备，规划许可条件、开工许可条件合法合规的情况下再进行大规模开工建设，且愿意以保函等形式出具履约担保，以推进项目建设。2019年6月5日，水泊影视公司向文科园林公司发送书面通知：……截至本通知发送之日，贵公司未能与本公司就EPC合同解除及赔偿款支付等事项达成一致意见，同时，贵公司搭建的临时工房亦严重影响了本公司对涉案项目的继续推进。现本公司正式通知贵公司自本通知发出之日起10日内，请贵公司负责拆除建造在“水浒影视文化体验园”停车场入口处的临时施工房。2019年6月12日，文科园林公司就上述通知复函：由于贵司未取得水浒项目土地，规划建设手续尚不完备，未能取得开工许可证等，导致该项目迟迟未能动工。贵司于2017年6月9日就水浒项目与我司签订了EPC总承包项目合同后，由于贵司一直未办理并取得建设用地规划许可证、建设工程规划许可证、开工许可证等建设施工手续，导致该项目不具备施工条件。我司已根据贵司要求，就水浒项目投入了大量人力物力，进行前期设计、施工等准备工作，但贵司后续采取了对整体合作不配合的态度，导致项目无法推进，并于2018年1月27日向我司发函解除EPC合同。我司同意与贵司解除EPC合同，并认为双方应就合同解除及相关事宜签订书面解除和解决协议……后双方诉至法院。

二、各方观点

上诉人（原审原告、反诉被告）水泊影视公司观点：认为案涉项目为EPC合同，因为合同包括了设计阶段工作内容，合同签订当时不具备办理规划许可证书条件。合同为双方真实意思表示，对双方具有约束力。

上诉人（原审被告、反诉原告）文科园林公司观点：因为涉案项目未依法办理项目核准、招标程序违反法律强制规定、水泊影视公司未取得规划许可施工许可文件等因素,案涉合同应属无效。

三、裁决要旨

关于 EPC 总承包项目合同的效力问题。法院认为,根据《城乡规化法》第 40 条、第 60 条的规定,在城镇规划区内进行工程建设的,建设单位或个人应当提交使用土地的有关证明文件、建设工程设计方案等材料,向城乡规划主管部门申请办理建设工程规划许可证。未取得建设工程规划许可证进行建设的,由城乡规划主管部门采取相应的行政处罚措施。规划许可的类型主要包括建设用地规划许可和建设工程规划许可。《济宁市城乡规划局建设用地规划许可证核发(含临时建设用地规划许可证核发)服务指南》规定,建设用地规划许可证的申请主体为在城乡规划区内新建、扩建需使用本单位以外土地的(含拆迁项目)以及需改变本单位土地使用性质的各类建设项目的建设单位。核发建设用地规划许可证应提交已批准的详细规划方案或规划条件。《济宁市城乡规划局建设工程规划许可证服务指南》规定,建设工程规划许可证的申请主体为在城市、镇规划区内进行建筑物、构筑物、道路、管线和其他工程建设的建设单位或个人。办理条件第 4 项规定,符合专项规划、控制性详细规划和规划条件或规划设计要求,满足相关技术标准和技术规范。第 8 项规定,建筑类项目已通过建设工程设计方案审定。从上述规定可知,法律上默许的取得建设工程规划许可证的最晚时间节点是在对建设项目进行正式施工建设前,而工程总承包合同的订立与项目的施工建设属于两个不同的独立阶段,前一阶段应取得建设工程规划许可证,但《城乡规划法》及地方城乡规划条例并未作出强制约束性相关规定。从签订工程总承包合同和取得建设工程规划许可证的逻辑顺序来看,建设工程规划许可证需要提交建设工程设计方案并通过审核后方能取得。工程总承包的承包范围包括工程勘察、设计、采购、施工等全部环节,其中设计环节包含了工程方案的设计,是工程总承包单位履行工程总承包合同的约定义务之一。因此,在逻辑顺序上,应当是先签订工程总承包合同并完成工程设计方案,再由建设单位申请办理建设工程规划许可证,时间上必定是工程总承包合同签订在前,规划许可证取得在后。如果以工程总承包合同签订时无法取得的规划许可证来否定合同效力,所有工程总承包合同都将有可能归于无效,这有悖于立法本意,也不利于实现合同目的。根据《城乡规化法》的规定,建设工程规划许可证的取得,是建设单位的法定义务。规划许可证的取得与否,不影响工程总承包合同的效力,而取得规划许可证应作为建设单位的法定义务。综上所述,工程总承包合同具有一定的特殊性,不同于传统的建设工程施工合同,不能以建设工程施工合同的效力规范判断建设工程总承包合同的效力。建设工程总承包合同一般在签订时即成立生效,不以取得规划许可证作为工程总承包合同生效的要件为生效要件,故水泊影视公司与文科园林公司签订的EPC总承包项目合同合法有效,法院认为文科园林公司关于水泊影视公司未按照法律规定办理建设用地规划许可和建设工程规划许可,违反了法律的强制性规定,EPC总承包项目合同中约定的建设内容对其无效的主张,不符合法律规定,法院依法不予支持。

四、法律分析

本案的合同为《设计、采购、施工(EPC)总承包合同》,项目的勘察、设计任务属于总承包人承包范围,而项目建设的规划许可证的申请需要总承包人完成初步设计方案、详细的施工图后,由发包人向规划部门申领,这是一个申领规划许可手续的前置条件,在此之前的工作属于总承包人的合同义务,总承包人以发包人未取得规划许可、施工许可为由拒绝履行义务是违约行为,该案的《设计、采购、施工(EPC)总承包项目合同》并不因签订合同时尚未取得建设工程规划许可手续而无效。

从合同生效要件的角度分析,未取得规划许可证并不影响工程总承包合同的效力,根据《民法典》的有关规定,发包人可以与总承包人订立建设工程合同,建设工程合同包括工程勘察、设计、施工合同,据此可以看出涵盖了设计、采购、施工等各阶段在内的工程总承包合同与原《合同法》上的建设工程合同在概念上略有差异,两者既有范围上的交叉,又存在各自的内涵。是否取得规划许可证,并非工程总承包合同生效要件,涉案合同应认定为有效合同。

第九条

因承包人原因导致合同无效的认定

承包人或其联合体一方不具备法律规定的资质条件或借用资质签订的合同，一方当事人请求确认合同无效的，建议予以支持。

裁决指引

本条是关于工程总承包合同承包人违反有关建筑市场主体准入制度强制性规定导致总承包合同无效的类型化情形，包括工程承包人不具备法律规定的资质条件，以及不具备相应资质的主体借用资质签订工程总承包合同两种情形。

一、承包人不具备法律规定的资质条件导致工程总承包合同无效

建设工程质量是工程建设的生命，总承包企业的工程建设能力是保证建设工程质量的前提条件。我国建筑市场采用的是资质准入制度，传统模式下，承包商不具有相应资质则不允许承担相应规模的建设工程设计或施工。我国《建筑法》对建筑施工企业施行资质管理制度，对建筑施工企业作出资质等级的划分，并将法定资质等级作为建筑施工企业承揽建筑工程的前提条件，决定其可以承揽的工程范围。[①]

（一）工程企业资质与工程合同效力的关系

我国现行法律制度和法律规范，以规范目的为标准可以分为任意性规范和强制性规范，凡涉及国家利益、社会秩序、市场秩序、市场交易安全及直接关系第三人利益的事项，法律均设强制性规定以排斥当事人意思自由。随着我国社会主义市场经济体制的确立和发展，最高人民法院通过制定司法解释进一步将强制性规定区分为“管理性规定”和“效力性规定”，进一步限缩了无效合同的范围

① 参见最高人民法院民事审判第一庭编著：《最高人民法院新建设工程施工合同司法解释（一）理解与适用》，人民法院出版社 2021 年版，第 20 页。

为违反效力性规定。我国《民法典》第 153 条第 1 款规定:“违反法律、行政法规的强制性规定的民事法律行为无效。但是,该强制性规定不导致该民事法律行为无效的除外。”该条款诠释了我国现行法律制度下,强制性法律规范与民事法律行为效力的基本原则。

根据《民法典》第 153 条第 1 款确立的基本原则,实质上将管理性强制规定排除在合同效力之外。故判断工程企业资质不符合规定是否导致工程合同无效,可从两个维度入手:一是法律对施工企业从业资质的规定是否属于强制性规定;二是存在强制性规定的前提下,尽可能判明法律是否规定了该强制性规定导致工程合同无效。《施工合同司法解释(一)》第 1 条规定:“建设工程施工合同具有下列情形之一的,应当依据《民法典》第一百五十三条第一款的规定,认定无效:(一)承包人未取得建筑业企业资质或者超越资质等级的;(二)没有资质的实际施工人借用有资质的建筑施工企业名义的……”该项司法解释明确了不具有相应资质的承包商所签订的施工合同无效。

需注意的是,《施工合同司法解释(一)》同时对承包人资质不符合法律规定导致合同无效的规定作出了合同效力补正。根据该司法解释第 4 条的规定,“承包人超越资质等级许可的业务范围签订建设工程施工合同,在建设工程竣工前取得相应资质等级,当事人请求按照无效合同处理的,人民法院不予支持”。故,承包人在建设工程竣工前取得相应资质等级,合同有效。

(二)法律对施工企业承揽工程的从业资质有强制规定

我国《建筑法》第 13 条规定:“从事建筑活动的建筑施工企业、勘察单位、设计单位和工程监理单位,按照其拥有的注册资本、专业技术人员、技术装备和已完成的建筑工程业绩等资质条件,划分为不同的资质等级,经资质审查合格,取得相应等级的资质证书后,方可在其资质等级许可的范围内从事建筑活动。”第 26 条规定:“承包建筑工程的单位应当持有依法取得的资质证书,并在其资质等级许可的业务范围内承揽工程。禁止建筑施工企业超越本企业资质等级许可的业务范围或者以任何形式用其他建筑施工企业的名义承揽工程。禁止建筑施工企业以任何形式允许其他单位或者个人使用本企业的资质证书、营业执照,以本企业的名义承揽工程。”《建筑法》上述规定是对于整个建筑行业资质要求的规定。结合前述《施工合同司法解释(一)》第 1 条之规定,《建筑法》对企业承揽工程资质的规定属于效力性强制规定,违反该规定导致工程合同无效。

（三）现行法律对工程总承包企业从业资质的特定要求

工程总承包在发包时仅确定发包项目的规模、范围、功能和一些主要性能指标，尚无确定的施工图设计文件，甚至有些工程在可研阶段招标时尚无方案或初步设计文件，发包人普遍会考虑放宽资质要求不利于项目设计和施工的质量、安全及项目功能和建设要求的实现，再加上在当前国内建设市场存在大量不规范竞争行为的客观情况，因此，相比于一般的施工总承包企业，建设单位往往会对参与工程总承包的工程企业提出更为严格的资质和业绩要求。

已生效的法律规定和司法解释对于建筑工程资质的要求，均是基于传统施工总承包模式的架构进行的，总体原则是施工资质必须与承包内容、规模达到一一对应的关系，不得无资质超资质范围承接项目。目前，在工程总承包模式下，承包人的资质条件应当如何规范，并无具体法律规定或者司法解释可以适用，可以结合相关主管部门颁布的《工程总承包管理办法》、国家的政策意见、行业资质标准以及工程总承包的实务要求来理解。

2016 年，住建部发布了《关于进一步推进工程总承包发展的若干意见》（建市〔2016〕93 号），对于工程总承包的资质问题，该意见明确了“工程总承包企业应当具有与工程规模相适应的工程设计资质或者施工资质，相应的财务、风险承担能力，同时具有相应的组织机构、项目管理体系、项目管理专业人员和工程业绩”，当时提出的是工程总承包企业应当具有与工程规模相适应的“工程设计资质”或者“施工资质”，即单资质。

2017 年 2 月，国务院办公厅发布了《关于促进建筑业持续健康发展的意见》（国办发〔2017〕19 号），强调要“加快推行工程总承包。装配式建筑原则上应采用工程总承包模式。政府投资工程应完善建设管理模式，带头推行工程总承包”。此后，工程总承包模式的推广和应用过程大大加快，各地文件都对工程总承包企业资质进行了相应的阐述，其中主要有两种方式，一种是单资质，仅要求设计或者施工资质即可；另一种是双资质，要求同时具备设计和施工资质。

2020 年 3 月 1 日施行的住建部和国家发改委发布的《工程总承包管理办法》第 10 条规定：“工程总承包单位应当同时具有与工程规模相适应的工程设计资质和施工资质，或者由具有相应资质的设计单位和施工单位组成联合体。”除该管理办法之外，其他部门规章也有相应的双资质要求。交通运输部《公路工程设计施工总承包管理办法》第 6 条规定：“总承包单位应当具备以下要求：（一）同时具备与招标工程相适应的勘察设计和施工资质，或者由具备相应资质的勘察设计和施工单位组成联合体；(二)具有与招标工程相适应的财务能力，满足招标文件中提出的关于勘察设计、施工能力、业绩等方面的条件要求；(三)以联合体投标的，应当根据项目的特点和复杂程度，合理确定牵头单位，并在联合体协议中明确联合体成员单位的责任和权利；(四)总承包单位(包括总承包联合体成员单位，下同)不得是总承包项目的初步设计单位、代建单位、监理单位或以上单位的附属单位。”中国民用航空局颁布的《运输机场专业工程总承包管理办法(试行)》第9条第1款规定：“工程总承包单位应当同时具有与工程规模相适应的工程设计资质和施工资质，或者由具有相应资质的设计单位和施工单位组成联合体。工程总承包单位应当具有相应的项目管理体系和项目管理能力、财务和风险承担能力，以及与发包工程相类似的设计、施工或者工程总承包业绩。”

虽然工程总承包的概念早已有之，但不可否认的是，我国目前的建设工程管理体制仍然是以建设工程五方责任制为大框架，这在《建筑法》中已经得到了较为充分的体现，企业资质的取得和行政部门的管理也以此为基础，设计单位和施工单位的界限较为分明，企业资质条件也以单资质为主流。在工程总承包推进如火如荼的情况下，行业内还要面对双资质企业较为匮乏的境况。虽然工程总承包企业大规模推广已经有了一段时间，设计和施工企业之间，特别是大的成规模的企业之间的合并重组也在稳步推进，但双资质企业从数量到质量完全满足整个市场的要求仍然有待时日。为此，行政监督管理部门在进行立法工作和实际管理时也进行了针对性考虑，住建部、交通部、民航局颁布的相关总承包管理办法都规定了可以采用联合体的形式投标，随着鼓励设计和施工资质相互申请的政策推动，工程总承包市场主体将逐渐由联合体过渡到双资质企业单独承揽。

二、承包人借用资质导致工程总承包合同无效

承包人借用资质既包括没有资质或资质低的单位或个人借用其他具有相应工程总承包资质单位的资质承揽工程，也包括有资质的施工单位或者设计单位相互借用资质承揽工程的情形。

依据《施工合同司法解释(一)》第1条的规定，没有资质的实际施工人借用有资质的建筑施工企业名义承揽工程的合同无效。结合建设行业主管部门颁布的相关总承包管理办法，可推定无工程总承包资质的承包人借用有工程总承包资质的工程企业名义承揽总承包工程的合同无效。借用资质行为意图规避工程企业资质管理制度，扰乱工程建设市场的正常秩序，极大程度上影响了建设工程的质量，已在最高人民法院司法解释中被明确定性。[①]

参 考 依 据

1.《民法典》

第一百五十三条 违反法律、行政法规的强制性规定的民事法律行为无效。但是，该强制性规定不导致该民事法律行为无效的除外。

违背公序良俗的民事法律行为无效。

第四百六十五条 依法成立的合同，受法律保护。

2.《建筑法》

第十三条 从事建筑活动的建筑施工企业、勘察单位、设计单位和工程监理单位，按照其拥有的注册资本、专业技术人员、技术装备和已完成的建筑工程业绩等资质条件，划分为不同的资质等级，经资质审查合格，取得相应等级的资质证书后，方可在其资质等级许可的范围内从事建筑活动。

（注：本条规定勘察、设计、施工、工程监理单位超越本单位资质等级承揽工程的行为违法并应依法接受行政处罚。）

3.《施工合同司法解释（一）》

第一条 建设工程施工合同具有下列情形之一的，应当依据民法典第一百五十三条第一款的规定，认定无效：

（一）承包人未取得建筑业企业资质或者超越资质等级的；

（二）没有资质的实际施工人借用有资质的建筑施工企业名义的；

（三）建设工程必须进行招标而未招标或者中标无效的。

承包人因转包、违法分包建设工程与他人签订的建设工程施工合同，应当依据民法典第一百五十三条第一款及第七百九十一条第二款、第三款的规定，认定无效。

---

① 参见最高人民法院民事审判第一庭编著：《最高人民法院新建设工程施工合同司法解释（一）理解与适用》，人民法院出版社 2021 年版，第 21 页。

第四条 承包人超越资质等级许可的业务范围签订建设工程施工合同,在建设工程竣工前取得相应资质等级,当事人请求按照无效合同处理的,人民法院不予支持。

案例分析

案　　例

日立工程建设(中国)有限公司与竹本油脂(上海)有限公司建设工程施工合同纠纷

案号:(2020)沪民终548号

审理法院:上海市高级人民法院

裁判类型:二审民事判决

一、案情介绍

竹本油脂(上海)有限公司(一审原告,以下简称建设单位)与日立工程建设(中国)有限公司(一审被告,以下简称总承包人)于2012年11月8日签订《项目总承包合同》1份,土建、成套设备等设计、采购、施工等具体分项合同42份,合同约定总价款约2.3亿元,约定由总承包人按照项目总承包合同约定,完成建设单位在上海的新工厂建设EPC工作。

涉案工程于2013年9月25日取得建设工程施工许可证后开工。施工过程中,监理单位多次出具监理工作联系单,指出施工过程中出现的设计及施工质量等问题。总承包人出具多份承诺函,认可相关质量问题并同意整改及承担相应修复费用。2014年8月26日,上海市金山区建设工程质量安全监督站发出乙类厂房一层暂缓施工令,责令总承包人对6米梁开裂、不符合设计要求等问题进行停工整改。2014年10月10日,上海市金山区建设工程质量安全监督站向总承包人发出甲类厂房单体及以上涉及部位暂缓施工指令。后双方因工程质量及施工资质等原因产生争议并诉至法院。

建设单位主张合同因总承包人不具备相应施工资质而无效,总承包人则主张建设单位未经招投标程序直接发包导致合同无效。

二、裁决要旨

(一)一审法院观点

涉案工程是建设单位以自有资金建设的自用生产厂房,不属于关系社会公共利益公众安全的基础设施项目,也不属于关系社会公共利益,公众安全的公用事业项目,故不属于招投标法所规定的必须招投标的范围。因此,建设单位通过直接发包的方式将涉案工程直接发包给总承包人并未违反法律法规的效力性禁止性规定,总承包人关于涉案合同未经招投标程序而无效的主张缺乏依据。

根据相关司法解释的规定,承包人未取得建筑施工企业资质或者超越资质等级的,建设工程施工合同应认定无效。对总承包人而言,其明知自己不具备相应的设计及安装资质,仍然承揽工程,在合同明确要求承包人确保资质的情况下,仍然由自己进行成套设备的设计和安装,在施工过程中因超越资质施工受到相关行政部门的处罚,故总承包人对于合同的无效显然存在过错。对建设单位而言,首先,对于高达上亿元的新建厂房发包事宜,属于公司重大决策,其作为建设单位,理应将工程发包给具备施工资质的企业。而施工企业的相关资质情况均是公开且可以查询到的信息,建设单位在签约时未对总承包人的资质情况进行审查,将工程发包给不具备相关施工资质的总承包人,对此建设单位作为建设单位在缔约时未尽到审慎义务,存在一定过错;其次,双方在合同中对于承包方需确保资质有明确规定。建设单位也聘请了专业监理公司进行工程监理,但在施工过程中,建设单位对于总承包人的资质问题未予以充分关注,致使总承包人自行设计、施工,直至工程即将进入竣工验收阶段,才向总承包人提出资质方面的异议,相关行政部门也对建设单位将工程发包给不具备施工企业的资质进行了处罚。综上,建设单位对于合同无效亦存在过错。综合双方的主观认识及过错大小,一审法院认为总承包人应对合同无效承担主要责任,建设单位承担次要责任。

(二)二审法院观点

1. 关于合同效力,二审法院认同一审判决认定本案系争项目总承包合同及各分项合同中关于成套设备设计及安装部分的合同无效的意见。

2. 关于成套设备设计及安装部分合同无效的责任认定及责任承担比例的确定,二审法院认为:一审法院认定总承包人、建设单位对合同整体不能履行应承担主要责任和次要责任,均属正确。对于责任承担的比例,二审法院亦赞同一审法院酌情确定建设单位按30%的比例承担次要责任的认定意见。

三、法律分析

本案中,一审法院和二审法院对总承包人违反工程总承包资质要求的效力性强制性法律规范导致合同无效持相同观点。此外,法院基于案涉双方的具体行为,分别认定各方对合同无效承担的过错比例,并以此为基础认定各方应当承担的违约责任。

第十条

工程总承包分包合同无效的情形

工程总承包的分包合同存在下列情形之一的，一方当事人主张合同无效的，建议予以确认无效：

（一）承包人将其承包或联合体将其分工范围内且其资质证书许可范围内的勘察设计主体部分或施工关键性工程、主体结构对外进行分包的；

（二）工程总承包合同中暂估价项目，属于依法必须招标范围且达到规定规模标准的，未经招标而分包的。

裁决指引

一、现有法律规定的分包合同无效的情形

《建筑法》作为建筑行业的基础法律依据，对分包合同无效进行了详细的规定，其中以下关于分包合同无效的规定既适用于施工总承包模式也适用于工程总承包模式。

（一）将工程分包给没有相应等级资质的单位或个人

《建筑法》对工程行业施行资质准入制度，其第26条第1款规定："承包建筑工程的单位应当持有依法取得的资质证书，并在其资质等级许可的业务范围内承揽工程。"建筑企业应在其许可的资质类别和等级范围内承接工程，禁止建筑施工企业超越本企业资质等级许可的业务范围或者以任何形式用其他建筑施工企业的名义承揽工程。总承包单位将工程分包给不具备相应资质条件的单位或个人的，分为两类：第一，建设工程单位或个人没有任何建设工程资质类别而承接工程分包的；第二，具有一定建设工程资质等级的建设工程单位，所承接分包工程所需的工程资质等级超过其自身所具有资质等级。需要说明的是，随着建筑业改革，部分工程取消了资质要求，此时不应简单以该承包单位没有资质而认

定分包合同无效。

（二）以分包工程为名进行转包的

《建筑法》第28条规定："禁止承包单位将其承包的全部建筑工程转包给他人，禁止承包单位将其承包的全部建筑工程肢解以后以分包的名义分别转包给他人。"承包单位承接工程后，并不实施工程而是将全部工程转包出去，实质上架空了工程发承包制度和资质要求。转包形式上也可以分为两种情形：一种情形是直接将自己承包的工程全部转包给他人，另一种情形是肢解工程以分包之名行转包之实。

（三）实际施工人以挂靠方式承接分包工程的

企业、个人借用被挂靠企业资质承接工程的行为，大多数情况下挂靠人都不具备建设行业资质或者所具备的资质不足以承接工程，有时也会出现虽有资质但业绩不满足招标文件要求的情形。挂靠行为是建筑法所禁止的行为，《建筑法》第26条第2款对该行为明令禁止："禁止建筑施工企业以任何形式允许其他单位或者个人使用本企业的资质证书、营业执照，以本企业的名义承揽工程。"

（四）分包工程再分包的

建筑承包企业承接工程是对其资质、管理、经验、资金实力等各方面综合能力的考核，故分包单位承接的分包工程不能再分包。为避免因层层分包造成责任不清以及因中间环节过多造成实际用于工程的费用减少的情况。对此《建筑法》第29条第3款明确规定："禁止总承包单位将工程分包给不具备相应资质条件的单位。禁止分包单位将其承包的工程再分包。"

但是该"二次分包"无效情形在应用时需要注意，考虑到当下工程总承包所处的特定阶段和政策规定，除房屋建筑和市政基础设施项目的主管部门住建部明确"双资质"外，其他专业工程尚未明确工程总承包的资质要求，在存在单一资质承揽工程总承包业务的情况下，总承包单位将不具备资质的设计或施工部分依法再发包给其他单位，实施再发包的承包人基于发包人合同目的实现需要和自身施工能力和管理等需要，将部分专业工程进行分包，不宜直接认定该专业工程的分包合同属于法律禁止的"二次分包"而无效。

（五）将主体工程分包的

施工总承包模式下，主体工程应由总承包单位自行施工，不得再分包出去，对此《建筑法》第 29 条第 1 款予以明确,《建设工程勘察设计管理条例》第 19 条亦作出了相应规定:"除建设工程主体部分的勘察、设计外,经发包方书面同意,承包方可以将建设工程其他部分的勘察、设计再分包给其他具有相应资质等级的建设工程勘察、设计单位。"

《施工合同司法解释(一)》第 1 条也规定以下情形将导致建设工程合同无效:(1)承包人未取得建筑业企业资质或者超越资质等级的;(2)没有资质的实际施工人借用有资质的建筑施工企业名义的;(3)建设工程必须进行招标而未招标或者中标无效的;(4)承包人转包的;(5)承包人违法分包的。

二、工程总承包合同模式下,分包合同无效需要重点强调的两种情形

结合上述分包合同无效的情形,本条款结合工程总承包项目特征,有针对性地对分包合同无效的两种情形进行明确。

(一)勘察设计主体部分或施工关键性工程、主体结构分包问题

根据《工程总承包管理办法》的规定,目前立法主要规范的工程总承包类型主要包括对工程设计、采购、施工三阶段承包或者设计、施工两阶段承包,《工程总承包管理办法》要求工程总承包项目的承包人可以是同时具有与工程规模相适应的工程设计资质和施工资质的建筑企业,也可以是由具有相应资质的设计单位和施工单位组成的联合体,联合体根据各自资质进行内部分工。实践中,有的项目将勘察工作也纳入合同范围内。根据《建筑法》第 29 条①、《招标投标法》第 48 条第 2 款②、《建设工程勘察设计管理条例》第 19 条③的规定,承包人对于其承接范围内的工程主体结构的勘察、设计、施工不得分包,且对于关键部分的施工也不得进行分包。

---

① 《建筑法》第 29 条规定:建筑工程总承包单位可以将承包工程中的部分工程发包给具有相应资质条件的分包单位;但是,除总承包合同中约定的分包外,必须经建设单位认可。施工总承包的,建筑工程主体结构的施工必须由总承包单位自行完成。建筑工程总承包单位按照总承包合同的约定对建设单位负责;分包单位按照分包合同的约定对总承包单位负责。总承包单位和分包单位就分包工程对建设单位承担连带责任。禁止总承包单位将工程分包给不具备相应资质条件的单位。禁止分包单位将其承包的工程再分包。

② 《招标投标法》第 48 条第 2 款规定:中标人按照合同约定或者经招标人同意,可以将中标项目的部分非主体、非关键性工作分包给他人完成。接受分包的人应当具备相应的资格条件,并不得再次分包。

③ 《建设工程勘察设计管理条例》第 19 条规定:除建设工程主体部分的勘察、设计外,经发包方书面同意,承包方可以将建设工程其他部分的勘察、设计再分包给其他具有相应资质等级的建设工程勘察、设计单位。

但是，结合工程总承包的发展历程，《工程总承包管理办法》于 2020 年 3 月 1 日才开始施行。在此之前，国家层面并无规范性文件要求工程总承包项目的承包人需满足设计、施工双资质要求。各地政策对此也不统一，有些省份要求双资质，也有的省份明确单一资质即可。在不同行业，对承接工程总承包项目应当具备的资质要求也有区别。《工程总承包管理办法》仅适用于房屋建筑与市政基础设施项目，在此领域之外的某些行业仍有允许单一资质承接工程总承包项目。因此，现阶段及将来，仍将存在一些以单一资质承包的工程总承包项目，而且不会被认定为违反资质管理规定的情形。在这些项目中，仅有设计资质的承包人就必须将全部施工工作分包给有资质的企业，仅有施工资质的承包人则需将全部设计工作分包出去。因此，结合行业现状，在制定本条款时应加上“且其资质证书许可范围内”这一限定条件。所表达的意思是，承包人或联合体不能将资质证书许可范围内的主体工程进行分包，否则，则构成违法分包。这一规则也是为了推进工程总承包模式的健康发展，促进设计施工的深度融合，发挥工程总承包模式的优势特征。但是，在承包人以单一资质承包工程总承包项目不违反相应规定和招标文件的前提下，倘若其不具有完成相关主体部分设计或施工工作的资质的，按照资质管理规定可认为其是依法进行分包，此时不宜认定分包合同无效。

(二)暂估价部分的分包

按照《2013 版清单计价规范》的定义，暂估价是指招标人在工程量清单中提供的用于支付必然发生但暂时不能确定价格的材料、工程设备的单价以及专业工程的金额。基于这个特征，暂估价部分在发承包招标投标阶段直接用发包人给定的金额，因此该部分金额并未进行充分市场竞争，没有依法进行招标投标。按照《必须招标的工程项目规定》《必招的基础设施和公用事业项目范围规定》的规定，属于必须招标范围且达到法定规模标准的暂估价项目，应通过招标方式来进行选定分包，而不能直接分包。《国务院办公厅促进建筑业持续健康发展的意见》规定：“除以暂估价形式包括在工程总承包范围内且依法必须进行招标的项目外，工程总承包单位可以直接发包总承包合同中涵盖的其他专业业务。”《工程总承包管理办法》第 21 条进一步明确规定：“工程总承包单位可以采用直接发包的方式进行分包。但以暂估价形式包括在总承包范围内的工程、货物、服务分包时，属于依法必须进行招标的项目范围且达到国家规定规模标准的，应当依法招标。”

参考依据

1.《民法典》

第七百九十一条 发包人可以与总承包人订立建设工程合同,也可以分别与勘察人、设计人、施工人订立勘察、设计、施工承包合同。发包人不得将应当由一个承包人完成的建设工程支解成若干部分发包给数个承包人。

总承包人或者勘察、设计、施工承包人经发包人同意,可以将自己承包的部分工作交由第三人完成。第三人就其完成的工作成果与总承包人或者勘察、设计、施工承包人向发包人承担连带责任。承包人不得将其承包的全部建设工程转包给第三人或者将其承包的全部建设工程支解以后以分包的名义分别转包给第三人。

禁止承包人将工程分包给不具备相应资质条件的单位。禁止分包单位将其承包的工程再分包。建设工程主体结构的施工必须由承包人自行完成。

2.《建筑法》

第二十六条 承包建筑工程的单位应当持有依法取得的资质证书,并在其资质等级许可的业务范围内承揽工程。

禁止建筑施工企业超越本企业资质等级许可的业务范围或者以任何形式用其他建筑施工企业的名义承揽工程。禁止建筑施工企业以任何形式允许其他单位或者个人使用本企业的资质证书、营业执照,以本企业的名义承揽工程。

第二十八条 禁止承包单位将其承包的全部建筑工程转包给他人,禁止承包单位将其承包的全部建筑工程肢解以后以分包的名义分别转包给他人。

第二十九条 建筑工程总承包单位可以将承包工程中的部分工程发包给具有相应资质条件的分包单位;但是,除总承包合同中约定的分包外,必须经建设单位认可。施工总承包的,建筑工程主体结构的施工必须由总承包单位自行完成。

建筑工程总承包单位按照总承包合同的约定对建设单位负责;分包单位按照分包合同的约定对总承包单位负责。总承包单位和分包单位就分包工程对建设单位承担连带责任。

禁止总承包单位将工程分包给不具备相应资质条件的单位。禁止分包单位将其承包的工程再分包。

3.《招标投标法》

第四十八条　中标人应当按照合同约定履行义务，完成中标项目。中标人不得向他人转让中标项目，也不得将中标项目肢解后分别向他人转让。

中标人按照合同约定或者经招标人同意，可以将中标项目的部分非主体、非关键性工作分包给他人完成。接受分包的人应当具备相应的资格条件，并不得再次分包。

中标人应当就分包项目向招标人负责，接受分包的人就分包项目承担连带责任。

4.《建设工程勘察设计管理条例》

第十九条　除建设工程主体部分的勘察、设计外，经发包方书面同意，承包方可以将建设工程其他部分的勘察、设计再分包给其他具有相应资质等级的建设工程勘察、设计单位。

5.《工程总承包管理办法》

第八条　建设单位依法采用招标或者直接发包等方式选择工程总承包单位。

工程总承包项目范围内的设计、采购或者施工中，有任一项属于依法必须进行招标的项目范围且达到国家规定规模标准的，应当采用招标的方式选择工程总承包单位。

第十条　工程总承包单位应当同时具有与工程规模相适应的工程设计资质和施工资质，或者由具有相应资质的设计单位和施工单位组成联合体。工程总承包单位应当具有相应的项目管理体系和项目管理能力、财务和风险承担能力，以及与发包工程相类似的设计、施工或者工程总承包业绩。

设计单位和施工单位组成联合体的，应当根据项目的特点和复杂程度，合理确定牵头单位，并在联合体协议中明确联合体成员单位的责任和权利。联合体各方应当共同与建设单位签订工程总承包合同，就工程总承包项目承担连带责任。

第二十一条 工程总承包单位可以采用直接发包的方式进行分包。但以暂估价形式包括在总承包范围内的工程、货物、服务分包时,属于依法必须进行招标的项目范围且达到国家规定规模标准的,应当依法招标。

6.《必须招标的工程项目规定》

第五条 本规定第二条至第四条规定范围内的项目,其勘察、设计、施工、监理以及与工程建设有关的重要设备、材料等的采购达到下列标准之一的,必须招标:

(一)施工单项合同估算价在400万元人民币以上;

(二)重要设备、材料等货物的采购,单项合同估算价在200万元人民币以上;

(三)勘察、设计、监理等服务的采购,单项合同估算价在100万元人民币以上。

同一项目中可以合并进行的勘察、设计、施工、监理以及与工程建设有关的重要设备、材料等的采购,合同估算价合计达到前款规定标准的,必须招标。

7.《必须招标的基础设施和公用事业项目范围规定》

第二条 不属于《必须招标的工程项目规定》第二条、第三条规定情形的大型基础设施、公用事业等关系社会公共利益、公众安全的项目,必须招标的具体范围包括:

(一)煤炭、石油、天然气、电力、新能源等能源基础设施项目;

(二)铁路、公路、管道、水运,以及公共航空和A1级通用机场等交通运输基础设施项目;

(三)电信枢纽、通信信息网络等通信基础设施项目;

(四)防洪、灌溉、排涝、引(供)水等水利基础设施项目;

(五)城市轨道交通等城建项目。

8.《2013版清单计价规范》

2.0.19 暂估价

招标人在工程量清单中提供的用于支付必然发生但暂时不能确定价格的材

料、工程设备的单价以及专业工程的金额。

9.《施工合同司法解释(一)》

第一条　建设工程施工合同具有下列情形之一的,应当依据民法典第一百五十三条第一款的规定,认定无效:

(一)承包人未取得建筑业企业资质或者超越资质等级的;

(二)没有资质的实际施工人借用有资质的建筑施工企业名义的;

(三)建设工程必须进行招标而未招标或者中标无效的。

承包人因转包、违法分包建设工程与他人签订的建设工程施工合同,应当依据民法典第一百五十三条第一款及第七百九十一条第二款、第三款的规定,认定无效。

案 例 分 析

案　　例

中国二冶集团有限公司与中国电建集团湖北工程有限公司(原湖北宏源电力工程股份有限公司)建设工程施工合同纠纷

案号:(2018)豫10民初309号

审理法院:河南省许昌市中级人民法院

裁判类型:一审民事判决

一、案情介绍

原告(反诉被告):中国二冶集团有限公司

被告(反诉原告):中国电建集团湖北工程有限公司

2006年,河南能信热电有限公司(以下简称能信公司)将位于河南省许昌市东城区的许昌市新城区2×200MW工程(后变更为2×210MW)发包给被告公司承建。2006年6月8日,被告与原告签订了《河南能信热电有限公司许昌市新城区2×200MW工程建筑施工合同》(合同编号:HT-F－2006－许昌－J－001),合同约定:被告将能信公司许昌市新城区2×200MW工程分包给原告二冶公司施工,承包范围为热力系统、燃料供应系统、除灰系统、水处理系统、供水系统等主辅生产工程(具体为设计院设计的范围),承包方式为包工、包料、包质量、包安全、包工期、包总价(合同条款中规定调整的除外),合同总价款为人民币贰亿陆仟壹佰捌拾伍万元整(小写:261,850,000 元),开工日期初步确定为 2006 年 6 月 11 日,付款方式为按月支付 80% 的工程进度款,完工后支付至 90% 的工程款,留工程总价 10% 的保留金,合同还对验收、违约责任等进行了约定。后,原、被告签订了《建筑施工合同补充协议》,约定因受市场建筑材料价格涨价因素的影响,导致分包商承包本工程的材料费用出现较大缺口,为使工程能顺利进行,并实现业主要求的工期目标,被告同意增补原告二冶公司材料价差贰佰贰拾壹万贰仟陆佰伍拾元(小写:2,212,650 元)。本项目工程于 2006 年 3 月 16 日奠基,2006 年 7 月 18 日主厂房开挖,2006 年 8 月 10 日主厂房浇注第一罐混凝土工程正式开工,1#、2#机组于 2008 年 5 月 9 日和 9 月 11 日顺利完成 72 + 24 小时满负荷试运,通过竣工验收。1#、2#机组于 2008 年 6 月 1 日和 9 月 20 日签发了移交证书。工程竣工验收合格。原被告因工程款纠纷和工期违约诉至法院。

二、各方观点

原告认为:被告从业主能信公司承包的工程范围中的土建工程范围与被告分包给原告的土建工程范围完全一致,均包括主辅生产工程中的热力系统、燃料供应系统、除灰系统、水处理系统、供水系统、电气系统、热工控制系统、附属生产工程。因此被告将上述土建工程分包给原告的行为属于违法分包。

被告认为:案涉分包合同有效,双方签订的合同属于工程总承包合同中的"采购—施工 PC 合同",故施工部分可以自行施工也可发包给他人施工,与施工总承包的转包与分包有明显区别,本案也即工程总承包合同下的再发包合同,不违反法律的规定。

三、裁决要旨

本案《河南能信热电有限公司许昌市新城区 2 × 200MW 工程建筑施工合同》违反法律规定,属于无效合同。

理由如下:《最高人民法院关于审理建设工程施工合同纠纷案件适用法律问题的解释》第 4 条规定:"承包人违法转包、违法分包建设工程或者没有资质的实际施工人借用有资质的建筑施工企业名义与他人签订建设工程施工合同的行为无效。"原《合同法》第 272 条规定:"……建设工程主体结构的施工必须由承包人自行完成。"《建筑法》第29条规定:"建筑工程总承包单位可以将承包工程中的部分工程发包给具有相应资质条件的分包单位;但是,除总承包合同中约定的分包外,必须经建设单位认可。施工总承包的,建筑工程主体结构的施工必须由总承包单位自行完成……"被告将其承揽工程范围中建筑工程的部分附属生产工程、7项主体系统中的5项发包给第二冶金公司,明显超出了被告有权发包的施工范围,即被告应基于其自身资质承担涉案主体工程的施工任务,但却将应当自己施工的主体工程的大部分施工任务分包给了第二冶金公司。《国家电网公司电力建设工程分包、劳务分包及临时用工管理规定(试行)》(基建〔2005〕531号)第11条也规定:"严禁将电力建设项目主体工程分包……(三)火电建设项目的主体工程,是指主体建筑(主厂房、烟囱、冷水塔等)及主体安装工程(汽轮发电机、汽机本体、锅炉本体、高压管道、中压管道、电气热工控制等)。"而被告与第二冶金公司(乙方)签订的《建筑施工合同补充协议》显示"甲方于2006年8月以建筑施工合同的承包方式将本工程中的主厂房部分及附属生产工程项目分包给乙方承包施工",即被告违规将案涉工程主体建筑中的主厂房部分分包给第二冶金公司施工。

法院依法尊重被告因获得承包权而具有分包发包权,但不认可被告所称基于PC合同而具有整体发包或分解分包发包权,且其没有提供证据证实建设单位同意原告具有成为被告的分包商资格。

《国家电网公司电力建设工程分包、劳务分包及临时用工管理规定(试行)》第5条明确规定:"公司系统电力建设工程禁止转包或违规分包。施工承包商必须自行完成主体工程的施工,不得采取除劳务分包以外的其他形式对主体工程进行施工分包。分包事项在施工承包合同中有约定的,在合同约定范围内,施工承包商可将非主体工程或劳务作业分包给具有相应专业承包资质或劳务分包条件的分包商。分包事项在施工承包合同中无约定的,分包必须经建设单位同意。工程分包总价不得超过施工承包合同总价的30%。否则,应视为违规分包。"本案中,被告从能信公司的承包总价是63,659万元(其中:建筑工程费30,949万元,设备费32,710万元),而第二冶金公司从被告的承包总价是26,185万元,已超过施工承包合同总价的30%。

原《合同法》第52条规定:"有下列情形之一的,合同无效:……(五)违反法律、行政法规的强制性规定",本案《河南能信热电有限公司许昌市新城区2×

200MW 工程建筑施工合同》因违反上述法律规定,属于无效合同。

四、法律分析

工程总承包模式是《建筑法》所规定的建设实施模式之一,因此受《建筑法》之约束。承包人向下进行分包时,应符合《建筑法》等相关法律的规定,不得违法分包。对于工程总承包模式,不仅主体结构的施工部分不能分包,主体结构的设计工作也不得进行分包,这是应该引起注意的一点。但是,结合工程总承包模式在特定时期、特定行业允许单一资质承接工程的实际情况,将主体部分施工或设计限定于资质许可范围内较为合理。在该特定情形下,单一资质承包商将资质许可范围外的主体部分进行分包,不应认定为无效。

在法律实务中,另一个难题则在于如何界定主体工程、关键性工程,特别是针对一些市政工程、工业、新能源项目,存在各种建筑物的形态,这就对主体工程的界定带来了一定的难度。对于认定是否涉及主体工程分包时,以下几个方面可以作为参考:(1)不同工程类型中主体结构的判定;(2)分包工程范围和内容;(3)分包工程占比体量等。

第十一条

设计和施工专业业务除暂估价外允许直接发包

除依法必须进行招标的暂估价项目外，如承包人采用直接发包的方式进行分包，当事人以未经招投标为由主张分包合同无效的，建议不予支持。

裁决指引

此条规则明确了除依法必须招标的暂估价项目外承包人可以自行选择专业工程的分包方式。

该裁处规则具有相应的上位法依据，《招标投标法实施条例》第 29 条规定："招标人可以依法对工程以及与工程建设有关的货物、服务全部或者部分实行总承包招标。以暂估价形式包括在总承包范围内的工程、货物、服务属于依法必须进行招标的项目范围且达到国家规定规模标准的，应当依法进行招标。"此条文规定明确以暂估价形式包括在总承包范围内的工程、货物、服务属于依法必须进行招标的项目范围且达到国家规定规模标准的，应当依法进行招标，该规则同样适用于工程总承包模式。《国务院办公厅关于促进建筑业持续健康发展的意见》（国办发〔2017〕19 号）规定："除以暂估价形式包括在工程总承包范围内且依法必须进行招标的项目外，工程总承包单位可以直接发包总承包合同中涵盖的其他专业业务。"《工程总承包管理办法》第 21 条进一步明确规定："工程总承包单位可以采用直接发包的方式进行分包。但以暂估价形式包括在总承包范围内的工程、货物、服务分包时，属于依法必须进行招标的项目范围且达到国家规定规模标准的，应当依法招标。"该规则更加强调了工程总承包单位的自主经营权，在其依法通过招标方式承担工程总承包项目后，已经履行了法律规定的招标投标程序，在这个基础上对其承包范围内的专业工程依法分包时，可以由其自行选择分包方式，而无须强调必须再招标。由此可见，在仲裁实务中如果当事人以专业工程分包未经招标为由主张分包合同无效的不应予以支持,但因为暂估价项目在发包人招标时,并未经过竞争,所以当暂估价项目属于必须招标范围达到规定规模标准的,应当依法招标,否则依据本裁处规则第 10 条将导致暂估价项目分包合同无效。

对于暂估价项目招标实务中还应注意招标主体的问题,2005 年《工程建设项目货物招标投标办法》第 5 条第 3 款规定,“工程建设项目招标人对项目实行总承包招标时,以暂估价形式包括在总承包范围内的货物达到国家规定规模标准的,应当由总承包中标人和工程建设项目招标人共同依法组织招标”。该款明确暂估价货物的招标,应由发包人和工程总承包人共同组织招标。然而,上述办法在 2013 年进行修正时,即对上述条款进行修改,表述调整为“工程建设项目实行总承包招标时,以暂估价形式包括在总承包范围内的货物属于依法必须进行招标的项目范围且达到国家规定规模标准的,应当依法组织招标”,修订后的条文不再强调由发包人和工程总承包人共同组织招标。根据 2011 版《总承包合同示范文本》第二部分通用条款第 13. 4. 1 项,“对于依法必须招标的暂估价项目,专用合同条件约定由承包人作为招标人的,招标文件、评标方案、评标结果应报送发包人批准。与组织招标工作有关的费用应当被认为已经包括在承包人的签约合同价中。专用合同条件约定由发包人和承包人共同作为招标人的,与组织招标工作有关的费用在专用合同条件中约定”。实践中,对于工程总承包中的暂估价项目的发包方式通常由承包人发包,或者承包人和业主共同发包。需要说明的是,双方在招标投标文件或合同中约定由发包人作为暂估价招标主体的,该约定也是受法律保护的。

参考依据

一、法律法规

1.《建筑法》

第二十九条　建筑工程总承包单位可以将承包工程中的部分工程发包给具有相应资质条件的分包单位;但是,除总承包合同中约定的分包外,必须经建设单位认可。

2.《建设工程质量管理条例》

第七十八条　……

本条例所称违法分包，是指下列行为：

（一）总承包单位将建设工程分包给不具备相应资质条件的单位的；

（二）建设工程总承包合同中未有约定，又未经建设单位认可，承包单位将其承包的部分建设工程交由其他单位完成的……

3.《招标投标法实施条例》

第二十九条　招标人可以依法对工程以及与工程建设有关的货物、服务全部或者部分实行总承包招标。以暂估价形式包括在总承包范围内的工程、货物、服务属于依法必须进行招标的项目范围且达到国家规定规模标准的，应当依法进行招标。

……

二、国务院文件和部门规章

1.《国务院办公厅关于促进建筑业持续健康发展的意见》

第三条　……按照总承包负总责的原则，落实工程总承包单位在工程质量安全、进度控制、成本管理等方面的责任。除以暂估价形式包括在工程总承包范围内且依法必须进行招标的项目外，工程总承包单位可以直接发包总承包合同中涵盖的其他专业业务……

注：该意见明确工程总承包单位对除以暂估价形式包括在工程总承包范围内且依法必须进行招标的项目外的其他专业业务，可以直接发包。

2.《工程总承包管理办法》

第二十一条　工程总承包单位可以采用直接发包的方式进行分包。但以暂估价形式包括在总承包范围内的工程、货物、服务分包时，属于依法必须进行招标的项目范围且达到国家规定规模标准的，应当依法招标。

3.《住房和城乡建设部关于进一步推进工程总承包发展的若干意见》（建市〔2016〕93号）

二、完善工程总承包管理制度

……

（六）工程总承包项目的分包。工程总承包企业可以在其资质证书许可的工程项目范围内自行实施设计和施工，也可以根据合同约定或者经建设单位同意，直接将工程项目的设计或者施工业务择优分包给具有相应资质的企业……

4.《建设部培育发展工程总承包和工程项目管理企业的指导意见》

二、工程总承包的基本概念和主要方式

……工程总承包企业可依法将所承包工程中的部分工作发包给具有相应资质的分包企业；分包企业按照分包合同的约定对总承包企业负责……

三、地方性法规和部门规章

1.《河北省房屋建筑和市政基础设施项目工程总承包管理办法》(冀建建市〔2021〕3号)

第十一条 以暂估价形式包括在总承包范围内的工程、货物、服务属于依法必须进行招标的项目范围且达到国家规定规模标准的，应当依法招标。在工程总承包合同中，应当明确暂估价工程的招标主体、总承包管理费以及双方的权利义务。

第十八条 工程总承包单位应当自行完成其承包工程范围内的主体工作，其承包工程范围内的非主体工作符合法律、法规规定属于可以分包情形的，可分包给具有相应资质的分包单位。工程总承包单位可以采用直接发包的方式进行分包，但第十一条规定的情形除外。除了合同已经约定可以分包的部分和劳务作业分包以外，应当征得建设单位同意。

2.《上海市建设项目工程总承包管理办法》(沪住建规范〔2021〕3号)

第十四条(分包)

工程总承包单位应当完成自行承包工程范围内的主体工作，可根据法律、法规规定和合同约定将其承包工程范围内的非主体工作分包给具有相应资质的分包单位。工程总承包单位可以采用直接发包的方式进行分包。工程总承包单位对承包工程进行分包的，应当征得建设单位同意。

第十五条(暂估价招标)

以暂估价形式包括在总承包范围内的工程、货物、服务分包时，属于依法必须进行招标的项目范围且达到国家规定规模标准的，应当依法招标。工程总承包暂估价招标应当由建设单位，或者工程总承包单位，或者建设单位和工程总承包单位联合体作为招标人。建设单位在工程总承包招标文件中，应当明确暂估价工程的招标主体以及双方的权利义务。

3.《浙江省住房和城乡建设厅、浙江省发展和改革委员会关于进一步推进房屋建筑和市政基础设施项目工程总承包发展的实施意见》(浙建〔2021〕2号)

四、优化工程总承包项目实施

……(十九)工程总承包单位可以采用直接发包的方式进行分包。但以暂估价形式包括在总承包项目范围内的工程、货物、服务分包时,属于依法必须进行招标且达到国家规定规模标准的,应当依法招标;按照合同约定或经建设单位同意,可由工程总承包单位作为招标人依法开展招标……

4.《湖北省房屋建筑和市政基础设施项目工程总承包管理实施办法》(鄂建设规〔2021〕2号)

第二十四条　工程总承包单位可以采用直接发包的方式进行分包。但以暂估价形式包括在总承包范围内的工程、货物、服务分包时,属于依法必须进行招标的项目范围且达到国家规定规模标准的,应当依法招标。

5.《江苏省住房城乡建设厅省发展改革委关于推进房屋建筑和市政基础设施项目工程总承包发展的实施意见》(苏建规字〔2020〕5号)

五、规范工程总承包招投标活动。企业投资项目采用工程总承包的,应当在完成项目核准或者备案后进行发包。政府投资项目原则上应当在初步设计审批完成后进行工程总承包发包。其中,按照国家有关规定简化报批文件和审批程序的政府投资项目,应当在完成相应的投资决策审批后进行工程总承包项目发包。单独立项且合同估算价在5000万元以上的房屋建筑和市政基础设施,2000万元以上的装饰装修、安装、幕墙,1000万元以上的园林绿化、智能化工程项目适宜采用工程总承包发包。工程总承包项目招标人应当在招标文件中明确接受由具有相应资质的设计单位和施工单位组成的联合体参加投标。

……

6.《四川省房屋建筑和市政基础设施项目工程总承包管理办法》(川建行规〔2020〕4号)

第二十二条　工程总承包单位可以采用直接发包的方式进行分包。但以暂估价形式包括在总承包范围内的工程、货物、服务分包时,属于依法必须进行招标的项目范围且达到国家规定规模标准的,应当依法招标。招标可以由建设单位和工程总承包单位联合招标，也可以经建设单位同意由工程总承包单位单独招标，具体方式由建设单位在工程总承包招标文件或工程总承包合同中约定。

属于上述应当依法招标范围的，未经单独招标或联合招标，招标人、工程总承包单位不得以总承包分包名义违法直接发包。

第二十三条 经建设单位同意，同时具有相应工程设计和施工资质中标或者以联合体形式中标的工程总承包单位，可以将工程总承包项目中的非主体设计或者非主体结构、非关键性专业施工业务分包给具备相应资质的单位，但不得将工程总承包项目中的主体设计或者主体结构、关键性专业施工业务分包。工程总承包单位不得将工程总承包项目中的设计和施工的全部业务一并转包，不得将工程总承包项目中的设计或施工的全部业务分别分包给其他单位，也不得以专业工程名义违法分包给具有施工资质的单位。

工程总承包项目不得分包的内容应当在招标文件中明确。

7.《湖南省人民政府办公厅关于推进工程总承包发展的指导意见》(湘政办发〔2017〕58 号)

二、重点任务

……

(七)……建设单位与中标企业可以采用工程总价合同或成本加酬金合同，约定分包事项，除以暂估价形式包括在工程总承包范围内且依法必须进行招标的项目外，工程总承包企业可以依据合同分包，但不得将所有业务一并转包或者分别分包。

8.《贵州省人民政府办公厅关于促进建筑业持续健康发展的实施意见》(黔府办发〔2017〕73 号)

(二)完善工程建设组织模式

1. ……工程总承包合同涵盖的全过程各专业业务，可由总承包单位依法直接分包。

四、工程总承包合同示范文本

2011版《工程总承包合同示范文本》

3.8.1　分包约定

承包人只能对专用条款约定列出的工作事项(含设计、采购、施工、劳务服务、竣工试验等)进行分包。

专用条款未列出的分包事项,承包人可在工程实施阶段分批分期就分包事项向发包人提交申请,发包人在接到分包事项申请后的15日内,予以批准或提出意见。发包人未能在15日批准亦未提出意见的,承包人有权在提交该分包事项后的第16日开始,将提出的拟分包事项对外分包。

案例分析

案　例

江油市科达建筑劳务有限责任公司等建设工程分包合同纠纷再审审查与审判监督案

案号:(2021)京民申8110号

审理法院:北京市高级人民法院

裁判类型:再审民事裁定

一、案情介绍

中国科学院计算机网络信息中心作为总发包方,通过招标程序依法对涉案整体工程及相关服务完成工程总承包项目发包,和中标单位中航公司签订工程总承包合同。中航公司中标后,将涉案工程劳务部分发包给江油市科达建筑劳务有限责任公司(以下简称江油公司),并签署书面劳务分包合同。双方就劳务分包合同前往建设行政管理部门进行备案,此后双方因工程款发生纠纷,诉至法院。

二、各方观点

中航公司认为劳务分包合同系双方当事人的真实意思表示,不违反法律、行政法规的强制性规定,合法有效。江油公司认为双方签署的劳务分包合同属于施工分包,符合施工单项合同招标的标准,未依法进行招标程序,属于无效合同。

三、裁决要旨

北京市高级人民法院经审查认为,《工程总承包管理办法》第21条规定:工程总承包单位可以采用直接发包的方式进行分包。但以暂估价形式包括在总承包范围内的工程、货物、服务分包时,属于依法必须进行招标的项目范围且达到国家规定规模标准的,应当依法招标。中航公司作为总承包单位就其已竞价部分可以直接向有资质单位进行劳务发包,不违反法律规定,对于江油公司所称《劳务分包合同》未依法进行招标程序而无效的理由,法院不予支持。

四、法律分析

根据《招标投标法实施条例》第29条和《工程总承包管理办法》第21条等相关规定,除工程总承包合同另有约定外,工程总承包人可以将非主体非关键性部分的专业业务,且不属于法定的必须招标范围的且未达到国家规定规模标准的暂估价项目,采用直接发包的方式分包给有资质的单位。因此原审和再审法院认定该分包合同有效是正确的。

第十二条

分包合同“背靠背”条款争议的处理

承包人和分包人在分包合同中约定，以发包人向承包人付款作为承包人向分包人付款的前提条件，分包人主张该条款无效的，建议不予支持。

承包人怠于向发包人主张权利或不正当阻止付款条件成就的，仍以合同约定发包人付款的前提条件为由进行抗辩的，建议不予支持。

裁决指引

一、条文主旨

本条是关于总承包人和分包人对项目工程款支付“背靠背”的规定，是合同双方当事人意思自治的合意，裁判机构原则上应该尊重当事人的约定，应当认定为有效。但承包人存在重大过错、怠于向发包人主张权利或不正当阻止付款条件成就的，导致利益严重失衡的情况，则建议不予支持以合同约定发包人付款前提条件为由不支付分包人工程款的抗辩。

二、条文理解

“背靠背”规则国内尚没有明确法律予以规范，“背靠背”条款起源于国际工程中的“pay-if-paid”和“pay-when-paid”条款，但美国和欧洲国家对此类条款的理解并不相同。“两者在诸如英国等国家和地区经常被混同使用，但事实上即使仅从字面上理解，两者也存在一定的差异。”①

在美国工程合同中，上述两个支付条款所蕴含的当事人意志是不同的。“pay-if-paid”是指总承包商在分包合同中设定的，以获得业主支付作为其向分包商支付的前提条件的条款。“pay-when-paid”所表达的含义并非总承包商向其分

① 参见袁华之、丑斌：《分包合同中的“背靠背”条款浅析》，载《财经法学》2017 年第 2 期。

包商的付款条件，而只是对付款时间的约定。"pay-if-paid"条款对分包商获得付款设置了明确的条件，即总承包商先行获得业主的支付。虽然在"pay-when-paid"条款里也提到了由业主向总承包商支付，但并不是说"当且仅当"总承包商取得业主付款之后向其分包商支付。因此，"对分包商来说，'pay-when-paid'条款比'pay-if-paid'条款更有利"。因而，美国法院在审理此类案件时，对于合同中的"pay-when-paid"条款基本都予以认可并执行，但对于"pay-if-paid"条款则持有不同看法：一种观点认为，在没有政府干涉的情况下，双方有权约定他们协议中的合同条款；另一种观点认为，把业主无力支付的风险转嫁给无法控制业主破产的分包商是不公平的。①

在英国，"'pay-if-paid'条款和'pay-when-paid'条款被视为等同"。针对该类条款引发的争端，英国出台了多部法令。如1996年通过的《住房许可、建设和重建法令》第110条"付款日期"规定："每一个施工合同都应该(a)约定完备的机制来确定哪些款项到了合同约定的支付期限和何时支付，并且(b)为到期应付的任何金额约定最后的付款日期。当事人可以自由确定应付金额日期和最终付款日期之间的时间段长度。"

但2009年通过的《地方民主、经济发展和建设法令》第142条"确定应付款"对上述法令该条作了修正，在上述(a)段后增加"施工合同不应以下述内容作为支付的前提条件：①根据另一个合同履行的义务；②任何人关于是否已经履行另一个合同义务做出的决策"。可以看出，英国对该类条款持否定的态度。澳大利亚、新西兰、新加坡和马来西亚等国家的现行法律都规定了禁止总承包商与分包商在分包合同中约定"pay-if-paid"和"pay-when-paid"等类型条款。②

三、"背靠背"条款的定义

我国建设工程施工领域中，"背靠背"条款并未有一个明确的定义，"它主要是总承包人通过合同条款的安排将工程合同中的风险、义务和责任等相关内容转移到对应的分包合同中，由分包人分摊部分或全部义务和责任，借此减少己方

---

① 参见包艳苹、孟友瑞：《国际工程分包合同中"Pay-if-paid"和"Pay-when-paid"条款辨析》，载《国际经济合作》2014年第11期。

② 参见项平：《建设工程分包合同"背靠背"条款法律分析》，载微信公众号"高衫LEGGAL"2020年5月25日，http://mp.weixin.qq.com/s/nOsmSEi3GPjhoP377qZCx。

的相关风险、义务和责任”①,其核心是“发包人先行支付”,条款主要特征体现为:发包人向总承包人支付对应项目的工程款为总承包人向分包人付款的前提条件,发包人未按时或未足额付款总承包人对分包人不承担延期付款或未足额付款的违约责任。

四、“背靠背”条款的性质

(一)附期限的条款

依据《民法典》第 160 条之规定,民事法律行为所附期限具有以下特点:第一,条件的发生与否属于不确定的事实,但期限的到来则是确定发生的事实。因此,对附期限的民事法律行为来说,其生效或失效本身并不具有或然性,是将来一定能够发生的事实。第二,附期限的民事法律行为体现了当事人对民事法律行为生效或失效的期限约定,所附期限属于民事法律行为的附属意思表示,体现了双方的意思自治。第三,期限的到来是必然确定的,但具体期限并不明确。

有学者认为,若将“背靠背”条款认定为附条件条款,则会使付款义务变得不确定,而签署“背靠背”条款的双方主体均缺乏免除付款义务的动机,继而认为“背靠背”条款非附条件条款,应识别为附期限条款。②

(二)附条件的条款

依据《民法典》第 158 条之规定,民事法律行为中所附条件是指,当事人以未来客观上不确定发生的事实,作为民事法律行为效力的附款。所附条件具有以下特点:第一,条件系当事人共同约定,并作为民事法律行为的一部分内容。条件体现的是双方约定一致的意思,这是与法定条件最大的不同之处,后者是指由法律规定的且不由当事人意思决定并具有普遍约束力的条件。当事人不得以法定条件作为其所附条件。第二,条件是未来可能发生的事实。这意味着,已经过去的、现在的以及将来确定不会发生的事实不能作为民事法律行为的所附条件。如果是将来必然发生的事实,应当作为附期限。应当注意,这种条件事实发生的不确定性应当是客观存在的,如果仅仅是当事人认为事实发生与否不确定,但实际上必然发生或者不发生的,也不能作为所附条件。第三,所附条件是当事人用

---

① 林立:《工程合同法律、规则与实践》,北京大学出版社 2016 年版,第 233 页。

② 参见杨海静、王晓晨:《分包合同“背靠背”支付条款的司法实践与理论分析》,载《建筑经济》2022 年第 3 期。

以限定民事法律行为效力的附属意思表示。应当将所附条件与民事法律行为中的供货条件、付款条件等相互区分,后者是民事法律行为自身内容的一部分而非决定效力的附属意思表示。第四,所附条件中的事实应为合法事实,违法事实不能作为民事法律行为所附条件。以所附条件决定民事法律行为效力发生或消灭为标准,条件可以分为生效条件和解除条件。所谓生效条件,是指使民事法律行为发生或者不发生效力的条件。生效条件具备之前,民事法律行为虽已成立但未生效,其是否发生效力处于不确定状态。

建设工程分包合同中的"背靠背"条款,其核心是"发包人先行支付"作为总承包人给付义务生效的前提。发包人虽然在合同中有约定支付时限,但是并不一定能在约定的时限内支付,且可能存在其他不予支付的情形,故发包人支付与否、支付时间均存在不确定性。故"背靠背"条款实务中多被认为属于附条件的条款。

根据《民法典》的规定,附生效条件的法律行为,自条件成就时生效。"背靠背"条款的生效条件即"业主向总承包人支付工程款",如果业主已向总承包人支付工程款,即该条件成就,分包人有权行使价款请求权,要求总承包人履行给付价款之义务。因此,进一步而言,"背靠背"条款应属于附生效条件的条款。①

(三)"背靠背"条款应理解为附条件条款

本款规定"承包人和分包人在分包合同中约定,以发包人向承包人付款作为承包人向分包人付款的前提条件,分包人主张该条款无效的,建议不予支持"。"背靠背"条款不违反法律行政法规强制性规定,一定程度上体现了总包与分包就分包部分工程款项获得的风险共担原则,有利于促进总分包之间合作加强项目管理和风险管控,且分包商作为市场商事主体应对其签约时"背靠背"条款有一定的风险认知,因此当双方合同约定有"背靠背"条款时,如果分包人主张无效的,不应予以支持。但总包人也应积极向业主主张权利,不得怠于行使权利同时再以"背靠背"条款为由抗辩分包人的付款主张,而损害分包人合法利益,因此本条第 2 款进一步规定"承包人怠于向发包人主张权利或不正当阻止付款条件成就的,仍以合同约定发包人付款的前提条件为由进行抗辩的,建议不

① 何根平:《建设工程分包合同"背靠背"条款的理论和司法实务解析》,载民商法律网 2022 年 5 月 31 日,https://www.civillaw.com.cn/bo/t/?id=38586#m2012。

予支持。”

五、审理实务注意事项

(一)总包单位对“背靠背”条款的行使条件

1. 在适用“背靠背”条款时,应当是明确具体可操作的。如总承包人欲让分包人共同承担整体工程竣工结算后业主才支付相应的工程款的风险,必须在“背靠背”条款中明确约定,体现“背靠背”条款的核心特征。

2. 总包方应当积极行使权利并保留证据,确保日后能够证明业主付款条件确未达成或虽然已经达成业主未按约付款,但总包方已经积极向业主主张了权利。

3. 基于分包商对总承包商和建设单位的合同信息不对称,“背靠背”条款设置时要适当兼顾分包商的知情权,尽量体现合同的公平合理。比如,将建设单位与承包商签订的(总)承包合同(隐去价格等商业秘密条款)向分包商开放(复印),由分包商主动掌握(总)承包合同中与分包合同“背靠背”的内容。

(二)分包单位对“背靠背”条款的风险管理

1. 设置“最长付款期限”机制,避免总包单位因建设单位付款不能而无限期拖延分包工程款的支付。

2. 设置总包单位“及时披露建设单位付款情况”“及时披露向业主积极行使权利”的义务条款,并约定逾期付款和逾期披露的违约责任。

3. 有证据显示总包单位怠于向建设单位行使权利的,可选择行使“代位权”,向发包人主张工程款。

4. 当分包合同无效时,可主张其中“背靠背”条款作为合同部分亦无效。

5. 当分包合同采用由总承包商所提供的格式文本,总包方未对“背靠背”进行提示或说明时,可主张该条款属于格式条款不构成合同的组成部分。

参考依据

1.《民法典》

第一百五十八条　民事法律行为可以附条件,但是根据其性质不得附条件的除外。附生效条件的民事法律行为,自条件成就时生效。附解除条件的民事法律行为,自条件成就时失效。

第一百五十九条 附条件的民事法律行为,当事人为自己的利益不正当地阻止条件成就的,视为条件已经成就;不正当地促成条件成就的,视为条件不成就。

第一百六十条 民事法律行为可以附期限,但是根据其性质不得附期限的除外。附生效期限的民事法律行为,自期限届至时生效。附终止期限的民事法律行为,自期限届满时失效。

2.《北京市高级人民法院关于审理建设工程施工合同纠纷案若干疑难问题的解答》

22. 分包合同中约定总包人收到发包人支付工程款后再向分包人支付的条款的效力如何认定?

分包合同中约定待总包人与发包人进行结算且发包人支付工程款后,总包人再向分包方支付工程款的,该约定有效。因总包人拖延结算或怠于行使其到期债权致使分包方不能及时取得工程款,分包方要求总包人支付欠付工程款的,应予支持。总包人对于其与发包人之间的结算情况以及发包人支付工程款的事实负有举证责任。

3.《安徽省高级人民法院关于审理建设工程施工合同纠纷案件适用法律问题的指导意见(二)》

第十一条 非法转包、违法分包建设工程,实际施工人与承包人约定以发包人与承包人的结算结果作为结算依据,承包人与发包人尚未结算,实际施工人向承包人主张工程价款的,分别下列情形处理:

(一)承包人与发包人未结算尚在合理期限内的,驳回实际施工人的诉讼请求。

(二)承包人已经开始与发包人结算、申请仲裁或者诉至人民法院的,中止审理。

(三)承包人怠于向发包人主张工程价款,实际施工人主张参照发包人与承包人签订的建设工程施工合同确定工程价款的,应予支持。

(注:"从本条第 1、2 项规定可知,安徽省高级人民法院是认可业主结算前提条款的效力的,即总承包人和业主的结算在合理期限内完成则分包人的诉讼请

求不能得到支持”。)①

案例分析

案　　例

中国建筑一局(集团)有限公司、沈阳祺越市政工程有限公司建设工程施工合同纠纷

案号:(2020)最高法民终106号

审理法院:最高人民法院

裁判类型:二审民事判决

一、案情介绍

2013年9月14日沈阳市大东城市开发建设投资有限公司(以下简称大东建设)与中国建筑一局(集团)有限公司(以下简称中建一局)签订《宝马新工厂建设工程(施工总承包)建设工程施工合同》(以下简称总承包合同),约定中建一局承包发包人提供的经审核的施工图纸范围内的全部工程。随后,中建一局与沈阳祺越市政工程有限公司(以下简称祺越公司)签订《宝马新工厂建设工程土方工程施工专业分包合同》(以下简称分包合同),将部分工程分包给祺越公司,工程进度款按月申请每两个月支付一次,承包人收到发包人相应进度款后15个工作日内支付分包人上审核周期已完成工程进度款的40%,并约定若因建设单位(发包人)不能按时支付给承包人工程款而导致承包人未按照合同约定时间向分包人支付工程款时,不视为承包人违约,分包人必须保证工程施工的正常进行,不得以任何理由擅自停工或采取其他任何未经承包人同意的做法。祺越公司承建的案涉工程已于2014年12月16日完成并经竣工验收并投入使用,后因分包合同工程款确定及支付产生争议引发诉讼。

二、各方观点

辽宁省高级人民法院(一审法院)认为:无论是目前中建一局起诉大东建设,

---

① 参见谭敬慧:《建设工程疑难问题与法律实务》,法律出版社2016年版,第119页。

还是按其所称于第一次审理期间(2017年)要求大东建设出具审计报告,时间均远迟于案涉工程竣工时间即2014年12月16日,中建一局该项主张并不能证明其积极向发包方行使权利。结合证人房某出庭证实中建一局当时项目直属领导指示暂不结算的证言,对于中建一局否认其存在怠于结算情形的抗辩理由,该院不予以采信。中建一局虽未从发包人大东建设处收取工程款,但因其怠于向发包人主张权利,祺越公司向其主张相应的工程款,应予支持。

上诉人认为:一审法院认定案涉工程价款支付条件成就错误。(1)祺越公司从未向中建一局提交完整竣工材料,导致无法进行竣工验收,责任在祺越公司,一审法院认定案涉工程于2014年12月26日竣工验收,属认定事实错误。2015年8月9日,祺越公司向中建一局发出的借款申请中载明"现场施工紧迫",说明该时点仍在施工中;在造价鉴定机构组织的谈话笔录中,祺越公司法定代表人常某亲笔确认施工时间是2013年10月至2016年4月;房某的证言虚假,不能证明中建一局不予结算。(2)双方约定祺越公司足额发放工人工资是工程款支付的前提条件,祺越公司未举证证明其已足额发放。(3)双方已约定以大东建设付款为前提条件的"背靠背"条款,不违反法律规定,应为有效,在大东建设仅支付48,731,439.60元情况下,中建一局并无全额支付的义务且已超额付款65,030,543.20元。一审法院关于该"背靠背"条款的解释系曲解。(4)中建一局并未怠于向发包方大东建设主张权利,系因祺越公司拒绝提供竣工资料导致不能审计结算。(5)一审法院以合同相对性为由免除业主付款责任错误,在认定大东建设、中建一局付款责任上适用双重标准。(6)祺越公司向中建一局承诺保证不再发生债务纠纷,否则中建一局可以暂停工程款支付,但祺越公司至少与案外五家公司发生纠纷。

被上诉人认为:案涉工程价款的付款支付条件已经成就。(1)案涉土方工程已经施工完毕。《单位(子单位)工程质量竣工验收记录》已经证明竣工时间为2014年12月16日,该记录由设计单位、监理单位盖章确认。证人房某亦能对此情况予以证明;借款申请上"现场施工紧迫"是指祺越公司参与金帝公司其他项目的施工;中建一局所指照片是宝马新工厂其他施工项目,不能证明祺越公司土方工程未竣工;鉴定机构组织的造价谈话记录中常征所述的施工时间2016年4月完工是市政集团施工的边坡改造工程,并非祺越公司的土方工程;大东建设提供的会议纪要无单位盖章,系单方形成,未经祺越公司确认,纪要中的区域祺越公司不再负责，造价鉴定已将其排除。(2)关于对分包合同工程进度款支付的约定，竣工后第二年支付工程款的90%是对经审计后支付60%工程款的限制，无论是否审计，第二年均应支付到工程款的90%；一审法院以鉴定结论认定工程款的论理正确，鉴定与审计具有同等法律效力。(3)关于中建一局主张的“背靠背”条款，根据分包合同的约定，中建一局未积极向大东建设主张权利，不能免除其承担违约责任；不能理解为任何原因中建一局均能免除付款义务。(4)关于案涉工程未经审计的责任方，系由于中建一局赵伟丰拒绝结算导致，房某的证人证言可以证明，中建一局关于祺越公司不要求结算的主张，在祺越公司已完成施工大量垫资情况下，明显不符合常理。中建一局始终怠于向大东建设要求审计，对此，大东建设在一审庭审中已经明确中建一局在2019年第一次要求审计。

三、裁决要旨

关于“背靠背”付款条件是否已经成就，中建一局提出双方约定了在大东建设未支付工程款情况下，中建一局不负有付款义务。但是，中建一局的该项免责事由应以其正常履行协助验收、协助结算、协助催款等义务为前提，作为大东建设工程款的催收义务人，中建一局并未提供有效证据证明其在盖章确认案涉工程竣工后至本案诉讼前，已积极履行以上义务，对大东建设予以催告验收、审计、结算、收款等。相反，中建一局工作人员房某的证言证实中建一局主观怠于履行职责，拒绝祺越公司要求，始终未积极向大东建设主张权利，该情形属于原《合同法》第45条第2款规定附条件的合同中当事人为自己的利益不正当地阻止条件成就的，视为条件已成就的情形，故中建一局关于“背靠背”条件未成就、中建一局不负有支付义务的主张，理据不足。

四、法律分析

本案虽最终未支持中建一局依据合同约定的“背靠背”条款的主张，但从一审及二审法院判决可见，法院均未否认中建一局与祺越公司分包合同约定的以大东建设付款为前提条件的“背靠背”条款，而是以大东建设未按约付款时，中建一局未积极要求结算和主张付款的怠于行使权利情形，损害分包商利益角度，判决对中建一局的“背靠背”条款的主张不予支持，由此也反映出一审和二审法院对双方合同约定的“背靠背”条款是持支持态度的，该案例充分体现了本条款确定的“背靠背”条款的裁处规则。

结合司法审判案例，对于“背靠背”条款，人民法院多认为“背靠背”条款属于附条件的条款,且该条款是当事人双方真实意思表示的,认可其有效性。因此,实践中人民法院通常援引《民法典》第158条(附条件的民事法律行为)、第159条(条件成就或不成就的拟制)作为裁判依据。

第十三条

发包人指定分包的过错责任处理

发包人指定分包商或供应商造成建设工程质量缺陷、工期延误的，建议认定其承担过错责任；承包人有过错的，建议认定其承担相应的过错责任。

裁决指引

一、指定分包在我国立法层面缺乏法律法规的规制，导致实践中问题不断

《建筑法》规定，建筑工程总承包单位可以将承包工程中除主体结构之外的部分工程发包给具有相应资质条件的分包单位，对此《民法典》亦有明确规定。法律允许分包，合法分包应满足：分包单位具备相应资质等级、分包工程属于非主体部分、分包应得到业主的同意、禁止分包单位将其承包的工程再分包（劳务分包除外）。指定分包在我国工程实践中普遍存在，亦是一种特殊存在的分包模式，其合法性、合理性备受争议。究其原因，是因为发包人指定专业施工单位/设计单位、指定合同条件，而承包人只能收取一定比例的总包服务费，缺乏对指定分包单位的管控力，却承担着不对等的风险，导致承包人权益受损、分包管理缺失、多方权责不清、总包项目管理难度加大出现不顺，进而导致工期、质量、安全等各类问题。

我国工程实践中的指定分包具体指发包人将总承包人承包范围内的部分专业工程直接指定分包人，分包工程在工程总承包项目中包括设计分包和施工分包。

（一）我国法律法规关于指定分包的规定

从法理上讲，指定分包限制了承包人签订分包合同的自由，有违契约意思自治原则，但法律、行政法规层面并未明确规定指定分包，包括定义界定、合同效力和指定分包后的法律行为后果的划分。这也在一定程度上导致目前法律层面缺乏对于指定分包行为的明确规制。

1. 我国没有从制度层面构建指定分包模式

目前,我国法律、行政法规层面并没有关于指定分包的规定,但强调了承包单位有权在承包范围内选择建筑材料、建筑构配件和设备的供应单位。《招投标法》第20条规定:“招标文件不得要求或者标明特定的生产供应者以及含有倾向或者排斥潜在投标人的其他内容。”《建筑法》第25条规定:“按照合同约定,建筑材料、建筑构配件和设备由工程承包单位采购的,建设单位不得指定承包单位购入用于工程的建筑材料、建筑构配件和设备或者指定生产厂、供应商。”第57条规定:“建筑设计单位对设计文件选用的建筑材料、建筑构配件和设备不得指定生产厂、供应商。”

国家发改委和住建部的部门规章、规范性文件中出现了发包人不得指定分包的规定。国家发展改革委、工业和信息化部、财政部、住建部、交通运输部、原铁道部、水利部、原广电总局、民用航空局联合发布的《工程建设项目施工招标投标办法》第66条规定:“招标人不得直接指定分包人。”2004年,《房建市政施工分包办法》(建设部令第124号,2019修正)第7条明确规定,建设单位不得直接指定分包工程承包人。任何单位和个人不得对依法实施的分包活动进行干预。上述两个办法明确了我国禁止指定分包。《住建部关于进一步加强建筑市场监管工作的意见》(建市〔2011〕86号)第4条规定:“禁止建设单位指定工程分包单位。承包单位对其承包范围内的部分专业工程依法进行分包时,建设单位不得指定分包单位,不得要求承包单位购入其指定的建筑材料、构配件和设备,不得采用与总承包单位、分包单位签订‘三方协议’的方式变相指定分包单位。”

同时,应引起注意的是,住建部规范性文件《住建部施工违法行为认定查处管理办法(试行)》第5条规定:“存在下列情形之一的,属于违法发包:……(七)发包人违反施工合同约定,通过各种形式要求承包单位选择其指定分包单位的……”即明确指定分包属于违法发包的行为。但其后经修订重新发布的《建筑工程施工发包与承包违法行为认定查处管理办法》(建市规〔2019〕1号)删除了将指定分包视作违法发包的情形的条款。

地方性规定中,也有对指定分包持肯定态度的,比如《上海市建筑市场管理条例》(2022 修正)第 26 条规定:“建设单位需要在施工总承包范围内确定专业分包单位或者建设工程材料、设备供应单位的,应当在招标文件中明示或者事先与总承包单位进行协商,并在施工总承包合同中约定;确定的专业分包单位或者材料、设备供应单位应当接受总承包单位的管理,并由总承包单位进行相关工程款项的结算和支付。建设单位需要将施工总承包范围外的专业工程另行发包的,应当事先与施工总承包单位书面约定现场管理方式。采取前两款发包方式的,建设单位与施工总承包单位的承包合同应当明确建设单位的责任。”

2. 立法对指定分包法律后果的规制并不明确

目前,我国关于指定分包法律后果的规定,仅可见 2004 年最高人民法院出台的《原施工合同司法解释》,其中第 12 条规定:因发包人直接指定分包人分包专业工程,造成建设工程质量缺陷的,发包人应当承担过错责任。承包人有过错的,也应当承担相应的过错责任。《民法典》出台后,最高人民法院新修订的《施工合同司法解释(一)》保留了该条的规定。

(二)可予借鉴的国际模式——FIDIC 合同条件对于指定分包的规定

在国际上一些采用了暂估价格模式的合同条件中,此类工程一般都是指定分包商来完成①。但目前国内工程实践中的指定分包已经脱离了其在 FIDIC 合同中应有的含义和系统规制,故我们仍应该回归本源探讨指定分包模式。

1. FIDIC 合同条款中指定分包的定义

关于指定分包的定义,根据 FIDIC 红皮书 2017 版,是指在规范要求中指定分包商,或工程师根据第 13.4 条“暂列金额”的约定指示承包商雇用的分包商。

2. 反对指定

FIDIC 红皮书 2017 版中,对于雇主指定的分包商,如承包商有充分的合理的根据与理由,则有权利反对指定。除非雇主同意保障承包商免受影响,如果总承包单位认为指定分包商缺乏足够的能力资源,或者分包合同的条款不能保证总承包单位免于承担因指定分包商违约而导致的总承包单位应对雇主承担责任,

---

① 宿辉、丁晓欣、何佰洲:《指定分包与我国法律制度适应性研究》,载《项目管理技术》2011 年第 1 期。

总承包单位有权向雇主提出反对指定。

3. 对指定分包的付款

FIDIC 红皮书 2017 版第 5.2.3 项约定："承包商应按按照分包合同规定的应付金额支付指定分包商。除了第 5.2.4 项［付款证据］中所述的情况外，这些金额连同其他费用，应按第 13.4 款［暂列金额］的规定计入合同价格。"也就是说，约定了支付分包商的款项由承包商支付，且合同条款为雇主设置了一定的监督承包商支付指定分包款项的机制。在签发支付证书前，雇主均可以要求总承包单位提供相关证明，以证明指定分包商已收到此前已经到期的付款或者承包人认为其有权暂扣或者拒付指定分包款项的书面证明等。

源于国际工程实践的指定分包模式，我们不能简单地否认指定分包存在的合理性和合法性，也应肯定其在促进工程发展专业性上的价值，但须直面现有的问题，探讨和寻找解决机制。

二、指定分包模式下，发包人和承包人在质量方面均承担过错责任

（一）分包模式下责任划分

承包人需要具备项目整体的管控能力，包括对分包单位施工秩序的安排、现场进度的把控、现场界面的组织、工程质量和安全的管控，这也可以解释为什么分包单位不应能越过承包人直接与业主接触、禁止支解分包等制度。关于总分包的责任划分，《建筑法》第 29 条第 2 款规定："建筑工程总承包单位按照总承包合同的约定对建设单位负责；分包单位按照分包合同的约定对总承包单位负责。总承包单位和分包单位就分包工程对建设单位承担连带责任。"《建筑法》第 55 条规定："建筑工程实行总承包的，工程质量由工程总承包单位负责，总承包单位将建筑工程分包给其他单位的，应当对分包工程的质量与分包单位承担连带责任。分包单位应当接受总承包单位的质量管理。"《建设工程质量管理条例》第 27 条规定："总承包单位依法将建设工程分包给其他单位的，分包单位应当按照分包合同的约定对其分包工程的质量向总承包单位负责，总承包单位与分包单位对分包工程的质量承担连带责任。"《建设工程安全生产管理条例》第 24 条规定："建设工程实行施工总承包的，由总承包单位对施工现场的安全生产负总责。总承包单位应当自行完成建设工程主体结构的施工。总承包单位依法将建设工程分包给其他单位的，分包合同中应当明确各自的安全生产方面的权利、义务。总承包单位和分包单位对分包工程的安全生产承担连带责任。分包单位应当服

从总承包单位的安全生产管理,分包单位不服从管理导致生产安全事故的,由分包单位承担主要责任。"

上述法条奠定了分包模式下责任承担的基调,具体有以下几点:(1)按照合同订立层次,由分包单位向承包人承担责任,承包人向发包人承担责任,同时不因分包原因免除承包人对发包人的责任;(2)承包人和分包单位就分包工程质量对发包人承担连带责任;(3)承包人和分包单位就分包安全产生对发包人承担连带责任,因分包单位不服从管理导致生产安全事故的,由分包单位承担主要责任。

(二)指定分包模式下责任的承担

指定分包下,基于发承包双方市场地位不对等,承包人往往无法拒绝发包人的指定分包,承包人实质上丧失了主动筛选分包单位的权利,也较难从实质上管控分包单位。指定分包单位直接由发包人指定,指定分包单位绕过总包直接与发包人接触,发包人实际上管控着指定分包,指定分包很大程度上游离于承包人的管理之外,这种做法从根本上削弱、架空了承包人的管控权。在这个背景下,将指定分包单位产生的质量责任发包人和承包人之间仍然将责任分配给承包人则明显不公,由此最高人民法院《原施工合同司法解释》第12条规定:"发包人具有下列情形之一,造成建设工程质量缺陷,应当承担过错责任:(一)提供的设计有缺陷;(二)提供或者指定购买的建筑材料、建筑构配件、设备不符合强制性标准;(三)直接指定分包人分包专业工程。承包人有过错的,也应当承担相应的过错责任。"

基于现有法律层面规定的缺失,司法解释仅仅规定了指定分包模式下质量方面的责任承担问题,我们认为指定分包下发包人的过错责任还包括工期责任,因为业主指定分包会导致总分包、分包商之间的工作界面划分复杂,工序之间的交叉,极易影响工程进度的推进,而总包单位基于对指定分包单位管理力度较弱,往往无力整体协调工期,此时如果将工期责任在发承包之间全归属于承包人,显然也是不合理的。由此本裁处规则进一步完善规定:发包人指定分包商或供应商造成建设工程质量缺陷、工期延误的,建议认定由发包人承担过错责任;承包人有过错的,建议认定承包人承担相应的过错责任。

三、实务中应注意的问题

基于上述分包不免除总包责任的法律规定及指定分包较难管控易产生质量

和进度履约风险，承包人在接受发包人指定分包过程中，一方面要注重保留发包人指定分包的书面证据，包括要求发包人在总承包施工合同中明确约定、出具指定分包的函件、会议纪要或备忘录等方式明确指定分包；另一方面应在指定分包合同中明确约定指定分包单位应当接受承包单位的管理，并由承包单位进行工程款的结算和支付，如果是三方协议的应同时明确发包人与承包单位对指定分包单位原因产生的质量和工期责任的划分。

参考依据

1.《建筑法》

第二十五条 按照合同约定，建筑材料、建筑构配件和设备由工程承包单位采购的，发包单位不得指定承包单位购入用于工程的建筑材料、建筑构配件和设备或者指定生产厂、供应商。

第二十九条 建筑工程总承包单位可以将承包工程中的部分工程发包给具有相应资质条件的分包单位；但是，除总承包合同中约定的分包外，必须经建设单位认可。施工总承包的，建筑工程主体结构的施工必须由总承包单位自行完成。

建筑工程总承包单位按照总承包合同的约定对建设单位负责；分包单位按照分包合同的约定对总承包单位负责。总承包单位和分包单位就分包工程对建设单位承担连带责任。

禁止总承包单位将工程分包给不具备相应资质条件的单位。禁止分包单位将其承包的工程再分包。

第五十五条 建筑工程实行总承包的，工程质量由工程总承包单位负责，总承包单位将建筑工程分包给其他单位的，应当对分包工程的质量与分包单位承担连带责任。分包单位应当接受总承包单位的质量管理。

第五十七条 建筑设计单位对设计文件选用的建筑材料、建筑构配件和设备，不得指定生产厂、供应商。

2.《招标投标法》

第二十条 招标文件不得要求或者标明特定的生产供应者以及含有倾向或

者排斥潜在投标人的其他内容。

3.《建设工程安全生产管理条例》

第二十四条　建设工程实行施工总承包的,由总承包单位对施工现场的安全生产负总责。

总承包单位应当自行完成建设工程主体结构的施工。

总承包单位依法将建设工程分包给其他单位的,分包合同中应当明确各自的安全生产方面的权利、义务。总承包单位和分包单位对分包工程的安全生产承担连带责任。

分包单位应当服从总承包单位的安全生产管理,分包单位不服从管理导致生产安全事故的,由分包单位承担主要责任。

4.《建设工程质量管理条例》

第二十七条　总承包单位依法将建设工程分包给其他单位的,分包单位应当按照分包合同的约定对其分包工程的质量向总承包单位负责,总承包单位与分包单位对分包工程的质量承担连带责任。

5.《施工招标投标办法》

第六十六条　招标人不得直接指定分包人。

6.《房建市政施工分包办法》

第七条　建设单位不得直接指定分包工程承包人。任何单位和个人不得对依法实施的分包活动进行干预。

7.《住建部关于进一步加强建筑市场监管工作的意见》

(四)禁止建设单位指定工程分包单位。承包单位对其承包范围内的部分专业工程依法进行分包时,建设单位不得指定分包单位,不得要求承包单位购入其指定的建筑材料、构配件和设备,不得采用与总承包单位、分包单位签订“三方协议”的方式变相指定分包单位。

8.《住建部施工违法行为认定查处管理办法(试行)》

第五条　存在下列情形之一的,属于违法发包:

(一)建设单位将工程发包给个人的;

（二）建设单位将工程发包给不具有相应资质或安全生产许可的施工单位的；

（三）未履行法定发包程序，包括应当依法进行招标未招标，应当申请直接发包未申请或申请未核准的；

（四）建设单位设置不合理的招投标条件，限制、排斥潜在投标人或者投标人的；

（五）建设单位将一个单位工程的施工分解成若干部分发包给不同的施工总承包或专业承包单位的；

（六）建设单位将施工合同范围内的单位工程或分部分项工程又另行发包的；

（七）建设单位违反施工合同约定，通过各种形式要求承包单位选择其指定分包单位的；

（八）法律法规规定的其他违法发包行为。

9.《上海市建筑市场管理条例》（2014 修订）

第二十五条 建设单位需要在施工总承包范围内确定专业分包单位或者建设工程材料、设备供应单位的，应当在招标文件中明示或者事先与总承包单位进行协商，并在施工总承包合同中约定；确定的专业分包单位或者材料、设备供应单位应当接受总承包单位的管理，并由总承包单位进行相关工程款项的结算和支付。

建设单位需要将施工总承包范围外的专业工程另行发包的，应当事先与施工总承包单位书面约定现场管理方式。

采取前两款发包方式的，发包人与施工总承包单位的承包合同应当明确发包人的责任。

10.《原施工合同司法解释》

第十二条 发包人具有下列情形之一，造成建设工程质量缺陷，应当承担过错责任：

（一）提供的设计有缺陷；

（二）提供或者指定购买的建筑材料、建筑构配件、设备不符合强制性标准；

（三）直接指定分包人分包专业工程。

承包人有过错的,也应当承担相应的过错责任。

11.《施工合同司法解释(一)》

第十三条　发包人具有下列情形之一,造成建设工程质量缺陷,应当承担过错责任:

(一)提供的设计有缺陷;

(二)提供或者指定购买的建筑材料、建筑构配件、设备不符合强制性标准;

(三)直接指定分包人分包专业工程。

承包人有过错的,也应当承担相应的过错责任。

12. FIDIC 红皮书 2017 版

5.2.3　对指定分包商付款

承包商应按照分包合同规定的应付金额给指定分包商付款,除了第 5.2.4 项[付款证据]中所述的情况外,这些金额连同其他费用,应按照 13.4 款[暂列金额]的规定,计入合同价格。

案例分析

案　例

宁夏华瑞丰地产有限公司、山河建设集团有限公司建设工程施工合同纠纷

案号:(2021)宁民终 405 号

审理法院:宁夏回族自治区高级人民法院

裁判类型:二审民事判决

一、案情介绍

2014 年山河建设集团有限公司(以下简称山河公司)中标宁夏华瑞丰地产有限公司(以下简称华瑞丰公司)"中宁瀛海 · 新天地项目"外幕墙装饰工程项目,中标价 1500 万元(以最终决算为主)。2014 年 5 月 30 日山河公司(乙方、承包方)与华瑞丰公司(甲方、发包方)签订《建设工程施工合同》,约定由山河公司

承建华瑞丰公司的"中宁瀛海·新天地项目"外装饰工程,合同价款(暂定价)为1500万元(以最终决算为准),约定计划开工时间2014年5月25日,计划竣工日期2014年12月30日,施工范围为外幕墙装饰图纸施工内容;另约定,主材发包方指定品牌和厂家(型材、low-e玻璃、铝单板、五金件等材料);外幕墙设计费发包方及承包方各承担50%;缺陷责任期与保修,缺陷责任期的具体期限按通用条款执行,即承包人按照合同约定承担缺陷修复义务;承包方要按《建设工程质量管理条例》对本工程进行保修,保修期从实际竣工之日算起,期限为1年。

合同签订后,2014年6月4日华瑞丰公司通知山河公司进场施工。双方在施工过程中形成工程签证单、工程联系单、工作联系单,因华瑞丰公司设计、材料发生变更,山河公司拆除、增加了工程量。双方均认可案涉工程的玻璃幕墙存在玻璃脱落、自爆的问题,华瑞丰公司自认案涉工程玻璃破碎20块左右,山河公司修复十几块,现有9块玻璃破损还未修补。"中宁瀛海·新天地项目"工程于2017年10月30日竣工,2020年6月30日竣工验收合格,2020年8月10日完成备案。《建设工程施工合同》约定质保期从实际竣工之日算起,期限为1年,案涉工程质保期已过。

二、各方观点

(一)上诉人华瑞丰公司观点

从双方往来函件以及工程现场状况、双方当事人陈述可以确认,山河公司在涉案工程上所使用的玻璃自2016年以来先后发生数十起玻璃脱落、自爆,远远超出了合格玻璃发生破损的正常范畴。山河公司能否提供所谓玻璃出厂合格证并非其免责理由,违约责任属无过错责任,其是否尽到合理审慎注意义务并不影响其承担违约责任。合同中存在发包方指定品牌和厂家的表述仅仅是由于双方工作人员套用格式合同未进行更改造成的失误,是否实际指定应当依据其他客观证据进行判断。华瑞丰公司在一审时已提交第三方鉴定机构对山河公司使用在涉案工程上的玻璃质量所作鉴定报告,鉴定报告中对玻璃品牌、玻璃型号等均有明确表述

(二)被上诉人山河公司观点

涉案工程整体质量验收合格,山河公司施工的部分外幕墙装饰工程作为整体的一部分,显然质量也是验收合格的,否则无法得出工程整体质量合格的结论。华瑞丰公司与山河公司在《建设工程施工合同》专用条款第12.4.2.4条明

确约定，主材、low-e 玻璃的厂家及品牌由发包方指定，如果质量不合格，应由其承担不利的法律后果。

三、裁决要旨

关于更换、返修玻璃及华瑞丰公司要求鉴定的问题。华瑞丰公司申请对山河公司施工的案涉工程玻璃幕墙上的玻璃碎片、抗冲击性、散弹袋冲击性能、表面应力以及更换合格玻璃所产生的费用进行鉴定，一审法院认为，首先双方均认可案涉工程的玻璃幕墙自 2016 年以来存在玻璃脱落、自爆的问题，华瑞丰公司自认案涉工程玻璃破碎 20 块左右，山河公司修复十几块，现有 9 块玻璃破损还未修补，根据《建设工程施工合同》约定，华瑞丰公司可要求山河公司对破碎的玻璃承担修复义务及保修责任。其次，山河公司已提供案涉玻璃出厂合格证、银川晶峰玻璃公司生产玻璃的国家强制性产品认证试验报告证明其在购买玻璃时已尽到合理审慎的注意义务，在案涉工程的玻璃品牌和厂家系华瑞丰公司指定的情况下，根据《原施工合同司法解释》第 12 条第 1 款“发包人具有下列情形之一，造成建设工程质量缺陷，应当承担过错责任：(一)提供的设计有缺陷；(二)提供或者指定购买的建筑材料、建筑构配件、设备不符合强制性标准；(三)直接指定分包人分包专业工程”的规定，华瑞丰公司应对其指定玻璃品牌和厂家的行为承担过错责任。案涉工程总体于 2017 年 10 月 30 日竣工，2020 年 6 月 30 日竣工验收合格，2020 年 8 月 10 日完成备案，华瑞丰公司虽主张不能以工程竣工验收备案推定案涉工程没有质量问题，但双方陈述的玻璃脱落、自爆发生于 2016 年、2017 年，早于案涉工程的竣工验收备案时间，且玻璃幕墙并非隐蔽工程，案涉工程如华瑞丰公司所述具有如此严重的外在的明显的质量问题，是无法顺利通过竣工验收合格备案的。综上，案涉工程的工程总造价为 12, 577, 337 元，华瑞丰公司因出现 20 块左右玻璃破碎即要求对全部工程的玻璃进行质量鉴定、评估拆卸、重新购买安装的费用，并要求山河公司支付更换、维修合格玻璃而支出的费用不符合合同约定及本案已查明的事实，对华瑞丰公司要求山河公司更换、返修不合格玻璃的反诉请求予以部分支持，由山河公司对破碎的玻璃承担修复义务及保修责任，对华瑞丰公司的其他反诉请求不予支持，对华瑞丰公司的鉴定申请不予准许。

四、法律分析

《建筑法》第 25 条规定，按照合同约定，建筑材料、建筑构配件和设备由工程承包单位采购的,发包单位不得指定承包单位购入用于工程的建筑材料、建筑构配件和设备或者指定生产厂、供应商。该条文是《原施工合同司法解释》第12条[①]发包人承担质量过错责任的直接法律依据。但并不意味着发包人只要指定了分包商、材料供应商就对于质量问题存在过错,还需要结合案件具体情形进行认可。

① 《原施工合同司法解释》第12条第1款规定:发包人具有下列情形之一,造成建设工程质量缺陷,应当承担过错责任:(1)提供的设计有缺陷;(2)提供或者指定购买的建筑材料、建筑构配件、设备不符合强制性标准;(3)直接指定分包人分包专业工程。

第十四条

发包人任意压缩合理工期引起质量缺陷的责任

发包人任意压缩合理工期导致工程质量缺陷的，由发包人承担过错责任；承包人有过错的，建议认定承担相应的责任。

裁决指引

本条是有关发包人任意压缩合理工期引起质量缺陷的责任分配原则。

工程工期是建设工程施工合同的核心条款，亦与工程质量及施工安全密切相关；工期、质量、成本是工程项目三大组成要素，其中质量居首，但是发包人为了最大限度地降低成本减少支出，尤其是部分开发企业推崇的高周转模式，为实现资金的快速回流，任意压缩合理工期的现象屡禁不止，违背施工的客观规律，最直接的风险就是工程质量不达标，安全事故频发。在江西丰城发电厂“11·24”冷却塔施工平台坍塌特别重大事故、奉贤海湾镇的碧桂园项目6层建筑坍塌事故、杭州地铁塌陷事故中，任意压缩工期都是导致事故发生的重要原因之一。在认定发包人任意压缩合理工期引起质量缺陷时，应注意以下几点。

一、“合理工期”的规定

工期指一项工程完工的时间限制。施工工期是建筑工程中重要的核算指标之一。工期的长短直接影响参建单位的经济效益。

《建设工程质量管理条例释义》一书中对“合理工期”的定义做了解释，是指在正常建设条件下，采取科学合理的施工工艺和管理方法，以现行的建设行政主管部门颁布的工期定额为基础，结合项目建设的具体情况，而确定的使投资方、各参加单位均获得满意的经济效益的工期。合理工期要以工期定额为基础确定，而定额工期通常依据施工规范、典型工程设计、施工企业的平均水平等多方面因素制定。虽具有合理性，但在实际技术专长、管理水平和施工经验存在差异的情况下，并不能完全准确反映不同施工企业在不同工程项目的合理工期。因此，合理工期可依施工条件由双方充分协商后科学合理地调整。

二、"发包人任意压缩合理工期"情形应重在审查发包人的"任意压缩"

"任意压缩"可结合各地方的相应规范性文件规定作为判断依据，各地方法规、规章对任意压缩合理工期的认定以定额工期为基础，以小于定额工期的85% ~ 70%认定发包人任意压缩合理工期。为维护建筑业市场健康发展和质量安全，国家及地方司法、行政主管部门应对任意压缩合理工期进行强制性立法干预。因任意压缩合理工期的决定权主要在发包人，因此而导致工程质量缺陷的，属于发包人的过错所致，应由发包人承担过错责任。

若发包人确定的工期低于合理工期天数，但没有低于地方法规、规章规定的定额工期最低幅度，但因此增加了承包人施工的费用，应当认定发包人压缩合理工期，但此时可能并不体现发包人的任意性和随意性，并不必然认定属于发包人任意压缩合理工期。

三、如何判别发包人任意压缩合理工期时承包人的过错

引起质量缺陷的因素可能是一因一果，也可能是多因一果。当某个工程存在质量缺陷时，经分析排查，存在发包人任意压缩合理工期引起的质量缺陷，也存在承包人明显施工不当造成的质量缺陷，属多因一果。因承包人其他原因造成工程质量缺陷的，不属于本条规范的责任范畴。本条中"承包人有过错的"主要是指：在发包人任意压缩合理工期时，承包人并未拒绝，也未向发包人提出该工期在客观上根本无法保质保量完成施工任务的异议。之所以要认定承包人有过错的，是因承包人作为具备相应资质和经验的建筑市场主体应对完成工程项目需要的合理工期有基本的认知，在遇到发包人任意压缩合理工期时，应当明确予以拒绝或向监理工程师反映，要求进行修正，而不是放任工程质量风险的出现。

四、发、承包双方对任意压缩合理工期产生的质量缺陷承担相应的过错责任

建设工程施工体现了建筑市场法律秩序问题，建筑法律法规等文件严格限制工期大幅缩减，在于考虑工期缩减对工程质量的影响。因发包人任意压缩合理工期、承包人未予拒绝或未提出该工期在客观上无法完成施工任务等多方面原因导致工程质量缺陷，发包人和承包人均存在过错时，在具体仲裁工作中，建议站在查明客观事实的立场上，从工程质量缺陷的因果关系出发，坚持法律之公平和正义，按各自过错大小分配质量缺陷责任。

参考依据

1.《建设工程质量管理条例》

第十条　建设工程发包单位不得迫使承包方以低于成本的价格竞标，不得任意压缩合理工期。

2.《八民会纪要》

30. 要依法维护通过招投标所签订的中标合同的法律效力。当事人违反工程建设强制性标准，任意压缩合理工期、降低工程质量标准的约定，应认定无效。对于约定无效后的工程价款结算，应依据建设工程施工合同司法解释的相关规定处理。

3.《北京市住房和城乡建设委员会印发〈关于合理确定建设工程工期和规范工期管理的指导意见〉的通知》(京建发〔2022〕236号)

二、发包人不得任意压缩合理工期。发包人压缩定额工期或原合同工期的，应当明确保障工程安全、质量和工期的技术措施，并承担相应的赶工增加费。发包人压缩定额工期超过规定幅度或压缩原合同工期的，应当组织专家或设计、施工和监理等单位对相关技术措施进行合规性和可行性论证。

……

4.《浙江省住房和城乡建设厅关于做好贯彻执行〈建筑安装工程工期定额〉的通知》(函建字〔2017〕416号)

二、招标人应在招标文件中明确工期要求。招标工期比定额工期提前的，应按照我省建设工程计价依据的相关规定在工程量清单中编列提前竣工增加费项目。招标人确定的工期低于定额工期70%的，招标人应当组织专家论证，并依照审定的技术措施方案编制相应的提前竣工增加费。

非招标工程应在施工合同中明确约定提前竣工增加费的计取方式。

5.《江苏省住房和城乡建设厅关于贯彻执行〈建筑安装工程工期定额〉的通知》(苏建价〔2016〕740号)

七、为有效保障工程质量和安全，维护建筑行业劳动者合法权益，建设单位不得任意压缩定额工期。如压缩工期,在招标文件和施工合同中应明确赶工措施费的计取方法和标准。建筑安装工程赶工措施费按《江苏省建设工程费用定额》(2014 年)规定执行,费率为 0.5% ~2% 。压缩工期超过定额工期 30% 以上的建筑安装工程,必须经过专家认证。

6.《河北省住房和城乡建设厅关于加强建设工程工期管理有关工作的通知》(冀建市〔2015〕14 号)

二、严格执行和规范确定工期的原则

合理确定工期是工期管理的前提,参与建设工程各方主体应严格执行工期定额相关规定,规范工期确定方式,制定质量安全方案,明确费用保障标准。

7.《深圳市住房和建设局关于印发〈深圳市建设工程工期管理办法〉的通知》(深建规〔2015〕4 号)

第七条 招标人应当在定额工期基础上结合自身需求,同时考虑必要的行政审批时间,科学确定招标工期。

招标人确定的招标工期不宜低于定额工期的 80% ,低于定额工期 80% 的,建设单位应当组织专家论证,并采取相应的技术经济措施。

招标人应当在招标文件中载明定额工期和招标工期。招标文件中不得设定以投标人压缩工期作为优先中标条件。

8.《北京市住房和城乡建设委员会关于进一步规范本市建筑市场秩序的通知》(京建发〔2015〕36 号)

二、建设单位不得任意压缩合理工期。确需压缩施工工期的,建设单位应当按照规定先组织专家进行论证,在通过专家论证,并采取保证建设工程质量和施工安全的措施后,方可组织施工。因压缩工期所增加的费用由建设单位承担,并随工程进度款一并支付。压缩的工期天数不得超过定额工期的 30% 。超过 30% ,视为任意压缩合理工期,依照《建设工程质量管理条例》处理。

9.《广东省住房和城乡建设厅关于印发〈广东省住房和城乡建设厅关于建设工程施工工期的管理办法〉的通知》(粤建法〔2012〕112 号)

第四条 招标人应在招标文件中明确招标要求的施工工期,依法必须招标的建设工程还应载明施工标准工期。

施工标准工期依据《广东省建设工程施工标准工期定额》计算确定。因工程特殊无法计算施工标准工期的，可参考已完类似工程的实际施工工期，无类似工程参考的应根据工程规模、结构、施工难易程度等合理确定。

案例分析

案　例

中国华冶科工集团有限公司、新疆昆仑钢铁有限公司建设工程施工合同纠纷

案号:(2021)最高法民终 304 号

审理法院:最高人民法院

裁判类型:二审民事判决

一、案情介绍

2012 年 1 月 5 日，新疆昆仑钢铁有限公司(以下简称昆钢公司)(发包人、甲方)与中国华冶科工集团有限公司(以下简称华冶公司)(承包人、乙方)签订《系统工程合同》，约定将铁 $630m^3$ 高炉、$120m^2$ 烧结、$10m^2$ 竖窑、厂区公辅及系统配套设施的土建、设备、管道、采暖、通风、电气仪表、工艺钢构等全部内容发包给华冶公司施工。2013 年 4 月 18 日，昆钢公司 1#高炉工程投产，此前烧结工程已投产，2013 年 6 月 2 日竖炉工程投产。昆钢公司于 2014 年 3 月 22 日提出的工程质量问题，华冶公司回函明确将安排人员进行处理。2014 年 11 月 17 日，《新疆昆仑钢铁厂工程竣工验收纪要》载明，验收部位:竖炉、烧结土建、设备、管道安装;设备，电气、管道的安装工程符合设计要求;土建工程的主体结构存在质量问题主要是由于冬季施工和抢工期造成的地面、基础回填土夯实不好造成下沉和填充墙抹灰层开裂等缺陷。要求施工单位对影响工程质量的问题限在 2015 年 1 月 24 日前整改完毕，于 2015 年 1 月 31 日前申报组织验收。2015 年 7 月 30 日，华冶公司针对昆钢公司来函提出的工程质量问题回复称，华冶公司将派人进行维修处理等内容。后双方后就维修费用的承担问题产生争议，经鉴定并核算，华冶

公司施工的工程地基基础工程和主体结构,以及屋面防水存在工程质量问题,需要维修的费用为4,943,211.28元。

二、各方观点

华冶公司认为,案涉部分工程存在质量问题,未达到合同约定标准及要求,双方当事人的来往函件亦证实工程存在质量缺陷,冲渣池立柱不均匀沉降、地坪下沉、墙体抹灰层开裂、屋面防水保护层开裂等部分工程质量问题非其施工行为导致,系昆钢公司变更原施工设计、强行要求冬季施工和赶工期等原因造成。工程维修费用应由责任方承担,而《质量鉴定意见书》并未认定责任方,相关费用不应全部由华冶公司承担。即使认定由华冶公司承担维修责任、维修范围和费用亦应仅限于地基基础和主体结构。部分质量缺陷显系昆钢公司自身原因所致,相应维修费用应由其自行承担。

昆钢公司认为,案涉工程质量问题依法应由华冶公司承担责任。案涉工程存在多处质量问题,相关质量问题在华冶公司施工时既已存在,且2016年昆钢公司即已对相关质量问题进行了公证,并非由昆钢公司使用多年后才产生质量问题。在本案诉讼发生之前,华冶公司均认可相关案涉工程质量问题系由其施工行为造成,但在进入本案诉讼程序后,华冶公司却以质量问题原因无法核实为由,否认案涉工程质量问题系其所造成与事实不符。此外,华冶公司主张相关工程质量问题系昆钢公司自身原因所致,其所提供的证据亦不足以证实其上述主张。

三、裁决要旨

一审法院认为,本案工程质量是否符合合同约定,应否承担维修费用。通过查明的事实可知,华冶公司施工的工程部分部位存在质量问题,未达到合同约定标准及要求,双方的来往函件亦证实工程存在质量缺陷,华冶公司亦认可。华冶公司关于冲渣池立柱不均匀沉降、地坪下沉、墙体抹灰层开裂、屋面防水保护层开裂等部分工程质量问题非其施工行为导致,系昆钢公司变更原施工设计、强行要求冬季施工和赶工期等原因造成的意见证据不足。

二审法院维持一审法院的上述认定。

四、法律分析

在工程总承包项目中,发包人任意压缩合理工期导致工程质量缺陷的,由发包人承担过错责任;如承包人认为工程存在质量缺陷是由发包人因赶工期等原因所导致时,应尽可能留存相应证据,否则可能因证据不足使自身在庭审中处于不利地位。本案中华冶公司主张工程质量问题存在发包人“强行要求冬季施工和赶工期等原因造成”,但未提供相应证据,法院最终未予认定和支持。承包人此种情况下,还应考虑合同本身约定的工期是否明显低于当地行政主管部门所界定的合理工期,是否涉嫌发包人任意压缩合理工期,由此主张在此基础上发包人要求冬季施工和赶工期导致的不均匀沉降、地坪下沉、墙体抹灰层开裂、屋面防水保护层开裂等质量问题,并进而主张对于该部分质量问题发包人有过错应承担相应过错责任。

第十五条

竣工试验、竣工验收不符合发包人要求的质量责任

竣工试验或竣工验收不符合“发包人要求”的，发包人主张承包人按合同约定承担违约责任，建议予以支持；但因发包人原因导致竣工试验、竣工验收未能通过的除外。合同对相应责任没有约定或者约定不明，发包人主张承包人予以修复的，建议予以支持；如发包人愿意接收工程，发包人主张减少承包人工程价款、赔偿损失并承担工期延误责任的，建议予以支持。

裁决指引

该条是关于竣工试验、竣工验收不符合“发包人要求”的情形下，质量责任承担的具体方式。竣工试验是指在竣工验收前进行的试验，是保证建设项目符合国家相关强制性标准、竣工验收标准和发包人设计要求等的基础和重要环节，也是对工程项目的设计、采购、施工范围完成情况和质量的全面考核。竣工验收是指承包人完成了合同约定的各项内容后，发包人按合同要求的范围和标准、“发包人要求”及国家相关规定和标准等进行的验收。

一、竣工试验、竣工验收不合格构成违约，承包人应承担相应的责任

《民法典》第 800 条、第 801 条分别对勘察人、设计人的质量责任和施工人的质量责任做了规定。对于签订工程总承包合同的当事人，不同于传统的施工总承包模式，设计通常是承包人的承包范围，责任承担的分析判定应围绕发包人和承包人之间展开。

建设工程合同一般理解为特殊的承揽合同，《民法典》第 808 条规定，本章没有规定的，适用承揽合同的有关规定。因此，在等价有偿合同的工程总承包合同中，总承包人所交付的工程除满足国家强制性标准外，还需要满足工程总承包合同中所涉及的各项技术标准和功能要求。如果承包人交付的成果不满足合同质

量要求,参照《民法典》第 781 条的规定,承包人应当承担违约责任。

《建设工程质量管理条例》第 16 条规定,建设工程竣工验收应当具备的条件包括完成建设工程设计和合同约定的各项内容,“发包人要求”作为合同文件的组成部分,其中列明了工程的目的、范围、设计与其他技术标准和要求,以及合同双方当事人约定对其所做的修改或补充。“发包人要求”约定了工程竣工试验、竣工验收需满足的条件,当不能满足发包人要求时则构成违约。

《民法典》第 577 条规定了违约责任的承担方式,即当事人一方不履行合同义务或者履行合同义务不符合约定的,应当承担继续履行、采取补救措施或者赔偿损失等违约责任。

根据《民法典》第 801 条的规定,因施工人的原因致使建设工程质量不符合约定的,发包人有权请求施工人在合理期限内无偿修理或者返工、改建。经过修理或者返工、改建后,造成逾期交付的,施工人应当承担违约责任。参考 2020 版《工程总承包合同示范文本》通用合同条件第 9. 3 款约定,在工程竣工试验未通过的情况下,承包人负有修补缺陷的义务;另外,第 10. 1. 2 项约定,竣工验收不合格的发包人可要求承包人对不合格工程返工、修复或采取其他补救措施,并承担由此增加的费用和(或)延误的工期。

就工程总承包合同项下承包人对竣工试验、竣工验收应承担的违约责任,首先应当按照双方的合同约定承担,当合同没有约定或约定不明时,结合《民法典》第 577 条并参考其他法律法规和示范文本,可进一步从以下几个方面考虑。

(一)返工重做、修复更换

《建设工程质量管理条例》第 32 条规定,施工单位对施工中出现质量问题的建设工程或者竣工验收不合格的建设工程,应当负责返修。建设工程经承包人返工、修复后其技术指标和功能要求等能够满足发包人要求,承包人可以请求发包人依照或者参照合同的约定支付建设工程价款,但应自行承担相应返工修复费用。就设计工作而言,如果设计人提交的设计文件质量不符合合同约定或法律规定,应当承担违约责任,违约责任可表现为重新进行设计工作。工程总承包人集设计和施工工作于一身,需要承担设计人及施工人返工重做、修复更换的违约责任。

(二)减少工程价款

虽然存在竣工试验竣工验收不符合“发包人要求”的情形,但如果发包人认为工程符合国家强制性标准，可以接收的，发包人主张减少价款“按质论价”的，仲裁庭应予支持。如果发包人因此产生其他损失或发生工期延误的，发包人同时有权主张作为责任方的承包人予以赔偿和承担工期延误违约责任。

（三）赔偿损失

损害赔偿作为违约责任兜底的承担方式，是重要的违约责任形式。损害赔偿具有补偿性和救济功能，其他任何责任形式都可以转化为损害赔偿。在工程总承包中，承包人交付的建设工程质量不符合合同约定或“发包人要求”给发包人造成损失的，承包人应当赔偿。例如，承包人拒绝返工重做、修复更换的，发包人可以委托第三方代为修复，在这种情况下，发包方为此支出的合理必要的费用，属于因承包人瑕疵交付产生的损失，发包人有权要求承包人予以赔偿。关于发包人请求赔偿损失的范围。《民法典》第 584 条规定，当事人一方不履行合同义务或者履行合同义务不符合约定，造成对方损失的，损失赔偿额应当相当于因违约所造成的损失，包括合同履行后可以获得的利益；但是，不得超过违约一方订立合同时预见到或者应当预见到的因违约可能造成的损失。第 583 条规定，当事人一方不履行合同义务或者履行合同义务不符合约定的，在履行义务或者采取补救措施后，对方还有其他损失的，应当赔偿损失。可见，赔偿损失的范围可由法律直接规定或由当事人双方约定。

二、发包人原因导致竣工试验、竣工验收未能通过的应由发包人承担责任

根据前文所述，承包人对建设工程质量负责，竣工试验、竣工验收不符合发包人要求应由承包人承担违约责任，但如承包人确有证据证明竣工试验、竣工验收未通过是因发包人原因造成的，则属于承包人的免责情形。

《民法典》第 509 条第 1 款、第 2 款规定，当事人应当按照约定全面履行自己的义务。当事人应当遵循诚信原则，根据合同的性质、目的和交易习惯履行通知、协助、保密等义务。2020 版《工程总承包合同示范文本》第 9. 4. 1 项约定，因发包人原因导致竣工试验未能通过的，承包人进行竣工试验的费用由发包人承担，竣工日期相应顺延。该约定的法理基础在于，虽然组织实施并通过竣工试验是承包人的合同义务，但是依据合同约定及工程性质，发包人负有协助义务。实践中，不可归责于承包人的原因导致工程未能完成竣工试验的情形，通常包括发包人未提供竣工试验所需外部条件及能源、发包人未提供相关配合工作、发包人提供的原材料质量不符合相关规定、法律规定或合同约定竣工试验应取得的许

可发包人未取得等。

上述竣工试验阶段发包人原因具体情形同样适用于竣工验收阶段，除此之外，发包人未经验收擅自使用工程也可能因使用不当导致竣工验收未能通过，此时应由发包人承担未能通过的责任和损失。根据《民法典》第 799 条，建设工程竣工后，由发包人组织各方进行竣工验收。验收合格后，方可交付使用。因此发包人是竣工验收开展的责任主体。尽管《建筑法》第 61 条和《民法典》第 799 条明确规定了建设工程未经竣工验收合格不得交付使用，但实践中常有发包人为了急于投产等其他原因，在未经验收情况下将工程提前投入使用，由于使用不当导致的验收不能通过的责任应由发包人承担。实践中还会就后期竣工验收不能通过或缺陷责任期内出现质量缺陷，发承包双方对是工程总承包人设计施工原因还是发包人使用原因发生争议，此时应结合发包人在擅自使用前是否已有证据证明承包人的设计施工工作不满足合同约定或“发包人要求”且与所争议的质量缺陷有因果关系。

竣工试验及竣工验收阶段对于判断是否能实现“发包人要求”及合同预期目的非常重要，而目前法律法规层面尚缺乏这个环节的更为具体规定，仲裁庭在审理此类争议时，应更加关注项目特性、发承包双方对于这个环节的具体约定及“发包人要求”等综合因素和证据资料予以判断责任归属。

参考依据

1.《民法典》

第五百七十七条　当事人一方不履行合同义务或者履行合同义务不符合约定的，应当承担继续履行、采取补救措施或者赔偿损失等违约责任。

第五百八十三条　当事人一方不履行合同义务或者履行合同义务不符合约定的，在履行义务或者采取补救措施后，对方还有其他损失的，应当赔偿损失。

第五百八十四条　当事人一方不履行合同义务或者履行合同义务不符合约定，造成对方损失的，损失赔偿额应当相当于因违约所造成的损失，包括合同履行后可以获得的利益；但是，不得超过违约一方订立合同时预见到或者应当预见到的因违约可能造成的损失。

第七百八十一条　承揽人交付的工作成果不符合质量要求的，定作人可以合理选择请求承揽人承担修理、重作、减少报酬、赔偿损失等违约责任。

第七百九十九条 建设工程竣工后,发包人应当根据施工图纸及说明书、国家颁发的施工验收规范和质量检验标准及时进行验收。验收合格的,发包人应当按照约定支付价款,并接收该建设工程。

建设工程竣工经验收合格后,方可交付使用;未经验收或者验收不合格的,不得交付使用。

第八百条 勘察、设计的质量不符合要求或者未按照期限提交勘察、设计文件拖延工期,造成发包人损失的,勘察人、设计人应当继续完善勘察、设计,减收或者免收勘察、设计费并赔偿损失。

第八百零一条 因施工人的原因致使建设工程质量不符合约定的,发包人有权请求施工人在合理期限内无偿修理或者返工、改建。经过修理或者返工、改建后,造成逾期交付的,施工人应当承担违约责任。

第八百零三条 发包人未按照约定的时间和要求提供原材料、设备、场地、资金、技术资料的,承包人可以顺延工程日期,并有权请求赔偿停工、窝工等损失。

第八百零八条 本章没有规定的,适用承揽合同的有关规定。

2.《建筑法》

第五十五条 建筑工程实行总承包的,工程质量由工程总承包单位负责,总承包单位将建筑工程分包给其他单位的,应当对分包工程的质量与分包单位承担连带责任。分包单位应当接受总承包单位的质量管理。

第六十一条 交付竣工验收的建筑工程,必须符合规定的建筑工程质量标准,有完整的工程技术经济资料和经签署的工程保修书,并具备国家规定的其他竣工条件。

建筑工程竣工经验收合格后,方可交付使用;未经验收或者验收不合格的,不得交付使用。

3.《建设工程质量管理条例》

第十六条 建设单位收到建设工程竣工报告后,应当组织设计、施工、工程监理等有关单位进行竣工验收。

建设工程竣工验收应当具备下列条件:

（一）完成建设工程设计和合同约定的各项内容；

（二）有完整的技术档案和施工管理资料；

（三）有工程使用的主要建筑材料、建筑构配件和设备的进场试验报告；

（四）有勘察、设计、施工、工程监理等单位分别签署的质量合格文件；

（五）有施工单位签署的工程保修书。

建设工程经验收合格的，方可交付使用。

第三十二条　施工单位对施工中出现质量问题的建设工程或者竣工验收不合格的建设工程，应当负责返修。

4.《施工合同司法解释（一）》

第十四条　建设工程未经竣工验收，发包人擅自使用后，又以使用部分质量不符合约定为由主张权利的，人民法院不予支持；但是承包人应当在建设工程的合理使用寿命内对地基基础工程和主体结构质量承担民事责任。

案例分析

案例一

中冶焦耐（大连）工程技术有限公司、黑龙江龙盛达煤化工有限公司建设工程施工合同纠纷

案号：（2020）最高法民终1040号

审理法院：最高人民法院

裁判类型：二审民事判决

一、案情介绍

2012年1月和2月28日，黑龙江龙盛达煤化工有限公司（以下简称龙盛达公司）与中冶焦耐（大连）工程技术有限公司（以下简称中冶焦耐公司）先后签订《2×15万吨煤焦油深加工工程总承包合同》和《2×15万吨煤焦油深加工工程焦油蒸馏二系总承包合同》。工程内容包括2×15万吨煤焦油深加工工程；关于工程承包范围，中冶焦耐公司应按照合同约定，完成其承包范围的工程设计、设备

材料采购、施工、试运行服务及为工程验收、投产、达产、达标等有关工作，实现设计、采购、施工各阶段工作的合理交叉与紧密融合，并对工程的安全、质量、进度、造价、HSE（健康、安全、环保）全面负责。

竣工试验应在中冶焦耐公司提出竣工验收申请之前完成。中冶焦耐公司完工后需组织竣工验收，整个工程的竣工验收分实物移交和装置投料试车并考核达标两个阶段执行。装置投料试车并考核达标，属于竣工检验。竣工检验主要分四个步骤（无负荷试车、负荷试车、保证值考核、竣工验收）。

合同签订后，中冶焦耐公司进行施工。双方当事人及监理单位形成多份工程中间验收单，并签订多份龙盛达焦油加工项目建筑物移交清单。2013 年 11 月和 2014 年 6 月，龙盛达公司在该节点已完单位工程的建设工程竣工验收报告上签章。2014 年 2 月和 9 月，质监站分别针对上述单位工程出具煤炭工业建设工程单位工程质量认证书。2014 年 5 月，龙盛达公司向中冶焦耐公司发送《关于加快竣工验收手续签署工作的函》，表明“为加快竣工验收手续签署，给后期内业工作争取时间，龙盛达公司与贵项目部协商，在工程基本完工的情况下，先行签署竣工验收手续。但此手续签署后，不免除中冶焦耐公司对工程设计不合理、施工质量不合格和暂时没有完成部分的责任和义务。此部分工程需双方协商确定统一方案后执行。请贵项目部回复明确意见之后，开始竣工验收手续签署”。

二、各方观点

中冶焦耐公司认为：案涉工程于 2014 年 6 月 30 日通过竣工验收，工程已经完成实物交付。合同约定竣工验收为缺陷责任期起算点，该约定符合《建设工程质量保证金管理办法》的规定，目前约定的一年缺陷责任期已经届满，包括质保金在内的全部工程价款付款条件已经成就。案涉已完工程符合合同约定的质量标准和要求，龙盛达公司接受工程并投入试运行后发现的质量问题不属于设计、施工质量问题或设备问题。即使讼争设备存在一定的质量瑕疵，也仅涉及工程竣工验收后的质量保修责任，龙盛达公司不能据此对抗中冶焦耐公司的全部工程价款请求。案涉工程已经移交并转移给龙盛达公司占有，依据《原施工合同司法解释》第 13 条的规定，龙盛达公司在接受工程并投产使用后，不能又以工程存在质量问题提出抗辩。案涉工程试车过程中存在问题的原因主要是龙盛达公司实际操作不当、原料不合格以及设备长期未投入施工造成的正常损耗。

龙盛达公司认为：中冶焦耐公司只完成了投料试车前的工程和设备的实物

移交,未完成后续的投料联动试车、生产考核和竣工验收。案涉工程在投料试车时存在诸多问题,中冶焦耐公司一直没有整改,导致试车屡试屡败,无法进行后续的生产考核和最终竣工验收。根据合同约定和双方提供的证据,足以认定中冶焦耐公司没有完成其承包项目的投料试车、生产考核和最终竣工验收,龙盛达公司有权拒付包括质保金在内的剩余工程价款。

三、裁决要旨

二审法院认为,双方当事人在合同中约定案涉工程为"交钥匙工程",承包人中冶焦耐公司负责工程设计、设备材料采购、施工至工程试运行、投产达产达标等全过程和最终效果。按照合同约定,中冶焦耐公司完工后需组织竣工验收,整个工程的竣工验收大致分实物移交和装置投料试车并考核达标两个阶段执行。实物移交,是指在单机试车后、联动试车前向发包人龙盛达公司办理工程及设备中间交接;承包人于装置投料试车系统出合格产品并考核达标后向业主办理工程竣工手续。装置投料试车并考核达标,属于竣工检验。

根据本案现有证据尚不能认定案涉工程在实物移交后,承包人中冶焦耐公司完成了竣工检验程序,也不能认定其未完成竣工检验程序系发包人龙盛达公司的原因所致。案涉合同约定工程竣工验收的标准不仅是工程实物交接,还包括试车投产达产达标,而案涉工程并没有完成竣工检验程序,案涉工程不同于一般实物交接的建设工程,且本案也无证据证明龙盛达公司在工程未经竣工验收情况下擅自使用,案涉工程尚不具有适用《原施工合同司法解释》第 13 条关于"建设工程未经竣工验收,发包人擅自使用后,又以使用部分质量不符合约定为由主张权利的,不予支持"的规定的条件,中冶焦耐公司根据该条司法解释的规定主张案涉工程存在的问题仅仅是工程验收合格后的质量维修问题,缺乏事实和法律依据,本院不予支持。

四、法律分析

向发包人交付合格的建设工程是承包人的合同义务。因此,通常情况下,承包人应对工程质量承担责任。但是在特定情况下,如《原施工合同司法解释》第 13 条(现《施工合同司法解释(一)》第 14 条)发包人擅自使用未经验收的建设工程,应由发包人承担相应责任。

需注意的是,作为工程总承包项目,是项目承包方负责设计、供货及施工,直至试运行合格后,将项目移交业主方,故该类工程对承包方的要求更高、更严。

如2020版《工程总承包合同示范文本》不仅在第10条“验收和工程接收”约定了竣工验收的具体程序,还在第9条约定了“竣工试验”可能存在试运行,以及第12条约定了“竣工后试验”。本案中,整个工程的竣工验收大致分实物移交和装置投料试车并考核达标两个阶段执行。承包人尽管完成了实物移交,但并未成功完成投料试车,因此仍需承担相应合同责任。

案 例 二

山西能投光伏农业发展有限公司、中国葛洲坝集团机电建设有限公司建设工程施工合同纠纷

案号:(2019)最高法民终250号

审理法院:最高人民法院

裁判类型:二审民事判决

一、案情介绍

2016年12月28日,中国葛洲坝集团机电建设有限公司(以下简称葛洲坝机建公司)(承包方)与山西能投光伏农业发展有限公司(以下简称光伏农业公司)(发包方)签订《阳曲县20MW分布式光伏发电项目工程总承包合同》约定:鉴于承包方承接了阳曲县20MW分布式光伏发电EPC总承包项目,并接受了发包方以总金额14,000万元提供光伏电站工程设计、采购和施工(EPC)交钥匙工程承包工作。工程总进度:本工程在接到以发包方开工通知单7个工作日开工,并于2017年3月31日之前达到并网条件(不包括240小时试运行)。

合同签订后,葛洲坝机建公司按照约定,组织施工,履行承建义务。项目电站于2017年4月具备送电条件,2017年6月26日,山西省电力建设工程质量监督中心站出具工程质量监督检查并网通知单,涉案项目电站并网试运前阶段通过质量监督检查,同意办理并网手续,项目电站实现并网发电。同日,山西省电力公司太原供电公司与光伏农业公司签订《购售电合同》,项目电站发电由陕西省电力公司太原供电公司收购。

2017年6月26日,葛洲坝机建公司向光伏农业公司提交结算申请报告,请

求按合同约定支付项目合同总价的75%计10,500万元作为验收款。2017年6月28日，葛洲坝机建公司和光伏农业公司在工程结算表上签字盖章。同日，葛洲坝机建公司提交项目电站竣工验收报告，建设单位、设计单位、施工单位、监理单位签字盖章。2017年8月18日，葛洲坝机建公司向光伏农业公司发出《关于尽快支付阳曲项目进度款的函》，要求光伏农业公司支付项目电站工程进度款10,500万元。

2017年9月15日，建设单位、设计单位、施工单位、监理单位代表召开座谈会，形成会议纪要，认定项目电站已于2017年6月26日成功并网发电，已安全运行81天，发电660万度，达到竣工验收条件，同意项目竣工验收。2017年10月12日，葛洲坝机建公司与光伏农业公司代表召开座谈会，共同确认项目电站于2017年6月26日成功并网发电，安全运行107天，项目初步验收合格。后双方对工程款支付及工程是否竣工验收合格产生争议诉至法院。

二、各方观点

光伏农业公司认为：涉案项目电站存在质量问题，且截至2017年10月12日，葛洲坝机建公司一直未正式移交项目电站，葛洲坝机建公司在有关文件中对此均予以认可。

葛洲坝机建公司认为：关于案涉项目电站移交，该电站已于2017年6月26日并网发电，并在同一天整体移交光伏农业公司占有、运营、管理及收益，即已完成实质移交。2017年9月15日，上述各方在建设单位光伏农业公司住所地召开项目竣工验收会，并再次确认项目电站“根据合同约定已达到竣工验收条件”“经参会人员一致认可，同意本项目竣工验收”，但光伏农业公司却始终推诿拖延，根据《总承包合同》第11.1条约定“……如果发包方在42天期限内既未颁发预验收证书，又未拒绝承包方的申请，而工程经有关具备法定资质的验收单位确认实质上符合合同规定，预验收证书应认定为已在上述规定期限的最后一日颁发”，葛洲坝机建公司工程竣工验收合格之日应为2017年10月28日（2017年9月15日+42天）。

三、裁决要旨

二审法院认为，关于涉案项目电站是否已经竣工并移交、是否存在质量问题。光伏农业公司上诉主张项目电站存在质量问题，且至今未正式移交。根据山西省电力建设工程质量监督中心站2017年6月26日出具的工程质量监督检查并网通知单，涉案项目电站并网试运前阶段通过该站质量监督检查，同意办理并网手续，项目电站实现并网发电；由建设单位、设计单位、施工单位、监理单位2017年9月15日共同所作的会议纪要，亦认定项目电站已于2017年6月26日成功并网发电，已安全运行81天，发电660万度，同意项目竣工验收；葛洲坝机建公司与光伏农业公司代表2017年10月12日形成的山西阳曲项目工程款洽谈会会议纪要，再次确认项目电站于2017年6月26日一次性并网成功，安全运行107天，项目初步验收合格。由以上事实可知，项目电站已初步验收合格，达到竣工验收条件，并已实际移交光伏农业公司，且并网发电成功，至今正常安全运行；同时根据上述会议纪要及附件，项目电站在达到竣工验收条件的情况下亦存在一定的待整改问题，光伏农业公司还称项目电站设计不合理导致光伏组件阴影遮挡面积未达到要求。对此法院认为，根据质量监督部门的质监结果、四大主体共同的验收情况及项目电站至今的运行状况，项目电站并未发现质量缺陷，光伏农业公司所提出的问题，均属于一般的质量瑕疵而非重大质量瑕疵，未对项目电站的正常运行构成显著不利影响，在前述的杨兴20MW扶贫电站项目竣工验收会议纪要中，各有关单位均未认为有关待整改问题对项目电站达到竣工验收条件造成影响，因此只涉及葛洲坝机建公司的一般质量违约责任及保修责任，不应成为其拒付工程款的抗辩事由。

四、法律分析

《建设工程质量管理条例》第16条对建设工程竣工验收条件有明确规定，即“建设单位收到建设工程竣工报告后，应当组织设计、施工、工程监理等有关单位进行竣工验收。建设工程竣工验收应当具备下列条件：（一）完成建设工程设计和合同约定的各项内容；（二）有完整的技术档案和施工管理资料；（三）有工程使用的主要建筑材料、建筑构配件和设备的进场试验报告；（四）有勘察、设计、施工、工程监理等单位分别签署的质量合格文件；（五）有施工单位签署的工程保修书。建设工程经验收合格的，方可交付使用”。

工程总承包模式下竣工验收除了符合上述条件外，还应在竣工试验和竣工验收阶段满足发包人要求，案例一中工程总承包单位中冶焦耐公司不能证明按工程总承包合同约定完成了装置投料试车并考核达标的竣工试验和竣工验收程序，未能证明满足发包人要求致使其主张未得到法院支持。案例二中因发包人先后两次确认案涉项目成功并网发电并安全运行，由此可以证明承包人已经交付项目并满足合同约定的并网条件及试运行考核时间,因此其抗辩工程未经竣工验收存在质量问题,未能得到法院支持。同时发包人以一般质量瑕疵主张工程验收不合格不予支付工程款不应得到支持,该一般质量瑕疵应当纳入保修阶段,依据合同约定保修责任解决。

第十六条

竣工后试验不符合发包人要求的质量责任

工程竣工后试验阶段未能实现“发包人要求”的，发包人主张承包人承担修复责任或依合同约定承担修复费用的，建议予以支持；因无法修复构成根本性违约，发包人主张解除合同并要求承包人承担违约责任的，建议予以支持。

裁决指引

本条是对于合同约定包含竣工后试验的工程，当工程或区段工程在竣工后试验未能达到“发包人要求”以及因此合同目的不能实现构成根本性违约时，违约责任承担方式的建议。

一、总承包人应承担未能通过竣工后试验的修复责任

《工程总承包管理办法》第 9 条规定，建设单位应当根据招标项目的特点和需要编制工程总承包项目招标文件，主要包括以下内容：……发包人要求，列明项目的目标、范围、设计和其他技术标准，包括对项目的内容、范围、规模、标准、功能、质量、安全、节约能源、生态环境保护、工期、验收等的明确要求……

2020 版《工程总承包合同示范文本》通用合同条件第 12.1.4 项约定，发包人应根据《发包人要求》、承包人按照第 5.5 款[操作和维修手册]提交的文件，以及承包人被要求提供的指导进行竣工后试验。在 2020 版《工程总承包合同示范文本》专用合同条件附件 1《发包人要求》中，涉及质量的内容既包括功能要求中的性能保证指标、产能保证指标，也包含技术要求中的技术标准和要求、质量标准等。

结合工程总承包模式包含设计阶段的这一特点，承包人不仅需要按照国家强制性标准和行业标准进行项目设计和施工，完成符合国家质量要求以及发包人质量标准的工程实体，还需要完成“发包人要求”中对该项建设工程特殊的质量及运

行的性能、产能等要求,故对于工程总承包项目而言,工程验收和交付的依据相较于传统施工总承包发生了明显的变化,进一步包含了"发包人要求"中的性能要求。特别是对于某些电气工程、市政工程来说,发包人还会要求承包人完成的该项建设工程需达到某些能源消耗或产出效率的性能保证指标和产能保证指标。

另外,与"竣工试验"不同的是,竣工后试验通常是由发包人接收工程后负责组织的试验,包括提供试验所需的工作人员、设备及其他资源,并负责程序方面的安排,且竣工后试验系工程实体经过竣工验收,发包人接收工程之后的动作,竣工后试验的目的旨在检验工程在投产后是否可以达到"发包人要求"中的性能保证指标和产能保证指标。

2020 版《工程总承包合同示范文本》通用合同条件第 12. 1. 1 项约定,工程或区段工程被发包人接收后,在合理可行的情况下应根据合同约定尽早进行竣工后试验。第 12. 3 款约定,如工程或区段工程未能通过竣工后试验,则承包人应根据第 11. 3 款[缺陷调查]的规定修补缺陷,以达到合同约定的要求;并按照第 11. 4 款[缺陷修复后的进一步试验]重新进行竣工后试验以及承担风险和费用。如未通过试验和重新试验是承包人原因造成的,则承包人还应承担发包人因此增加的费用。

如果发包人要求中或双方在合同中已经明确约定了工程应达到的性能、产能指标或某种交付标准,承包人最终需要向业主提交一个符合该质量要求的工程项目。其本质特征是使工程项目满足业主使用功能,由传统施工模式下的项目只需要"质量合格"的合同责任转变为工程总承包模式项下"质量合格基础上,满足合同的预期目的",即达到合同约定的工程应具备的各项性能指标。如果承包人交付的工程最终未达到该指标或标准的,则即应认定其履行合同义务不符合约定,应承担相应的违约责任。FIDIC 银皮书 2017 版和 2020 版《工程总承包合同示范文本》第 12 条均设置了专门的竣工后试验条款,以供发承包双方参考适用。因此,对于未通过竣工后试验的工程应当由承包人承担相应责任具有国内外合同示范文本的惯例依据,司法裁判对此也表达了支持[①]。

---

① 黑龙江省高级人民法院(2018)黑民终 185 号、湖南省高级人民法院(2019)湘民终 32 号、安徽省高级人民法院(2016)皖 11 民终 1150 号、江西省高级人民法院(2017)赣民申 989 号等案例中,竣工后试验未通过,法院均认定由承包人承担责任。

二、未能实现发包人要求，构成根本违约的，发包人有权解除合同

《民法典》第563条规定，有下列情形之一的，当事人可以解除合同：……当事人一方迟延履行债务或者有其他违约行为致使不能实现合同目的……根本性违约一般是指违约行为严重导致无法实现合同目的的情形，发包人可以主张合同解除并要求承包人承担违约责任。

《建设工程质量管理条例》第16条第2款规定："建设工程竣工验收应当具备下列条件：（一）完成建设工程设计和合同约定的各项内容……""发包人要求"作为工程总承包合同文件的组成部分，其中列明了工程的功能要求、工程范围、工艺安排或要求、技术要求等。满足"发包人要求"是工程竣工验收必不可少的前提条件，而"发包人要求"中列明的"性能保证指标"和"产能保证指标"应理解为订立工程总承包合同的合同目的范畴。

三、竣工后试验不合格情况下，承包人承担责任的方式

2020版《工程总承包合同示范文本》通用合同条件第12.4.1项约定，工程或区段工程未能通过竣工后试验，且合同中就该项未通过的试验约定了性能损害赔偿违约金及其计算方法的，或者就该项未通过的试验另行达成补充协议的，承包人在缺陷责任期内向发包人支付相应违约金或按补充协议履行后，视为通过竣工后试验。可见，竣工后试验未通过，发包人的权利救济途径主要以赔偿损失、调整修补等违约救济为主。这与FIDIC银皮书2017版通用条件第12.4款约定相呼应。

本条确认了竣工后试验不符合合同约定和发包人要求的应当由承包人承担责任，并递进式的规定了承担责任的具体形式。对于能够修补的缺陷，发包人有权要求承包人进行修补或要求承包人承担修补的费用；发包人也可选择接收工程并要求承包人按约支付性能损害赔偿金或违约责任；如果缺陷已经严重导致合同目的无法实现、构成根本性违约的，发包人有权主张解除合同。

四、本条适用应当以尊重当事人意思自治为前提

实践中，不同性质项目有着不同的发包人要求，并非所有工程总承包项目都需要进行竣工后试验，为此2020版《工程总承包合同示范文本》的条款设置中，将设计、材料和设备、施工、竣工试验、验收和工程接收、竣工后试验等工程建设实施阶段相关工作内容皆分别作为独立条款，发包人可根据建设项目实施阶段的具体内容和要求，确定对相关建设实施阶段和工作内容的取舍。当双方合同约定竣工后试验，并且有明确的竣工后试验的处理办法及责任承担，则首先应尊重当事人的约定和意思自治。比如，双方当事人可能参照 FIDIC 银皮书 2017 版第 12.4 款及 2020 版《工程总承包合同示范文本》第 12.4.2 项，均设置了承包人无须承担质量责任的例外情形，例如提出对工程进行调整或修补建议并完成调整或修补。如发包人对承包人的建议未在缺陷责任期内予以回应的，此时即应当优先考虑双方合同约定，结合确认的事实及证据判断竣工后试验未通过的责任承担。

五、竣工后试验与缺陷责任期、工程款支付的关联

缺陷责任期原则上从工程竣工验收合格之日起计算，而竣工后试验系竣工验收合格被发包人接收之后的程序。根据 2020 版《工程总承包合同示范文本》第 12.1.1 项约定，工程或区段工程被发包人接收后，在合理可行的情况下应根据合同约定尽早进行竣工后试验。可见竣工后试验与缺陷责任期起算点之间没有必然联系。但实践中确有存在发包人将通过竣工后试验的日期约定为缺陷责任期起算日期，故仲裁庭在审理过程中应当注意，若双方当事人明确将竣工后试验通过之日作为缺陷责任期的起算时间，属于当事人各方对权利义务的设置，建议应当尊重当事人意思自治按照合同约定履行。①

针对竣工后试验中出现的性能验收不达标，司法实践观点通常认为发包人仍需支付工程款，除非双方在合同中对工程款支付设置了竣工后试验通过的前提或节点条件。但在无法实现合同目的的情形下，发包人有权解除合同并要求承包人承担相应损失。例如，(2016)皖 11 民终 1150 号判决书中，垃圾渗滤液处理站 EPC 合同约定的日处理能力为 300 吨，工程竣工后实验阶段性能达不到合同要求，最终日处理量稳定在 50～70t/d，远远低于设计量。该案法院支持了发包人的合同解除诉请，同时法院判决因已接收工程，发包人应当继续支付剩余工程款，而性能损失则由承包人按照合同约定支付赔偿金（合同总价的 60%）。这个案件可以说明，在当前的法律体系下，工程验收与接收工程环节对工程价款的结算存在实质性的影响。在工程通过竣工验收后，发包人应按照合同约定支付工程价款；对于竣工后试验中出现的问题，则按照合同中相关的违约条款或相关法律法规进行处理。

---

① 参见福建省莆田市中级人民法院民事判决书，(2017)闽 03 民终 2054 号。

参考依据

1.《民法典》

第五百六十三条 有下列情形之一的，当事人可以解除合同：

（一）因不可抗力致使不能实现合同目的；

（二）在履行期限届满前，当事人一方明确表示或者以自己的行为表明不履行主要债务；

（三）当事人一方迟延履行主要债务，经催告后在合理期限内仍未履行；

（四）当事人一方迟延履行债务或者有其他违约行为致使不能实现合同目的；

（五）法律规定的其他情形。

以持续履行的债务为内容的不定期合同，当事人可以随时解除合同，但是应当在合理期限之前通知对方。

2.《工程总承包管理办法》

第九条 建设单位应当根据招标项目的特点和需要编制工程总承包项目招标文件，主要包括以下内容：

（一）投标人须知；

（二）评标办法和标准；

（三）拟签订合同的主要条款；

（四）发包人要求，列明项目的目标、范围、设计和其他技术标准，包括对项目的内容、范围、规模、标准、功能、质量、安全、节约能源、生态环境保护、工期、验收等的明确要求；

（五）建设单位提供的资料和条件，包括发包前完成的水文地质、工程地质、地形等勘察资料，以及可行性研究报告、方案设计文件或者初步设计文件等；

（六）投标文件格式；

（七）要求投标人提交的其他材料。

建设单位可以在招标文件中提出对履约担保的要求，依法要求投标文件载明拟分包的内容；对于设有最高投标限价的，应当明确最高投标限价或者最高投标限价的计算方法。

推荐使用由住房和城乡建设部会同有关部门制定的工程总承包合同示范文本。

3. 2020 版《工程总承包合同示范文本》

12. 1. 1　工程或区段工程被发包人接收后,在合理可行的情况下应根据合同约定尽早进行竣工后试验。

12. 1. 4　发包人应根据《发包人要求》、承包人按照第 5. 5 款[操作和维修手册]提交的文件,以及承包人被要求提供的指导进行竣工后试验。如承包人未在发包人通知的时间和地点参加竣工后试验,发包人可自行进行,该试验应被视为是承包人在场的情况下进行的,且承包人应视为认可试验数据。

12. 3　重新试验

如工程或区段工程未能通过竣工后试验,则承包人应根据第 11. 3 款[缺陷调查]的规定修补缺陷,以达到合同约定的要求;并按照第 11. 4 款[缺陷修复后的进一步试验]重新进行竣工后试验以及承担风险和费用。如未通过试验和重新试验是承包人原因造成的,则承包人还应承担发包人因此增加的费用。

12. 4　未能通过竣工后试验

12. 4. 1　工程或区段工程未能通过竣工后试验,且合同中就该项未通过的试验约定了性能损害赔偿违约金及其计算方法的,或者就该项未通过的试验另行达成补充协议的,承包人在缺陷责任期内向发包人支付相应违约金或按补充协议履行后,视为通过竣工后试验。

12. 4. 2　对未能通过竣工后试验的工程或区段工程,承包人可向发包人建议,由承包人对该工程或区段工程进行调整或修补。发包人收到建议后,可向承包人发出通知,指示其在发包人方便的合理时间进入工程或区段工程进行调查、调整或修补,并为承包人的进入提供方便。承包人提出建议,但未在缺陷责任期内收到上述发包人通知的,相关工程或区段工程应视为已通过该竣工后试验。

12. 4. 3　发包人无故拖延给予承包人进行调查、调整或修补所需的进入工程或区段工程的许可,并造成承包人费用增加的,应承担由此增加的费用并支付承包人合理利润。

4. FIDIC 银皮书 2017 版

12.4 未能通过竣工后试验

如果：

(a)工程或分项工程未能通过任何或所有竣工后试验；(以及)

(b)履约保函资料表中规定了适用的履约损害赔偿费。

雇主有权根据第 20.2 款[付款和/或竣工时间延长的索赔]，要求承包商支付这些履约损害赔偿费，以完全弥补此项未通过。如果承包商在缺陷通知期限内向雇主支付这些履约损害赔偿费，则工程或分项工程应视为已通过竣工后试验。

如果工程或分项工程未能通过竣工后试验，并且承包商通过向雇主发出通知，建议对工程或分项工程(包括一项生产设备部件)进行调整或修改：

(i)雇主可发出通知指示承包商，在方便于雇主的合理时间前，不得给予承包商进入工程或分项工程的权利；

(ii)在收到根据上述(i)段发出的通知后的合理期限内，承包商仍有责任进行调整或修改，并满足本试验要求；(以及)

(iii)如果承包商在相关缺陷通知期限内未收到上述(i)段规定的通知，则应免除承包商进行此类调整或修改的义务，且工程或分项工程(视情况而定)应视为已通过竣工后试验。

如果由于雇主任何不合理地拖延允许承包商进入工程或分项工程调查未能通过竣工后试验的原因，或进行任何调整或修改，而使承包商产生额外费用，承包商应有权根据第 20.2 款[付款和/或竣工时间延长的索赔]的规定，获得任何此类成本加利润的支付。

案例分析

案例一

中国医药健康产业股份有限公司与中国中轻国际控股公司承揽合同纠纷

案号：(2018)京 02 民终 6069 号

审理法院：北京市第二中级人民法院

裁判类型:二审民事判决

一、案情介绍

2005年5月29日,中国中轻国际控股公司(以下简称中轻公司)与中国医药健康产业股份有限公司(以下简称中医药公司)签订了编号为04GY01GTD9EXG0001N的《圭亚那斯凯尔顿糖厂项目联合电站承包合同》,中医药公司作为项目总包方将联合电站有关的设计、供货及相关工作分包给中轻公司,双方就相关权利义务、合同条件、履约保函、预付款保函、保留金、竣工后试验等分别进行了约定。其中合同第12.4条约定,如果中轻公司承担的工程组成部分未能通过任何或所有竣工后试验,中轻公司应支付资料表中规定的未履约损害赔偿金,则应被视为通过了这些竣工后试验;第14.9条约定,当对外合同下通过了竣工试验并已颁发工程接收证书,中医药公司应在收到对外合同相应保留金的前一半后3个工作日内支付给中轻公司。当工程通过了竣工后试验,中轻公司应向中医药公司提供保函,该保函应当由中医药公司认可的银行开出,保函格式附后,其金额和币种应当与确认支付的保留金余额和币种相等。在获得保留金保函的情况下,中医药公司在收到对外合同相应保留金尚未支付的余额后3个工作日内支付给中轻公司。如果一项单位工程通过了与该部分有关的竣工后试验,则在中医药公司获得保留金保函的情况下,在收到对外合同相应保留金余额中的相关百分比金额后3个工作日内支付给中轻公司。

2009年4月2日,中医药公司向中轻公司颁发了移交证书,载明:除随附清单所列剩余工作和缺陷整改外,联合电站子项目于2009年3月20日根据合同建设完工;剩余工作和缺陷整改:分包商应根据分包合同第11条的约定完成随附清单"Schedule of Outstanding Workand Defects Ref SW4C－02"和"Schedule of Outstanding Workand Defects Ref SW13C－02"所列的相关剩余工作和缺陷整改,以及分包合同第11.6条约定的进一步试验。

2009年8月11日,中医药公司致函中轻公司,提出关于修复锅炉阀门事急件。2009年9月6日,中医药公司致函中轻公司,提出速派ABB公司专家来现场指导修复背压汽轮发电机转子接地故障。2009年3月10日及同年10月21日,中轻公司两次致函中医药公司,针对蔗渣输送系统、锅炉燃料、制糖厂负荷垐过低、锅炉减温水问题、蔗渣拨料杆、蔗渣耙齿机、化水站、锅炉运行等问题,作出回复。2010年1月29日,中医药公司向中轻公司发出竣工后试验通知。同年3

月3日,中轻公司向中医药公司提交《斯凯尔顿糖厂现代化项目SW4C联合电站竣工后试验方案》。2010年7月,中医药公司多次致函中轻公司,通报2010年7月3日圭糖项目现场1号锅炉发生重大事故,该锅炉由中轻公司下属分包单位供货。

2012年7月6日,中轻公司向中医药公司致函,要求签发履约证书,并认为2012年4月19日应视为履约证书签发。中医药公司复函,提出圭亚那糖厂项目竣工后试验未能在约定时间完成,相关缺陷没有完全消除,其为此付出巨大代价应对业主索赔。

二、各方观点

中医药公司(项目总包方)认为:竣工后试验因中轻公司原因未通过,故结算工程款支付条件未成就,中医药公司有权拒绝向中轻公司结算。(1)中轻公司竣工试验迟延,未履行质保责任,未通过竣工后试验,中医药公司有权拒绝向中轻公司签发履约证书,业主向中医药公司签发的SW4C履约证书是中医药公司以巨大代价获取,不能代表中轻公司合同义务的完成。(2)中轻公司主张的结算款不具备合同约定的通过竣工后试验的付款条件,中医药公司有权拒付,业主颁发履约证书并不代表已达到该付款条件。(3)中轻公司主张的款项性质属于工程质保金,因中轻公司未全面履行质保期内的质保责任,中医药公司有权拒付。

中轻公司(项目分包单位)认为:2010年11月19日,业主已向中医药公司签发了4包件的履约证书,证明4个包件已全部合格,中轻公司所承包的4包件部分也全部合格。业主于2012年1月16日就向中医药公司发函,说明4包件已无缺陷,至此说明中轻公司的全部合同义务均已完成,中医药公司不仅应向中轻公司支付剩余的承包款,同时还应归还中轻公司全部质保金并归还质保期间的履约保函。中轻公司将项目交付后确有一些缺陷要进行修补,但并非像中医药公司所称的拒绝或怠于修复,而是积极采取措施进行修复。中轻公司实事求是地对真正的缺陷全部进行了修补,甚至对于不属于中轻公司的缺陷也配合进行了修补。由于中医药公司负责的第一包件和第三包件存在设计问题,错误安装、因中医药公司原因导致的电机频繁启动、糖厂"跑糖",以及业主操作不当等诸多问题,直接或间接导致质保期蔗渣落灰、转子跳闸、汽轮机轴瓦烧损、锅炉给水泵绝缘不良、过热器爆管等现象,并非中轻公司的缺陷。

三、裁决要旨

法院认为:2010年1月29日,中医药公司向中轻公司发出竣工后试验通知。同年3月3日,中轻公司向中医药公司提交斯凯尔顿糖厂现代化项目SW4C联合电站竣工后试验方案,2010年11月19日,中医药公司与项目业主签订和解协议,整个工程,包括涉案分包工程,已取得履约证书。因此,一审法院支持中轻公司要求中医药公司履行付款义务的请求并无不当。中医药公司上诉称工程款支付条件未成就,没有合同依据。中医药公司还以履约证书系其以巨大代价获取为由主张中轻公司未完成合同义务,依据亦不充分,法院不予支持。因中医药公司没有提交充分证据证明中轻公司承揽的工程确实存在缺陷,且该缺陷系中轻公司原因所致,一审法院判决驳回中医药公司的该项反诉请求,并无不当。

四、法律分析

首先,本案虽系分包合同纠纷,但合同中约定了竣工后试验的条款,发包人(本案总包方中医药公司)有权要求承包人(本案分包单位中轻公司)进行竣工后试验出现问题的修补并承担相应费用,本案中,中轻公司也承认其存在修补义务并进行了修补,法院对此也进行了确认。其次,法院引用了《民诉法解释》第90条于“当事人对自己提出的诉讼请求所依据的事实或者反驳对方诉讼请求所依据的事实,应当提供证据加以证明,但法律另有规定的除外。在作出判决前,当事人未能提供证据或者证据不足以证明其事实主张的,由负有举证责任的当事人承担不利的后果”的规定,认为对于中医药公司主张的缺陷修补费用,应承担证明该类缺陷系中轻公司原因导致的举证责任,但因证据不足,且中医药公司向业主方就整个工程已取得履约证书,法院最终认为其不能证明缺陷存在以及缺陷责任系中轻公司造成,并由其承担举证不利的后果,故没有支持其关于修补费用的主张。双方合同明确约定了竣工后试验的相关条款,法院严格依据双方合同约定进行裁判,因工程已经取得履约证书且中轻公司已经出具履约保函,根据合同约定应当视为竣工后试验已通过,与之相关联的工程款支付节点已经达到,故最终判决中医药公司应当支付该部分工程款。

案 例 二

明泽节能环保科技有限公司、萍乡萍钢安源钢铁有限公司建设工程施工合同纠纷

案号：(2017)赣民申989号

审理法院：江西省高级人民法院

裁判类型：再审民事裁定

一、案情介绍

2013年9月29日，明泽节能环保科技有限公司(以下简称明泽公司)与萍乡萍钢安源钢铁有限公司(以下简称萍乡安钢公司)签订了一份180m^2烧结机烟气脱硫工程EPC总承包合同，合同主要内容为：明泽公司总承包萍乡安钢公司厂区180m^2烧结机烟气脱硫工程，承担该工程全部设施的工程设计、设备及材料采购与供应、工程施工、设备安装、人员培训、调试、试生产、达产达标、环保验收、与本工程相关的外部给排水、能源介质管道及高低压供配电设施的设计、供货及施工，承包方式为设计、建设、调试"交钥匙"工程，明泽公司按萍乡安钢公司要求对工程的完整性和使用功能负责；明泽公司应交付合格的工程，达不到约定条件部分，萍乡安钢公司发现后可要求明泽公司返工，明泽公司在萍乡安钢公司要求的时间内返工，直到符合规定条件，返工后仍达不到约定条件，由明泽公司承担返工费用，并承担违约部分造价的5%违约金；明泽公司保证工程是可靠的、质量上优越、没有设计、材料及工艺上的缺陷，能达到合同及附件规定的性能、工艺技术要求(质量、环保等各项技术经济指标的要求)，否则，明泽公司必须承担违约责任，承担一切经济损失；如因明泽公司施工质量未达合同目的，造成萍乡安钢公司较大的不可挽回的损失，萍乡安钢公司有权解除合同，如因明泽公司施工质量未达合同目的，且明泽公司未按萍乡安钢公司要求按时整改完成，萍乡安钢公司有权解除合同，如因明泽公司施工质量未达合同目的，且明泽公司所做整改达不到萍乡安钢公司要求，萍乡安钢公司有权解除合同。同日，明泽公司、萍乡安钢公司签订合同附件一180m^2烧结机烟气脱硫项目工程总承包技术协议书，内容有：目标项目工期为2013年12月31日前投入试运行，具备基本运行条件后完成

交工验收交付萍乡安钢公司，具备达标运行条件后至2014年6月30日前，完成环保验收和竣工验收，功能保证值指标从工程竣工投产试运行6个月后开始考核一个完整年；主要调试参数为脱硫塔出口二氧化硫浓度小于等于200mg/m^3。

2014年7月10日，明泽公司的委托代理人陈汉东向萍乡安钢公司出具承诺书一份，主要内容为：关于明泽节能环保公司承担萍钢集团公司的脱硫工程总承包，经协商，由明泽公司对180m^{2}脱硫项目优先进行整改，我司（明泽公司）承诺于2014年8月5日前整改完毕，并达标排放及技术协议要求的运行指标。后明泽公司仍未在承诺期限内将项目工程整改到位。2014年8月6日、14日，萍乡安钢公司两次向明泽公司发出合同解除告知函，要求解除双方签订的案涉脱硫项目工程。明泽公司于2014年8月18日书面复函萍乡安钢公司，告知其不同意解除合同，并要求萍乡安钢公司按约按时支付合同款项。

萍乡市环境监测站2014年3月10日、4月29日、5月、8月27日对案涉工程（安钢3#烧结机）的外排废气监测显示，烧结机机头除尘器出口二氧化硫均值分别为：554mg/m^3、286mg/m^3、233mg/m^3、479mg/m^3。根据北京中冶设备研究设计总院有限公司出具的萍乡钢铁有限公司烧结机脱硫工程改造项目技术文件分析，案涉工程自身存在缺陷及技术工艺有待优化。

二、各方观点

发包人认为：首先，案涉工程的验收，双方在合同中有多处明确具体的约定。附件一第3.6条约定：在调试结束，具备验收条件后，由乙方（明泽公司）提出申请，并提供调试报告，甲方（萍乡安钢公司）组织进行系统交工验收。交工验收合格，双方签署《工程交工验收单》工程进入试运行期，试运行3个月。在试运行期内，申请上级环保部门进行达标验收，环保部门验收合格后，各方签署《工程竣工验收证明书》。再运行3个月后工程进入功能保证值考核期，考核一个完整年。合同附件一第五章也约定了整个工程验收分四个阶段。上述约定明确了环保验收属于第二阶段的验收内容，且环保验收以环保部门的检测为准。这四个阶段的验收有先后顺序，前一阶段验收合格才能进入下一阶段。此外，案涉工程系交钥匙工程，基本条件为脱硫率大于或等于95%，出口处SO_2的浓度小于或等于200mg/m^3，达不到这个功能保证值，就不符合交钥匙的条件，就实现不了萍乡安钢公司签订本案合同的目的，就构成根本违约。

承包人认为：明泽环保公司交付的工程是符合合同约定的合格工程，萍乡安钢公司称工程质量不合格与事实不符,排放不达标是萍乡安钢公司违规使用造成的。明泽环保公司股东陈汉东是在受萍乡安钢公司胁迫情况下出具的承诺书和延期调试报告。明泽环保公司履行了合同义务,萍乡安钢公司故意制造工程质量不合格的结果。

三、裁决要旨

案涉工程完工交付使用后,经萍乡市环境监测站四次监测,工程外排二氧化硫浓度均超过 200mg/m^3。明泽环保公司经萍乡安钢公司要求多次进行整改,均未整改到位,导致萍乡安钢公司因涉案工程被省、市环保部门责令限期整改督办。因明泽环保公司自身设计缺陷及技术工艺水平,涉案工程在长达近一年的时间内多次整改均未能达到合同约定的排放标准,萍乡安钢公司不能实现减排环保的合同目的。萍乡安钢公司依据合同约定行使解除权,于法有据,原审判决认定明泽环保公司收到合同解除通知后案涉合同解除,适用法律并无不当。

四、法律分析

本案中,双方签订的工程总承包合同虽没有明确约定"竣工后试验",但详细约定了多个验收阶段,包括工程完工后的环保验收阶段以及交工后的试运行期达标要求,且明确约定了工程达标参数以及质量不符合合同约定的整改及无法达到合同目的的发包人合同解除权。工程总承包合同的本质是要完成符合国家质量要求以及发包人质量标准的工程实体,并完成"发包人要求"中对该项建设工程特殊的质量及运行要求,因其包括设计阶段,合同已经明确约定了工程应达到的产能指标或某种交付标准时,承包人最终需要向业主提交一个符合该质量要求的工程项。本案中,双方的工程总承包合同明确约定了质量应达到"脱硫率大于或等于 95%,出口处 SO_2 的浓度小于或等于 200mg/m^3"的标准,该条款即属于"发包人要求",在多次试验结果证明明泽环保公司完工工程不符合该要求的情况下,法院判断合同目的已无法达到,承包人构成根本性违约,确认合同解除并由承包人承担不利后果。

第十七条

合同开始工作时间的认定

当事人对工程总承包合同开始工作日期有约定的，从其约定。没有约定或约定不明的，建议分别按照以下情形予以认定：

（一）以发包人或者工程师发出的开始工作通知载明的开始工作日期作为实际开始工作日期。

（二）发包人或者工程师虽未发出开始工作通知，但承包人经发包人同意已经开始工作的，该开始工作的时间作为实际开始工作日期。

（三）发包人或者工程师未发出开始工作通知，亦无相关证据直接证明实际开始工作日期的，建议综合考虑发包人要求、承包人的相关文件（开始工作申请报告、项目进度计划、设计文件等）等认定实际开始工作日期。

裁决指引

一、开始工作时间概述

工程总承包合同工期是指开始工作至竣工的期间，也是工程总承包的实质性内容之一。工程总承包合同工期的确定能够直接影响承包人是否在约定工期内完成工作、是否存在工期延误以及确认承发包双方违约责任等重要问题，所以承发包双方往往对工期的约定十分重视，开始工作时间是工程总承包合同工期的起点。

2020 版《工程总承包合同示范文本》第 1.1.4.2 目约定，开始工作日期：包括计划开始工作日期和实际开始工作日期。计划开始工作日期是指合同协议书约定的开始工作日期；实际开始工作日期是指工程师按照第 8.1 款［开始工作］约定发出的符合法律规定的开始工作通知中载明的开始工作日期。

《原施工合同司法解释（二）》第 5 条对开工日期的认定予以了明确，这对于解决实务中相关难题具有重大意义。在《民法典》出台后的《施工合同司法解释(一)》第8条为建设工程开工日期的认定规则。但因为司法解释规定的开工日期主要是针对传统施工总承包模式下施工的开工日期认定,而工程总承包模式因为包括设计和施工,设计工作先于施工工作,所以工程总承包项目的开始工作时间通常是指开始设计工作的时间,由此该司法解释的规定尚不能用于工程总承包合同开始工作日期的认定。

二、当事人对工程总承包实际开始工作时间有约定的,从其约定

在工程总承包模式下,承发包双方在签署建设项目工程总承包合同前期会开展大量的工作,对工程项目的情况也十分了解,所以可以结合实际情况在工程总承包合同中自主约定开始工作时间。但计划开始工作时间很可能与实际开始工作时间不同,可能是确定的日期,也可能是相对的日期,也存在约定的是有条件的开始工作时间。如在(2019)最高法民再258号判决书中,当事人在签署的《建设工程总承包合同》中约定:"开始工作时间以发包人或监理方和承包方书面认可的开工时间为准。"[①]此时,当事人约定的就是一个相对的日期。

当事人签订建设项目工程总承包合同,应当遵循"意思自治原则"。意思自治是指在民事活动中,民事主体的意志是独立的、自由的,不受其他当事人的干预。《民法典》第464条规定,合同是民事主体之间设立、变更、终止民事法律关系的协议。对当事人依法成立的合同予以法律保护,有利于维护契约精神、鼓励交易,是加强市场法律制度建设的重要内容。因此,工程总承包合同的开始工作时间应当以当事人之间的意思表示优先,即当事人有约定的按约定处理。

三、当事人对工程总承包开始工作时间没有约定或约定不明时的分别认定

(一)实际开始工作日期为发包人或者工程师发出的开始工作通知载明的开始工作时间

开始工作通知是发包人委托工程师通知承包方开始工作的函件,一般来讲,开始工作通知中确定的开工时间即应为实际开始工作日期。在发包人、工程师经过招投标、相关审批手续完备的情况下,经发包人同意,工程师会向承包人发

---

① 二审法院:重庆市高级人民法院,案号:(2018)渝民终86号;再审法院:最高人民法院,案号:(2019)最高法民再258号,载中国裁判文书网,https://wenshu.court.gov.cn/website/wenshu/181107ANFZ0BXSK4/index.html?docId=d4fff625096d4998a077ab8a01167fdf,最后访问时间:2022年9月14日。

出开始工作通知,承包人在接收到开工通知后按通知要求时间开始工作。2020版《工程总承包合同示范文本》第1.1.4.2目约定,实际开始工作日期是指工程师按照第8.1款[开始工作]约定发出的符合法律规定的开始工作通知中载明的开始工作日期。

(二)发包人或者工程师虽未发出开始工作通知,但承包人经发包人同意已经开始工作的,实际开始工作时间为开始工作日期

2020版《工程总承包合同示范文本》第1.1.4.5目约定,工期是指在合同协议书约定的承包人完成合同工作所需的期限,包括按照合同约定所作的期限变更及按合同约定承包人有权取得的工期延长。即工程总承包合同的工期涵盖了设计工期、施工工期、采购工期等总承包范围内的各个实施阶段的时间总和。因此,工程总承包的工期范围应包含设计、施工等多个阶段的工期时间,承包人开始实施工程总承包合同范围内工作(通常是设计工作)的时间应作为工期起算点。实践中基于各种因素,承包人往往在没有收到发包人或工程师发出的开始工作通知前,就已经开展相应工作投入人力、物力、财力,此时会出现实际开始工作日期与发包人或工程师之后开工通知载明的开始工作日期不一致及相关费用的争议,从尊重事实的角度及公平原则出发,此时应以承包人实际开始工作时间为开始工作日期,而非发包人或工程师之后发出的开工通知上的日期为开始工作日期,尤其是发包人或工程师始终未发出开始工作通知的情形下,以承包人实际开始工作时间为开始工作日期更为合理,但承包人应注意此情况下需要固定并留存发包人同意其开始工作的证据资料。

(三)发包人或者工程师未发出开始工作通知,亦无相关证据直接证明实际开始工作日期的,应当综合考虑发包人要求、承包人文件(开始工作申请报告、项目进度计划、设计文件……)等认定实际开始工作日期

实践中存在发包人或者工程师未发出开始工作通知,亦无相关证据直接证明实际开始工作时间情形,建议适用本条第3项的规定,综合考虑发包人要求、总承包人文件(开始工作申请报告、项目进度计划、设计文件等)等认定实际开始工作日期。

1. 发包人要求

2020版《工程总承包合同示范文本》第1.1.1.6目约定,《发包人要求》指构成合同文件组成部分的名为《发包人要求》的文件,其中列明工程的目的、范围、

设计与其他技术标准和要求，以及合同双方当事人约定对其所作的修改或补充。《工程总承包管理办法》第 9 条规定，建设单位应当根据招标项目的特点和需要编制工程总承包项目招标文件，其中第 4 项就是《发包人要求》。《发包人要求》作为一份集中载明发包人有关工程建设目标、范围、规模、时间、功能、标准等要求的文件，发包人应当在其中写明开始工作时间。因此，发包人要求作为发包人在招标文件中的真实意思表示，发包人要求中列明的开始工作时间可作为发生争议时的参照标准。

2. 开始工作申请报告

开始工作申请报告是承包人向发包人提出的请求开工的申请书。在缺乏发包人开工通知的情况下，由于开始工作申请报告是由承包人递交至工程师并由工程师审核同意，这就说明工程师代表发包人同意了承包人进场。如果没有发包人开工通知，参照开始工作申请报告来确定实际开始工作日期具有一定的合理性。

3. 项目进度计划

项目进度计划是规定各项工程的施工顺序和开竣工时间以及相互衔接关系的计划，包括计划时间、计划表达形式、计划对象进行划分。其中，按计划时间划分为总进度计划及阶段性计划。项目进度计划存在一个相对合理的开始工作时间及工程竣工时间。在对开始工作日期存在争议且无其他证据能够证明的情况下，项目进度计划也是认定开始工作时间的依据。

4. 设计文件

工程总承包项目在设计阶段具有严格的要求。设计工作本身就需要与采购、施工等进行有序的衔接并处理好结合关系。《建设工程质量管理条例》第 11 条第 2 款规定，施工图设计文件未经审查批准的，不得使用。所以，设计文件的开始设计日期必要时也能够作为认定开始工作时间的考量依据之一。

5. 其他

鉴于案件的多样性和复杂性，还是需要具体问题具体分析。譬如工程竣工验收报告或竣工验收备案表等注明开始工作时间的，也可以作为认定开始工作时日期的参考依据，这是因为工程在竣工后，竣工验收报告或竣工验收备案表中通常会记载开工时间，所以其中记载的日期也能作为认定开始工作日期的考虑因素。

四、仲裁实务中的注意事项

实际开始工作日期是工程总承包的重要时间节点。承发包双方在推进工程进度时，一方面要考量自身利益，另一方面还需要面对各种现实的情况。实践中，承发包双方容易忽视搜集开始工作日期的有关证据，加之如前所实际开始工作日期的文件表现形式多样化，且可能不同文件中又存在差异，因此认定开始工作日期，需注意以下几个方面。

（一）裁决过程中需要结合案件的事实情况，判断纠纷所属的情形

由于承发包双方的立场、利益各不相同，导致开始工作时间的认定方式不一。结合实务案例可以发现：计划开始工作时间、发包人或工程师的开工通知或开工令写明的日期、承包人实际开始工作日期、设计文件及发包人要求记载、竣工验收及备案文件等，都会对认定实际开工日期产生干扰。

裁决过程中，需要特别关注承发包双方对于工程开始工作时间的具体约定。同时，需要弄清开工通知载明的开始工作日期点上项目是否具备开始工作条件等。只有结合案件的事实情况，判断纠纷所属的情形后，才能进一步作出与案件事实一致或较为接近的认定。

（二）裁决过程中需对当事人提交的关联证据的证明力展开分析

目前，确定开始工作时间的凭证很多，施工许可证在传统施工总承包模式下对认定开工日期有一定参考作用，但工程总承包模式开始工作时间通常是设计工作时间，不能以施工许可证上的施工日期来判断工程总承包的开始工作时间。竣工验收报告或竣工验收备案表中一般也会记载开始工作时间，竣工验收备案表要经过发包人、承包人和工程师多方签字，同时竣工验收备案表需出具给行政机关，但因验收报告或备案表更强调的是工程通过竣工验收及竣工验收的时间，往往对其中记载的开始工作时间并未结合前期资料和证据，认真复核和确认，因此也不宜认为其证明力强于其他凭证。

参考依据

1. 2020 版《工程总承包合同示范文本》

1.1.1.6　《发包人要求》：指构成合同文件组成部分的名为《发包人要求》的文件，其中列明工程的目的、范围、设计与其他技术标准和要求，以及合同双方当

事人约定对其所作的修改或补充。

1.1.4.2 开始工作日期:包括计划开始工作日期和实际开始工作日期。计划开始工作日期是指合同协议书约定的开始工作日期;实际开始工作日期是指工程师按照第8.1款[开始工作]约定发出的符合法律规定的开始工作通知中载明的开始工作日期。

1.1.4.5 工期:是指在合同协议书约定的承包人完成合同工作所需的期限,包括按照合同约定所作的期限变更及按合同约定承包人有权取得的工期延长。

2.《施工合同司法解释(一)》

第八条 当事人对建设工程开工日期有争议的,人民法院应当分别按照以下情形予以认定:

(一)开工日期为发包人或者监理人发出的开工通知载明的开工日期;开工通知发出后,尚不具备开工条件的,以开工条件具备的时间为开工日期;因承包人原因导致开工时间推迟的,以开工通知载明的时间为开工日期。

(二)承包人经发包人同意已经实际进场施工的,以实际进场施工时间为开工日期。

(三)发包人或者监理人未发出开工通知,亦无相关证据证明实际开工日期的,应当综合考虑开工报告、合同、施工许可证、竣工验收报告或者竣工验收备案表等载明的时间,并结合是否具备开工条件的事实,认定开工日期。

3.《原施工合同司法解释(二)》

第五条 当事人对建设工程开工日期有争议的,人民法院应当分别按照以下情形予以认定:

(一)开工日期为发包人或者监理人发出的开工通知载明的开工日期;开工通知发出后,尚不具备开工条件的,以开工条件具备的时间为开工日期;因承包人原因导致开工时间推迟的,以开工通知载明的时间为开工日期。

(二)承包人经发包人同意已经实际进场施工的,以实际进场施工时间为开工日期。

(三)发包人或者监理人未发出开工通知,亦无相关证据证明实际开工日期的,应当综合考虑开工报告、合同、施工许可证、竣工验收报告或者竣工验收备案表等载明的时间,并结合是否具备开工条件的事实,认定开工日期。

4.《民法典》

第四百六十四条　合同是民事主体之间设立、变更、终止民事法律关系的协议。

婚姻、收养、监护等有关身份关系的协议,适用有关该身份关系的法律规定;没有规定的,可以根据其性质参照适用本编规定。

5.《工程总承包管理办法》

第九条　建设单位应当根据招标项目的特点和需要编制工程总承包项目招标文件,主要包括以下内容:

(一)投标人须知;

(二)评标办法和标准;

(三)拟签订合同的主要条款;

(四)发包人要求,列明项目的目标、范围、设计和其他技术标准,包括对项目的内容、范围、规模、标准、功能、质量、安全、节约能源、生态环境保护、工期、验收等的明确要求;

(五)建设单位提供的资料和条件,包括发包前完成的水文地质、工程地质、地形等勘察资料,以及可行性研究报告、方案设计文件或者初步设计文件等;

(六)投标文件格式;

(七)要求投标人提交的其他材料。

建设单位可以在招标文件中提出对履约担保的要求,依法要求投标文件载明拟分包的内容;对于设有最高投标限价的,应当明确最高投标限价或者最高投标限价的计算方法。

推荐使用由住房和城乡建设部会同有关部门制定的工程总承包合同示范文本。

6.《建设工程质量管理条例》

第十一条　施工图设计文件审查的具体办法,由国务院建设行政主管部门、国务院其他有关部门制定。

施工图设计文件未经审查批准的,不得使用。

案例分析

案　例

东辰控股集团有限公司、中建安装工程有限公司建设工程合同纠纷

案号:(2018)最高法民终1240号

审理法院:最高人民法院

裁判类型:二审民事判决

一、案情介绍

2011年2月16日,东辰控股集团有限公司(以下简称东辰控股公司)与中建安装工程有限公司(以下简称中建安装公司)签订《20万吨/年芳烃联合装置项目设计、采购、施工总承包合同》(以下简称总承包合同),其中约定开工日期暂定为2011年2月18日,工期456日历天(开工至中间交接工期为14个月),并约定业主原因造成的工期延期,停、窝工补偿执行:每拖延一天业主向承包方支付合同价款1‰的延误违约赔偿金,延误工期违约赔偿金的总额不超过合同价款的2.5%。如果承包商在合同第12.2款约定的付款时间后14天还未收到付款,每延误一天业主向承包商支付合同价款1‰的迟延付款的补偿。延误付款的赔偿金的总额不超过合同价款的2.5%。合同签订后,中建安装公司于2011年5月27日开始施工。2012年10月至11月,双方就案涉项目中的28项分项工程办理了中间交接,东辰控股公司出具了28份工程中间交接证书。

二、各方观点

东辰控股公司认为:案涉工程的实际开工时间为总承包合同约定的2011年2月18日。中建安装公司在一审中提交的开工报告记载的开工时间为2011年5月27日,但在该份开工报告载明的报告形成时间东辰控股公司的石化分公司尚未注册成立,该分公司注册于2011年11月30日,根本无法刻制分公司印章并加盖于开工报告之上。因此,该份开工报告记载的内容不具有真实性。且中建安装公司在其提交的证据中自认于2011年3月18日进场施工。

中建安装公司认为：案涉工程开工时间应以开工报告记载的时间为准。(1)总承包合同约定的开工时间仅为暂定时间，并非实际开工时间。(2)监理人在2011年5月27日的开工报告上签署审核意见“具备条件，同意开工”，故应以此时间为实际开工时间。(3)东辰控股公司石化分公司成立时间不影响实际开工时间的认定。开工报告上东辰控股公司石化分公司的印章是真实的，即便该开工报告系2011年5月27日之后形成，也是各方对实际开工时间的真实意思表示，法院对此应予以认可。(4)东辰控股公司关于中建安装公司自认开工时间为2011年3月18日的主张不成立。中建安装公司对提交的证据材料中项目工作人员描述的进场施工时间没有认同，且明确主张实际开工时间为2011年5月27日，不符合《最高人民法院关于民事诉讼证据的若干规定》规定的自认情形。

三、裁决要旨

关于案涉工程开工时间认定问题。案涉工程开工报告载明的开工日期为2011年5月27日，东辰控股公司石化分公司代表建设单位、中建安装公司作为总承包单位以及监理单位均在开工报告上签署盖章，且落款日期均为2011年5月27日。依据开工报告记载的内容，可以认定承发包双方及监理单位均确认案涉工程于2011年5月27日开工。尽管中建安装公司提交的编号为20120410的工程联络单上有其自认于2011年3月18日进场施工的内容，但东辰控股公司在明知中建安装公司自认于2011年3月18日进场施工的情况下，仍然同意签署开工报告，确认案涉工程于2011年5月27日开工，从尊重双方当事人在后达成的一致意思表示的角度，一审法院认定案涉工程开工时间为2011年5月27日，并无不当。

四、法律分析

开始工作时间包括计划开始工作时间和实际开始工作时间。本案中，双方当事人在总承包合同中约定开工日期暂定为2011年2月18日，该时间应为计划开始工作日期，需要依据履约过程资料确定实际开始工作日期。开工报告载明的开工日期为2011年5月27日，且双方当事人均在开工报告上签署盖章。于是，人民法院从尊重双方当事人在后达成的一致意思表示的角度，认定案涉工程开工时间为2011年5月27日。由此可见，在司法审判实践中，工程总承包合同的开始工作时间应当首先遵循“意思自治原则”，以当事人之间的意思表示优先。

工程总承包模式包含设计和施工,其开始工作时间通常应从设计工作开始起算,本案并没有就设计开始时间对合同期限的影响进行分析。仲裁庭在审理工程总承包纠纷案件时,对于合同开始工作时间应考虑到设计工作的开始时间。

第十八条

当事人主张以竣工后试验通过日为竣工日期的不宜支持

发包人以工程总承包合同包括竣工后试验为由主张竣工后试验通过日期为竣工日期的，建议不予支持。

裁决指引

本条文解决的是实际竣工日期与竣工后试验之间关系的处理规则，施工总承包模式下当事人对实际竣工日期有争议的，依据《施工合同司法解释解释(一)》第9条规定，按照以下情形予以认定：

(1)建设工程经竣工验收合格的，以竣工验收合格之日为竣工日期；

(2)承包人已经提交竣工验收报告，发包人拖延竣工验收的，以承包人提交验收报告之日为竣工日期；

(3)建设工程未经竣工验收，发包人擅自使用的，以转移占有建设工程之日为实际竣工日期。

工程总承包模式下，双方合同约定竣工后试验的，承包人未进行或未通过竣工后试验并不影响对于工程竣工验收以及实际竣工日期的认定。

对于上述认定规则，当事人对工程总承包项目实际竣工日期有争议时，根据不同的情形，处理方式不同，具体规则包括以下四层含义：

1. 工程总承包项目在被发包人接收前，一般会经过竣工试验程序，若通过竣工试验并被发包人接收的，则接收证书所载明的日期可认定为实际竣工日期；若未通过竣工试验，则需要承包人按合同约定标准或有关工程质量技术规范进行整改，再次进行竣工试验且通过后，或者承包人不再进行整改和竣工试验，但向发包人支付了性能违约金后，发包人接收工程，以接收证书载明的日期作为实际竣工日期。

2. 工程总承包项目的承包人完成工作(包括通过竣工试验)后,会向发包人提交有关的接收申请,要求发包人核实和接收,若发包人出于种种目的而拖延接收的,此时应以承包人提交竣工验收申请之日作为实际竣工日期。

3. 如果工程总承包项目未经竣工试验、竣工验收就被发包人擅自使用的,则以转移占有之日作为实际竣工日期,但此种情况不意味着承包人无须承担工程未满足发包人要求的违约责任。

4. 承包合同中约定了竣工后试验的,实际竣工日期按照上述第1~3项规则认定,承包人未开展或未通过竣工后试验,并不影响对实际竣工日期的认定,但承包人应承担未开展或未通过竣工后试验的违约责任。

根据现有的法律法规及相关规定,在仲裁实践中,关于怎样认定实际竣工日期与竣工后试验通过日期的关系,以及实际竣工日期对缺陷责任期起算时间及质量保修期的起算时间的影响,具体分析如下。

一、现行各有关工程总承包合同参考示范文本对竣工日期及竣工后试验的规定

(一)《标准设计施工总承包招标文件》

《标准设计施工总承包招标文件》是国内工程总承包合同重要的参考文本之一。在该招标文件合同条款中,“竣工日期”存在两个层面的含义,分别是:(1)约定的竣工日期(也可称为计划竣工日期);(2)实际竣工日期。

一方面,通用合同条款第1.1.4.4目前半句约定:“竣工日期:指第1.1.4.3目约定工期届满时的日期。”第1.1.4.3目约定:“工期:指承包人在投标函中承诺的完成合同工作所需的期限,包括按第11.3款、第11.4款和第11.6款预定所作的变更。”也就是说,“竣工日期”为按照合同约定,承包人完成合同工作所需的期限届满之日,该时间节点会因工期延误、工期提前等因素发生变动。

另一方面,通用合同条款第1.1.4.4目后半句约定:“实际竣工日期以工程接收证书中写明的日期为准。”根据第18.3.5项约定:“除专用合同条款另有约定外,经验收合格工程的实际竣工日期,以提交竣工验收申请报告的日期为准,并在工程接收证书中写明。”及第18.2款“竣工验收申请报告”有关的内容可知,“实际竣工日期”一般为工程经发包人验收合格后,在工程接收证书中载明的承包人提交竣工验收申请报告的日期。

具体而言,根据《标准设计施工总承包招标文件》通用合同条款的内容,工程

总承包项目的竣工验收程序大概为：完成施工工作—竣工试验—提交竣工验收申请报告—竣工验收—出具工程接收证书—竣工后试验（如有）—竣工结算。其中，“提交竣工验收申请报告”和“竣工验收”环节对实际竣工日期的认定尤为重要，实际竣工日期的外在表现形式就是接收证书所载明的提交竣工验收申请报告的日期。

此外，根据《标准设计施工总承包招标文件》通用合同条款的约定，“竣工后试验”系竣工验收阶段后进行的试验。竣工后试验程序在竣工验收程序后，彼时已签发接收证书，实际竣工日期已经确定，因此，“竣工后试验”并非实际竣工的必然要求，不影响实际竣工日期的认定。

（二）《工程总承包合同示范文本》

住建部、原国家工商总局的2011版《工程总承包合同示范文本》是国内工程总承包项目另一重要的参考文本。关于竣工日期，通用条款第1.1.35项作出了定义：“竣工日期，指合同协议书中约定的，由承包人完成工程施工（含竣工试验）的绝对日期或相对日期，包括合同约定的任何延长日期。”

与《标准设计施工总承包招标文件》相似，2011版《工程总承包合同示范文本》通用条款第4.4.3项将竣工日期划分为“计划竣工日期”和“实际竣工日期”，其中，“计划竣工日期”的含义更符合第1.1.35项的定义，即根据合同约定承包人完成施工工作及竣工试验（如有）的日期。

根据2011版《工程总承包合同示范文本》通用条款第4.4.3项的内容，实际竣工日期的认定分两种情况：一种情况是含竣工试验阶段的，实际竣工日期为通过竣工试验的日期；另一种情况是不含竣工试验阶段的，为承包人完成全部施工作业，且符合合同约定的质量标准的日期。此外，通用条款第9.2.1项和第8.2.6项还约定了工程接收证书所载的工程接收的日期为竣工试验通过的日期。

2011版《工程总承包合同示范文本》关于竣工验收程序大致分为：完成施工工作—竣工试验—提交工程接收申请—工程接收—竣工后试验/试运行考核—工程竣工验收—竣工结算。其中，“竣工试验”和“工程接收”环节对实际竣工日期的认定尤为重要，在含竣工试验的情形中，实际竣工日期就是最后一个单项工程通过竣工试验的日期，表现为工程接收证书载明的通过竣工试验的日期。需要注意的是，与九部委《标准设计施工总承包招标文件》通用合同条款内容略有不同，2011版《工程总承包合同示范文本》通用条款第12条“工程竣工验收”程序在竣工后试验之后,并不涉及实际竣工日期的认定。

2011 版《工程总承包合同示范文本》经过修订,重新发布了 2020 版《工程总承包合同示范文本》,调整了竣工试验和验收程序。在 2020 版《工程总承包合同示范文本》中,竣工试验和验收程序相应设置为“完成施工工作—竣工试验—验收和工程接收—竣工后试验—缺陷责任期满签发缺陷责任期终止证书”,这种改进后的竣工试验和验收程序更合理、更符合国际惯例。

(三)FIDIC 银皮书 2017 版

FIDIC 银皮书 2017 版也是被国内工程总承包项目经常借鉴的重要合同示范文本之一。不同于我国《标准设计施工总承包招标文件》、2011 版和 2017 版《工程总承包合同示范文本》,在 FIDIC 银皮书 2017 版的语境下,竣工时间并不明确区分为“计划竣工时间”和“实际竣工时间”。

FIDIC 银皮书 2017 版通用条件第 1. 1. 21 目约定:“‘竣工日期’系指雇主签发的接收证书中规定的日期;或如果第 10. 1 款[工程和分项工程的接收]的最后一段适用,工程或分项工程按照合同被视为已完成的日期;或如果根据第 10. 2 款[部分工程的接收]允许接收部分工程,则为雇主接收或使用该部分工程的日期。”其中,第 10. 1 款约定工程和分项工程的接收,除第 9. 4 款[未能通过竣工试验]和第 10. 2 款[部分工程的接收]和第 10. 3 款[对竣工试验的干扰]中所述情况外,共规定了 5 个条件:

“(a)工程已按合同规定完成,包括通过竣工试验,但以下(i)段允许的情况除外;

(b)如适用,雇主已(或被认为已)对根据第 5. 6 款[竣工记录](a)段的规定提交的竣工记录,发出不反对通知;

(c)如适用,雇主已(或被认为已)根据第 5. 7 款[操作和维护手册]的规定提交的工程临时操作和维护手册发出不反对通知;

(d)如适用,承包商已按照第 5. 5 款[培训]的规定进行了培训;(以及)

(e)已按照本款规定签发工程接收证书,或被视为已根据本款签发时。

承包商可在其认为工程将竣工并做好接收准备的日期前不少于 14 天,向雇主发出申请接收证书的通知。如工程分成若干分项工程,承包商可类似地为每个分项工程申请接收证书。

如果根据第 10. 2 款[部分工程的接收]的规定接收工程的任何部分,则在满足上述(a)段至(e)段所述的条件之前,不得接收剩余的工程或分项工程。

雇主在收到承包商的通知后28天内,或者:

(i)向承包商签发接收证书,注明工程或分项工程按照合同要求竣工的日期,任何对工程或分项工程的延长预期安全使用目的没有实质影响(如接收证书中所列)的少量扫尾工作和缺陷(直到或当扫尾工作和缺陷修补完成时);(或)

(ii)拒绝申请,向承包商发出通知并说明理由。该通知应说明在能签发接收证书前承包商需做的工作,需修补的缺陷和/或需提交的文件。承包商应在再次根据本款发出进一步的通知前,完成此项工作,修补此类缺陷和/或提交此类文件。

如果雇主在28天期限内没有签发接收证书,或拒绝承包商的申请,以及上述(a)段至(d)段所述的条件已得到满足,在雇主收到承包商申请的通知后的14天内,工程或分项工程应视为已按照合同规定完成,接收证书应视为已签发。"

第10.2款明确约定,"除非雇主要求可能规定或双方可能商定的情况外,雇主不得接收或使用工程的任何部分(分项工程除外)"。因此,FIDIC银皮书2017版合同条款中,"竣工时间"为符合上述(a)段至(e)段中任意一条件的时间点。

根据FIDIC银皮书2017版的合同内容,可以大致将竣工验收程序划分为:完成施工工作—竣工试验—提交工程接收申请—雇主的接收—竣工后试验(如有)—递交竣工报表/期中付款—履约证书/最终付款。其中,根据第12条的内容,竣工后试验的时间应在雇主接收工程或分项工程(视情况而定)后尽快实施。因此,"竣工后试验"也并非竣工的必然要求,不影响实际竣工日期的认定。

(四)FIDIC黄皮书2017版

FIDIC黄皮书2017版同为国内工程总承包项目经常借鉴的重要合同示范文本之一。在FIDIC黄皮书2017版的语境下,对"竣工时间"的规定除银皮书中第10.1款中(b)段、(c)段中的主体由"雇主"变成"工程师"外,其余条款规定一致。换句话说,FIDIC银皮书2017版和黄皮书2017版,对"竣工时间"认定的条件是一致的,在此不再赘述。

(五)结合上述不同文本的规定,对工程总承包项目"竣工日期"及竣工验收与竣工后试验的关系的理解

1. 对竣工日期的理解

结合以上不同工程总承包合同文本的规定,可以看出,在工程总承包模式

中,竣工日期可从计划竣工日期与实际竣工日期两个层面予以认定,前者是基于合同约定的,后者是根据实际确定或推定的。

对计划竣工日期可以从以下几方面予以理解:第一,计划竣工日期是一个时间节点,是合同约定的承包人完成合同工作所需的期限届满之日。第二,计划竣工日期的约定可以是明确的日期,也可以根据开工日期和工期予以推定。第三,计划竣工日期是可变的,受工期顺延、工期提前等因素的影响。计划竣工日期只是在边界条件不变的情况下的竣工日期,如果边界条件变了,如发生业主违约、不可抗力事件、变更、新增工程等,工期自然予以相应调整,所以实际竣工日期与计划竣工日期相比通常有所变动。

对实际竣工日期则可以从以下几方面予以理解:第一,实际竣工日期为承包人按合同约定的质量标准完成工作的时间点;第二,一般通过竣工试验,则表示承包人已经按合同约定的质量标准完成了工作,发包人可以接收该工程;第三,实际竣工日期一般体现在发包人签发的工程接收证书上,工程接收证书载明的日期可认定为实际竣工日期。

2. 对竣工验收与竣工后试验的关系的理解

竣工试验(Tests on Completion)和竣工后试验(Tests after Completion)是两种不同的试验,竣工试验是为了验证工程符合竣工所需的质量和性能所进行的试验,成功通过竣工试验是竣工验收的前提条件之一,常规情况下,除了业主原因(如业主擅自提前占有和使用工程等)所致外,承包商未成功通过竣工试验,即不符合竣工验收所需的全部条件,业主完全有合同依据拒绝承包商的竣工申请。

但竣工后试验从合同规定和时间逻辑上讲,本身就是在工程竣工和移交之后才开展的试验,它本身不是竣工验收的前提条件,无论这种竣工是正常竣工还是视为竣工(如上述业主不合理拖延批准竣工验收报告、业主擅自提前占有和使用工程等情况下的视为竣工)。因此,竣工后试验是否成功通过,甚至是否已经开展,都不影响对于工程竣工验收的认定。当然,虽然竣工后试验不是竣工验收的前提条件,但它仍然是承包商的承包范围或工程范围,这意味着,如果在竣工验收或视为竣工验收后承包商未能成功通过竣工后试验,如竣工后试验所验证的工程的实际性能低于合同规定的性能保证值等,承包商仍需向业主承担违约责任,可能是赔偿实际损失或是支付性能违约金式或双方合同约定的其他违约方式,除非承包商未能成功通过竣工后试验是业主原因或不可抗力原因导致的。

如上所述,FIDIC 银皮书 2017 版对二者的定义也做了明确区分,竣工试验是指"在合同中规定,或双方商定的,或按指示作为一项变更的,在工程或某分项工程(视情况而定),根据第 10 条[雇主的接收]的规定接收前,根据第 9 款[竣工试验]的要求进行的试验",而竣工后试验是指"在雇主要求中规定的,在工程或某分项工程(视情况而定),按照第 10 条[雇主的接收]的规定接收后,根据特别规定的要求进行的试验(如果有)"。可见二者有不同的时间顺序和逻辑定性。

因此,在仲裁与司法实践中,不宜将通过竣工后试验作为竣工验收的前提,竣工后试验未通过,甚至尚未开展,都不应影响对于工程是否竣工的认定。换言之,当事人主张以竣工后试验通过日期为竣工日期的,裁判机构应不予支持。

(六)竣工日期也是缺陷责任期和保修期起算的依据

首先,缺陷责任期是指发包人与承包人在建设工程承包合同中约定,从应付的工程款中预留一定比例的资金,用以保证承包人在一定期限内对建设工程出现的缺陷进行维修的期限。缺陷责任期的概念源于 2005 年的《建设工程质量保证金管理暂行办法》(已失效)第 2 条规定:"本办法所称建设工程质量保证金(保修金)是指发包人与承包人在建设工程承包合同中约定,从应付的工程款中预留,用以保证承包人在缺陷责任期内对建设工程出现的缺陷进行维修的资金。缺陷是指建设工程质量不符合工程建设强制性标准、设计文件,以及承包合同的约定。缺陷责任期一般为六个月、十二个月或二十四个月,具体可由发、承包双方在合同中约定。"第 5 条规定:"缺陷责任期从工程通过竣(交)工验收之日起计。由于承包人原因导致工程无法按规定期限进行竣(交)工验收的,缺陷责任期从实际通过竣(交)工验收之日起计。由于发包人原因导致工程无法按规定期限进行竣(交)工验收的,在承包人提交竣(交)工验收报告 90 天后,工程自动进入缺陷责任期。"

其次,保修期则指的是承包人按照合同约定对工程承担保修责任的期限,保修期的概念主要源于《房建工程质量保修办法》第 3 条的规定,"本办法所称房屋建筑工程质量保修,是指对房屋建筑工程竣工验收后在保修期限内出现的质量缺陷,予以修复。本办法所称质量缺陷,是指房屋建筑工程的质量不符合工程建设强制性标准以及合同的约定"。根据《建设工程质量管理条例》《房建工程质量保修办法》的规定,保修期起算之日为工程竣工验收合格之日。

根据《施工合同司法解释(一)》第 17 条的规定:"有下列情形之一,承包人请求发包人返还工程质量保证金的,人民法院应予支持:(一)当事人约定的工程质量保证金返还期限届满……发包人返还工程质量保证金后,不影响承包人根据合同约定或者法律规定履行工程保修义务。"

二、工程总承包项目被发包人接收的,以接收证书载明的日期为实际竣工日期

比对九部委和住建部两个工程总承包合同示范文本,可发现都规定了"竣工试验"程序。《标准设计施工总承包招标文件》规定,竣工试验通过后,发包人根据"竣工验收"的程序同意接收工程的,向承包人发送接收证书,接收证书载明的承包人提交竣工验收申请报告的日期认定为实际竣工日期。2011版《工程总承包合同示范文本》规定,竣工试验通过后,发包人根据"竣工验收"的程序同意接收工程的,向承包人发送接收证书,接收证书载明的竣工试验通过之日认定为实际竣工日期。

两版合同对于接收证书载明日期的约定并不相同。《标准设计施工总承包招标文件》中,接收证书载明的日期为承包人提交竣工验收申请报告之日。2011版《工程总承包合同示范文本》中,接受证书载明的日期为竣工试验通过之日。仲裁员在裁决案件中还应关注到发承包双方具体采用的示范文本及在专用条款中对竣工日期认定的具体约定。

三、发包人拖延接收的,以承包人提交有关的竣工验收申请之日为实际竣工日期

工程总承包项目的竣工验收是承包人履行义务(设计、施工等工作)是否符合合同约定、质量技术标准进行的检验,也是承包人请求发包人支付合同价款的前提条件。如果发包人为了自己的利益恶意阻止条件成就的,应当视为条件已经成就。即承包人已经提交相应申请文件,而发包人为了达到拖欠工程款、推迟工程进入质保期的时间等目的而拖延接收的,应以承包人提交有关的竣工验收申请报告之日作为实际竣工日期,以保护承包人的合法权益,规范发包人恶意阻止合同条件成就的拖延行为。

四、工程总承包项目未办理竣工验收工程接收手续,发包人擅自使用的,以工程转移占有之日为实际竣工日期

工程总承包项目同样存在发包人为提前获得收益,而提前擅自使用工程的情形。这种情形下,发包人擅自使用的行为可视为承包人已履行了合同工程质量责任,从而享有请求支付合同价款的权利,但应考虑到合同对付款条件的约定,比如工程总承包项目竣工后试验对付款的影响。由此,实际竣工日期同样可参照《施工合同司法解释(一)》的规定,推定为工程转移占有之日。

在不同合同范本中,虽然存在"竣工试验""竣工验收""竣工后试验"等多个程序,但对实际竣工日期认定影响最大的应是"竣工试验""竣工验收"程序。在《标准设计施工总承包招标文件》和2011版《工程总承包合同示范文本》中,竣工试验通过后,承包人提交接收申请/竣工验收申请,发包人接收工程,实际竣工日期得以固定。判断的关键在于承包人按合同约定的质量标准完成工作的时间点。若工程总承包项目未经竣工试验,发包人擅自使用,则视为在工程转移占有时的时间点,承包人已按约定履行了合同义务,实际竣工日期也得以认定。

五、上述认定规则在仲裁实践中的注意事项

仲裁机构审理建设工程总承包合同纠纷时,对交付概念的把握要全面。建设工程的交付,除建筑物本身的交接外,承包方应同时交付完整的工程技术资料,包括竣工图、材料设备的使用说明和零部件或备件,并符合国家有关工程竣工交付的其他条件。如果工程交付时承包人未交付法定相关图纸、资料而发包人未使用工程的,视为未交付;发包人已使用,承包人承担延期交付工程技术资料的违约责任。

实践中竣工验收通常由发包方组织工程总承包项目的参建单位进行验收,如果验收未能通过国家强制性标准或不符合合同约定及发包人要求的,则需要承包方按合同约定标准或有关工程质量技术规范进行整改,并达到合同该约定标准或符合有关工程质量技术规范,重新验收合格之日为实际竣工日期,这种属于符合上述认定规则第一项的情形。

参考依据

1. 2011版《工程总承包合同示范文本》

通用条款

1.1.35　竣工日期,指合同协议书中约定的,由承包人完成工程施工(含竣工试验)的绝对日期或相对日期,包括合同约定的任何延长日期。

4.4.4　竣工日期

(1)承包项目的实施阶段含竣工试验阶段时,按以下方式确定计划竣工日期和实际竣工日期:

1)根据专用条款(9.1 款工程接收)约定的单项工程竣工日期,为单项工程的计划竣工日期;工程中最后一个单项工程的计划竣工日期,为工程的计划竣工日期;

2)单项工程中最后一项竣工试验通过的日期,为该单项工程的实际竣工日期;

3)工程中最后一个单项工程通过竣工试验的日期,为工程的实际竣工日期。

(2)承包项目的实施阶段不含竣工试验阶段时,按以下方式确定计划竣工日期和实际竣工日期:

1)根据专用条款(9.1 款工程接收)中所约定的单项工程竣工日期,为单项工程的计划竣工日期;工程中最后一个单项工程的计划竣工日期,为工程的计划竣工日期;

2)承包人按合同约定,完成施工图纸规定的单项工程中全部施工作业,且符合合同约定的质量标准的日期,为单项工程的实际竣工日期;

3)承包人按合同约定,完成施工图纸规定的工程中最后一个单项工程的全部施工作业,且符合合同约定的质量标准的日期,为工程的实际竣工日期。

(3)承包人为竣工试验、或竣工后试验预留的施工部位、或发包人要求预留的施工部位、不影响发包人实质操作使用的未完扫尾工程的缺陷修复,不影响竣工日期的确定。

8.2.6　竣工试验验收日期的约定

(1)某项竣工试验的验收日期和时间:按该项竣工试验通过的日期和时间,作为该项竣工试验验收的日期和时间;

(2)单项工程竣工试验的验收日期和时间:按其中最后一项竣工试验通过的日期和时间,作为该单项工程竣工试验验收的日期和时间;

(3)工程的竣工试验日期和时间:按最后一个单项工程通过竣工试验的日期和时间,作为整个工程竣工试验验收的日期和时间。

9.2.1　承包人应在工程和(或)单项工程具备接受条件后的 10 日内,向发包人提交接收证书申请,发包人应在接到申请后的 10 日内组织接收,并签发工程和(或)单项工程接收证书。

……

2. 2020 版《工程总承包合同示范文本》

通用合同条件

1. 1. 4. 11 竣工验收:是指承包人完成了合同约定的各项内容后,发包人按合同要求进行的验收。

1. 1. 4. 12 竣工后试验:是指在工程竣工验收后,根据第 12 条[竣工后试验]约定进行的试验。

12. 1 竣工后试验的程序

12. 1. 1 工程或区段工程被发包人接收后,在合理可行的情况下应根据合同约定尽早进行竣工后试验。

12. 1. 2 除专用合同条件另有约定外,发包人应提供全部电力、水、污水处理、燃料、消耗品和材料,以及全部其他仪器、协助、文件或其他信息、设备、工具、劳力,启动工程设备,并组织安排有适当资质、经验和能力的工作人员实施竣工后试验。

12. 1. 3 除《发包人要求》另有约定外,发包人应在合理可行的情况下尽快进行每项竣工后试验,并至少提前 21 天将该项竣工后试验的内容、地点和时间,以及显示其他竣工后试验拟开展时间的竣工后试验计划通知承包人。

12. 1. 4 发包人应根据《发包人要求》、承包人按照第 5. 5 款[操作和维修手册]提交的文件,以及承包人被要求提供的指导进行竣工后试验。如承包人未在发包人通知的时间和地点参加竣工后试验,发包人可自行进行,该试验应被视为是承包人在场的情况下进行的,且承包人应视为认可试验数据。

12. 1. 5 竣工后试验的结果应由双方进行整理和评价,并应适当考虑发包人对工程或其任何部分的使用,对工程或区段工程的性能、特性和试验结果产生的影响。

12. 2 延误的试验

12. 2. 1 如果竣工后试验因发包人原因被延误的,发包人应承担承包人由此增加的费用并支付承包人合理利润。

12. 2. 2 如果因承包人以外的原因,导致竣工后试验未能在缺陷责任期或双方另行同意的其他期限内完成，则相关工程或区段工程应视为已通过该竣工后试验。

12.3　重新试验

如工程或区段工程未能通过竣工后试验，则承包人应根据第11.3款［缺陷调查］的规定修补缺陷，以达到合同约定的要求；并按照第11.4款［缺陷修复后的进一步试验］重新进行竣工后试验以及承担风险和费用。如未通过试验和重新试验是承包人原因造成的，则承包人还应承担发包人因此增加的费用。

12.4　未能通过竣工后试验

12.4.1　工程或区段工程未能通过竣工后试验，且合同中就该项未通过的试验约定了性能损害赔偿违约金及其计算方法的，或者就该项未通过的试验另行达成补充协议的，承包人在缺陷责任期内向发包人支付相应违约金或按补充协议履行后，视为通过竣工后试验。

12.4.2　对未能通过竣工后试验的工程或区段工程，承包人可向发包人建议，由承包人对该工程或区段工程进行调整或修补。发包人收到建议后，可向承包人发出通知，指示其在发包人方便的合理时间进入工程或区段工程进行调查、调整或修补，并为承包人的进入提供方便。承包人提出建议，但未在缺陷责任期内收到上述发包人通知的，相关工程或区段工程应视为已通过该竣工后试验。

12.4.3　发包人无故拖延给予承包人进行调查、调整或修补所需的进入工程或区段工程的许可，并造成承包人费用增加的，应承担由此增加的费用并支付承包人合理利润。

3.《标准设计施工总承包招标文件》

通用合同条款

1.1.4.3　工期：指承包人在投标函中承诺的完成合同工作所需的期限，包括按第11.3款、第11.4款和第11.6款约定所作的变更。

1.1.4.4　竣工日期：指第1.1.4.3目约定工期届满时的日期。实际竣工日期以工程接收证书中写明的日期为准。

18.3.5　除专用合同条款另有约定外，经验收合格工程的实际竣工日期，以提交竣工验收申请报告的日期为准，并在工程接收证书中写明。

4. FIDIC 银皮书 2017 版

通用合同条件

1. 1. 21　“竣工日期”系指雇主签发的接受证书中规定的日期；或如果第 10. 1 款［工程和分项工程的接收］的最后一段适用，工程或分项工程按照合同被视为已完成的日期；或如果根据第 10. 2 款［部分工程的接收］允许接收部分工程，则为雇主接收或使用该部分工程的日期。

10. 1　工程和分项工程的接收

除第 9. 4 款［未能通过竣工试验］和第 10. 2 款［部分工程的接收］和第 10. 3 款［对竣工试验的干扰］中所述情况外，在下列情况下，工程应由雇主接收：

（a）工程已按合同规定完成，包括通过竣工试验，但以下（i）段允许的情况除外；

（b）如适用，雇主已（或被认为已）对根据第 5. 6 款［竣工记录］（a）段的规定提交的竣工记录，发出不反对通知；

（c）如适用，雇主已（或被认为已）根据第 5. 7 款［操作和维护手册］的规定提交的工程临时操作和维护手册发出不反对通知；

（d）如适用，承包商已按照第 5. 5 款［培训］的规定进行了培训；（以及）

（e）已按照本款规定签发工程接收证书，或被视为已根据本款签发时。

承包商可在其认为工程将竣工并做好接收准备的日期前不少于 14 天，向雇主发出申请接收证书的通知。如工程分成若干分项工程，承包商可类似地为每个分项工程申请接收证书。

如果根据第 10. 2 款［部分工程的接收］的规定接收工程的任何部分，则在满足上述（a）段至（e）段所述的条件之前，不得接收剩余的工程或分项工程。

雇主在收到承包商的通知后 28 天内，或者：

（i）向承包商签发接收证书，注明工程或分项工程按照合同要求竣工的日期，任何对工程或分项工程的延长预期安全使用目的没有实质影响（如接收证书中所列）的少量扫尾工作和缺陷（直到或当扫尾工作和缺陷修补完成时）；（或）

（ii）拒绝申请，向承包商发出通知并说明理由。该通知应说明在能签发接收证书前承包商需做的工作，需修补的缺陷和/或需提交的文件。承包商应在再次根据本款发出进一步的通知前，完成此项工作，修补此类缺陷和/或提交此类文件。

如果雇主在28天期限内没有签发接收证书,或拒绝承包商的申请,以及上述(a)段至(d)段所述的条件已得到满足,在雇主收到承包商申请的通知后的14天内,工程或分项工程应视为已按照合同规定完成,接收证书应视为已签发。

10.2　部分工程的接收

除非雇主要求可能规定或双方可能商定的情况外,雇主不得接收或使用工程的任何部分(分项工程除外)。

5. FIDIC 黄皮书2017版

通用合同条件

10.1　工程和分项工程的接收

除第9.4款[未能通过竣工试验]、第10.2款[部分工程的接收]和第10.3款[对竣工试验的干扰]中所述情况外,在下列情况下,工程应由雇主接收:

(a)工程已按合同规定完成,包括通过竣工试验,但以下(i)段允许的情况除外;

(b)工程师已根据第5.6款[竣工记录](a)段的规定,提交的竣工记录,发出(或视为已发出)不反对通知;

(c)工程师已根据第5.7款[操作和维护手册]的规定,对工程临时质量管理手册发出(或视为已发出)不反对通知;

(d)承包商已按照第5.5款[培训]的规定进行了培训(如果有);(以及)

(e)已按照本款规定签发工程接收证书,或被视为已签发时。

承包商可在其认为工程将竣工并做好接收准备的日期前不少于14天,向工程师发出申请接收证书的通知。如工程分成若干分项工程,承包商可类似地为每个分项工程申请接收证书。

如果根据第10.2款[部分工程的接收]的规定接收工程的任何部分,则在满足上述(a)段至(e)段所述的条件之前,不得接收剩余的工程或分项工程。

工程师在收到承包商的通知后28天内,或者:

(i)向承包商签发接收证书,注明工程或分项工程按照合同要求竣工的日期,任何对工程或竣工时间的延长预期安全使用目的没有实质影响(如接收证书中所列)的少量扫尾工作和缺陷(直到或当扫尾工作和缺陷修补完成时)除外;(或)

(ii)拒绝申请,向承包商发出通知并说明理由。该通知应说明在能签发接收证书前承包商需做的工作,需修补的缺陷和/或需提交的文件。承包商应在再次根据本款发出申请通知前,完成此项工作,修补此类缺陷和/或提交此类文件。

如果工程师在28天期限内没有签发接收证书,或拒绝承包商的申请,以及上述(a)段至(d)段所述的条件(如适用)已得到满足,在工程师收到承包商申请的通知后的14天内,工程或竣工时间的延长应视为已按照合同规定完成,接收证书应视为已签发。

10.2　部分工程的接收

在雇主完全自主决定情况下,工程师可签发永久工程任何部分的接收证书。

除非并直到工程师已签发该部分的接收证书,雇主不得使用该工程的任何部分(雇主要求规定或承包商事先同意的临时措施除外)。但是,如果雇主在签发接收证书前确实使用了任何部分工程,承包商应向工程师发出通知,明确该部分工程并描述其用途,以及:

(a)使用的部分工程应视为从开始使用的日期起已被雇主接收;

(b)承包商应从此日起不再承担该部分工程的照管责任,应转由雇主负责;(以及)

(c)工程师应立即签发该部分的接收证书。任何尚未完成的扫尾工作(包括竣工试验)和/或需修补的缺陷均应在证书中列出。

工程师签发部分工程的接收证书后,应尽早给予承包商机会采取可能必要的步骤,进行证书中列出的任何尚未完成的扫尾工作(包括竣工试验)和/或任何缺陷的修补工作。承包商应在切实可行的范围内,尽快开展这些工作。在任何情况下,均应在有关缺陷通知期限期满日期前进行。

如果承包商因雇主接收和/或使用部分工程,导致承包商增加费用,承包商应有权根据第20.2款[付款和/或竣工时间延长的索赔]的规定,获得此类成本加利润的支付。

如果工程师签发部分工程的接收证书,或如果雇主被视为已根据上述(a)段规定接收了部分工程,对上述(a)段规定日期后的任何延误期,工程剩余部分的竣工误期损害赔偿费应予减少。与此类似,包括该部分的分项工程(如果有)的剩余部分的误期损害赔偿费也应减少。这些误期损害赔偿费的减少额,应按该部分工程的价值(但任何尚未完成的扫尾工作和/或需修补缺陷的价值除外),与整个工程或竣工时间的延长(视情况而定)价值的比例计算。工程师应按照第3.7款[商定或确定]的规定,对这些减少额(就第3.7.3项[时限]而言,工程师根据本款规定收到承包商通知的日期,应为根据第3.7.3项规定的商定时限的开始日期)进行商定或确定。本段的规定仅适用于误期损害赔偿费的每日费率,不应影响该损害赔偿费的最高限额。

6.《建设工程质量管理条例》

第四十条 在正常使用条件下,建设工程的最低保修期限为:

(一)基础设施工程、房屋建筑的地基基础工程和主体结构工程,为设计文件规定的该工程的合理使用年限;

(二)屋面防水工程、有防水要求的卫生间、房间和外墙面的防渗漏,为5年;

(三)供热与供冷系统,为2个采暖期、供冷期;

(四)电气管线、给排水管道、设备安装和装修工程,为2年。

其他项目的保修期限由发包方与承包方约定。

建设工程的保修期,自竣工验收合格之日起计算。

7.《房建工程质量保修办法》

第三条 本办法所称房屋建筑工程质量保修,是指对房屋建筑工程竣工验收后在保修期限内出现的质量缺陷,予以修复。

本办法所称质量缺陷,是指房屋建筑工程的质量不符合工程建设强制性标准以及合同的约定。

8.《建设工程质量保证金管理暂行办法》

第二条 本办法所称建设工程质量保证金(保修金)(以下简称保证金)是指发包人与承包人在建设工程承包合同中约定,从应付的工程款中预留,用以保证承包人在缺陷责任期内对建设工程出现的缺陷进行维修的资金。

缺陷是指建设工程质量不符合工程建设强制性标准、设计文件,以及承包合同的约定。

缺陷责任期一般为六个月、十二个月或二十四个月,具体可由发、承包双方在合同中约定。

9.《质保金管理办法》

第二条　本办法所称建设工程质量保证金(以下简称保证金)是指发包人与承包人在建设工程承包合同中约定,从应付的工程款中预留,用以保证承包人在缺陷责任期内对建设工程出现的缺陷进行维修的资金。

缺陷是指建设工程质量不符合工程建设强制性标准、设计文件,以及承包合同的约定。

缺陷责任期一般为1年,最长不超过2年,由发、承包双方在合同中约定。

10.《施工合同司法解释(一)》

第九条　当事人对建设工程实际竣工日期有争议的,人民法院应当分别按照以下情形予以认定:

(一)建设工程经竣工验收合格的,以竣工验收合格之日为竣工日期;

(二)承包人已经提交竣工验收报告,发包人拖延验收的,以承包人提交验收报告之日为竣工日期;

(三)建设工程未经竣工验收,发包人擅自使用的,以转移占有建设工程之日为竣工日期。

案例分析

案　例

武汉国机岩土工程有限责任公司与湖北省电力建设第一工程公司建设工程合同纠纷

案号:(2016)鄂01民终5452号

审理法院:湖北省武汉市中级人民法院

裁判类型:二审民事判决

一、案情介绍

2010年1月8日,湖北省电力建设第一工程公司(以下简称湖北电建一公司)与武汉国机岩土工程有限责任公司(以下简称国机岩土公司)签订了《伊拉克华事德(WASSIT)4×330MW亚临界燃油(气)机组工程试桩、工程桩工程施工分包合同》。合同约定,伊拉克华事德(WASSIT)4×330MW亚临界燃油(气)机组辅助及附属生产工程桩基工程,湖北电建一公司以￥8143万元的合同价承包给国机岩土公司,承包方式为固定总价承包,此合同价格为国机岩土公司完成本合同项下全部工作的合同价款。国机岩土公司应在工程移交后1个月内向湖北电建一公司提交完整的竣工资料,湖北电建一公司在收到竣工验收报告后14日内应组织验收。整体工程或其中分单项、单位、分项、分部验收交付的工程,均从PAC接收证书开具之日起计算质保期,本工程的质保期为12个月。工程质保期延长的时间等于由于缺陷或损坏而引起的工程不能使用的时间。质保金的数额为竣工结算金额的10%。质保金的支付方式为:湖北电建一公司取得业主颁发的本合同所有机组的最终接收证书(Final Acceptance Certificate)后,由湖北电建一公司在28日内向国机岩土公司支付完国机岩土公司的全部质保金。本合同受中华人民共和国法律约束,在伊拉克当地执行与本合同有关的活动必须遵守伊拉克相关法律。2010年1月18日,双方还签订了《工程试桩、工程桩工程补充协议》。

伊拉克华事德4×330MW燃油电站工程,1、2、3、4机组分别于2013年6月4日、2012年12月23日、2013年11月10日、2014年3月7日完成并网发电。2014年4月16日,伊拉克当地时间0:04,由上海电力承担运行的华事德电厂4号机组完成为期30天可靠性运行试验(RTR)。至此,伊拉克华事德项目一期工程的4台330MW发电机组正式全部进入商业运行,为该国经济建设的发展注入了源源不断的电力保障。

2015年7月27日,湖北电建一公司与国机岩土公司双方盖章确认的《工程试桩、工程桩工程结算总表》载明,工程结算25,869,199元,核减已付款、税费调整18,343,942元,未付的工程款为7,525,257元,其中质保金为6,821,573元。后双方就质保金返还和工程款支付发生纠纷,为此国机岩土公司将湖北电建一公司诉至法院,针对案涉工程缺陷责任期是否届满以及湖北电建一公司是否应当将质保金支付给国机岩土公司,双方产生争议。

与本案有关的发承包关系如图2所示:

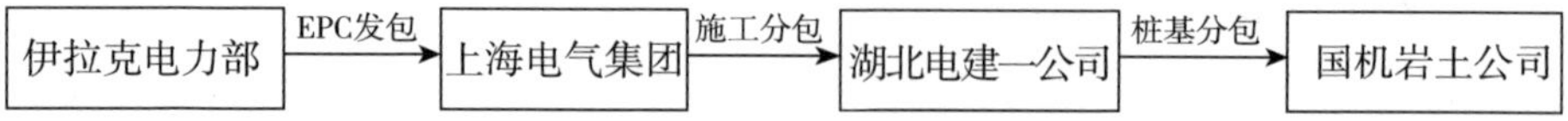

图2 各方当事人发承包关系

二、各方观点

湖北电建一公司认为:法院并未查明涉案工程四个机组的 PAC 接收证书的准确时间,4 个机组的质保期限并不明确。同时,根据施工分包合同第二章第 48 条约定,质保金的支付条件为湖北电建一公司取得业主颁发的本合同所有机组的最终接受证书后,由湖北一公司在 28 日内向国机岩土公司支付完全部质保金,这是本案中唯一与质保金的支付有关联的条款内容,也是湖北电建一公司支付质保金的唯一依据。而本项目上湖北电建一公司至今仍没有取得上海电气集团关于涉案工程的所有机组的最终接受证书,因此,国机岩土公司要求支付质保金的请求尚没有满足合同约定的支付条件。

国机岩土公司认为:湖北电建一公司以其尚没有取得"最终接受证书",暂不能支付质保金的上诉理由不能成立:(1)湖北电建一公司不具有获得业主颁发最终接受证书的合同主体资格。(2)施工分包合同关于湖北电建一公司取得业主颁发最终接受证书,作为支付质保金的条件的约定,依法属于无效的约定,且国机岩土公司对该无效约定不存在过错。(3)没有证据证明涉案工程的业主需向湖北电建一公司颁发最终接受证书。

三、裁决要旨

一审、二审法院的观点:本案所涉工程属于 EPC 合同,根据国际惯例,初步接收证书(Provisional Acceptance Certificate,PAC)是业主向承包商签发的,仅表明承包商按要求完成工程,业主初步接收这一行为。PAC 获得之后就进入质保期,承包商有义务对质保期内发生的缺陷承担维修责任。质保期结束之后,在充分履行合同义务的情况下,业主向承包商签发最终接受证书(Final Acceptance Certificate,FAC)。中国火力发电网发布的新闻报道了 2013 年 8 月 9 日伊拉克电力部正式签署了华事德 1 号机组的初步接收证书,由此推断初步接收证书的签发时间应在 2013 年 8 月左右。根据双方合同中关于质保期及责任的约定,整体工程或其中分单项、单位、分项、分部验收交付的工程,均从 PAC 接收证书开具之日起计算质保期,本工程的质保期为 12 个月,应视 2014 年 8 月为其质保期结束的时间。根据国际惯例,初步接收证书是业主向承包商签发的,仅表明承包商按要求完成工程,业主初步接收这一行为,初步接收证书获得之后就进入质保期。而本案双方合同中关于质保期及责任的相关约定,整体工程或其分项、分部工程均从初步接收证书开具之日起算质保期,且质保期为一年。而案涉工程的初步接收证书开具已满一年,质保期已结束,发包人应支付质保金。

四、法律分析

关于本案缺陷责任期届满的时间如何确定以及质保金是否应当支付,具体分析如下:

1. 本案涉及4台发电机组,只有1号发电机组的PAC颁发时间可以明确,其余3台机组的具体时间无法确定。根据新闻报道,2014年4月16日,4号机组完成了为期30天的试运行。如前所述,试运行或性能测试通过之后,业主随后会颁发PAC证书,结合1号机组并网发电时间为2013年6月4日,1号机组PAC颁发时间为2013年8月9日,两者相差约两个月的时间即为试运行时间(30天)及签发PAC证书的时间之和。因此可以推定出4号机组的PAC证书签发时间在2014年5月底,即为4台机组全部竣工的最迟时间,从而缺陷责任期届满时间不晚于2015年5月底,因此质保金已经达到了支付条件,将本案缺陷责任期的届满时间定为2015年5月较为合理。

2. 本案湖北电建一公司与国机岩土公司在施工分包合同中约定质保金支付以湖北电建一公司取得业主颁发的最终移交证书(FAC)为前提,但FAC是属于业主向EPC总承包商颁发的工程移交文件,湖北电建一公司并非该文件的受让主体,因此质保金的支付条件永远不可能达成,该约定客观上不具有履行的可能性。退一步讲,即便质保金支付以EPC总承包商取得FAC证书为前提,其何时取得FAC证书、业主能否按时下发FAC证书等均会影响国机岩土公司的利益,且国机岩土公司也难以对EPC承包商及时取得FAC证书施加影响,因此该约定明显有违公平原则,湖北电建一公司应向国机岩土公司支付剩余质保金。

第十九条

固定价格合同的结算

工程总承包合同约定采取固定总价，一方当事人申请对固定价格范围内价款进行鉴定的，建议不予支持。

工程总承包合同约定采取固定总价，工程总承包合同未约定以行政审计或财政评审为结算依据，一方当事人主张按照行政审计或财政评审结论进行结算的，建议不予支持。当事人以合同约定的行政审计或财政评审部门未在合理期限内出具结论，或一方当事人有证据证明其结论有错误，申请仲裁庭委托鉴定的，建议予以支持。

裁决指引

本条规定了工程总承包合同采用固定总价的结算原则及工程总承包合同结算与审计关系及处理规则。

一、工程总承包固定总价合同的合同价格以不调为原则，调整为例外

工程总承包合同中的合同价款是发承包双方权利义务以及风险分配的最终体现，其表现形式有总价合同、单价合同等，工程总承包合同通常采用总价计价方式。

采用固定总价的工程总承包合同，在发包人要求确定的承包范围内与约定风险范围之内，合同价款是固定不予调整的。在工程总承包模式下，承包人的承包范围由发包人要求确定，承包人应该按照发包人要求完成承包工作并交付工作成果。在发包人要求没有发生变化，且未发生约定的风险范围之外的事项，合同价款通常不予以调整。当然，如果发包人调整了发包人要求，或者发生了固定总价约定风险范围之外的事项，则固定总价合同也可依据合同约定或相关规定调整合同价款。

施工总承包合同也存在固定总价的计价方式,在施工总承包合同中,承包人的承包内容通常以发包人提供的工程量清单或(及)施工图纸来确定。在施工总承包模式下,设计成果由发包人负责提供,如果发生设计变更,一般需要按照合同约定的设计变更程序进行变更设计签证来调整合同价款。在工程总承包模式下,施工图阶段设计工作属于承包人的承包范围,如果发包人要求没有变化,承包人负责的设计工作发生变更,在没有得到发包人同意调整价款的情况下,承包人也无权要求调整合同价款。因此,在工程总承包合同模式下,除合同约定的情形可以调整外,总价合同的价格一般不予调整,这是工程总承包模式的主要特征以及风险所在。

不能按照施工总承包的思维模式来实施工程总承包项目。工程总承包商相较于施工总承包模式下的承包商往往承担着更大的风险,但是也可以得到比施工总承包更多的利益。工程总承包模式下价格调整的主要因素,要考虑合同的具体约定及发包人要求是否发生了变化或者发生了固定总价约定风险范围之外的事项。

二、工程总承包合同没有明确约定情况下,不应以行政审计或财政评审作为结算依据

工程总承包模式由于其周期长、投资额巨大,一般应用在政府为主导的或有政府投资背景的大型基础设施及公共建筑上,所以,作为政府财政的监督机构的审计部门或财政部门对项目的投资监管是我国基本建设投资的一个重要举措和特点。但是,在工程总承包合同未约定以行政审计或财政评审为结算依据的情形下,不应以行政监管来干预工程总承包合同双方当事人之间约定的计价方式,应该依据民法确定的意思自治原则,尊重当事人之间约定的计价和结算方式。

三、行政审计、财政评审欠拖不决或有错误,当事人有权申请委托鉴定

实务中,工程总承包合同最终的工程结算约定了审计部门的审计作为结算依据,但因各种原因,审计迟迟未启动或审计结论迟迟没有出具,导致合同价款无法确定,双方的权利与义务处于不确定的状态。如果审计结论未在合理期限内出具并非承包人原因所导致,此时基于公平原则,应该允许其通过申请仲裁庭委托鉴定的方式予以确定。在黄某忠、郴州市发展投资集团有限公司与原审第三人湖南华盛建设工程(集团)有限公司、湖南格塘建筑工程有限公司建设工程施工合同纠纷一案[(2020)最高法民终630号]中,最高人民法院的观点为:审计部门无正当理由长期未出具审计结论,经当事人申请,且符合具备进行司法鉴定条件的,人民法院可以通过司法鉴定方式确定工程价款。

合同约定审计部门的审计或财政部门评审作为认定工程价款的依据也是遵循意思自治原则,在没有法定无效的情形下,应认定为有效,但是此时审计部门的审计或财政部门评审作为合同约定的计价方式,也应遵守合同中关于计价条款的约定,不能违反合同约定。如果承包人有证据证明行政审计或财政评审部门的结论违反合同约定或者确有错误的,应该予以纠正,纠正的方式可以依据仲裁规则确定的程序委托鉴定机构进行鉴定,然后仲裁庭再依据双方对鉴定意见质证的情况,对鉴定意见决定如何采信。

参考依据

1.《2013 版清单计价规范》

2.0.12　总价合同:发承包双方约定以施工图及其预算和有关条件进行合同价款计算、调整和确认的建设工程施工合同。

2.《工程总承包管理办法》

第三条　本办法所称工程总承包,是指承包单位按照与建设单位签订的合同,对工程设计、采购、施工或者设计、施工等阶段实行总承包,并对工程的质量、安全、工期和造价等全面负责的工程建设组织实施方式。

第十六条　企业投资项目的工程总承包宜采用总价合同,政府投资项目的工程总承包应当合理确定合同价格形式。采用总价合同的,除合同约定可以调整的情形外,合同总价一般不予调整。建设单位和工程总承包单位可以在合同中约定工程总承包计量规则和计价方法。依法必须进行招标的项目,合同价格应当在充分竞争的基础上合理确定。

3. 2020 版《工程总承包合同示范文本》

14.1.1　除专用合同条件中另有约定外,本合同为总价合同,除根据第 13 条[变更与调整],以及合同中其他相关增减金额的约定进行调整外,合同价格不做调整。

4.《建设工程施工发包与承包价格管理暂行规定》

第七条 工程价格的分类。

（一）固定价格。工程价格在实施期间不因价格变化而调整。在工程价格中应考虑价格风险因素并在合同中明确固定价格包括的范围。

……

案例分析

案 例

四川协鑫硅业科技有限公司与四川省西点电力设计有限公司承揽合同纠纷

案号：（2015）川民终字第138号

审理法院：四川省高级人民法院

裁判类型：二审民事判决

一、案情介绍

2011年6月23日，四川省西点电力设计有限公司（以下简称西点公司）与四川协鑫硅业科技有限公司（以下简称协鑫公司）就协鑫公司110kv开关站及线路工程签订《四川协鑫硅业科技有限公司110kv开关站及供电线路工程EPC承包合同》（以下简称《承包合同》）。该合同约定："合同价格：本工程承包商范围内的合同价格为40,833,100元整；价格调整：本工程为包干价，合同期内不作调整。如部分项目取消，则需相应从承包总价中扣除，具体应按承包商报价（含报价原则）执行。如业主额外增加项目，相应进行费用增加"等。2011年1月，西点公司与协鑫公司签订《技术咨询服务合同》。该合同约定"费用总额为17万元，合同签订后5日内付定金5万元，提交报告审查通过后5日内付清余款"等。本案工程已竣工验收。

2012年11月1日，协鑫公司财务人员胡某存在工程财务往来情况表上签字并加盖协鑫公司财务专用章。协鑫公司已向西点公司支付工程款36,402,477.06元。2013年9月17日，四川精正建设管理咨询有限公司（以下简称精正公司)受理理县财政局委托就该案线路工程及通信工程部分出具基本建设工程结算评审报告,审减金额4,123,895元。

二、各方观点

协鑫公司认为:案涉工程的建设工程施工合同的合同约定的不是固定总价合同,协鑫公司不应按合同约定的固定总价付款。其理由为合同中约定"如部分项目取消,应从承包总价中扣除",实际上西点公司有价值约500万元的项目没有实施,应从合同承包总价中扣除。同时双方对合同的履行有争议时不是看合同的表面形式,而应看合同的具体内容,合同还约定最终结算以审计价格为准。所以,案涉合同约定的固定总价是可调整的。

西点公司上诉阶段答辩意见为:双方签订的《承包合同》为固定总价合同,一审认定事实正确。(1)合同明确约定案涉工程为固定总价合同。有如下条款证明:合同约定"第3项总承包合同金额:合同固定总价为40,833,100元。合同价格汇总表说明:第4项本合同为固定总价承包合同,不因除不可抗力和国家政策、法律变化、项目变更以外的其他因素而调整合同总价。合同条件第15.2条价格调整约定:第15.2.1条约定本工程为包干价,合同期内不作调整。第16.2条调整原则约定:第16.2.1条合同内项目为包干性质,合同期内不作调整"。(2)依据《建设工程施工发包与承包价格管理暂行规定》第7条"工程价格的分类规定:工程价格在实施期间不因价格变化而调整。在工程价格中应考虑价格风险因素并在合同中明确固定价格包括的范围"之规定,可看出固定价格是可以约定风险范围的,而且也应该约定风险范围。案涉合同约定"如部分项目取消,则需相应从承包总价中扣除,具体应按承包商报价(含报价原则)执行。如业主额外增加项目,相应进行费用增加"。该条仅是对固定总价合同风险范围的约定,而对固定总价合同风险范围界定为"项目取消"或"项目增加"可证明该合同约定固定总价合同。

三、裁决要旨

一审法院认为:双方签订的合同是固定总价。工程竣工并经过验收,已交付协鑫公司使用,协鑫公司应按合同约定支付工程款。协鑫公司提出西点公司有未实施工程,对未实施工程价款应从总工程款中扣减。对未实施工程是协鑫公司提出的,应由协鑫公司举证证明……按照《原施工合同司法解释》第16条第1款"当事人对建设工程的计价标准或者计价方法有约定的,按照约定结算工程价款”、第22条“当事人约定按照固定价结算工程价款,一方当事人请求对建设工程造价进行鉴定的,不予支持”之规定,应按照双方签订的合同约定进行判决。按照《最高人民法院关于民事诉讼证据的若干规定》第2条之规定,协鑫公司应承担举证不能的责任。

二审法院认为:协鑫公司与西点公司签订《承包合同》是双方当事人的真实意思表示,且不违反法律、行政法规的强制性规定,应属合法有效,双方均应按合同约定全面履行自己的义务。西点公司根据合同约定完成了案涉标的工程,已交付案涉工程给协鑫公司使用。但协鑫公司认为西点公司承揽案涉工程总承包价是可变的,西点公司有未实施工程项目,而且案涉工程合同约定必须通过审计来确定,应从总承包工程价款中扣除。根据《最高人民法院关于审理建设工程施工合同纠纷案件适用法律问题的解释》第16条第1款“当事人对建设工程的计价标准或者计价方法有约定的,按照约定结算工程价款”之规定,本案中,通过双方签订《承包合同》约定可看出合同是固定总价承包合同,在合同条件中可显示双方在条款中的约定本工程承包商工作范围内的合同价格为40,833,100元,该约定与《承包合同》中的约定一致,合同中约定价格调整的前提亦是先约定案涉工程为包干价,合同期内不作调整,再约定如部分项目的取消,则需相应从承包总价中扣除,具体应按承包商报价执行。合同同时约定调整原则有合同内项目为包干性质,合同期内不做变更,合同内如有部分项目不需实施,双方按照承包商计价原则和程序从合同总承包费用中扣除,现协鑫公司与西点公司均未提交证据证明在实际履行合同过程中案涉工程项目有取消或增加工程内容的情形。因此,根据现有证据不能认定西点公司没有完成涉案工程项目……协鑫公司关于涉案工程要以审计部门审计的价格作为结算工程款依据的上诉理由不能成立,法院不予支持。

按合同约定涉案工程是固定总价,按合同约定对案涉工程取消或增加工程项目双方都应按一定程序才能调整价格,因协鑫公司未对案涉工程取消或增加工程项目提交充足的证据予以证明,本案客观上不存在取消或增加了工程项目要从总承包价格中予以扣除。根据“谁主张,谁举证”的原则,协鑫公司应当承担举证不能的法律后果,故协鑫公司关于其不应当对涉案工程取消项目承担举证责任的上诉理由不能成立,法院不予支持。

四、法律分析

固定总价合同形式应是在一定范围内对案涉工程项目的承包范围、工作内容和风险等边界条件进行固定,并以工程价款的形式展示出来。在案涉工程履行过程中,按照合同的约定,发生了主客观情况的变化或发包人调整了承包范围,使得原约定的固定价款风险范围发生了变化且按照合同约定的调整条件成就时可以调整相应的合同价款。法院之所以不支持协鑫公司调整合同总价的主张,是由于法院认为合同约定的总价为固定总价且协鑫公司没有完成其所主张的西点公司未实施项目的举证责任,故而需承担举证不能的法律后果,合同约定的固定总价不予调整。

第二十条

固定价格的工程总承包合同解除后的价款结算

固定价格的工程总承包合同解除,当事人就已履约部分达成结算协议,承包人请求发包人按结算协议支付已履约部分的价款的,建议予以支持。

工程总承包合同中没有合同解除后价款结算的约定,双方又不能对已履约部分的结算达成一致,发包人有证据证明已履约部分不符合“发包人要求”,主张减少价款或赔偿损失的,建议予以支持;承包人有证据证明已履约部分质量合格,主张已履约部分的合同价款的,建议按以下原则处理:

(一)对设计成果价款,建议结合设计阶段、设计深度参照合同关于设计价格的约定按比例结算;

(二)对于设备采购价款,建议根据设备采购情况参照合同关于设备价款的约定结算;

(三)对于工程价款,建议根据合同解除时承包人实际完成的工程量,在同一取费标准下分别计算出已完工程部分的价款和整个合同约定工程的总价款,并以其折算比例乘以合同约定的固定价予以结算。

裁决指引

一、合同解除后的价款结算问题为审理工程总承包案件的难点

传统发承包模式把设计、施工任务发包给不同的企业,形成设计承包、施工总承包的合同结构。这种模式的主要缺点是设计与施工分别进行,致使两者不协调,影响建设质量及进度和成本控制。工程总承包模式下,发包人把设计、施工等工作全部委托给一家工程总承包商完成,承包人对工程的安全、质量、进度和造价全面负责,发包人按合同约定验收和结算。

近年来，工程总承包模式发展态势良好。一方面，国家先后发布《住房和城乡建设部关于推进建筑业发展和改革的若干意见》《中共中央、国务院关于进一步加强城市规划建设管理工作的若干意见》《住房城乡建设部关于进一步推进工程总承包发展的若干意见》①《工程总承包管理办法》等文件，大力推行工程总承包模式。另一方面，工程总承包模式依托"一带一路"的发展战略，对加强国际建设工程方面的合作大有裨益。目前，采用工程总承包模式承揽工程的数量逐渐增加，相应的纠纷也日趋增长。

合同解除的类型包括法定解除、约定解除与协商解除。工程总承包合同具有设计施工融合、权利义务设定复杂、履约时间长、专业程度高等特点，中途解除的风险较一般合同更大。不仅如此，工程总承包涉及多个阶段，故相较于施工总承包的未完工程价款结算问题更为复杂。以"设计、采购、施工/交钥匙"（以下简称 EPC）为例，EPC 包括设计、采购和施工三个阶段，合同解除时，承包人有可能处在以下几种阶段：（1）仅停留在设计阶段，包括初步设计未完成、初步设计已完成但施工图设计未完成、施工图设计已经完成等情况；（2）设计与采购的工作均已开展，但尚未进入施工阶段；（3）设计、采购工作完成，已进入施工阶段，施工未完成；（4）设计工作完成，采购、施工阶段工作并行且未完成……可见，工程总承包合同解除后面临的情况多种多样，寻求一个公平合理的解决路径，厘清发承包人之间的权利义务关系是解决价款结算问题的关键所在。

解决上述问题，需要攻克以下难点：如何处理当事人达成结算协议的情形；承包人就已履约部分主张工程价款的如何分配举证责任；如何计算承包人已履约部分的工程价款。

---

① 《住房和城乡建设部关于推进建筑业发展和改革的若干意见》（建市〔2014〕92 号）规定："（十九）加大工程总承包推行力度。倡导工程建设项目采用工程总承包模式，鼓励有实力的工程设计和施工企业开展工程总承包业务。推动建立适合工程总承包发展的招标投标和工程建设管理机制，调整现行招标投标、施工许可、现场执法检查、竣工验收备案等环节管理制度，为推行工程总承包创造政策环境。工程总承包合同中涵盖的设计、施工业务可以不再通过公开招标方式确定分包单位。"《中共中央、国务院关于进一步加强城市规划建设管理工作的若干意见》规定："（九）落实工程质量责任 推广工程总承包制，加强建筑市场监管……"《住房城乡建设部关于进一步推进工程总承包发展的若干意见》（建市〔2016〕93 号）规定："一、大力推进工程总承包（一）充分认识推进工程总承包的意义。工程总承包是国际通行的建设项目组织实施方式。大力推进工程总承包，有利于提升项目可行性研究和初步设计深度，实现设计、采购、施工等各阶段工作的深度融合，提高工程建设水平；有利于发挥工程总承包企业的技术和管理优势，促进企业做优做强，推动产业转型升级，服务于'一带一路'战略实施。"

综合考虑上述难点，本条针对固定价格的工程总承包合同解除后的价款结算问题提出了解决方案：从尊重当事人意思自治的角度出发，双方已达成结算协议的，按结算协议处理。双方未达成结算协议，承包人有证据证明已履约部分质量合格的，已履约部分工程价款应以设计、采购、施工价款分别计算后累加所得。发包人有证据证明已履约部分不符合发包人要求的，有权主张减少价款或赔偿损失。

二、当事人解除合同后，达成结算协议的按结算协议执行

建设工程价款结算，是指对建设工程合同的价款进行约定和依据合同约定进行工程预付款、工程进度款、工程竣工价款结算的活动。[①]《施工合同司法解释（一）》第 29 条规定："当事人在诉讼前已经对建设工程价款结算达成协议，诉讼中一方当事人申请对工程造价进行鉴定的，人民法院不予准许。"该规定体现了意思自治和诚实信用的"帝王原则"，要求人们在市场经济活动中讲究信用，恪守诺言，诚实不欺，在不损害他人利益和社会利益的前提下追求自己的利益。[②] 诚实信用原则不仅适用于施工总承包，也适用于工程总承包，建设工程施工合同纠纷关于结算协议的态度可以借鉴到工程总承包模式之下。

建设工程价款根据行业惯例可以分为工程预付款、工程进度款、工程竣工结算价款三类，本条所涉及的"结算协议"是指工程总承包合同解除后双方当事人进行价款结算的情形，属于工程进度款结算。该结算协议属于事后清结协议，多数依赖于工程总承包合同中已有的相关约定，但不排除双方当事人达成新的合意。本质上，当事人达成结算协议，视为双方已认可结算金额，仲裁庭按照双方的约定处理，既尊重了当事人的意思自治又提升了仲裁效率，对争议解决更加有利。此外，仲裁庭应对结算协议的效力予以审查，仅合法有效、体现当事人真实意思的结算协议具有约束力，当结算协议存在无效、可撤销情形且一方当事人申请撤销时，不宜简单按结算协议确定当事人的权利义务。

当事人仅就计价方法作出约定，例如，发包人原因导致合同解除，按市场价据实结算；承包人原因导致合同解除，按市场价 80% 的比例折算；不可抗力等非

---

① 参见最高人民法院民事审判第一庭编著：《最高人民法院新建设工程施工合同司法解释（一）理解与适用》，人民法院出版社 2021 年版，第 292 页。

② 参见梁慧星：《民法解释学》，中国政法大学出版社 1999 年版，第 301 页。

因双方当事人原因导致合同解除,按市场价 90% 的比例折算。若上述计价方法可以准确得出一个具体的数额,则当条件成就时,仲裁庭应当按该约定处理。

值得注意的是,《施工合同司法解释(一)》第 21 条规定:“当事人约定,发包人收到竣工结算文件后,在约定期限内不予答复,视为认可竣工结算文件的,按照约定处理。承包人请求按照竣工结算文件结算工程价款的,人民法院应予支持。”《价款结算暂行办法》第 16 条第 1 款规定:“发包人收到竣工结算报告及完整的结算资料后,在本办法规定或合同约定期限内,对结算报告及资料没有提出意见,则视同认可。”司法实践中,当发承包人在建设工程合同中特别约定了发包人的答复和结算期限且明确约定逾期视为认可承包人结算价格的,当这两个条件同时具备的则应当按照约定处理。[①] 同理,在工程总承包合同约定了上述逾期视为认可的条款,则仲裁实践中,仲裁庭也应当按照该约定处理,探寻当事人的真实意思表示,尊重当事人对自身权利义务的处分,可以提高仲裁效率。

三、承包人就已履约部分主张工程价款的前提条件

不同于施工总承包,工程总承包模式下发包人签订合同的目的体现在“发包人要求”上,根据 FIDIC 银皮书 2017 版与 FIDIC 黄皮书 2017 版,发包人要求(雇主要求)系指合同包含的名为雇主要求的文件,以及根据合同对此类文件所做的任何补充和修改。此类文件说明了工程的预期目的,并规定了关键人员、范围,涉及其他性能、技术和工程评估标准。

发包人要求是建设项目施工总承包按“图”施工向工程总承包按“约”履行转变的重要体现。对于履行完毕的工程总承包合同,经过竣工试验、竣工验收以及竣工后试验(如有),可以直观地判断出承包人已履约部分是否符合“发包人要求”,但合同中途解除,这类判断则较为棘手。一方面,部分工程的“发包人要求”

---

① 中国机械工业建设集团有限公司与中国庆华能源集团有限公司、新疆庆华环保建材有限公司建设工程施工合同纠纷一审民事判决书[新疆维吾尔自治区高级人民法院(2017)新民初 8 号]:“对规定了竣工结算报告审查时间及结算认可条件的部门规章《建设工程价款结算暂行办法》在专用条款中明确约定适用,且双方签订的为 EPC 合同,有别于一般的建设工程施工合同,EPC 合同通用条款中明确约定了逾期不答复即视为认可条款,综合以上因素本院认定双方在合同中对工程竣工结算审查期限及对结算认可条件进行了明确约定,逾期不答复即视为认可……《建设工程解释》第二十条规定:当事人约定,发包人收到竣工结算文件后,在约定期限内不予答复,视为认可竣工结算文件的,按照约定处理。承包人请求按照竣工结算文件结算工程价款的,应予支持。本案中,因工程未完工,参照上述规定,应对中国机械公司请求按照结算文件结算工程价款的诉讼请求予以支持。”

是产能达到一定标准，例如，在青海盐湖工业股份有限公司与青海盐湖镁业有限公司、上海宝冶集团有限公司建设工程施工合同纠纷二审民事判决书中，宝冶公司与盐湖工业公司签订《青海盐湖工业股份有限公司5座600t活性石灰套筒窑合同》，双方约定："设备安装完成后，在系统开车平稳后进行系统负荷考核，合同设备连续稳定运行168小时无任何质量问题并满足合同技术附件规定的参数和技术要求，即视为初步验收合格"[①]，一般而言，产能标准除非实际测试，否则很难最终确定是否达标（满足发包人要求），特别是对于技术含量较高的项目更是如此，所以合同中途解除，难以确认承包人已履约部分是否符合发包人要求。另一方面，工程总承包项目不仅包含施工工作还包含设计工作，甚至还有设备采购工作，目前，针对设计成果的鉴定单位较少，这无疑增大了解决问题的难度。

举证责任关系到仲裁或诉讼风险，故举证责任的分配将直接影响当事人的核心利益，本指引在编写过程中也有不同观点。观点一：承包人举证证明已经履约部分满足"发包人要求"；观点二：除发包人举证证明承包人已经履约部分不满足"发包人要求"外，承包人有权获得工程价款；观点三：承包人已经履约部分是否满足"发包人要求"的举证责任由违约方承担；观点四：承包人举证证明已履约部分质量合格即有权主张工程价款，发包人有证据证明已履约部分不符合"发包人要求"的，有权主张减少价款或赔偿损失。

主张由承包人承担举证责任的专家认为，合同洽谈或投标前，承包人要提供相应建设项目的业绩成果，故承包人承接工程总承包项目就意味着其具有一定经验，合同中途解除后，由承包人承担举证责任存在合理性。该观点存在弊端：承包人在履行工程总承包合同时投入了大量的人力、物力成本。工程项目建设离不开建筑工人，而绝大多数的建筑工人来自处于社会基层的人民群众，由此衍生出"农民工"这一弱势群体，建设工程价款结算关乎农民工的切身利益，也关系到社会的和谐、稳定。工程总承包项目一般要通过竣工验收方能证明是否符合"发包人要求"，部分合同还会设置竣工后试验以检验承包人已履约部分是否达到发包人在合同中约定的性能指标和产能指标、是否符合发包人签订的合同目的。对于未完工程，已履约部分符合"发包人要求"的证明难度大，可操作性不

---

① 青海盐湖工业股份有限公司与青海盐湖镁业有限公司、上海宝冶集团有限公司建设工程施工合同纠纷二审民事判决书［青海省高级人民法院（2021）青民终50号］。

强，极易导致承包人无法获得工程款，对承包人极不公平，可能产生社会不稳定因素。虽然承包人具有一定经验，工程总承包模式下的承包人承担较施工总承包更大的风险，但过高风险会导致承包人不愿涉足工程总承包，不利于该模式的推行。此外，规定举证责任全部由承包人承担容易导致发包人恶意违约。

主张由发包人承担举证责任的专家倾向于保护承包人的权益，但该观点容易导致发承包双方利益失衡。在工程总承包模式下，发包人支付的对价更高，承担的风险更低，一般约定由承包人承担较大风险。如果合同中途解除，承包人默认可以获得工程款，不仅背离了工程总承包模式的初衷，也容易导致承包人为提前、更加容易获得工程款而恶意违约。

部分专家认为，承包人已经履约部分是否满足“发包人要求”的举证责任应由违约方承担。若发包人原因解除合同，则由发包人举证证明已履约部分不满足“发包人要求”，否则发包人有义务支付工程款；若承包人原因解除合同，则承包人需举证证明已履约部分满足“发包人要求”方有权获得工程价款。从弘扬诚实信用原则、减少恶意违约的角度来说，该做法较前两种观点更具合理性，但可操作性不强。一方面，工程总承包模式下，违约责任的判断较为复杂，若双方均存在违约情形，如何分配举证责任？另一方面，导致合同解除还包括不可抗力等非当事人原因以及双方违约且过错程度相当等情形，该观点无法概括解决所有情况。

《管子·七臣七主》有言，“律者，所以定分止争也”，规则的设定须在权衡利弊、明晰价值取向、平衡双方利益、探究规则的指引作用后，探寻一条最具操作性、合理性的路径。由于举证证明符合“发包人要求”的难度过大且关系到发承包双方的核心权益——价款结算和支付，故单独将该证明责任归于其中的任意一方均易导致利益失衡。权衡之下，专家组成员认为承包人向发包人主张合同价款的前提是承包人举证证明已履约部分质量合格。与此同时，赋予发包人抗辩的权利，举证证明已履约部分不符合“发包人要求”，则有权主张减少价款或赔偿损失。

（一）承包人向发包人主张工程价款，须举证证明已履约部分质量合格

2020 版《工程总承包合同示范文本》第 1.4.4 项规定：“发包人对于工程的技术标准、功能要求高于或严于现行国家、行业或地方标准的，应当在《发包人要求》中予以明确。”可见，“发包人要求”有可能严于国家、行业或地方标准。承包

人主张工程价款须承担举证责任，但证明难度应当降低。《民法典》第806条第3款规定："合同解除后，已经完成的建设工程质量合格的，发包人应当按照约定支付相应的工程价款……"由此可知，"已经完成的建设工程质量合格"是承包人获得工程价款的必要前提条件。

（二）发包人有证据证明已履约部分不符合"发包人要求"，主张减少价款或赔偿损失的，可予支持

根据《民法典》第798条和第806条的规定，合同解除后，工程质量不合格且经过修复后依旧不合格的，承包人无权请求参照合同关于工程价款的约定折价补偿。[①] FIDIC银皮书2017版通用条件第15.3款规定了由承包商违约终止后的估价："……如果承包商文件、材料、生产设备及永久工程不符合合同规定，则该估价不包括其价值。"[②]工程总承包模式下，发包人签订合同的目的在于获得满足"发包人要求"的工程，承包人的举证仅证明已履约部分质量合格，而"发包人要求"一般高于这个标准，故当发包人有证据证明承包人已履约部分不符合"发包人要求"时，有权主张减少价款或赔偿损失。

四、合同解除时承包人已履约部分工程价款的确定

虽然工程总承包合同为总价合同，但一般可以区分设计、采购、施工部分价款。以工程总承包合同为例，根据现行国家税收政策，项目所包含的设计、采购、施工部分分别适用6%、13%及9%的增值税率[③]，承包人可以利用税率的差异合

---

① 《民法典》第798条规定："建设工程施工合同无效，但是建设工程经验收合格的，可以参照合同关于工程价款的约定折价补偿承包人。建设工程施工合同无效，且建设工程经验收不合格的，按照以下情形处理：（一）修复后的建设工程经验收合格的，发包人可以请求承包人承担修复费用；（二）修复后的建设工程经验收不合格的，承包人无权请求参照合同关于工程价款的约定折价补偿。发包人对因建设工程不合格造成的损失有过错的，应当承担相应的责任。"第806条规定："承包人将建设工程转包、违法分包的，发包人可以解除合同。发包人提供的主要建筑材料、建筑构配件和设备不符合强制性标准或者不履行协助义务，致使承包人无法施工，经催告后在合理期限内仍未履行相应义务的，承包人可以解除合同。合同解除后，已经完成的建设工程质量合格的，发包人应当按照约定支付相应的工程价款；已经完成的建设工程质量不合格的，参照本法第七百九十三条的规定处理。"

② FIDIC黄皮书2017版在15.3由承包商违约终止后的估价中有相同约定。

③ 《国务院关于落实〈政府工作报告〉重点工作部门分工的意见》（国发〔2019〕8号）规定："……将制造业等行业现行16%的税率降至13%，将交通运输业、建筑业等行业现行10%的税率降至9%，确保主要行业税负明显降低；保持6%一档的税率不变……"

住房和城乡建设部办公厅在2019年3月26日发布《住房和城乡建设部办公厅关于重新调整建设工程计价依据增值税税率的通知》，将工程造价计价依据中增值税税率由10%调整为9%。

理地进行税收筹划,即将合同总价款在设计、采购、施工三部分业务之间进行合理划分。房屋建筑和市政基础设施项目的承包人通常需要按照招标文件的要求兼具设计资质和施工资质,故实践中存在设计单位与施工单位组成联合体承包工程,这种情况下,发承包双方会在合同中分别约定设计费用与施工费用,从而达到清晰划分权利的目的。2020 版《工程总承包合同示范文本》在第一部分合同协议书,第四项签约合同价与合同价格形式中,将签约合同价分为设计费、设备购置费、建筑安装工程费等费用,也从侧面证明,工程总承包项目的交易习惯是区分各阶段或各部分费用的,工程总承包合同总价就是各部分或各阶段的费用总和。

建设工程总承包合同解除后,结算价款由设计、采购、施工价款分别计算后累加所得。

(一)设计部分的价款

对设计成果价款,可以结合设计阶段、设计深度参照合同关于设计价格的约定按比例结算。

1. 当事人就设计阶段的费用有明确约定的,按约定处理

根据《建设工程勘察设计管理条例》第 26 条,建设工程设计分为方案设计、初步设计、施工图设计三个阶段。[①] 其中,进行方案设计是为了编制初步设计文件和控制概算;进行初步设计是为了编制施工招标文件、主要设备材料订货和编制施工图设计文件;进行施工图设计是为了设备材料采购、非标准设备制作和施工安装。发包人可以根据项目特点和自身需求确定各个设计阶段的费用比例。例如,一个优秀的方案设计可以控制概算,节约建设成本,通过设计建筑的立面风格、体量造型、色彩搭配、空间层次来满足发包人对于建筑结构的美观需求,如果发包人对此有较高要求,则可以提高方案设计部分的合同价款。当发承包双方就各阶段的设计费用均有明确约定,则设计阶段的费用应当按照承包人已完成的设计成果比照合同约定的价款进行结算以达到尊重当事人意思自治、提高

---

① 《建设工程勘察设计管理条例》第 26 条规定:编制建设工程勘察文件,应当真实、准确,满足建设工程规划、选址、设计、岩土治理和施工的需要。编制方案设计文件,应当满足编制初步设计文件和控制概算的需要。编制初步设计文件,应当满足编制施工招标文件、主要设备材料订货和编制施工图设计文件的需要。编制施工图设计文件,应当满足设备材料采购、非标准设备制作和施工的需要,并注明建设工程合理使用年限。

仲裁裁决效率的双重目标。

2015 年,为规范工程设计市场秩序,维护工程设计合同当事人的合法权益,住房城乡建设部、工商总局制定了《设计合同示范文本(房建工程)》与《设计合同示范文本(专业建设工程)》。上述示范文本均约定合同解除后,发包人应按第 14. 1. 1 项的约定及专用合同条款约定期限内向设计人支付已完工作的设计费。第 14. 1. 1 项约定,已开始设计工作的,发包人应按照设计人已完成的实际工作量计算设计费,完成工作量不足一半时,按该阶段设计费的一半支付设计费;超过一半时,按该阶段设计费的全部支付设计费。关于合同"示范文本",是行政主管机关根据相关法律规定和市场交易需要,居于中立立场,吸收行业惯例或交易习惯,兼顾当事人各方利益而制作的、内容公平合理的合同文本。示范文本就特定类型的交易设计了一般性、共通性的合同内容,全面规定了当事人的权利、义务和责任,体系结构完整,条款安排有序,具有规范性、通用性和公平性,其内容值得借鉴。对于未完阶段的设计成果,应引入第三方机构评估或鉴定工作量,以 50% 为界,当工作量不足 50% 时,支付该阶段设计费的 50% ,工作量超过 50% 时,支付该阶段全部设计费。

例如,房屋建筑工程总承包合同约定设计费 1000 万元,其中方案设计、初步设计、施工图设计、施工配合的费用比例为 3 : 2 : 4 : 1。合同解除时,方案设计已完成,初步设计完成 70% 。由于初步设计的已完工作量超过 50% ,故发包人应支付承包人方案设计、初步设计的全部设计费用,共计 500 万元[(30% +20%)× 1000 万元]。

2. 当事人就设计阶段的费用没有特别约定的,按交易习惯确定

示范文本的通用条款源于日常生活中约定俗成的交易习惯,作为该行业的行业惯例,为当事人默守的规则。《民法典》第 510 条规定:"合同生效后,当事人就质量、价款或者报酬、履行地点等内容没有约定或者约定不明确的,可以协议补充;不能达成补充协议的,按照合同相关条款或者交易习惯确定。"可见,交易习惯也是确认双方权利义务的依据之一。

专业建设工程与房屋建筑工程的设计合同示范文本对不同设计阶段的费用比例约定不同。《设计合同示范文本(房建工程)》将设计阶段分为方案设计、初步设计、施工图设计和施工配合四部分,费用比例为 2 : 3 : 4 : 1。在《设计合同示范文本(专业建设工程)》中,发包人支付承包人设计费的时间节点包括合同生效

后七天内、提交初步设计文件后、提交主要非标准设备设计文件后、提交施工图设计文件后7天内、试车(试运行)考核完成后7天内和竣工验收后7天内。其中,提交初步设计文件后支付设计费的20%、提交主要非标准设备设计文件后支付设计费的15%、提交施工图设计文件后7天内支付设计费的30%、试车(试运行)考核完成后7天内支付设计费的10%,竣工验收后7天内支付全部剩余设计费。

当事人仅确认设计费用总价,对设计的各阶段费用没有约定或约定不明且无法达成补充协议的,可以按照工程类别参照上述示范文本的内容确定设计阶段的费用比例,对未完阶段的设计费用计取同上文。

(二)采购部分的价款

在部分工程总承包合同中,采购费用是工程价款的组成部分,如果承包人采用EPC模式承揽工程,则设备采购为承包人义务。对于设备价款,可以根据情况参照合同关于采购价款的约定结算。

1. 工程总承包合同对设备价款附有明细表的,按明细表结算

当工程总承包合同对设备价款附有明细表,该明细表为发承包双方认可,符合当事人的真实意思表示,发包人应付采购价款为承包人已购设备对应的价款总价。

2. 工程总承包合同对设备价款仅约定总价的,按照成本加合理利润的方式结算

工程总承包合同对设备采购部分价款仅约定总价,无详细价格清单的,则需要承包人提供与供货厂家之间的买卖合同、承包人付款凭证、对应的发票等证据以证明采购设备的成本,以承包人投标时所报的利润率计算合理利润,将采购成本与合理利润相加,得出的数据即为发包人应向承包人支付的设备采购价格。为规避道德风险,若发包人有证据证明承包人的采购成本过高或者有证据证明承包人与供货商恶意串通,抬高设备价格的,仲裁庭可以根据当事人的申请酌定调减的幅度。

发包人需要支付承包人就采购部分已支付的价款。当工程总承包合同解除,采购的设备货物未进场时,双方可以就该货物的归属进行协商。协商不成的,从效益最大化的角度考虑,可将货物归于发包人,此时,发包人应当支付该笔货款。如果发包人发现在途设备存在质量问题,有权向供货商追究产品质量责

任或向承包人追究违约责任。但此种情况下,建议仲裁庭同时考虑合同解除的原因,如因一方违约导致合同解除的,应坚守“违约不获利”的基本原则。

如果采购合同已成立并生效,承包人尚未按约定支付价款,则有以下几种处理情况:其一,协商解除供货合同。针对该部分损失,工程总承包合同的解除系一方违约造成的,由违约方承担。若因不可抗力等非当事人原因解除工程总承包合同的,发承包双方按照公平原则分担损失。其二,发承包双方进行协商,发包人向承包人支付该笔价款,再由承包人支付给供货商,货物归发包人所有。若发包人未及时支付采购款导致承包人承担违约责任的,则就该项损失,承包人有权向发包人主张。其三,承包人在不改变合同的内容的前提下将全部采购合同的权利义务一并转让给发包人,由发承包双方与供货商签订合同。值得注意的是,第一种情况中关于损失的讨论事关认定损害责任的承担,不属于工程价款;第三种情况中发包人与供货商之间形成买卖合同关系,不计入在其与承包人之间的工程价款结算中。

(三)施工部分的价款

本条第2款第3项中的“工程价款”即施工部分的价款。工程总承包合同一般采用固定总价的计价方式。[1] 项目实施过程中,发包人可能会利用自身优势地位要求承包人“无所不包”,从而导致项目成本增加;承包人也有可能通过设计优化节省建造成本,进而获得差额利润。可以说,工程总承包是考验双方当事人成本管理能力的一种商业模式,固定总价在项目前期对于双方机会较为均等。[2] 司法实践中,总价合同未完工程的结算一般采用比例法,通常分为“工程款比例折算法”、“工程量比例折算法”和“工期比例折算法”。

“工程款比例折算法”意为同一取费标准下分别计算出已完工程部分的价款和整个合同约定工程的总价款,两者对比计算出系数,再用合同约定总价乘以该系数确定已完工程价款。目前,江苏省高级人民法院《关于审理建设工程施工合同纠纷案件若干问题的解答》肯定了该做法:“建设工程施工合同约定工程价款实行固定总价结算,承包人未完成工程施工,其要求发包人支付工程款,发包人

① 《工程总承包管理办法》第16条规定:企业投资项目的工程总承包宜采用总价合同,政府投资项目的工程总承包应当合理确定合同价格形式。采用总价合同的,除合同约定可以调整的情形外,合同总价一般不予调整。

② 张旗:《烂尾EPC项目是否可以按完工比例结算》,载《招标采购管理》2021年第3期。

同意并主张参照合同约定支付的，可以采用'按比例折算'的方式，即由鉴定机构在相应同一取费标准下计算出已完工程部分的价款占整个合同约定工程的总价款的比例，确定发包人应付的工程款。”此外，北京市高级人民法院、河北省高级人民法院和广东省高级人民法院也持有类似观点。①

“工程量比例折算法”的计算方式为总价乘以已完工程量占全部工程量比例计算已完工程价款。目前《山东省高级人民法院关于印发全省民事审判工作会议纪要的通知》对该做法进行了说明：“建设工程施工合同约定按固定总价结算，则按照实际施工部分的工程量占全部的工程量的比例，再按照合同约定的固定价格计算出已完部分工程价款。”此外，四川省高级人民法院、重庆市高级人民法院也持有类似观点。②

“工期比例折算法”是指已完施工使用的工期与合同约定工期的比值作为计价系数，再以该系数乘以合同约定总价进行计价。在国充充电科技江苏股份有限公司、深圳市宝安任达电器实业有限公司建设工程施工合同纠纷民事二审民事判决书中，发承包双方签订《充电站 EPC 项目总合同》，法院认为双方对承包人已施工的工程量及造价无法达成一致，双方亦无法提供有对方或监理签名或盖章确认的施工材料，涉案现场亦已破坏现无法通过评估鉴定的方式来确定工程量及造价，故一审法院酌定参考施工的实际时间来确定已完工程量及造价。涉案合同约定的工期为 120 天……实际施工时间为 78 天，占比工期的 65%。考

---

① 《北京市高级人民法院关于审理建设工程施工合同纠纷案件若干疑难问题的解答》规定：“由鉴定机构在相应同一取费标准下分别计算出已完工程部分的价款和整个合同约定工程的总价款，两者对比计算出相应系数，再用合同约定的固定价乘以该系数确定发包人应付的工程款。”《河北省高级人民法院关于印发〈建设工程施工合同案件审理指南〉的通知》规定：“以合同约定的固定价为基础，根据已完工工程占合同约定施工范围的比例计算工程款。即由鉴定机构在同一取费标准下分别计算出已完工程部分的价款和整个合同约定工程的总价款，两者对比计算出相应系数，再用合同约定的固定价乘以该系数，确定工程价款。”《广东省高级人民法院关于审理建设工程施工合同纠纷案件若干问题的指导意见》规定：“建设工程施工合同约定工程款实行固定价，如建设工程尚未完工，当事人对已完工工程造价产生争议的，可将争议部分的工程造价委托鉴定，但应以建设工程施工合同约定的固定价为基础，根据已完工工程占合同约定施工范围的比例计算工程款。当事人一方主张以定额标准作为造价鉴定依据的，不予支持。”

② 《四川省高级人民法院关于审理建设工程施工合同纠纷案件若干疑难问题的解答》规定：“对已完成工程量占合同工程量比例计算系数，再用合同约定的固定价款乘以该系数确定发包人应付的工程价款。”《重庆市高级人民法院关于建设工程造价鉴定若干问题的解答》规定：“如果合同为固定总价合同，且无法确定已完工程占整个工程的比例的，一般可以根据工程所在地的建设工程定额及相关配套文件确定已完工程占整个工程的比例，再以固定总价乘以该比例来确定已完工程造价。”

虑到实际施工时间与实际施工量一般而言大致相当，一审法院酌定已完工程量按照合同约定工程量的65%计算。合同约定的总价款为1434.2万元(668万元+748万元+18.2万元)，按65%的比例计算，承包人建设施工的损失为932.23万元。[①]

在三种计价模式中，"工期比例折算法"和"工程量比例折算法"均存在明显弊端。"工期比例折算法"适用的范围很小，仅实际施工时间与实际施工量大致相当时方可适用(实际施工中的停工、窝工等情形不存在，或剔除停工、窝工时间)。现实的工程实践中，由于工程造价在合同工期内并非均摊，工程总承包尤甚，以工期确定完工比例脱离了实际造价组成，所以采用"工期比例折算法"可操作性不强。而"工程量比例折算法"也存在以下弊端：一方面，"工程量比例折算法"可操作性不强，通常使用在按平方米单价计价的房屋建筑等建筑工程上。至于其他化工或水电行业项目中，由于各种项目的计量单位不同，其包含的价值也有较大出入，以工程量是无法算出占工程范围比例。从工程建设的基本知识来看，工程量是项目的数量表示，如现浇100m^3混凝土基础，绑扎10t钢筋，墙面抹灰1000m^2等，这些项目计量单位不一、数量价值不等，简单相加明显不妥，不能反映工程的真实造价。[②] 另一方面，实际中分部分项工程的计量单位不同，承包人考虑报价中各种因素的权衡(如不平衡报价等)，工程量与价款并不完全对应，它们并非简单的线性关系，因而此种方式计算结果的精确度不如"工程款比例折算法"，特别是在已完工工程量很少，又存在不平衡报价的情形下，此种方式计算出来的结果往往欠缺合理性。

"工程款比例折算法"是现阶段较为通行的做法，基本上符合合同当事人以固定价格为结算方式的真实意思，也更为公平地保护了当事人的合法权益。相较而言，本裁处规则建议对于未完工程施工部分的价款结算建议采取"工程款比例折算法"。

值得注意的是，在司法实践中，存在工程量无法确定的情况。如上文所提及的国充充电科技江苏股份有限公司、深圳市宝安任达电器实业有限公司建设工

① 参见国充充电科技江苏股份有限公司、深圳市宝安任达电器实业有限公司建设工程施工合同纠纷民事二审民事判决书[广东省深圳市中级人民法院(2021)粤03民终2652号]。

② 规范编制组编著：《建设工程造价鉴定规范(GB/T51262—2017)理解与适用》，中国计划出版社2021年版，第246页。

程施工合同纠纷，案涉工程在一审诉讼前已经被当事人拆除，无施工现场或已完工程现状可查，无法通过鉴定的方式确定工程量及造价，“工程款比例折算法”与“工程量比例折算法”均无法适用，此时，可以考虑“工期比例折算法”计算已完工程的造价，该处理方式亦是建设工程案件事实认定困难，而纠纷又要解决的无奈之举。

五、工程价款结算是否考虑违约责任的理论分析

根据《民法典》第 563 条，违约行为致使不能实现合同目的的，当事人可以解除合同。[①] 因违约行为导致合同解除，当事人可能将“合同签订时当地建设主管部门发布的计价方法或计价标准结算得出的工程价款”对比按本规则结算得出的价款，向仲裁庭主张采用更有利于自己的结算方法。是否支持该主张需要解决计价方式的选择是否考虑违约责任的问题。

违约责任指合同当事人不履行合同义务或履行合同义务不符合约定应承担的民事责任。违约责任的构成要件有两个：一是当事人签订的合同有效；二是当事人不履行合同义务或履行合同义务不符合约定。违约的形态一般有履行不能、拒绝履行、履行迟延和瑕疵履行。工程价款结算是否应当考虑违约责任目前有两种不同的观点：

肯定说的落脚点在于保护守约方利益，维护诚实信用原则和公平原则。由于现下工程总承包模式发展并不成熟，存在发承包双方并未明确约定违约责任、损失难以主张的情况。建设成本并非均匀分布，特别是出现不平衡报价时更是如此，在这种情况下，容易出现违约方因违约获益。例如，工程的前期利润较高，后期利润较低，当承包人违约导致合同中途解除，发包人若难以以合同中的违约条款追究对方的违约责任，则会导致承包人因违约而获得比履行全部工程更多的收益，这势必会助长恶意违约情形的发生，不利于诚实信用原则的践行。据此，原征求意见条文考虑违约责任的结算方法为：“因发包人违约解除合同，按合同解除时总承包人已完成的工作成果适用合同签订时当地建设主管部门发布的

---

① 《民法典》第 563 条规定：有下列情形之一的，当事人可以解除合同：（1）因不可抗力致使不能实现合同目的；（2）在履行期限届满前，当事人一方明确表示或者以自己的行为表明不履行主要债务；（3）当事人一方迟延履行主要债务，经催告后在合理期限内仍未履行；（4）当事人一方迟延履行债务或者有其他违约行为致使不能实现合同目的；（5）法律规定的其他情形。以持续履行的债务为内容的不定期合同，当事人可以随时解除合同，但是应当在合理期限之前通知对方。

计价方法或计价标准结算工程价款;因总承包人违约解除合同,按合同约定总价扣减合同解除时总承包人未完成设计、采购成果及未完工程的造价进行结算。"

否定说则主张工程价款的结算是事实认定,与违约责任的承担处于不同的法律维度,不宜混淆,即"造价归造价,违约归违约"。在结算时考虑工程价款,分析违约责任时考虑合同约定及损失大小,这种裁处思路更为清晰。如果二者同时考虑,双方就违约责任产生争议会导致价款结算问题悬而未决。不仅如此,在双方明确约定违约责任或损失可以计算的情况下,结算考虑违约责任会导致守约方双重获益。综上,应当站在中立的角度解决工程价款结算问题,至于守约方的损失,可以另行主张违约责任或损害赔偿责任。

专家组成员综合考虑各方论证意见后,认为否定说较为合理。首先,追究违约责任有法律依据。《民法典》第186条规定:"因当事人一方的违约行为,损害对方人身权益、财产权益的,受损害方有权选择请求其承担违约责任或者侵权责任。"可见,守约方存在通过违约责任或侵权责任弥补损失的救济途径。其次,2020版《工程总承包合同示范文本》可以视为行业惯例或交易习惯,违约责任的承担约定在第15条"违约",而合同解除后的价款结算问题约定在第16条"合同解除",由此可见,实践中,当事人更倾向于违约与结算分别约定和处理。最后,专家组成员在进行大数据检索的过程中发现,司法实践中,价款结算与违约责任的承担大多被放在不同的争议焦点中进行分别论述。[①]

六、仲裁实务中的注意事项

关于"质量合格"的含义,现行法律、法规规定得较为笼统。《建筑法》规定,建筑活动、施工质量应当符合国家的建筑工程安全标准。《建设工程质量管理条例》仅规定建设单位、施工单位对建设工程质量负责,国家对质量实行监督管理制度。"质量合格"指承包人已履约部分符合国家建筑工程质量标准。将举证难度降低到合理区间会使条款更具有可操作性,便于定分止争。

关于承包人举证责任分担,可以从设计、采购和施工三个方面论述。对于设

① 参见中国建筑第二工程局有限公司、四川秦川物流配送有限公司等建设工程施工合同纠纷民事二审判决书(最高人民法院最高法民终9号):"一审争议焦点:1.案涉《建设工程施工合同》应否解除及解除时间;2.秦川物流公司应付工程款及利息数额;3.秦川物流公司是否违约,应否承担相应的违约责任;4.仁鼎房产公司应否就欠付工程款及违约金承担支付责任;5.中建二局公司对案涉工程是否享有优先受偿权。"

计部分，FIDIC 黄皮书 2017 版第 5.2.2 项规定了“如果雇主要求或本条件规定承包商文件需提交工程师审核，则应将其连同承包商通知一并提交”。[①]《国务院办公厅关于全面开展工程建设项目审批制度改革的实施意见》（国办发〔2019〕11号）规定：“（八）实行联合审图和联合验收。制定施工图设计文件联合审查和联合竣工验收管理办法。将消防、人防、技防等技术审查并入施工图设计文件审查……”如果承包人举证证明设计图经过图纸会审、审图中心的审查，则达到了本建议所要求的证明高度——设计部分符合合同约定。对于采购部分，承包人需要提供的证明材料包括采购清单、生产许可证、产品合格证、产品说明书、设备进场检验合格证明等材料。如果项目已经进展到施工阶段，那么已完工程会经历检验批、隐蔽工程验收、分部分项工程验收、单位工程验收等各项环节，上述环节由工程质量验收责任方组织，工程建设相关单位参加。虽然国际上的行业惯例认为发包人的审核不免除承包人的质量责任[②]，但若承包人通过检验批、分部分项工程验收等程序并可以提供相关材料进行佐证，发包人已经或推定对承包人已履约部分表示过认可，则仲裁庭可以认定质量合格。此外，如果当事人对建设工程质量存在异议，可以通过申请质量鉴定等方式主张，仲裁庭再依据鉴定意见作出是否支持的裁决。

参考依据

1.《民法典》

第五百一十条　合同生效后，当事人就质量、价款或者报酬、履行地点等内容没有约定或者约定不明确的，可以协议补充；不能达成补充协议的，按照合同相关条款或者交易习惯确定。

第五百七十七条　当事人一方不履行合同义务或者履行合同义务不符合约定的，应当承担继续履行、采取补救措施或者赔偿损失等违约责任。

第八百零一条　因施工人的原因致使建设工程质量不符合约定的，发包人

---

① FIDIC 银皮书 2017 版也有类似的规定，第 5.2.2 项由雇主审核规定：“如果雇主要求或本条件规定承包商文件需提交雇主审核，则应将其连同承包商通知一并提交。”

② FIDIC 黄皮书 2017 版第 3.2 项工程师的任务和权利规定：“工程师、工程师代表或任何助手的任何……审核……不应解除承包商根据合同有关规定应承担的任何任务、义务或职责。”

有权请求施工人在合理期限内无偿修理或者返工、改建。经过修理或者返工、改建后，造成逾期交付的，施工人应当承担违约责任。

第八百零六条 承包人将建设工程转包、违法分包的，发包人可以解除合同。

发包人提供的主要建筑材料、建筑构配件和设备不符合强制性标准或者不履行协助义务，致使承包人无法施工，经催告后在合理期限内仍未履行相应义务的，承包人可以解除合同。

合同解除后，已经完成的建设工程质量合格的，发包人应当按照约定支付相应的工程价款；已经完成的建设工程质量不合格的，参照本法第七百九十三条的规定处理。

2.《建筑法》

第三条 建筑活动应当确保建筑工程质量和安全，符合国家的建筑工程安全标准。

3.《建设工程质量管理条例》

第三条 建设单位、勘察单位、设计单位、施工单位、工程监理单位依法对建设工程质量负责。

4.《价款结算暂行办法》

第十六条 发包人收到竣工结算报告及完整的结算资料后，在本办法规定或合同约定期限内，对结算报告及资料没有提出意见，则视同认可。

承包人如未在规定时间内提供完整的工程竣工结算资料，经发包人催促后14天内仍未提供或没有明确答复，发包人有权根据已有资料进行审查，责任由承包人自负。

根据确认的竣工结算报告，承包人向发包人申请支付工程竣工结算款。发包人应在收到申请后15天内支付结算款，到期没有支付的应承担违约责任。承包人可以催告发包人支付结算价款，如达成延期支付协议，承包人应按同期银行贷款利率支付拖欠工程价款的利息。如未达成延期支付协议，承包人可以与发包人协商将该工程折价，或申请人民法院将该工程依法拍卖，承包人就该工程折价或者拍卖的价款优先受偿。

5.《住房和城乡建设部办公厅关于重新调整建设工程计价依据增值税税率的通知》(建办标函〔2019〕193 号)

按照《财政部税务总局海关总署关于深化增值税改革有关政策的公告》(财政部　税务总局　海关总署公告 2019 年第 39 号)规定,现将《住房城乡建设部办公厅关于调整建设工程计价依据增值税税率的通知》(建办标〔2018〕20 号)规定的工程造价计价依据中增值税税率由 10% 调整为 9%。

6.《施工合同司法解释(一)》

第十二条　因承包人的原因造成建设工程质量不符合约定,承包人拒绝修理、返工或者改建,发包人请求减少支付工程价款的,人民法院应予支持。

第十六条　发包人在承包人提起的建设工程施工合同纠纷案件中,以建设工程质量不符合合同约定或者法律规定为由,就承包人支付违约金或者赔偿修理、返工、改建的合理费用等损失提出反诉的,人民法院可以合并审理。

第十九条　当事人对建设工程的计价标准或者计价方法有约定的,按照约定结算工程价款。

因设计变更导致建设工程的工程量或者质量标准发生变化,当事人对该部分工程价款不能协商一致的,可以参照签订建设工程施工合同时当地建设行政主管部门发布的计价方法或者计价标准结算工程价款。

建设工程施工合同有效,但建设工程经竣工验收不合格的,依照民法典第五百七十七条规定处理。

第二十条　当事人对工程量有争议的,按照施工过程中形成的签证等书面文件确认。承包人能够证明发包人同意其施工,但未能提供签证文件证明工程量发生的,可以按照当事人提供的其他证据确认实际发生的工程量。

第二十一条　当事人约定,发包人收到竣工结算文件后,在约定期限内不予答复,视为认可竣工结算文件的,按照约定处理。承包人请求按照竣工结算文件结算工程价款的,人民法院应予支持。

第二十九条　当事人在诉讼前已经对建设工程价款结算达成协议,诉讼中一方当事人申请对工程造价进行鉴定的,人民法院不予准许。

第三十条　当事人在诉讼前共同委托有关机构、人员对建设工程造价出具咨询意见,诉讼中一方当事人不认可该咨询意见申请鉴定的,人民法院应予准许,但双方当事人明确表示受该咨询意见约束的除外。

7.《民诉法解释》

第九十条 当事人对自己提出的诉讼请求所依据的事实或者反驳对方诉讼请求所依据的事实,应当提供证据加以证明,但法律另有规定的除外。

在作出判决前,当事人未能提供证据或者证据不足以证明其事实主张的,由负有举证证明责任的当事人承担不利的后果。

第九十一条 人民法院应当依照下列原则确定举证证明责任的承担,但法律另有规定的除外:

(一)主张法律关系存在的当事人,应当对产生该法律关系的基本事实承担举证证明责任;

(二)主张法律关系变更、消灭或者权利受到妨害的当事人,应当对该法律关系变更、消灭或者权利受到妨害的基本事实承担举证证明责任。

第一百零八条 对负有举证证明责任的当事人提供的证据,人民法院经审查并结合相关事实,确信待证事实的存在具有高度可能性的,应当认定该事实存在。

对一方当事人为反驳负有举证证明责任的当事人所主张事实而提供的证据,人民法院经审查并结合相关事实,认为待证事实真伪不明的,应当认定该事实不存在。

法律对于待证事实所应达到的证明标准另有规定的,从其规定。

8.《建设工程设计合同示范文本(房屋建筑工程)》

附件6:设计费明细及支付方式

四、设计费支付方式

经发包人、设计人双方确认,如果发包人委托设计人负责全过程工程设计服务,各阶段的设计费比例为:方案设计阶段的设计费占本合同设计费总额的20%,初步设计阶段的设计费占本合同设计费总额的30%,施工图设计阶段的设计费占本合同设计费总额的40%,施工配合阶段占本合同设计费总额的10%;如果发包人委托设计人负责部分工程设计服务,则每个阶段的设计费比例,双方另行协商确定。

9.《建设工程设计合同示范文本(专业建设工程)》

16　合同解除

16.4　合同解除后,发包人除应按第14.1.1项的约定及专用合同条款约定期限内向设计人支付已完工作的设计费外,应当向设计人支付由于非设计人原因合同解除导致设计人增加的设计费用,违约一方应当承担相应的违约责任。

14.1.1　……已开始设计工作的,发包人应按照设计人已完成的实际工作量计算设计费,完成工作量不足一半时,按该阶段设计费的一半支付设计费;超过一半时,按该阶段设计费的全部支付设计费。

附件6:设计费明细及支付方式

四、设计费支付方式

1. 本合同生效后7天内,发包人向设计人支付设计费总额的_%作为定金或预付款,计__________元,设计合同履行完毕后,定金或预付款抵作部分设计费。

2. 设计人向发包人提交初步设计文件后____天内,发包人向设计人支付设计费总额的20%,计__________元。

3. 设计人向发包人提交主要非标准设备设计文件后____天内,发包人向设计人支付设计费总额的15%,计__________元。

4. 设计人向发包人提交施工图设计文件后7天内,发包人向设计人支付设计费总额的30%,计__________元。

5. 试车(试运行)考核完成后7天内,发包人向设计人支付设计费总额的10%,计__________元。

6. 工程竣工验收后7天内,发包人向设计人支付全部剩余设计费,共计__________元。

注:上述支付方式供发包人、设计人参考使用。

10. 2020版《工程总承包合同示范文本》

16.1.3　因承包人违约解除合同后的估价、付款和结算

因承包人原因导致合同解除的,则合同当事人应在合同解除后28天内完成估价、付款和清算,并按以下约定执行:

(1)合同解除后,按第3.6款[商定或确定]商定或确定承包人实际完成工作

对应的合同价款,以及承包人已提供的材料、工程设备、施工设备和临时工程等的价值;

(2)合同解除后,承包人应支付的违约金;

(3)合同解除后,因解除合同给发包人造成的损失;

(4)合同解除后,承包人应按照发包人的指示完成现场的清理和撤离;

(5)发包人和承包人应在合同解除后进行清算,出具最终结清付款证书,结清全部款项。

因承包人违约解除合同的,发包人有权暂停对承包人的付款,查清各项付款和已扣款项,发包人和承包人未能就合同解除后的清算和款项支付达成一致的,按照第20条[争议解决]的约定处理。

16.2.3 因发包人违约解除合同后的付款

承包人按照本款约定解除合同的,发包人应在解除合同后28天内支付下列款项,并退还履约担保:

(1)合同解除前所完成工作的价款;

(2)承包人为工程施工订购并已付款的材料、工程设备和其他物品的价款;发包人付款后,该材料、工程设备和其他物品归发包人所有;

(3)承包人为完成工程所发生的,而发包人未支付的金额;

(4)承包人撤离施工现场以及遣散承包人人员的款项;

(5)按照合同约定在合同解除前应支付的违约金;

(6)按照合同约定应当支付给承包人的其他款项;

(7)按照合同约定应返还的质量保证金;

(8)因解除合同给承包人造成的损失。

承包人应妥善做好已完工程和与工程有关的已购材料、工程设备的保护和移交工作,并将施工设备和人员撤出施工现场,发包人应为承包人撤出提供必要条件。

16.3.1 结算约定依然有效

合同解除后,由发包人或由承包人解除合同的结算及结算后的付款约定仍然有效,直至解除合同的结算工作结清。

11. FIDIC 银皮书 2017 版

15. 3　由承包商违约终止后的估价

在根据第 15. 2 款[由承包商违约的终止]的规定终止合同后,雇主代表应按照第 3. 5 款[商定或确定]的规定继续商定或确定永久工程、货物和承包商文件的价值,以及承包商按照合同实施的工作应得的任何其他款项(以及,就第 3. 5. 3 项[时限]而言,终止日期应为根据第 3. 5. 3 项商定的时限的开始日期)。

该估价应包括任何增加和/或扣减,以及应付余额(如果有),并参照第 14. 13 款[最终付款]第(a)和(b)段所述的事项。

如果承包商文件、材料、生产设备及永久工程不符合合同规定,则该估价不包括其价值。

15. 4　由承包商违约终止后的付款

在本款以下规定中所达的所有成本、损失和损害(如果有)确定前,雇主可暂扣按照第 15. 3 款[由承包商违约终止后的估价]规定的商定或确定支付承包商的金额。

按照第 15. 2 款[由承包商违约的终止]的规定终止合同后,雇主应有权根据第 20. 2 款[付款和/或竣工时间延长的索赔]的规定要求承包商支付以下款项:

(a)在根据第 15. 3 款[由承包商违约终止后的估价]的规定允许付给承包商的任何款额后,实施工程的额外费用,以及雇主合理发生的所有其他费用(包括第 11. 11 款[现场清理]规定中所述的清理、清洗和恢复现场发生的费用);

(b)在工程竣工过程中,雇主遭受的任何损失和损害;(以及)

(c)如果还未按照第 10. 1 款[工程和分项工程的接收]的规定接收工程或分项工程,以及如果第 15. 2 款[由承包商违约的终止]规定的终止日期在工程或分项工程(视情况而定)的竣工时间相对应的日期后发生,而造成的误期损害赔偿费。该误期损害赔偿费应在上述两个日期之间按日支付。

15. 5　为雇主便利的终止

雇主应有权在对其便利的任何时候,通过向承包商发出终止通知,终止合同(该通知应说明是根据第 15. 5 款的规定发出的)。

根据本款发出终止通知后,雇主应立即:

(a)无权进一步使用应交还给承包商的任何承包商文件,但承包商已收到付款或应付款除外;

(b)如果第4.6款[合作]适用,则无权继续使用(如果有)任何承包商设备、临时工程、进出安排和/或承包商的其他设施或服务;(以及)

(c)安排将履约担保退还给承包商。

本款规定的终止应在承包商收到该通知或雇主退还履约担保两者中较晚的日期后第28天生效。除非且直到承包商收到第15.6款[为雇主便利终止后的估价]规定的应付款额,否则雇主不得实施工程(任何部分)或安排其他实体实施工程(任何部分)。

终止后,承包商应按照第16.3款[终止后承包商的义务]的规定继续进行。

15.6 为雇主便利终止后的估价

按照第15.5款[为雇主便利的终止]的规定终止后,承包商应在切实可行的情况下,尽快(按照雇主的合理要求)提交以下详细的证明资料:

(a)已完成工作的价值,其中应包括:

(i)第18.5款[自主选择终止](a)至(c)段中所述的事项;(以及)

(ii)任何增加和/或扣减额,以及应付余额(如果有),并参照第14.13款[最终付款](a)和(b)段中所述的事项;(以及)

(b)承包商因终止合同而遭受的任何利润损失或其他损失和损害的金额。

然后,雇主代表应按照第3.5款[商定或确定]的规定,商定或确定上述(a)和(b)段中所述的事项(以及,就第3.5.3项的[时限]而言,雇主代表根据本款收到承包商的详细资料的日期应为按照第3.5.3款商定的时限的开始日期)。

雇主应按商定或确定的金额支付承包商,而承包商无须提交报表。

16.3 终止后承包商的义务

根据第15.5款[为雇主便利的终止]、第16.2款[由承包商终止]或第18.5款[自主选择终止]的规定终止合同后,承包商应立即:

(a)停止所有进一步的工作,但雇主为保护生命或财产或工程安全可能指示的工作除外。如果承包商因执行该指示的工作而产生费用,则承包商应有权根据第20.2款[付款和/或竣工时间延长的索赔]的规定,获得此类成本加利润的支付;

(b)将承包商已得到付款的所有承包商文件、生产设备、材料和其他工作交付给雇主;(以及)

(c)从现场运走除安全需要以外的所有其他货物,并撤离现场。

16.4 由承包商终止后的付款

根据第16.2款[由承包商终止]的规定终止后,雇主应立即:

(a)按照第18.5款[自主选择终止]的规定,向承包商付款;(以及)

(b)在承包商遵守第20.2款[付款和/或竣工时间延长的索赔]规定的前提下,付给承包商因此项终止而遭受的任何利润损失或其他损失和损害的款额。

12. FIDIC 黄皮书2017版

15.3 由承包商违约终止后的估价

在根据第15.2款[由承包商违约的终止]的规定终止合同后,工程师应按照第3.7款[商定或确定]的规定继续商定或确定永久工程、货物和承包商文件的价值,以及承包商按照合同实施的工作应得的任何其他款项(以及,就第3.7.3项[时限]而言,终止日期应为根据第3.7.3项商定的时限的开始日期)。

该估价应包括任何增加和/或扣减,以及应付余额(如果有),并参照第14.13款[最终付款证书的签发](a)和(b)段所述的事项。

如果承包商文件、材料、生产设备及永久工程不符合合同规定,则该估价不包括其价值。

15.4 由承包商违约终止后的付款

在本款以下规定中所述的所有成本、损失和损害(如果有)确定前,雇主可暂扣按照第15.3款[由承包商违约终止后的估价]规定的商定或确定支付承包商的金额。

按照第15.2款[由承包商违约的终止]的规定终止合同后,雇主应有权根据第20.2款[付款和/或竣工时间延长的索赔]的规定要求承包商支付以下款项:

(a)在根据第15.3款[由承包商违约终止后的估价]的规定允许付给承包商的任何款额后,实施工程的额外费用,以及雇主合理发生的所有其他费用(包括第11.11款[现场清理]规定中所述的清理、清洗和恢复现场发生的费用);

(b)在工程竣工过程中,雇主遭受的任何损失和损害;(以及)

(c)还未按照第10.1款[工程和分项工程的接收]的规定接收工程或分项工程,以及第15.2款[由承包商违约的终止]规定的终止日期在工程或分项工程(视情况而定)的竣工时间相对应的日期后发生,而造成的误期损害赔偿费。该误期损害赔偿费应在上述两个日期之间按日支付。

15.5　为雇主便利的终止

雇主应有权在对其便利的任何时候,通过向承包商发出终止通知,终止合同(该通知应说明是根据第15.5款的规定发出的)。

根据本款发出终止通知后,雇主应立即:

(a)无权进一步使用应交还给承包商的任何承包商文件,但承包商已收到付款或付款证书规定应付款的文件除外;

(b)如果第4.6款[合作]适用,则无权继续使用(如果有)任何承包商设备、临时工程、进出安排和/或承包商的其他设施或服务;(以及)

(c)安排将履约担保退还给承包商。

本款规定的终止应在承包商收到该通知或雇主退还履约担保两者中较晚的日期后第28天生效。除非且直到承包商收到第15.6款[为雇主便利终止后的估价]规定的应付款额,否则雇主不得实施工程的(任何部分)或安排其他实体实施(任何部分)工程。

终止后,承包商应按照第16.3款[终止后承包商的义务]的规定继续进行工作。

15.6　为雇主便利终止后的估价

按照第15.5款[为雇主便利的终止]的规定终止后,承包商应在切实可行的情况下,尽快(按照工程师的合理要求)提交以下详细的证明资料:

(a)已完成工作的价值,其中应包括:

(i)第18.5款[自主选择终止](a)至(e)段中所述的事项;(以及)

(ii)任何增加和/或扣减额,以及应付余额(如果有),并参照第14.13款[最终付款证书的签发](a)和(b)段中所述的事项;(以及)

(b)承包商因终止合同而遭受的任何利润损失或其他损失和损害的金额。

然后,工程师应按照第3.7款[商定或确定]的规定,商定或确定上述(a)和(b)段中所述的事项(以及,就第3.7.3项[时限]而言,工程师根据本款收到承包商的详细资料的日期应为按照第3.7.3项商定的时限的开始日期)。

工程师应按商定或确定的金额签发付款证书,而承包商无需提交报表。

16.3　终止后承包商的义务

根据第15.5款[为雇主便利的终止]、第16.2款[由承包商终止]或第18.5款[自主选择终止]的规定终止合同后,承包商应立即:

(a)停止所有进一步的工作,但工程师为保护生命或财产或工程安全可能指示的工作除外。如果承包商因执行该指示的工作而产生费用,则承包商应有权根据第20.2款[付款和/或竣工时间延长的索赔]的规定,获得此类成本加利润的支付;

(b)将承包商已得到付款的所有承包商文件、生产设备、材料和其他工作交付给工程师;(以及)

(c)从现场运走除安全需要以外的所有其他货物,并撤离现场。

16.4　由承包商终止后的付款

根据第16.2款[由承包商终止]的规定终止后,雇主应立即:

(a)按照第18.5款[自主选择终止]的规定,向承包商付款;(以及)

(b)在承包商遵守第20.2款[付款和/或竣工时间延长的索赔]规定的前提下,付给承包商因此项终止而遭受的任何利润损失,或其他损失或损害的款额。

案例分析

案　例

中国电力工程顾问集团东北电力设计院有限公司与牡丹江佳日热电有限公司建设工程施工合同纠纷

案号:(2012)黑民初字第3号

审理法院:黑龙江省高级人民法院

裁判类型:一审民事判决

一、案情介绍

2007年11月,牡丹江佳日热电有限公司(以下简称佳日公司)为建设发电机组工程,与中国电力工程顾问集团东北电力设计院有限公司(以下简称电力设计院)签订《牡丹江佳日热电有限公司扩建225MW汽轮发电机组工程总承包合同》,该合同约定合同总额为34,888万元,双方并在“专用条款”约定:勘察设计价格600万元,设备价格15,587万元,建筑安装价格18,351万元,其他费用350

万元,合同总价在合同有效期内为固定不可调整价。电力设计院作为总承包人,进行该项工程的施工建设。由于佳日公司在履行合同过程中资金链中断,导致该工程于2009年11月15日被迫停工。2012年5月、7月,电力设计院两次致函佳日公司,终止了总承包合同的履行。由于佳日公司违约导致总承包合同无法履行,电力设计院与相关分包单位、供货单位之间的建安施工合同、主辅机采购合同均无法继续履行,相关分包单位、供货单位向电力设计院主张的损失已达1158.54万元,电力设计院为解决善后事宜支出管理费用167.8万元。

二、各方观点

(一)原告电力设计院观点

1. 勘察设计费由勘察费与设计费构成,勘察工作已全部完成,勘察报告已出版,该工作的工作量占全部勘察设计工作的6%,即36万元;设计工作包括可行性研究、初步设计和施工图设计,二者工作量的比例为3∶7,按照设计工作合同总价564万元计算,可行性研究、初步设计按照完成90%计算的费用为152万元(564万元×30%×90%),施工图设计按照完成85%计算的费用为335万元(564万元×70%×85%),总计勘察设计费523万元。

2. 建筑安装工程已完成25.56%,按照建筑安装工程总包合同价18,351万元计算,建筑安装工程合同价款4690.5万元(18,351万元×25.56%)。

3. 电力设计院分别与16家设备供货单位签订了主辅机设备采购合同,截至工程停工,已完设备总金额为4068.46万元,其中主机设备3159万元(汽轮机776万元、锅炉2383万元),辅机设备909.46万元。

4. 合同总价中包含其他费用350万元,截至工程停工,诉争工程已完成25.56%,其他费用为89.45万(350万元×25.56%)。以上四项合计9371.41万元,减去佳日公司已支付的5100万元,未付合同价款为4271.41万元。

5. 建筑安装单位停工损失994万元,设备供货单位索赔164.54万元,处理停工善后支付人员工资、住宿费用、车辆费用等各项费用167.8万元,合计违约损失1326.34万元。

(二)被告佳日公司观点

1. 电力设计院仅举示了诉争工程的部分图纸(电子版),未向佳日公司提交勘察报告、可行性研究及初步设计方案,无法证实其完成上述工作,佳日公司不应全额支付勘察设计费523万元,应以鉴定为准。

2. 电力设计院在东北电力设计院关于诉请给付项目及金额的说明中自认其可行性研究及初步设计只完成90%,施工图设计只完成85%,电力设计院按照建安总价18,351万元为基数计算已完工程价款4690.5万元错误,而其他费用89.45万元,亦存在类似的情形,佳日公司不应全额支付该款,应以鉴定机构认定为准。

3. 因为电力设计院举示的其与供货单位签订的52份合同中,未提供设备公司的营业执照,不能证明该公司真实存在,且其中有14份合同的购买人不是电力设计院,而是长春东电科技开发中心,其设备均是通用设备,不能说明是为诉争工程购买,电力设计院未举示履约保函、发票、付款凭证等证据,亦不能说明其购买设备款已经实际发生及存在该部分损失,亦不能据此认定电力设计院需向供货单位承担1158.54万元的违约责任。目前到现场的设备只有酸碱贮存罐(合同价110.3万元)及锅炉(两台合同价4767万元),但并非全部运送到施工现场。因此,应对设备价款4068.46万元的诉讼请求予以驳回。

4. 从电力设计院提供的车辆费发票中可以看出,均不是在牡丹江市发生的,其中,汽车装饰款5800元、更换17个轮胎31,110元、加油款等不能证实为诉争工程使用,其票据报账科目为院长工作部,并非佳日公司项目部,故车辆款148,888元佳日公司不应承担;2010年至2011年在职五个人员工资不能证明是为佳日公司项目支出的,5人根本没有全天候在牡丹江工作;租房费用11万元与酒店住宿费不可能同时发生等,故电力设计院请求给付处理停工善后的支出167.8万元应予驳回。

三、裁决要旨

关于诉争已完工程部分总价款。电力设计院向本院提起诉讼后,举示了其已完工程量价的相关证据,佳日公司虽对电力设计院举示的部分证据持有异议,但未提出反驳证据证实其异议成立,并在对已完工程量价申请司法鉴定后,拒缴剩余鉴定费用,致使鉴定机构不予出具关于已完工程量价的司法鉴定意见书,属于放弃该部分举证权利,故本院在本案中对电力设计院举示证据的合法性、合理性审查后,据此确定已完工程总价款。

(一)设计成果价款

电力设计院认为已完成全部勘察工作,履行合同过程中向佳日公司或监理公司交付了大部分设计、施工图纸,并按照完成工作量的比例主张勘察设计费用,佳日公司无证据予以反驳,故本院对总计勘察设计费523万元予以认定。

（二）建安工程价款

根据吉林正洋工程管理咨询有限公司出具的《结算编制报告》，诉争工程建安工程部分的主要分包单位牡丹江市安装工程有限公司、迪尔集团有限公司已完工程价款占其合同总造价的25.56%，因佳日公司未完成重新鉴定的举证责任，电力设计院依据分包人已完工程的比例及总承包合同约定的建安工程总价18,351万元计算其已完建安工程价款4690.5万元，该价款虽然高于主要分包人应取得的价款，但基于总承包合同有效，电力设计院作为总承包人的取费中还应包含属于其自身的间接费用等，而双方当事人对固定总价合同中增减工作量部分亦约定按比例调整，故其计取方式具有合理性，本院对已完建安工程价款4690.5万元予以认定。

（三）设备采购价款

双方在2011年10月18日签订的会议纪要中已经确定设备到场情况，亦载明了电力设计院为采购设备与供货厂家签订合同的情况，电力设计院向本院举示了上述合同，上述合同中有关购买人长春东电科技开发中心为电力设计院购买的设备，在该中心依法注销后，其权利义务由电力设计院享有并无不当。因佳日公司对诉争设备到场及生产情况提出异议，法院要求鉴定机构对安装或运送到现场的散件部分及电力设计院已经采购或生产厂家已经制造完毕部分的设备或散件的价格合理性进行审查，鉴于佳日公司未完成反驳的举证责任，法院对已完设备总价款4068.46万元予以认定。电力设计院增加诉请佳日公司给付其支付辽阳水处理设备厂设备价款28万元，已举示银行汇款凭证，该款实际发生，法院对该款亦予认定。但电力设计院主张的上述设备中已部分生产完毕未到现场的部分设备，即布袋除尘器、刮板给煤机、桥式起重机、机械除渣设备、灰库灰斗气化风机、除盐设备、加药取样系统、清水箱、除盐水箱、高压开关柜、石灰石系统、废水处理系统设备、交流不停电电源（UPS），合计价款632.479万元，佳日公司可在该设备到场后给付该款。

四、法律分析

本案中，发承包双方签订的工程总承包合同合法有效，该合同系固定总价合同（34,888万元），区分勘察设计部分价格（600万元）、设备采购部分价格（15,587万元）、建筑安装部分价格（18,351万元）及其他费用。合同履行期间，发包人不能支付工程进度款，承包人通知发包人解除合同，即发包人违约致使合同目的不能实现,守约方可以行使解除权解除合同。

合同解除后,发承包双方未就价款结算问题达成合意,故法院依法对承包人已完工程部分总价款进行认定。对于法院确定承包人已完工程部分总价款的依据,承包人提供了已完工程量价证据。发包人虽对此持有异议但未提供相应证据且拒绝缴纳鉴定费用。此外,法院对承包人提供的证据进行了合法性、合理性的审查。2020 版《工程总承包合同示范文本》第 16. 2. 3 项规定:“承包人应妥善做好已完工程和与工程有关的已购材料、工程设备的保护和移交工作。”可见,承包人作为工程的建设者,掌握了已完工程量价的相关证据材料,可以作为工程价款确认的依据。法院对该材料主动审查并充分保证发包人质证的权利,此举保证了承包人举证材料的真实性、准确性、合法性,增加了信服度。

在确定已完工程总价款的计算依据后,法院对该项目的勘察设计、设备采购及建安工程分别进行计算,通过累加得出承包人已完工程款项。

关于勘察设计部分价款,合同约定勘察设计部分总价为 600 万元,法院依据承包人交付大部分设计、施工图纸的事实,按照承包人完成工作量的比例确定勘察设计费用 523 万元。该裁决思路与本条所规定的“结合设计阶段、设计深度参照合同关于设计价格的约定按比例结算”相一致。《设计合同示范文本(专业建设工程)》与《设计合同示范文本(房建工程)》均约定“已开始设计工作的,发包人应按照设计人已完成的实际工作量计算设计费”,由此可知,设计阶段的实际工作量是可以确定的,通常以此计算发包人应付费用,法院的做法具有可操作性,也契合交易习惯。

关于设备采购部分价款,已经到场的设备,法院根据承包人与供货厂家的合同、银行汇款凭证等材料确定设备价款,与此同时,对价格合理性进行审查并保证发包人提出异议的权利;对于未到场的设备,法院判决在设备到场后给付价款。承包人与供货商所签订的合同可以作为发承包人之间的设备价款结算的依据之一,但考虑到发包人并非合同相对人,并未参与到价格磋商之中,法院保证发包人提出异议的权利并要求鉴定机构对价格进行合理性审查,体现公平原则,规避道德风险。针对在途货物的价款支付问题,由于设备进场后,发包人可以查验设备及相关证件,法院将发包人支付该笔款项的时间顺延至设备到场的做法具有合理性。

关于建安工程价款,法院主要参照建安工程部分主要分包单位的已完工程价款占合同总造价的比例确定,即本条款所建议的"工程款比例折算法"。该做法所得出的数据略高于分包单位应得的款项,但符合现实情况(该款项还包括总承包人自身的间接费用),这也从侧面佐证了"工程款比例折算法"的合理性。

总体而言,法院探寻当事人签订合同时的真实意思表示,严格把关证据材料,保障当事人举证质证的权利,结合工程总承包的实践情况及交易习惯选取适当的结算方式,从总价合同的价格构成出发,分别计算勘察设计、设备采购、建安工程等部分的价款,判决结果科学、合理,具有良好的社会导向作用。

第二十一条

变更的处理原则

承包人仅以设计发生变更为由要求顺延工期的，建议不予支持，但若出现工程总承包合同约定的变更情形，或“发包人要求”错误、变更等，导致承包人费用增加、工期延误的，承包人主张发包人应承担由此增加的费用、支付合理利润并顺延工期的，建议予以支持。

工程总承包合同约定增加费用、顺延工期应当经发包人或者工程师签证等方式确认，承包人虽未取得该等确认，但能够证明在合同约定的期限内向发包人或者工程师申请过费用增加、工期顺延，且申请事由符合合同约定或法律规定，承包人以此为由主张费用增加、工期顺延的，建议予以支持。

裁决指引

一、如何理解“承包人仅以设计发生变更为由要求顺延工期的，建议不予支持”

工程总承包模式下，承包人需按照发包人要求及合同约定承包建设工程项目的设计、采购、施工等全过程或若干阶段（至少包括设计和施工阶段），并对其所承包的建设工程项目的质量、工期、费用等全面负责。

传统意义上的施工总承包，设计是由发包人负责（发包人具有相应设计资质）或委托的设计公司负责，在发生设计变更的情形下，承包人通常采取设计变更或签证的方式向发包人申请顺延工期和调整费用。工程总承包不同于施工总承包，设计和施工均属于承包人的承包范围，在发包人要求没有变化的情形下，承包人的设计变更应是承包人承担的风险范围。因此，在工程总承包模式下，在发包人未改变发包人要求的情况下，承包人随着设计阶段推进或为满足发包人要求所作出的设计变更则被认为是包含在合同约定的承包人风险范围内，工期不进行调整。同理，此种情况下承包人的设计优化、设计深化等，原则上也不应成为其可以顺延工期或调整合同价格的理由。

二、“发包人要求”错误、变更等导致承包人费用增加和（或）工期延误的，应进行调整

2020 版《工程总承包合同示范文本》第 1.1.1.6 目规定：“《发包人要求》：指构成合同文件组成部分的名为《发包人要求》的文件，其中列明工程的目的、范围、设计与其他技术标准和要求，以及合同双方当事人约定对其所作的修改或补充。”《工程总承包管理办法》第 9 条第 1 款第 4 项规定，“发包人要求，列明项目的目标、范围、设计和其他技术标准，包括对项目的内容、范围、规模、标准、功能、质量、安全、节约能源、生态环境保护、工期、验收等的明确要求”。

2020 版《工程总承包合同示范文本》第 1.12 款规定：“承包人应尽早认真阅读、复核《发包人要求》以及其提供的基础资料，发现错误的，应及时书面通知发包人补正。发包人作相应修改的，按照第 13 条[变更与调整]的约定处理。《发包人要求》或其提供的基础资料中的错误导致承包人增加费用和（或）工期延误的，发包人应承担由此增加的费用和（或）工期延误，并向承包人支付合理利润。”

由此可见，发包人要求包含了拟建项目的所有要求，是发包人建设意图的准确表达，也是承包人确认工程范围和工程造价的基础，是合同目的的具体体现，与整个项目的质量、成本、进度、安全等息息相关。发包人要求由发包人负责编制提供，其准确性、完整性应由发包人负责，相应风险也应由发包人承担。承包人应按照发包人要求完成承包工作并交付工作成果，若“发包人要求”错误或进行修改，相应责任应由发包人负责，由此导致承包人费用增加、工期延误的，应基于合同约定和公平原则给予调整。

三、虽未经签证确认，但承包人能够证明在合同约定期限内申请过且事由符合约定或法律规定的，建议予以支持

工程总承包合同在涉及费用或工期调整时，往往以发包人或者工程师签认的签证单等作为调整的依据。在合同履行过程中，如果出现工程总承包合同约定的变更情形，或“发包人要求”错误、修改等造成费用增加、工期顺延的情况，承包人应按照合同约定，向发包人或工程师提出申请，发包人或工程师

及时予以回复,从而将相应事项予以明确并固定,以免到工程施工结束后产生争议。

实务中,存在承包人按合同约定向发包人提出申请,但发包人利用自己的优势地位,未对承包人的申请进行确认。如果仅因承包人未取得发包人或工程师签证而认定案涉工程费用未增加或工期未顺延,难免有失偏颇,使得承包人的实体权利丧失,双方权利与义务失衡。参照《施工合同司法解释(一)》第10条"当事人约定顺延工期应当经发包人或者监理人签证等方式确认,承包人虽未取得工期顺延的确认,但能够证明在合同约定的期限内向发包人或者监理人申请过工期顺延且顺延事由符合合同约定,承包人以此为由主张工期顺延的,人民法院应予支持。当事人约定承包人未在约定期限内提出工期顺延申请视为工期不顺延的,按照约定处理,但发包人在约定期限后同意工期顺延或者承包人提出合理抗辩的除外"的规定,对于承包人能够证明其在合同约定的期限内向发包人或者工程师申请过费用增加、工期顺延,且申请事由符合合同约定或法律规定的情形,其主张建议予以支持。

应注意的是,承包人的证明材料不一定只有签证、变更、索赔意向书、索赔报告等形式,还可以考虑工程惯例和行业习惯采用的如会议纪要、洽商记录、进度计划修订说明、现场施工日志、施工方案、微信群聊天记录、EMS邮寄记录、电子邮件等,只要其中包括能够证明承包人在约定期限内申请过且申请事由符合合同约定或法律规定的材料,其主张应予以支持。

参考依据

1.《〈最高人民法院关于审理建设工程施工合同纠纷案件适用法律问题的解释(一)〉理解与适用》(法律出版社)

2. 2020版《工程总承包合同示范文本》

案例分析

案　例

中国电建集团新能源电力有限公司(原贵州电力建设第二工程公司)、贵州赤天化桐梓化工有限公司建设工程施工合同纠纷

案号:(2019)最高法民终1356号

审理法院:最高人民法院

裁判类型:二审民事判决

一、案情介绍

9号鉴定意见分析说明记载,推断窝工时间的起始时间按工程里程碑计划中的3#炉达到向化工送气条件的2010年8月30日;因提供的证据中未体现三大主机设备完全到货的最终时间,采用施工单位分部自检记录的3#锅炉整体风压试验时间2011年11月20日作为最终时间。依据起止时间推断计算,扣减30天,推断窝工天数为417天。推算合同条件不足调整部分(窝工)17,840,094元,其中,人工窝工费用14,253,894元、机械台班窝工费用3,586,200元。

贵州赤天化桐梓化工有限公司(以下简称赤天化公司)、中国电建集团新能源电力有限公司(以下简称电建公司)、自贡东方锅炉工业集团有限公司(后更名为华西能源工业股份有限公司,以下简称华西能源公司)、贵阳衡通公司于2009年9月29日形成的《2#、3#锅炉交货进度协调会会议纪要》中载明:(1)由华西能源公司与贵州电建二公司对1#炉的发货情况进行核对;(2)前期1#炉在交货过程中及设备质量上存在的问题较多,希望供货商在2#、3#炉的交货过程中能够切实保障产品质量;(3)供货商保证在2009年12月初将2#炉的所有设备交付完毕,在2010年1月底将3#炉的所有设备交付完毕。

还查明,电建公司于2011年6月9日向赤天化公司发送的桐梓-RD-941-2011-06-09,主题为"关于锅炉司水小室、炉顶小室缺件事宜"的传真载明,3#炉司水小室施工图材料表中的窗框包角板少开列了18米(三台炉的量),所供的自

攻螺钉 ST5.5×35 开列数量不够，大约差4000 颗（三台炉的量）。

赤天化公司于2010 年9 月13 日向电建公司发送的《关于3#锅炉刚性梁事宜的函》载明：贵公司发来要求确认窝工费的传真（桐梓－DR－834－2010－09－05）已收悉。我公司对此极为重视。经过对设备安装顺序及现场安装情况的具体了解，我公司认为不完全属实。

二、各方观点

电建公司上诉主张因锅炉安装过程中存在资料移交晚、设施设备有缺陷需修复、设施设备迟延交付等问题，请求按9 号鉴定意见推算的金额18,099,502 元赔偿其因合同条件不足调整部分造成的窝工损失。

赤天化公司辩称，电建公司未提交证据证明三大主机设备完全到货的最终时间，因供货商未按时交货造成工期延误，电建公司未按合同约定方式报送索赔报告等，不应由其承担责任。

三、裁决要旨

案涉合同之《合同条款》第20 条是当事人双方自行实现索赔目的的程序约定。当事人一方提出索赔请求不符合合同约定的方式导致的后果是不能自行结算，但不能据此排除其自行结算未果后转而寻求司法救济进行强制结算的权利。即使电建公司提出的索赔请求形式不合约定，也并不当然导致其索赔权利的丧失，不影响索赔约定目的的实现。人民法院应当依照法律规定，对索赔事由和请求进行实体审查并作出判断。根据工程惯例，承包人申请索赔并不一定必须严格采取索赔报告等固定形式，其他书面文件，只要包括对窝工事实的描述且表明承包人主张权利的内容，亦可以证明承包人向发包人提出过索赔申请。事实上，电建公司分别于2009 年1 月5 日、6 月29 日，2010 年9 月5 日、4 月14 日向赤天化公司发送的桐梓－RD－078－2009－01－05、桐梓－DR－303－2009－06－29、桐梓－DR－834－2010－09－05、桐梓－DR－707－2010－04－14 传真文件均提出了索赔要求。赤天化公司《关于3#锅炉刚性梁事宜的函》也证实其收到了电建公司要求确认窝工费的传真，且仅认为设备安装顺序及现场安装情况“不完全属实”。原审判决以电建公司未按合同约定方式报送索赔报告，驳回电建公司的窝工损失请求，适用法律确有不当。因此，电建公司有权依照 EPC 总承包合同之《合同条款》第7 条第8 款第1 项的约定向赤天化公司主张窝工损失。9 号鉴定意见应当作为认定本案窝工损失的证据。原审判决对此节事实适用法律错误,应予纠正。

四、法律分析

承包人索赔虽未严格按照合同约定索赔程序处理,但人民法院应当依照法律规定并结合工程惯例,对索赔事由和请求进行实体审查并作出判断。

第二十二条

变更估价的认定

当事人对变更估价有约定，按约定处理；没有约定或者约定不明确的，一方当事人请求按以下顺序确定变更估价的，建议予以支持：

（一）采用合同中相同工程项目的费率和价格；

（二）参照合同中类似工程项目的费率和价格；

（三）参照市场价计算工程项目的成本加利润；

（四）参照签约时项目所在地建设行政主管部门发布的计价方法或者计价标准。

裁决指引

一、条文主旨

本条是关于工程总承包合同中当事人对变更估价进行意思自治以及未达成合意时如何确定变更估价的规定。

二、条文解析

实务中工程项目在建设过程中发生变更在所难免，尤其是工程总承包项目投资额大、建设期长，发包时没有工程量清单和施工图纸，主要依据发包人要求进行招标，双方往往在履约过程中对是否构成变更、变更程序、变更估价、变更支付等发生争议，尤其变更估价是建设工程合同履行过程中较为被关注且常见的纠纷之 。《民法典》第 509 条、第 510 条和第 511 条规定了合同全面履行原则与合同内容补充规则。

（一）国内外工程总承包合同文本关于变更估价约定的对比

以国内住建部发布的 2020 版《工程总承包合同示范文本》和国际工程中经常使用的 FIDIC 银皮书 2017 版为例，二者在工程项目变更估价的约定上既有相似性,也存在一定的差异。

1. 2020 版《工程总承包合同示范文本》关于变更估价的相关内容

2020 版《工程总承包合同示范文本》第 13. 3. 3 项约定了变更估价的原则、内容及程序等,分为是否包含价格清单两类。若合同中未包含价格清单,则合同价格按照所执行的变更工程的成本加利润调整;若合同中包含价格清单,则合同价格按价格清单中适用于变更工程项目、类似变更工程项目、成本加利润的顺序依次调整。关于变更估价的内容和程序,承包人收到工程师下达的变更指示后,认为可以执行变更的,应当书面说明实施该变更指示需要采取的具体措施及对合同价格和工期的影响。通用条款约定承包人应在收到变更指示后 14 天内,向工程师提交变更估价申请。工程师应在收到承包人提交的变更估价申请后 7 天内审查完毕并报送发包人,工程师对变更估价申请有异议的,通知承包人修改后重新提交。发包人应在承包人提交变更估价申请后 14 天内审批完毕。发包人逾期未完成审批或未提出异议的,视为认可承包人提交的变更估价的申请。因变更引起的价格调整应计入最近一期的进度款中支付。①

2. FIDIC 银皮书 2017 版关于变更估价的内容

FIDIC 银皮书 2017 版约定:如果合同中未包括费率表和价格表,则价格调整应从执行工作的成本加利润得出。如果合同中包括费率表和价格表,则按下列规定调整:对于构成变更一部分(或全部)的每个工作事项,该事项的适当费率或价格应为费率表和价格表中为该事项规定的费率或价格,或者如果没有此类事项,则为类似工作规定的费率或价格。但是,如果费率表和价格表中没有规定该事项的费率或价格,并且由于该事项与合同中的任何事项性质不同,或没有在相同条件下执行,而使规定的费率或价格都是不适当的,则新的费率或价格应适用于该事项。每个新的费率或价格应根据费率表和价格表中的任何相关费率或价格得出,并在考虑所有相关情况后进行合理调整。如果费率或价格与计算新的费率或价格都不相关,则应从执行工作的成本加利润中得出。在商定或确定调整之前,雇主应为了期中付款而评估临时费率或价格。

通过上述对比分析,2020 版《工程总承包合同示范文本》与 FIDIC 银皮书 2017 版均区分合同是否包含价格清单来确定变更估价方法。同时,2020 版《工

① 参见住房和城乡建设部、国家市场监管总局:2020 版《工程总承包合同示范文本》,第 93 页。

程总承包合同示范文本》在承包人提交变更估价申请方面有严格的时间限制，FIDIC 银皮书 2017 版则明显放松了对承包人报送材料程序、时间方面的限制。

（二）关于本条变更估价规则在仲裁案件中应用的理解

《民法典》第 510 条规定："合同生效后，当事人就质量、价款或者报酬、履行地点等内容没有约定或者约定不明确的，可以协议补充；不能达成补充协议的，按照合同相关条款或者交易习惯确定。"第 511 条第 2 项规定，当事人就有关合同内容约定不明确，依照第 510 条规定仍不能确定时，"价款或者报酬不明确的，按照订立合同时履行地的市场价格履行；依法应当执行政府定价或者政府指导价的，依照规定履行"。

《施工合同司法解释(一)》第 19 条规定："当事人对建设工程的计价标准或者计价方法有约定的，按照约定结算工程价款。因设计变更导致建设工程的工程量或者质量标准发生变化，当事人对该部分工程价款不能协商一致的，可以参照签订建设工程施工合同时当地建设行政主管部门发布的计价方法或者计价标准结算工程价款……"

《价款结算暂行办法》第 10 条规定，变更合同价款按下列方法进行：(1)合同中已有适用于变更工程的价格，按合同已有的价格变更合同价款；(2)合同中只有类似于变更工程的价格，可以参照类似价格变更合同价款；(3)合同中没有适用或类似于变更工程的价格，由承包人或发包人提出适当的变更价格，经过对方确认后执行。

结合相关司法解释、部门规范性文件与建设工程案件处理实务，"当事人对变更估价有约定的，按约定处理"是对当事人意思自治的尊重，同时也是对《民法典》第 5 条自愿原则的实践。在我国，意思自治原则是民商法领域非常重要的原则之一。没有约定或者约定不明确的，仲裁庭可以依当事人请求按以下顺序确定变更估价：

1. 合同中工程项目有与变更项目相同的费率和价格的，采用该项目的费率和价格，具有合理性和可操作性，符合当事人订立合同时的意思表示，应该是变更估价的优先审理确认方式。

2. 参照合同中类似工程项目的费率和价格。"类似工程项目"指合同中工程项目的内容范围、施工方法、施工条件、项目特征等方面与变更项目类似。此时，如果按照类似价格变更估价的话，应该按照相同部分不调整，不同部分调整差价的原则进行。[①]

3.参照市场价计算工程项目的成本加利润。合同中没有相同也没有类似变更工程项目时，结合承包人变更工程资料、市场价格和有关费用记录等确定成本，并加合理利润确定。利润率可按承包人报价中的利润率或工程所在地统计部门发布的建筑企业统计年报的利润率计算。

4.参照签约时项目所在地的建设行政主管部门发布的计价方法或者计价标准。建设行政主管部门会根据国家政策、市场情况，在不同时期发布建设工程结算计价方法与标准。从仲裁角度来看，当上述方式方法不能用以确定变更估价时，以合同签订时发布的计价方法或者计价标准确定变更估价，符合法律基本原则和最高人民法院司法解释相关规定及价值。从合同履行来看，价款计价方式和计价标准按照合同签订时建设行政主管部门发布的方法或者标准结算，不影响合同履行和当事人对预期利益的期待。[②]

三、实务中应注意的问题

本条所规定的变更估价问题，归根结底是当事人在合同中对变更估价没有约定或约定不明而引发的。审理实务中须注意两点：一是要考虑工程总承包项目合同价格的多样性、复杂性，在适用本指引时首先要了解项目采用的价格形式，是否有价格清单，是否可适用等；二是合同价格争议一般都要通过造价鉴定来处理，可要求鉴定机构和鉴定人根据项目变更的实际情况提出变更估价的选择性意见，供仲裁庭判断使用。

参考依据

1.《民法典》

2.《施工合同司法解释(一)》

第十九条 当事人对建设工程的计价标准或者计价方法有约定的，按照约定结算工程价款。

---

① 参见张慧莲：《建设工程合同管理中变更估价条款的运用》，载《住宅与房地产》2018年第22期。

② 参见最高人民法院民事审判第一庭编著：《最高人民法院新建设工程施工合同司法解释(一)理解与适用》，人民法院出版社2021年版，第195页。

因设计变更导致建设工程的工程量或者质量标准发生变化，当事人对该部分工程价款不能协商一致的，可以参照签订建设工程施工合同时当地建设行政主管部门发布的计价方法或者计价标准结算工程价款。

建设工程施工合同有效，但建设工程经竣工验收不合格的，依照民法典第五百七十七条规定处理。

3.《北京市高级人民法院关于审理建设工程施工合同纠纷案件若干疑难问题的解答》

11. 固定总价合同履行中，当事人以工程发生设计变更为由要求对工程价款予以调整的，如何处理？

建设工程施工合同约定工程价款实行固定总价结算，在实际履行过程中，因工程发生设计变更等原因导致实际工程量增减，当事人要求对工程价款予以调整的，应当严格掌握，合同对工程价款调整有约定的，依照其约定；没有约定或约定不明的，可以参照合同约定标准对工程量增减部分予以单独结算，无法参照约定标准结算的，可以参照施工地建设行政主管部门发布的计价方法或者计价标准结算。

主张工程价款调整的当事人应当对合同约定施工的具体范围、实际工程量增减的原因、数量等事实承担举证责任。

4.《价款结算暂行办法》

第十条　工程设计变更价款调整

（一）施工中发生工程变更，承包人按照经发包人认可的变更设计文件，进行变更施工，其中，政府投资项目重大变更，需按基本建设程序报批后方可施工。

（二）在工程设计变更确定后 14 天内，设计变更涉及工程价款调整的，由承包人向发包人提出，经发包人审核同意后调整合同价款。变更合同价款按下列方法进行：

1. 合同中已有适用于变更工程的价格，按合同已有的价格变更合同价款；

2. 合同中只有类似于变更工程的价格，可以参照类似价格变更合同价款；

3. 合同中没有适用或类似于变更工程的价格，由承包人或发包人提出适当的变更价格，经对方确认后执行。如双方不能达成一致的，双方可提请工程所在地工程造价管理机构进行咨询或按合同约定的争议或纠纷解决程序办理。

（三）工程设计变更确定后 14 天内，如承包人未提出变更工程价款报告，则发包人可根据所掌握的资料决定是否调整合同价款和调整的具体金额。重大工程变更涉及工程价款变更报告和确认的时限由发承包双方协商确定。收到变更工程价款报告一方,应在收到之日起 14 天内予以确认或提出协商意见,自变更工程价款报告送达之日起 14 天内,对方未确认也未提出协商意见时,视为变更工程价款报告已被确认。

确认增(减)的工程变更价款作为追加(减)合同价款与工程进度款同期支付。

5. 2020 版《工程总承包合同示范文本》

13.3.3　变更估价

13.3.3.1　变更估价原则

除专用合同条件另有约定外,变更估价按照本款约定处理:

(1)合同中未包含价格清单,合同价格应按照所执行的变更工程的成本加利润调整;

(2)合同中包含价格清单,合同价格按照如下规则调整:

1)价格清单中有适用于变更工程项目的,应采用该项目的费率和价格;

2)价格清单中没有适用但有类似于变更工程项目的,可在合理范围内参照类似项目的费率或价格;

3)价格清单中没有适用也没有类似于变更工程项目的,该工程项目应按成本加利润原则调整适用新的费率或价格。

13.3.3.2　变更估价程序

承包人应在收到变更指示后 14 天内,向工程师提交变更估价申请。工程师应在收到承包人提交的变更估价申请后 7 天内审查完毕并报送发包人,工程师对变更估价申请有异议,通知承包人修改后重新提交。发包人应在承包人提交变更估价申请后 14 天内审批完毕。发包人逾期未完成审批或未提出异议的,视为认可承包人提交的变更估价申请。

因变更引起的价格调整应计入最近一期的进度款中支付。

6.《最高人民法院新建设工程施工合同司法解释(一)理解与适用》(人民法院出版社)

7.《建设工程总承包合同纠纷裁判指引》(法律出版社)

案例分析

案　　例

敦煌市清洁能源开发有限责任公司、中国能源建设集团天津电力建设有限公司建设工程施工合同纠纷

案号:(2021)甘民终232号

审理法院:甘肃省高级人民法院

裁判类型:二审民事判决

一、案情介绍

2013年10月18日,敦煌市清洁能源开发有限责任公司(以下简称清洁能源公司,发包人)与中国能源建设集团天津电力建设有限公司(以下简称天津电建公司,承包人)就敦煌光电产业园330KV升压站配套5座110KV升压站7#站项目签订EPC合同,对工程质量、承包人和发包人的承诺、工期、附件等内容加以明确,案涉工程于2015年1月26日竣工验收合格并移交。在合同履行过程中,清洁能源公司出具《敦煌光电产业园110kV#7升压站EPC总承包工程工程委托书》提出增建工程,天津电建公司完成相应项目后出具《工程变更(委托)执行报验单》,并在《新增道路工程费用明细表》中载明增建部分费用,同时出具《工程增补单》,监理单位、设计单位及建设单位清洁能源公司均在该增补单上签字盖章。

承包人天津电建公司认为案涉工程已竣工验收完毕并投产运行,发包人拖欠工程款构成违约,要求清洁能源公司支付欠款与逾期利息;发包人清洁能源公司抗辩认为承包人违法分包、工程质量不合格、未按照合同约定提供正规发票、未达到支付条件、不存在工程范围外新增工程量。

二、各方观点

清洁能源公司认为应在天津电建公司按照合同约定完成工程施工图纸范围内的全部工程施工内容后支付工程价款,但经委托酒泉鸿瑞工程造价事务所有

限责任公司核查涉案工程仍存在17项未完工工程。另外，承包人在设计方案时应当充分考虑当地的自然气候条件，其所称新增工程量应当包含在合同约定的工程承包范围内，不属于合同承包范围外的新增工程量。

天津电建公司认为，案涉合同系固定总价合同，同时根据监理资料等可验证，天津电建公司已充分履行了合同约定、交付了质量达标的工程，且运行中也未出现质量问题，发包人无依据地提出对工程价款进行调减，违背合同约定及基本的诚信原则，侵害了天津电建公司的合法权益。另外根据EPC合同第二部分通用条款第15.1款"在履行合同过程中，经发包人同意，监理人可按第15.3款约定的变更程序向承包人作出有关发包人要求改变的变更指示，承包人应遵照执行"，第三部分专用条款第15.1款第1项、第15.3.2(1)目约定内容，因清洁能源公司的原因引起的合同外委托事项，清洁能源公司应支付对应款项。

三、裁决要旨

争议焦点：清洁能源公司欠付工程款数额应如何确定。

法院认为：双方签订的EPC合同是双方的共同意思表示，不违反法律、行政法规的强制性规定，应为合法、有效的合同，双方应依合同约定全面履行各自的义务。

首先，依据双方签订的合同专用条款第15.1款"本工程采用固定总价承包，除第15.3.2项专用条款调整条件外，结算时合同价格不作任何调整"，第15.3.2项"变更费用调整方式如下：A.因承包人原因改变合同目的、功能要求、性能指标引起的变更导致费用降低将从工程进度款中扣减，扣减仅限于对工程实体费用进行调整，勘察设计费(含税)、措施项目费、其他项目费用均不作任何调整，规费和税金执行合同规定"的规定，同时案涉工程并未出现因承包人原因改变合同目的、功能要求、性能指标引起的变更导致费用降低的情形，故清洁能源公司以其单方委托酒泉市鸿瑞工程造价事务所有限责任公司作出的审核说明要求核减工程量价款缺乏事实依据。

其次，对于工程委托书载明的施工内容，因建设单位、监理单位、总承包单位均在工程增补单及工程预算表上签字盖章，表明各方对该部分系合同范围外增加的工程予以认可；同时天津电建公司已按清洁能源公司要求完成施工内容并验收合格。故对于合同范围外进行的施工系接受发包人清洁能源公司的委托，依据合同专用条款第15.3.2项"因发包人原因引起的变更导致费用增加的予以调整”的约定,应对工程款予以调整;同时依据合同通用条款第 17.1 款第 3 项及投标文件价格清单部分第 1.1 款“在价格清单中列出的任何工作量和价格数额仅限用于变更和支付的参考资料,而不能用于其他目的”的约定,可确定合同范围外工程项目的价款。

四、法律分析

本案中,发承包双方对变更估价没有约定或约定不明确时,可采用合同中相同工程项目的单价和价格或参照合同中类似工程项目的单价和价格来确定工程价款。结合本案,法院支持天津电建公司对增建工程项目的工程费用参照投标文件第三部分“价格标”中建筑工程费清单报价中第 2.2 款(定额编号)“道路与地坪、混凝土路面”的综合单价、直接工程费,以及投标文件中“建筑措施费清单分解表”中的单价要求等确定合同范围外增加工程价款的主张。

第二十三条

未按约定程序索赔的后果

当事人约定未在约定期限内提出追加或减少费用、延长缺陷责任期或顺延工期，视为丧失相应权利的，建议按照约定处理。但请求方提出合理抗辩或者相对方在约定期限后同意追加或减少费用、延长缺陷责任期或顺延工期的除外。

当事人约定一方当事人收到对方索赔主张未在约定期限内答复视为认可对方主张的，建议按照约定处理。

裁决指引

一、条文主旨

本条是关于当事人约定索赔逾期失权以及索赔逾期答复视为认可的裁处规则。

二、条文解析

1.工程总承包合同约定发承包人任意一方未在约定期限内主张追加或减少费用、延长缺陷责任期和(或)工期视为失权的，建议遵从约定。

2020版《工程总承包合同示范文本》第19.1款约定，根据合同约定，发承包人任意一方认为有权得到追加或减少付款、延长缺陷责任期和(或)延长工期的，应在知道或应当知道索赔事件发生后28天内，向对方递交索赔意向通知书，并说明发生索赔事件的事由，如未在28天内行权，则丧失要求追加或减少付款、延长缺陷责任期和(或)延长工期的权利。[1] 结合国际惯例和2020版《工程总承包合同示范文本》，工程总承包项目提起索赔的流程：索赔方应在知晓或应当知晓

① 参见住房和城乡建设部、国家市场监管总局：2020版《工程总承包合同示范文本》，第125、126页。

索赔事件后28天内发出索赔意向通知书;索赔方应在发出索赔意向通知书后28天内,向对方正式提交索赔报告,其中应详细说明索赔理由以及要求追加的付款金额、延长的缺陷责任期和(或)延长的工期,并附必要的记录和证明材料;索赔事件如具有持续影响,则应每月递交延续索赔通知,说明持续影响的实际情况和记录,列明累计的追加付款金额、延长缺陷责任期和(或)工期延长天数;在索赔事件影响结束后28天内,索赔方应向对方递交最终索赔报告,说明最终要求索赔的追加付款金额、延长缺陷责任期和(或)延长工期,同样需要附必要的记录和证明材料。承包人作为索赔方时,其相关索赔文件应向工程师提出,但发包人作为索赔方时,其相关索赔文件可自行向承包人提出或由工程师向承包人提出。[①]这个索赔流程中最为关键的是如果索赔方未在最初的28天内发出索赔通知,将丧失索赔权利,如果当事人依据该示范文本或当事人间的合同文本有该约定,仲裁庭应依其约定和当事人请求对是否逾期失权进行认定和裁决。

2. 索赔方追加或减少费用、延长缺陷责任期和(或)延长工期的权利,只有在发承包人约定的期限内主张,才能够实际取得。

中国人民大学法学院院长王轶教授在《诉讼时效制度三论》中解释保证期间及买卖关系中的买受人异议期间性质类属时提出了"或有期间"[②]。"或有"从字面上看本就意示着权利的不确定性,权利是否最终取得,取决于当事人在法定或约定期间内是否为一定行为。或有期间制度的运行规则是:权利人只有依据法律或者当事人之间的约定在一定期间内为一定行为,才能取得特定的请求权,否则不能获得该请求权。索赔事件发生后,如合同中有约定需要在一定期限内提出索赔,而发承包人未在约定期限内行使要求追加或减少费用、延长缺陷责任期及延长工期的权利,将丧失相应权利,该约定期限为或有期间,即在发承包人约定的期限内为或不为一定行为,将直接影响当事人追加或减少付款、延长缺陷责任期和(或)延长工期请求权的取得与实现。这与诉讼时效作为法定期间且直接限制权利人行权的内容不同,同时与除斥期间约束的是权利人业已存在的形成权且直接剥夺权利人权利的内容也不同。

3. 工程总承包合同有逾期失权约定的,请求方虽未在该期限内提出索赔,但

---

① 参见住房和城乡建设部、国家市场监管总局:2020版《工程总承包合同示范文本》,第125、126页。

② 王轶:《诉讼时效制度三论》,载《法律适用》2008年第11期。

提出合理抗辩或者相对方在约定期限后同意追加或减少费用、延长缺陷责任期或顺延工期的，仲裁庭应充分审查请求方的抗辩和相对方的同意的真实意思表示，并据此作出认定或裁决。

一方当事人未能在约定期限内提出索赔，但其有证据证明是因不可抗力、客观原因或合同相对方原因等未能提出索赔的，仲裁庭不宜简单以双方约定为由对当事人做出失权处理，应充分审查当事人的抗辩并据此裁决。同时超过索赔期限后，合同相对方同意追加或减少费用、延长缺陷责任期或顺延工期的，属于合同当事人对民事权利的自由处分，符合民商事活动中的意思自治原则，仲裁庭应予以认可。

4. 当事人约定一方当事人收到对方索赔主张未在约定期限内答复视为认可对方主张的，建议按照约定处理。

根据意思自治原则，当事人约定的条款如果不违反国家法律、行政法规的强制性规定，自愿达成，各方应予以遵守。实务中应充分尊重合同当事人在合同中约定的索赔程序和期限调整的内容。建设工程变更或索赔时，当事人约定收到对方索赔主张未在约定期限内答复视为认可对方主张的，裁处时应予以支持。本条与一般期限或期间制度具有相似的目的，旨在敦促当事人及时行使答复或异议权利，避免权利长期处于不确定的状态，也方便发承包双方举证，提高仲裁审理效率。正如法律谚语所表述的那样：法律保护权利，但法律不保护躺在权利上睡觉的人。此外，从权利义务对等的民法原则来看，约定一方当事人应在约定期限内及时行使索赔的权利，未在约定期限内答复，应承担“默认”这一不利后果，也符合民法对等原则。①

三、实务中应注意的问题

首先，对于条文中“约定期限”的认定。2020 版《工程总承包合同示范文本》约定了三个“28 天”：一是知道或应当知道索赔事件发生后 28 天内向对方递交索赔意向通知书；二是在索赔意向通知书发出 28 天内向对方正式提交索赔报告；三是针对具有持续影响的索赔事件，在影响结束后的 28 天内向对方递交最终索赔报告。若发承包人在专用条款中另行约定索赔期限，则以当事人的约定为准，

① 参见最高人民法院民事审判第一庭编著：《最高人民法院新建设工程施工合同司法解释(一)理解与适用》，人民法院出版社 2021 年版，第 114 页。

尊重当事人的意思自治。

其次,“请求方提出合理抗辩”的认定。实务中应结合具体案情作出认定,比如因不可抗力或对方原因导致请求方未在约定期限内行权的,应当属于合理抗辩的情形。合理抗辩的情形不可列尽,此处也是赋予裁处者自由裁量权,在认定时应结合民商法的基本原则,并考虑社会公序良俗。

最后,本条规则适用前提是两个条件必须同时具备,即当事人约定了索赔期限或答复期限,同时约定逾期视为认可。如果当事人没有明确约定索赔期限或答复期限,或虽约定了期限但未约定逾期视为认可,则本裁处规则不能适用。

参考依据

1.《施工合同司法解释(一)》

第十条　当事人约定顺延工期应当经发包人或者监理人签证等方式确认,承包人虽未取得工期顺延的确认,但能够证明在合同约定的期限内向发包人或者监理人申请过工期顺延且顺延事由符合合同约定,承包人以此为由主张工期顺延的,人民法院应予支持。

当事人约定承包人未在约定期限内提出工期顺延申请视为工期不顺延的,按照约定处理,但发包人在约定期限后同意工期顺延或者承包人提出合理抗辩的除外。

2. 2020 版《工程总承包合同示范文本》

第 19 条　索赔

19.1　索赔的提出

根据合同约定,任意一方认为有权得到追加/减少付款、延长缺陷责任期和(或)延长工期的,应按以下程序向对方提出索赔:

(1)索赔方应在知道或应当知道索赔事件发生后 28 天内,向对方递交索赔意向通知书,并说明发生索赔事件的事由;索赔方未在前述 28 天内发出索赔意向通知书的,丧失要求追加/减少付款、延长缺陷责任期和(或)延长工期的权利;

(2)索赔方应在发出索赔意向通知书后 28 天内,向对方正式递交索赔报告;索赔报告应详细说明索赔理由以及要求追加的付款金额、延长缺陷责任期和

(或)延长的工期,并附必要的记录和证明材料;

(3)索赔事件具有持续影响的,索赔方应每月递交延续索赔通知,说明持续影响的实际情况和记录,列出累计的追加付款金额、延长缺陷责任期和(或)工期延长天数;

(4)在索赔事件影响结束后28天内,索赔方应向对方递交最终索赔报告,说明最终要求索赔的追加付款金额、延长缺陷责任期和(或)延长的工期,并附必要的记录和证明材料。

(5)承包人作为索赔方时,其索赔意向通知书、索赔报告及相关索赔文件应向工程师提出;发包人作为索赔方时,其索赔意向通知书、索赔报告及相关索赔文件可自行向承包人提出或由工程师向承包人提出。

19.2　承包人索赔的处理程序

(1)工程师收到承包人提交的索赔报告后,应及时审查索赔报告的内容、查验承包人的记录和证明材料,必要时工程师可要求承包人提交全部原始记录副本。

(2)工程师应按第3.6款[商定或确定]商定或确定追加的付款和(或)延长的工期,并在收到上述索赔报告或有关索赔的进一步证明材料后及时书面告知发包人,并在42天内,将发包人书面认可的索赔处理结果答复承包人。工程师在收到索赔报告或有关索赔的进一步证明材料后的42天内不予答复的,视为认可索赔。

(3)承包人接受索赔处理结果的,发包人应在作出索赔处理结果答复后28天内完成支付。承包人不接受索赔处理结果的,按照第20条[争议解决]约定处理。

19.3　发包人索赔的处理程序

(1)承包人收到发包人提交的索赔报告后,应及时审查索赔报告的内容、查验发包人证明材料;

(2)承包人应在收到上述索赔报告或有关索赔的进一步证明材料后42天内,将索赔处理结果答复发包人。承包人在收到索赔通知书或有关索赔的进一步证明材料后的42天内不予答复的,视为认可索赔。

(3)发包人接受索赔处理结果的,发包人可从应支付给承包人的合同价款中扣除赔付的金额或延长缺陷责任期;发包人不接受索赔处理结果的,按第20条

[争议解决]约定处理。

19.4　提出索赔的期限

(1)承包人按第14.5款[竣工结算]约定接收竣工付款证书后,应被认为已无权再提出在合同工程接收证书颁发前所发生的任何索赔。

(2)承包人按第14.7款[最终结清]提交的最终结清申请单中,只限于提出工程接收证书颁发后发生的索赔。提出索赔的期限均自接受最终结清证书时终止。

3.《最高人民法院新建设工程施工合同司法解释(一)理解与适用》(人民法院出版社)

4.《建设工程总承包合同纠纷裁判指引》(法律出版社)

案例分析

案　例　一

中国建筑一局(集团)有限公司、泸州市高新投资集团有限公司建设工程合同纠纷

案号:(2020)川0502民初4830号

审理法院:四川省泸州市江阳区人民法院

裁判类型:一审民事判决

一、案情介绍

2017年10月21日,发包人泸州市高新投资集团有限公司(以下简称高投公司)与中国建筑一局(集团)有限公司(以下简称中建一局)牵头组成的承包人联合体就泸州高新区标准化厂房(二期)签订《建设工程EPC总承包合同》,约定了工程范围(包括项目勘察、设计、施工图预算、采购、施工、竣工交付、竣工验收、工程保修等)、工期、暂定合同价、支付方式等。合同履行过程中,中建一局向高投公司出具《关于泸州高新区标准化厂房二期项目的进度及工程款事宜》要求其支付进度款;后出具的《关于泸州高新区标准化厂房(二期)EPC总承包项目停工报

告的函》载明案涉工程已停工。

原告中建一局认为由于高投公司严重拖欠工程进度款最终导致己方停工，要求高投公司按照合同约定支付工程进度款并补偿由此造成的赶工和窝工、停工增加的额外费用。

二、各方观点

(一)中建一局

中建一局认为，双方签订了《建设工程 EPC 总承包合同》，但开工后发包人高投公司严重拖欠工程进度款，且由于高投公司未按合同约定付款最终导致案涉项目被迫停工。虽然高投公司多次承诺后续将按合同约定支付工程款，其间中建一局也配合高投公司融资及招商需求进行多次的局部复工，但终因建设资金无法落实而停工。据此，中建一局向高投公司主张欠付工程进度款以及案涉项目停工造成的各项损失。

(二)高投公司

高投公司认为，中建一局提出的索赔程序不符合合同约定，且其无权向高投公司追索停工期间的各项损失。首先，根据合同约定中建一局应在 2018 年 8 月 16 日之前向监理单位四川同创建设工程管理有限公司递交索赔意向通知书，并说明发生索赔事件的事由，但其未按约定提出索赔，故工期不予顺延，其无权获得追加付款。其次，根据《招标文件》专用合同条款第 11.3 款及《建设工程 EPC 总承包合同》专用条款第 11.3 款关于"在合同履行过程中，由于发包人的下列原因造成工程延误的，承包人有权要求发包人延长工期但是不增加费用(未按合同约定及时支付预付款、进度款不能作为工期延误的理由)"的约定内容，中建一局应预见到发包人高投公司作为国企现金流紧张、存在不能按期支付工程进度款的风险，其应当在施工前预留充足资金。即使高投公司未按约定付款，中建一局也有相应垫资义务，不能停工。

三、裁决要旨

争议焦点：中建一局是否有权停工、停工损失的确定，以及是否有权获得停工赔偿的问题。

法院认为：双方签订《建设工程 EPC 总承包合同》系双方真实意思表示，未违反法律、行政法规的强制性规定，应为有效，《建设工程 EPC 总承包合同》对原被告双方均有约束力。

首先，依据《建设工程 EPC 总承包合同》专用合同条款第 22 条“发包人未能按合同约定支付预合同价款，承包人可向发包人发出通知，要求发包人采取有效措施纠正违约行为，发包人收到承包人通知后的 28 天内仍不履行合同义务，承包人有权暂停施工”的约定，可以明确中建一局具有停工的权利，其停工行为符合合同约定。

其次，由于双方在诉前已就停工补偿事宜进行协商，并选取中科标禾工程项目管理有限公司对案涉工程停工补偿作出审核，庭审中高投公司虽不认可审核报告，但未提交充足的证据予以推翻，且经法院释明，双方均不要求对停工损失进行鉴定，故依据该审核报告可确认相应停工损失金额。

最后，《建设工程 EPC 总承包合同》通用合同条款第 23 条明确约定了索赔程序，中建一局未证明其在约定时间内向监理人递交了索赔意向书、通知书，但中建一局的索赔对象实为高投公司，监理人系高投公司指定的索赔文件接收人；且高投公司违约后中建一局通过函件方式多次向其表达索赔意向；同时中科标禾工程项目管理有限公司审核也是因中建一局向高投公司索赔而起，综上，中建一局在合理期限内向高投公司发送了索赔通知，其直接向高投公司索赔的方式实际也能起到前述条款约定的主要效果，故中建一局有权依法获得损失赔偿。

四、法律分析

通过本案可以明确，发承包人约定未在约定期限内提出追加或减少费用、延长缺陷责任期或顺延工期，视为丧失相应权利，但请求方提出合理抗辩或相对方同意追加费用的除外。结合本案，虽然中建一局未向监理人递交索赔意向书、通知书，属于未按约定程序提出索赔，但中建一局通过函件多次向高投公司表达索赔意向，其实际索赔对象亦为高投公司，而监理人仅是高投公司指定的索赔文件接收人；且双方选定中科标禾工程项目管理有限公司出具审核报告也是因中建一局的索赔主张而起，也说明高投公司就中建一局索赔费用同意进行协商才选定第三方出具审核报告。其属于“请求方提出合理抗辩或者相对方在约定期限后同意追加或减少费用、延长缺陷责任期或顺延工期的”这一除外情形，故中建一局仍应具有获得索赔的权利。

案 例 二

昆明煤炭设计研究院、云南先锋煤业开发有限公司建设工程合同纠纷

案号:(2020)最高法民申43号

审理法院:最高人民法院

裁判类型:再审民事裁定

一、案情介绍

2011年4月19日,发包人云南先锋煤业开发有限公司(以下简称先锋煤业公司)与作为总承包人的昆明煤炭设计研究院(以下简称煤炭设计院)就露天煤矿65/300万吨/年扩建项目生产系统工程签订《设计施工总承包合同》。工程项目范围为按照合同约定完成工程施工图纸设计、材料采购、施工建设、人员培训、单机试车、联动试车及重载试车,并由煤炭设计院负责编制试车方案、生产考核、竣工结算、煤炭设计院所采购的各种材料的性能和质量考核验收等工作。合同第一部分第4条约定,工程起算日期为2011年9月1日,工期为390天。至2013年1月16日,合同双方当事人补充签订《设计施工总承包补充合同》,其中第4条约定合同工期为390天(工程起算日期为开工日期,合同约定正式开工之日至重载试车之日止),而煤炭设计院最终于2013年4月2日完成重载试车。

一审诉讼过程中,先锋煤业公司以煤炭设计院未按合同约定履行义务,存在工期延误、设计不符合要求、质量不合格等情形,导致项目未能试车、竣工验收和交付使用为由,要求煤炭设计院按照合同承担由此造成的损失。经一审法院审理,判决驳回先锋煤业公司的全部诉讼请求。

二审中,上诉人先锋煤业公司以被上诉人煤炭设计院未竣工验收交付、未达到工程款支付条件,以及煤炭设计院在合同履行过程中存在工期逾期、质量不合格、未按合同约定通过试生产考核、未履行已完工工程交付先锋煤业之前的保护责任等违约行为,要求煤炭设计院承担先锋煤业公司因此遭受的损失。经二审法院审理,判决驳回上诉,维持原判。

再审中,再审申请人先锋煤业公司仍以工程尚未竣工验收合格及未达到工程尾款支付条件,以及煤炭设计院未尽到工程竣工交付前的保护义务和质保期

内的维护义务为由,要求被申请人煤炭设计院承担相应费用。经最高人民法院再审审查,最终裁定驳回先锋煤业公司的再审申请。

二、各方观点

(一)煤炭设计院

煤炭设计院认为,涉案工程已按照双方签订的《设计施工总承包合同》及补充协议的相关约定竣工验收完毕,先锋公司仍欠付部分工程款项;另外,结算时应按照云南天赢工程造价咨询有限公司的审计金额作为结算依据;在先锋公司已付款项的4,537,670元应为借款,不应冲抵工程款。

(二)先锋公司

先锋公司认为,煤炭设计院未按合同约定履行义务,存在工期延误、设计不符合要求、质量不合格、未按合同约定通过试生产考核、未履行已完工工程交付先锋煤业之前的保护责任等违约行为,导致涉案工程未能试车、竣工验收和交付使用,要求煤炭设计院承担赔偿责任。

三、裁决要旨

争议焦点:煤炭设计院是否应向先锋煤业公司支付违约金并承担损失。

一审法院认为:根据双方合同第一部分第4条之约定,工程起算日期为2011年9月1日,工期为390天,即应当于2012年9月25日前完成重载试车,但实际于2013年4月2日煤炭设计院才完成重载试车,按约已超期188天。由于双方合同通用条款第23.4.1项约定,发包人应在知道或者应当知道索赔事件发生后28天内,向承包人发出索赔通知,并说明发包人有权扣减的付款和(或)延长缺陷责任期的细节和依据。发包人未在前述28天内发出索赔通知的,丧失要求扣减付款和(或)延长缺陷责任期的权利。根据该约定,先锋煤业公司如认为工期存在逾期,应在工程竣工后28天内,即2013年4月30日前向煤炭设计院发出索赔通知,主张由其承担逾期竣工的责任,否则即丧失相应权利。由于在本案煤炭设计院起诉索要工程、设备款之前,先锋煤业公司并未向煤炭设计院主张过逾期竣工责任,故对其该项主张,法院不予支持。

二审法院认为:根据双方合同的约定,案涉工期工程为390天,又根据合同的约定先锋煤业公司应当在知道或者应当知道索赔事件发生后28天内主张权利,否则丧失要求扣减付款和(或)延长缺陷责任期的权利,一审法院以此认定先锋煤业公司未在约定期限内主张权利,对先锋煤业公司要求煤炭设计院承担工程逾期责任的请求不予支持,并无不当。

最高人民法院再审认为:双方签订的《设计施工总承包合同》《设计施工总承包补充合同》《设备采购购销合同》均系双方真实意思表示,合法有效,双方均应依约履行各自义务。先锋煤业公司与煤炭设计院在《设计施工总承包补充合同》中约定的开工日期为2011年9月1日,工期为390天,而煤炭设计院直至2013年3月12日才提交《联动、重载试车申请表》,故煤炭设计院的确存在工期逾期的事实。但双方在《设计施工总承包合同》第23.4.1条中约定,发包人应在知道或应当知道索赔事件发生后28天内,向承包人发出索赔通知……发包人未在前述28天内发出索赔通知的,丧失要求扣减和(或)延长缺陷责任期的权利。先锋煤业公司未在其知道或应当知道煤炭设计院工期逾期的事实后28天内向煤炭设计院索赔,按照合同约定,其已经丧失了该项索赔权利。

四、法律分析

通过本案可以明确,发承包人约定未在约定期限内提出追加或减少费用、延长缺陷责任期或顺延工期,视为丧失相应权利的,应尊重当事人的意思表示。结合本案,发承包人在合同中明确约定了索赔时限和逾期索赔的法律后果,但先锋煤业公司未于合同约定的索赔期限内向承包人递交索赔通知及相关索赔材料,所产生的法律后果便是丧失索赔权。在实务中,发承包人除应高度注意合同中是否有约定索赔时限及逾期索赔法律后果的条款外,还须注意的是,请求人应当在合同履行过程中注意留存会议纪要、备忘录、现场签证以及工程联系单、索赔文件等能够证明确实存在主张追加或减少费用、延长缺陷责任期和(或)顺延工期权利的证据。

第二十四条

超过约定期限的索赔建议不予支持

发承包双方对于合同价款结算达成一致后，除另有约定外，承包人依据已达成一致的结算价款要求支付工程款，发包人以承包人原因导致工程存在质量问题或逾期竣工等违约为由，请求拒付、减付工程款或赔偿损失的；或者承包人要求发包人支付结算价款以外的增加工程价款、工期延误损失等索赔主张的，建议不予支持。

裁决指引

一、条文主旨

本条是关于建设项目工程总承包合同中发包人与承包人对合同价款结算达成一致后提出的其他索赔是否应予支持的规定。

二、条文解析

（一）合同价款结算达成一致后除另有约定外，当事人提出的其他索赔不予支持，符合民商事活动中的诚实信用原则

《民法典》第7条规定：民事主体从事民事活动，应当遵循诚信原则，秉持诚实，恪守承诺。诚信原则被称为现代民法的"帝王原则"，就是要求人们在市场经济活动中讲究信用，恪守诺言，诚实不欺，在不损害他人利益和社会利益的前提下追求自己的利益。[①] 诚实信用原本是市民社会在长期实践中所产生的一种道德规范。这种道德规范之所以被上升为法律规范，是因为其在市场交易行为中具有极其重要的规范作用。在我国《民法典》合同编中，无论是合同的签订，还是合同的变更、实施、解除，都要求双方当事人在诚实信用原则下实施，一旦双方当

① 参见梁慧星：《民法解释学》，中国政法大学出版社1995年版，第301页。

事人达成合意并签订协议，则根据诚实信用原则不允许任何一方当事人随意解除以及拒绝履行，若违反就要承担相应的违约责任。[①]

在建设工程领域，如果当事人已经就建设项目工程总承包合同的价款结算达成一致，应该恪守承诺。事后发包人以承包人原因导致工程存在质量问题或逾期竣工等违约为由，请求拒付、减付工程款或赔偿损失，或者承包人要求发包人支付结算价款以外的增加工程价款、工期延误损失，对于当事人违背诚信原则的索赔要求，建议不予支持。在当事人已经就合同结算价款达成一致的情形下，按照双方合同的约定处理，既尊重了当事人的意思自治，也节约了仲裁资源，对实务中建设工程的争议解决更加有利。

（二）关于对本条超过索赔期限不予支持的裁判规则的理解

实务中，工程款主要体现为工程预付款、工程进度款、工程竣工结算款，而其中较为常见的争议是发承包人就建设工程竣工结算事项达成结算协议后，一方当事人以各种理由拒绝履行或不完全履行结算协议。我们认为，建设工程合同当事人在进行工程竣工结算时，应当依照合同约定就对方当事人履行合同是否符合约定进行审核并提出相应索赔。索赔事项及金额，应在结算时一并核定处理。因此，除在结算时因存有争议而声明保留的项目外，竣工结算报告经各方审核确认后的结算意见，属于合同各方进行工程价款清结的最终依据。若在达成结算协议后，再允许当事人就其他索赔事项提出索赔，等于推翻了当事人就工程结算达成的一致意见，如此不但违背诚信原则，还会造成市场秩序的不稳定，使建设工程结算失去了意义，结算争议大大增多，浪费有限的司法资源。

合同价款结算不仅包括人、材、机、利、管、税的结算，还应包括索赔、违约等合同约定的所有结算事项。司法审判实践中，北京及陕西省高院对此问题的意见，也是强调"达成结算协议"后一方再行提起索赔不予支持。超过索赔期限的索赔不予支持的裁判规则也与国家工程总承包合同示范文本建立的规则相适应，2020 版《工程总承包合同示范文本》第 19.4 款"提出索赔的期限"约定："（1）承包人按第 14.5 款[竣工结算]约定接收竣工付款证书后，应被认为已无权再提出在合同工程接收证书颁发前所发生的任何索赔。（2）承包人按第 14.7

① 参见胡开冉：《民商法背景下诚实信用原则的缺陷与完善》，载《法制博览》2022 年第 1 期。

款[最终结清]提交的最终结清申请单中，只限于提出工程接收证书颁发后发生的索赔。提出索赔的期限均自接受最终结清证书时终止。”同时，施工总承包模式下，2017 版《施工合同示范文本》第 19.5 款也有相同的规定。

三、实务中应注意的问题

(一)通常建设工程总承包合同的效力不影响结算协议的效力

关于当事人基于无效的建设工程总承包合同达成的结算协议是否无效，主流观点认为，结算协议是独立的合同，虽然当事人是基于建设工程总承包合同签订的结算协议，但二者不是主从合同关系，结算协议具备债权债务的清结功能。随着建设项目的实施，可能会出现设计变更、工程范围变化、规划指标调整等新情况，只要合同当事人达成的结算协议符合《民法典》第 143 条关于民事法律行为效力的规定，应认定结算协议有效，不受工程总承包合同效力影响。部分地方司法实践中也支持此观点，参照《江苏省高级人民法院关于审理建设工程施工合同纠纷案件若干问题的解答》(2020 年 12 月 31 日停止执行)第 9 条规定：建设工程施工合同无效的，不影响竣工结算条款。

(二)当事人不应再以建设工程未竣工或未验收合格为由否定已达成的结算协议的效力

原则上，发包人可以建设工程未竣工或工程质量不合格为由，减付或拒付工程价款，承包人可以以发包人原因导致工期延误要求赔偿损失。但是一旦发承包双方达成结算协议，即表示对工程现状的认可和接受并同意支付对方相应款项。因此实务中发包人以承包人原因导致工程存在质量问题或逾期竣工为由，要求拒付、减付工程价款和赔偿损失，或总承包人以发包人原因导致工期延误为由，提出索赔的，是否支持取决于其提出的时间节点，若双方已达成结算协议且结算协议中没有保留权利，再提出索赔则不应予以支持。结算协议生效，是发承包双方对自己权利的自由处分，应予尊重。

(三)实践中经常出现发承包人仅在第三方造价咨询机构出具的造价咨询成果的定案表上签字盖章，未涉及索赔、违约事项的情况，此时仲裁庭应进一步审查造价定案表是否具备当事人之间合同结算清结的作用或证明力，进而判断当事人是否可以再就定案表以外的其他事项进行索赔。

参考依据

1.《民法典》

第七条 民事主体从事民事活动,应当遵循诚信原则,秉持诚实,恪守承诺。

第一百四十三条 具备下列条件的民事法律行为有效:

(一)行为人具有相应的民事行为能力;

(二)意思表示真实;

(三)不违反法律、行政法规的强制性规定,不违背公序良俗。

2.《价款结算暂行办法》

第十四条 工程完工后,双方应按照约定的合同价款及合同价款调整内容以及索赔事项,进行工程竣工结算。

……

(五)索赔价款结算

发承包人未能按合同约定履行自己的各项义务或发生错误,给另一方造成经济损失的,由受损方按合同约定提出索赔,索赔金额按合同约定支付。

……

3.《施工发承包计价管理办法》

第十九条第一款 工程竣工结算文件经发承包双方签字确认的,应当作为工程决算的依据,未经对方同意,另一方不得就已生效的竣工结算文件委托工程造价咨询企业重复审核。发包方应当按照竣工结算文件及时支付竣工结算款。

4.《北京市高级人民法院关于审理建设工程施工合同纠纷案件若干疑难问题的解答》(京高法发〔2012〕245号)

24.当事人就工程款结算达成一致后又主张索赔的,如何处理?

结算协议生效后,承包人依据协议要求支付工程款,发包人以因承包人原因导致工程存在质量问题或逾期竣工为由,要求拒付、减付工程款或赔偿损失的,不予支持,但结算协议另有约定的除外。当事人签订结算协议不影响承包人依据约定或法律、行政法规规定承担质量保修责任。

结算协议生效后，承包人以因发包人原因导致工程延期为由，要求赔偿停工、窝工等损失的，不予支持，但结算协议另有约定的除外。

5.《2013版清单计价规范》

9.13.6　发承包双方在按合同约定办理了竣工结算后，应被认为承包人已无权再提出竣工结算前所发生的任何索赔。承包人在提交的最终结清申请中，只限于提出竣工结算后的索赔，提出索赔的期限应自发承包双方最终结清时终止。

6.2020版《工程总承包合同示范文本》

7.《最高人民法院新建设工程施工合同司法解释(一)理解与适用》(人民法院出版社)

案例分析

案　例

册亨县阳光天然气发展有限公司、四川杰瑞恒日天然气工程有限公司等建设工程施工合同纠纷

案号：(2021)黔23民终837号

审理法院：贵州省黔西南布依族苗族自治州中级人民法院

裁判类型：二审民事判决

一、案情介绍

2017年2月15日，册亨县阳光天然气发展有限公司(以下简称册亨阳光公司，发包人)与四川杰瑞恒日天然气工程有限公司(以下简称四川杰瑞公司，承包人)签订了《册亨县纳福新区加油加气充电合建站项目设计、采购、建设一体化合同》(EPC主合同)，同日，册亨阳光公司、四川杰瑞公司、山东四方公司，共同商定并签署《册亨县纳福新区加油加气充电合建站工程承包合同》。2017年4月13日，册亨阳光公司与四川杰瑞公司签订《LNG/L-CNG/加油/充电合建站成套设备技术协议》。为确保EPC主合同顺利履行，黔西南阳光公司与四川杰瑞公司签订《保证合同》,为册亨阳光公司向四川杰瑞公司提供不可撤销连带保证担保。合同签订后,四川杰瑞公司及山东四方公司按照合同约定履行了义务。2018年7月25日,册亨阳光公司、四川杰瑞公司、山东四方公司签订了《册亨县纳福新区加油加气充电合建站项目确认函》(以下简称《确认函》),确定了EPC合同总价款、实际完成工程量结算额、工程验收合格日、质保期起算点等内容。

承包人四川杰瑞公司诉请要求发包人依据《确认函》支付工程欠款。发包人抗辩认为工程未完工且质量存在问题,不具备支付条件。

二、各方观点

(一)册亨阳光公司

册亨阳光公司认为,案涉工程系采用EPC总承包方式对外发包,承包人未能按照合同约定完成项目施工,致使案涉项目无法投入运行。虽多次要求四川杰瑞公司完善未完工程,但未得到及时处理,故未完成施工部分工程款项应当在总价款内予以扣减。另外,四川杰瑞公司提供的案涉工程项目竣工验收资料与《确认函》记载的内容相冲突,且与案件客观事实不符。

(二)四川杰瑞公司

四川杰瑞公司认为,册亨阳光公司应当按照合同约定支付四川杰瑞公司项目欠款,并以此为基数计算违约金;同时黔西南阳光公司应一同承担无限连带责任。

三、裁决要旨

争议焦点:《确认函》是否能作为四川杰瑞公司主张欠款的依据以及册亨阳光公司欠付多少工程款的问题。

法院认为:案涉工程天然气加油加气充电合建站项目系石油、天然气、电力能源基础设施项目,且属于关系社会公共利益、公众安全的项目,依照法律规定必须进行招投标。但案涉建设工程项目并未进行招标,违反了法律的强制性规定和禁止性规定;且四川杰瑞公司亦无土建工程施工资质,其承揽工程后除上述安装、建设、施工、设备和材料的采购、项目管理及技术服务外自己并未实际施工,而是将公共工程土建项目部分肢解后分包给山东四方公司实际施工,与山东四方公司签订《册亨县纳福新区加油加气合建站工程承包合同》,根据《合同法》第52条第5项规定违反法律、行政法规的强制性规定的合同无效。根据《原施工合同司法解释》第 1 条关于"建设工程施工合同具有下列情形之一的,应当根据合同法第五十二条第(五)项的规定,认定无效:(一)承包人未取得建筑施工企业资质或者超越资质等级的;(二)没有资质的实际施工人借用有资质的建筑施工企业名义的;(三)建设工程必须进行招标而未招标或者中标无效的"之规定,《册亨县纳福新区加油加气充电合建站项目设计、采购、建设一体化合同》应属无效合同。四川杰瑞公司基于上述《册亨县纳福新区加油加气充电合建站项目设计、采购、建设一体化合同》取得案涉工程后,而与册亨阳光公司、山东四方公司签订的《册亨县纳福新区加油加气合建站工程承包合同》,也失去合同有效的实质要件。因此,四川杰瑞公司与册亨阳光公司及第三人山东四方公司签订的《册亨县纳福新区加油加气合建站工程承包合同》同样缺乏合同生效的客观基础,亦属无效合同。四川杰瑞公司、册亨阳光公司及山东四方公司三方签订的《确认函》是三方当事人真实意思表示,具有合同性质,虽然法律法规禁止违法发包和承包工程,但并不禁止双方基于意思自治对工程价款进行清理结算。册亨阳光公司认为四川杰瑞公司未按照合同约定完成项目施工,但其提交的工程验收单显示涉案项目整体验收,且质量为合格;虽然确实提出了有 14 项内容需要在 30 日内整改完成的意见,但直至起诉前,册亨阳光公司从未向四川杰瑞公司提出要求整改此 14 项内容的诉求。另外,《确认函》就案涉工程价款、设备调试验收合格、案涉工程进入质保期等内容均予以明确;且从案涉工程进入质保期至四川杰瑞公司起诉前,册亨阳光公司从未向四川杰瑞公司主张过任何关于案涉工程需整改的权利,因此法院认为四川杰瑞公司在签订《确认函》之前已对册亨阳光公司提交的工程验收单中罗列的 14 项内容整改完成;即使未整改完成,但《确认函》上加盖了册亨阳光公司的公章及当时法定代表人的印章,可视为对该 14 项需整改内容权利的处分。依照《原施工合同司法解释》第 2 条"建设工程施工合同无效,但建设工程经竣工验收合格,承包人请求参照合同约定支付工程价款的,应予支持"之规定,册亨阳光公司应当支付工程欠款 3,468,136.10 元。

四、法律分析

通过本案可以明确,发承包双方对于合同价款结算达成一致后,承包人依据已达成一致的结算价款要求支付工程款,发包人以承包人原因导致工程存在质量问题或逾期竣工等违约为由,请求拒付、减付工程款的,司法审判实践中不予支持。结合本案,四川杰瑞公司、册亨阳光公司及山东四方公司签订的《确认函》,就案涉工程价款、实际完成工程量结算额、工程验收合格日、质保期起算点等作出详细的确认,故发包人册亨阳光公司在双方达成结算协议后再以承包人四川杰瑞公司未按合同约定完成项目施工、案涉项目无法投入运行为由要求对该部分工程款在总价款内予以扣减,不予支持。

第二十五条

对专家辅助人意见的采信

专家辅助人的意见视为当事人的陈述,专家辅助人与当事人就同一问题陈述有矛盾,建议仲裁庭可要求当事人明确最终陈述意见。

专家辅助人对鉴定意见提出质证意见,鉴定人不能作出合理解释,仲裁庭可以要求鉴定人进行补充鉴定,鉴定人不予配合补充鉴定的,建议仲裁庭可结合相关证据对该部分鉴定意见评判是否采信。

裁决指引

本条是关于专家辅助人在仲裁庭审中作用的相应规则。“专家辅助人”作为一个法理上的概念,在我国现行法律规定及司法裁判中,存在“有专门知识的人”“专家证人”“诉讼辅助人”等不同的表述。之所以存在不同的概念表述,是因为我国专家辅助人制度是在对英美法系的专家证人制度与大陆法系的鉴定制度融合的基础上,借鉴并嫁接日本的诉讼辅助人制度而形成的。其制度目的是实现以审判为中心,贯彻直接言词原则,辅助当事人对鉴定意见或专业问题进行有效质证。[①] 本条款所称的专家辅助人即为《民事诉讼法》第 82 条中的“有专门知识的人”。

囿于现行法律对于专家辅助人的诉讼地位、出庭条件、资质要求、意见属性、审查标准等方面未予明确规定,司法实践中裁判者对专家辅助人意见普遍存在采信标准难以掌握的问题,致使专家辅助人出具的意见在司法裁判中的采信度偏低。对此,本条就建设项目工程总承包合同纠纷案件中专家辅助人意见的采信标准和认证规则进行明确。

---

① 参见李建飞、王锦东:《专家辅助人制度立法旨意与运行规范之思考》,载《陕西行政学院学报》2022 年第 1 期。

一、专家辅助人制度的历史沿革

20 世纪 90 年代,我国司法审判模式开始从苏联的超职权主义审判模式向英美法系的对抗模式转变,同时为了有效制衡司法鉴定制度,专家辅助人制度在此背景下应运而生。

2002 年 4 月 1 日,《最高人民法院关于民事诉讼证据的若干规定》正式实施,其中第 61 条首次对专家辅助人制度进行明确规定,对出庭人数、费用承担、出庭方式、质证形式、参与庭审活动的范围等予以明确。

2012 年 8 月 31 日,《民事诉讼法》进行了修正,其中将专家辅助人参与庭审活动的范围扩大至对鉴定意见或专业问题提出意见。

2015 年 2 月 4 日,《民诉法解释》实施,其中明确专家辅助人就鉴定意见进行质证及专家辅助人在法庭上就专业问题所提意见视为当事人的陈述。

2020 年 5 月 1 日,《新证据规定》实施,其中第 83 条和第 84 条对此前关于专家辅助人的规定进行了承继和更新,使其与其他民事诉讼法律规定保持一致。

2022 年 1 月 1 日,《民事诉讼法》经过修正后正式生效实施,专家辅助人制度规定于其中第 82 条。

2022 年 4 月 10 日,《民诉法解释》经过修正后正式生效实施,专家辅助人制度规定于其中第 122 条和第 123 条。

至此,我国专家辅助人的制度构造就集中体现在《民事诉讼法》《民诉法解释》《新证据规定》的法律规定中。

二、专家辅助人意见的证据能力与证明能力

证据能够被采信并被作为认定案件事实的依据,在于其证据能力与证明能力。专家辅助人意见不是《民事诉讼法》第 66 条规定的法定证据类型,但其若要被采信,对其证据资格与证明力的论证尤为重要。

(一)专家辅助人意见的证据能力

证据能力,即证据资格,指证据能够被裁判者采信,作为认定待证事实依据所应具备的条件,又称为证据的适格性。证据能力是证据的法律属性,取决于证据是否被法律许可用来作为证明待证事实的依据。

1. 专家辅助人意见的证据属性

学术界对于专家辅助人意见是否属于法定证据,存在较多争论。有学者认为,专家辅助人是一类具备辅助性质的诉讼主体,其提出的专家辅助人意见并非

一种独立的法定证据类型,因而不应该具备证据效力。[①] 也有学者认为,专家辅助人意见属于法定证据,具备相应的证据效力,其中有学者认为专家辅助人意见应归属于证人证言,也有学者认为应归属于当事人陈述,亦有学者认为应当被视为与鉴定意见相同属性的证据。

《民诉法解释》(2015 年)第 122 条,明确将专家辅助人在法庭上就专业问题提出的意见视为当事人陈述,对上述争议予以定论。但与鉴定意见作为明确的法定证据类型相比,将专家辅助人意见归为当事人陈述,其证据的证明效力明显低于鉴定意见。《新证据规定》第 90 条[②]规定,当事人陈述不得单独作为认定案件事实的依据。因此,专家辅助人意见无法单独作为定案依据,更多情形下是作为一种对鉴定意见的质证行为,通过专业意见的直面碰撞,提升裁判者对专业问题的判断,裁判者即使采信,也需要结合其他关联证据才能对相应案件事实予以定论。

2. 专家辅助人意见的证据分类

学理中我们将证据按照不同的区分依据进行分类,其中以证据提出者对相应待证事实是否负有证明责任为标准,将证据分为本证和反证。专家辅助人意见是对鉴定意见的质证和就专业问题提出的意见,而本证要求能够对待证事实的证明力达到高度盖然性的标准,但专家辅助人意见作为一种间接证据存在或然性,无法单独或直接证明案件的主要事实,因此其并不符合本证的要求。《民诉法解释》第 108 条第 2 款[③]规定,当证据能够使待证事实陷于真伪不明状态时,即达到反证的证明标准。专家辅助人对鉴定意见的质证可以归为反证,只要能够动摇鉴定意见的三性,或者使鉴定意见的证明力弱化,动摇裁判者的心证使相应待证事实处于真伪不明的状态,即已经达到了证明效果。专家辅助人意见作为一种证据形式,虽然其证明力不及鉴定意见,但其已经具备证据资格,具有被裁判者采信的基本条件。

---

① 参见张立平、杨丹:《民事诉讼专家辅助人的法律定位及其制度完善——以法条与司法解释的逻辑解读为基点》,载《湘潭大学学报(哲学社会科学版)》2014 年第 1 期。

② 《新证据规定》第 90 条规定:“下列证据不能单独作为认定案件事实的根据:(一)当事人的陈述;……”

③ 《民诉法解释》第 108 条第 2 款规定:“对一方当事人为反驳负有举证证明责任的当事人所主张事实而提供的证据,人民法院经审查并结合相关事实,认为待证事实真伪不明的,应当认定该事实不存在。”

(二)专家辅助人意见的证明能力

证明能力,即证明力,是指证据对待证事实的说明程度,只要某证据客观存在,且能够在逻辑上一定程度地证明待证事实,该证据就具有或大或小的证明力。证明能力是证据的自然属性,取决于证据与待证事实之间的逻辑关系。证据能力是由法律事先加以规定的,而证明能力则是裁判者在案件审理中进行判断的。

仲裁审理过程中,通过专家辅助人意见的充分表达,仲裁员对于证据的证明力逐渐确信,并形成心证。对于专家辅助人意见的证明能力确信可以细化为四个部分[①]:(1)专家辅助人的资质、经验、专业素质等都会对仲裁员心证产生预设效力,甚至直接影响仲裁庭对专家辅助人意见真实性、科学性的判断。(2)专家辅助人意见作出的依据及过程,需要从双方对抗中进行分析和归纳,以确定专家辅助人意见的客观性和科学性。(3)专家辅助人意见能否解决案件所涉的专业问题,该专业问题对待证事实的影响力大小。(4)专家辅助人意见与待证事实之间的关联性大小,能否达到证明标准,是对案件所涉事实起到一定的证明作用,还是能够动摇或推翻对方的鉴定意见。

三、专家辅助人意见的采信标准与认证规则

《新证据规定》中虽然规定了专家辅助人意见需要质证,但未对专家辅助人意见的采信标准进行明确。对此,可以借鉴美国专家证人制度中完备的采信规则,结合诉讼模式的运行情况,形成我国自有的专家辅助人意见采信标准与认证规则。

(一)专家辅助人意见的采信标准[②]

专家辅助人意见具有较强的主观性、专门性、技术性和经验性等特点。因此,针对专家辅助人意见自身所具有的诸多特点,同时结合我国法律规范以及司法实践经验,应着重从以下几方面对专家辅助人意见进行审查:

1. 可采性审查,包括专家辅助人资质和采用的技术原理的可靠性等方面。(1)资质是指是否具备相应的专门知识、技能或经验,聘请的必要性,是否需要回避等;(2)技术原理是指技术手段、论证方法、理论依据、前提假设等。

---

① 参见窦淑霞:《法官对专家辅助人意见的采信与心证形成的路径分析》,载《法学杂志》2018 年第 2 期。

② 参见朱海标、刘穆新、王旭:《"鉴定人 + 专家辅助人"二元化专家证人制度的中国演变——以"民事诉讼证据规定"为切入点》,载《中国司法鉴定》2021 年第 2 期。

2. 证明力审查，包括专家辅助人意见的关联性和客观性等。(1)关联性是指专家辅助人意见必须围绕鉴定意见或与案件有关的事实内容展开；(2)客观性是指专家辅助人应当以科学原理、技术方法等为基础，本着实事求是、遵循科学的原则客观地发表意见。

(二)专家辅助人意见的认证规则

在审判实践中，裁判者在面对专业性问题时，受困于认知的局限，其无法再按照一般的认证逻辑对证据进行判断，因此出现鉴定制度和专家辅助人制度来辅助其完成对案件事实的认定。长期以来，鉴定意见一直作为“证据之王”使用，对于案件事实认定起决定性作用，但由于缺乏对鉴定意见的质证与采信规则，裁判者受专业知识的局限，在裁判中存在过度依赖既定鉴定意见的倾向。鉴定意见的过度依赖导致鉴定权的实质性扩张，“以鉴代审”的问题屡见不鲜，最终致使鉴定意见和司法的公信力减损。[①] 因此，除上述采信标准外，还可借助证据的认证规则来完善关于专家辅助人意见的制度，以制衡鉴定意见在诉讼证据中的地位。

民诉法理论中，存在非法证据规则、完全证明力证据规则、补强证据规则、最佳证据规则、推定规则五种证据的认证规则。根据专家辅助人意见的特性，司法审判实践中我们可以结合上述完全证明力证据规则、补强证据规则、最佳证据规则对专家辅助人意见进行认证。

《民事诉讼法》第 81 条规定，经人民法院通知，鉴定人拒不出庭的，鉴定意见不得作为认定案件事实的依据。该条是现行《民事诉讼法》对于鉴定意见的否定性评价，在该种情形下直接排除了鉴定意见被采信的可能。但是对于存在明显不合理的鉴定意见，如何排除其被采信，现行法律暂未规定。《浙江省高级人民法院关于民事案件鉴定人、有专门知识的人出庭若干问题的规定》第 20 条中的表述为，“有专门知识的人或者其他诉讼参与人当庭对鉴定意见提出质疑，鉴定人能够作出合理解释，并与相关证据印证的，可以采信鉴定意见。不能作出合理解释，无法确认鉴定意见可靠性的，鉴定意见不得作为认定事实的根据”。该条在无明确法律规定的情况下，结合实际审判经验总结出相应审判指导意见，即专家辅助人对鉴定意见的质疑，鉴定人无法作出合理解释的，鉴定意见不予采信。但是对在此情况下，是否应当采信专家辅助人的意见并未予以明确。

---

① 参见陈秋竹：《专家辅助人意见的可信性难题及疏解路径》，载《中国司法鉴定》2022 年第 2 期。

《民诉法解释》(2015 年)中明确专家辅助人就鉴定意见进行质证及专家辅助人在法庭上就专业问题所提意见视为当事人的陈述,但毕竟专家辅助人不是案件仲裁当事人,仅是当事人聘请的参与仲裁或诉讼的专业辅助人员,当其质证意见或表述与当事人意思表示不一致时,仲裁庭可以要求当事人明确最终意见,以当事人最终明确意见为准,充分尊重仲裁当事人的仲裁权利和意思表示。

四、专家辅助人意见被采信后的处理

专家辅助人庭上活动主要围绕对鉴定意见的质证工作展开,其主要的作用在于辅助当事人充分有效地完成诉讼活动。专家辅助人意见因为案情不同,结果呈现的形式也会存在一定程度差异。一种情形是质疑鉴定意见的结论并直接予以更正,例如,对工程造价鉴定意见的计算错误提出意见,并给出正确的计算结果。另一种情形是质疑鉴定意见所适用的标准、鉴定方法等过程,但没有明确的结论,例如,采样数量、部位不符合规范要求,需要重新采样。

对于第一种情形,如各方当事人、鉴定人对专家辅助人的质证意见没有异议,裁判者可以直接以专家辅助人意见作为裁判依据,以提高案件审理效率。对于第二种情形,专家辅助人对鉴定意见提出质证意见,鉴定人不能作出合理解释,此时,裁判者需要通过进一步鉴定得到最终意见才能利于案件裁决,仲裁庭可以要求鉴定人进行补充鉴定,鉴定人不予配合补充鉴定的,建议仲裁庭可结合相关证据对该部分鉴定意见评判是否采信。仲裁庭经审查对鉴定意见不予采信的,可以依举证责任分配进行审查和裁决,属于《新证据规定》第 40 条情形的也可以允许当事人申请重新鉴定。

参考依据

1.《民事诉讼法》(2012 年修正),已被修改

第七十九条 当事人可以申请人民法院通知有专门知识的人出庭,就鉴定人作出的鉴定意见或者专业问题提出意见。

2.《民事诉讼法》(2021 年修正)

第六十六条 证据包括:(一)当事人的陈述;(二)书证;(三)物证;(四)视听资料;(五)电子数据;(六)证人证言;(七)鉴定意见;(八)勘验笔录。

证据必须查证属实，才能作为认定事实的根据。

第八十一条　当事人对鉴定意见有异议或者人民法院认为鉴定人有必要出庭的，鉴定人应当出庭作证。经人民法院通知，鉴定人拒不出庭作证的，鉴定意见不得作为认定事实的根据；支付鉴定费用的当事人可以要求返还鉴定费用。

第八十二条　当事人可以申请人民法院通知有专门知识的人出庭，就鉴定人作出的鉴定意见或者专业问题提出意见。

3.《民诉法解释》(法释〔2015〕5号，已被修改)

第一百二十二条　当事人可以依照民事诉讼法第七十九条的规定，在举证期限届满前申请一至二名具有专门知识的人出庭，代表当事人对鉴定意见进行质证，或者对案件事实所涉及的专业问题提出意见。

具有专门知识的人在法庭上就专业问题提出的意见，视为当事人的陈述。

人民法院准许当事人申请的，相关费用由提出申请的当事人负担。

第一百二十三条　人民法院可以对出庭的具有专门知识的人进行询问。经法庭准许，当事人可以对出庭的具有专门知识的人进行询问，当事人各自申请的具有专门知识的人可以就案件中的有关问题进行对质。

具有专门知识的人不得参与专业问题之外的法庭审理活动。

4.《民诉法解释》(2022修正)

第一百零八条　对负有举证证明责任的当事人提供的证据，人民法院经审查并结合相关事实，确信待证事实的存在具有高度可能性的，应当认定该事实存在。

对一方当事人为反驳负有举证证明责任的当事人所主张事实而提供的证据，人民法院经审查并结合相关事实，认为待证事实真伪不明的，应当认定该事实不存在。

法律对于待证事实所应达到的证明标准另有规定的，从其规定。

第一百二十二条　当事人可以依照民事诉讼法第八十二条的规定，在举证期限届满前申请一至二名具有专门知识的人出庭，代表当事人对鉴定意见进行质证，或者对案件事实所涉及的专业问题提出意见。

具有专门知识的人在法庭上就专业问题提出的意见，视为当事人的陈述。

人民法院准许当事人申请的，相关费用由提出申请的当事人负担。

第一百二十三条 人民法院可以对出庭的具有专门知识的人进行询问。经法庭准许,当事人可以对出庭的具有专门知识的人进行询问,当事人各自申请的具有专门知识的人可以就案件中的有关问题进行对质。

具有专门知识的人不得参与专业问题之外的法庭审理活动。

5.《最高人民法院关于民事诉讼证据的若干规定》(法释〔2001〕33号,已被修改)

第六十一条 当事人可以向人民法院申请由一至二名具有专门知识的人员出庭就案件的专门性问题进行说明。人民法院准许其申请的,有关费用由提出申请的当事人负担。

审判人员和当事人可以对出庭的具有专门知识的人员进行询问。

经人民法院准许,可以由当事人各自申请的具有专门知识的人员就有案件中的问题进行对质。

具有专门知识的人员可以对鉴定人进行询问。

6.《新证据规定》(法释〔2019〕19号)

第四十条 当事人申请重新鉴定,存在下列情形之一的,人民法院应当准许:(一)鉴定人不具备相应资格的;(二)鉴定程序严重违法的;(三)鉴定意见明显依据不足的;(四)鉴定意见不能作为证据使用的其他情形。

存在前款第一项至第三项情形的,鉴定人已经收取的鉴定费用应当退还。拒不退还的,依照本规定第八十一条第二款的规定处理。

对鉴定意见的瑕疵,可以通过补正、补充鉴定或者补充质证、重新质证等方法解决的,人民法院不予准许重新鉴定的申请。

重新鉴定的,原鉴定意见不得作为认定案件事实的根据。

第八十三条 当事人依照民事诉讼法第七十九条和《最高人民法院关于适用〈中华人民共和国民事诉讼法〉的解释》第一百二十二条的规定,申请有专门知识的人出庭的,申请书中应当载明有专门知识的人的基本情况和申请的目的。

人民法院准许当事人申请的,应当通知双方当事人。

第八十四条 审判人员可以对有专门知识的人进行询问。经法庭准许,当事人可以对有专门知识的人进行询问,当事人各自申请的有专门知识的人可以就案件中的有关问题进行对质。

有专门知识的人不得参与对鉴定意见质证或者就专业问题发表意见之外的法庭审理活动。

第九十条　下列证据不能单独作为认定案件事实的根据：(一)当事人的陈述；(二)无民事行为能力人或者限制民事行为能力人所作的与其年龄、智力状况或者精神健康状况不相当的证言；(三)与一方当事人或者其代理人有利害关系的证人陈述的证言；(四)存有疑点的视听资料、电子数据；(五)无法与原件、原物核对的复制件、复制品。

案例分析

案　例

湖南中星建设集团有限公司、衡阳天弘置业有限公司等返还原物纠纷

一审案号：(2021)湘0406民初38号

二审案号：(2021)湘04民终2159号

一审审理法院：湖南省衡阳市雁峰区人民法院

二审审理法院：湖南省衡阳市中级人民法院

裁判类型：一审、二审民事判决

一、案情介绍

上诉人(原审原告、反诉被告)：湖南中星建设集团有限公司(以下简称中星公司)

上诉人(原审被告、反诉原告)：衡阳天弘置业有限公司(以下简称天弘公司)

被上诉人(原审被告、反诉第三人)：衡一建设集团有限公司(以下简称衡一公司)

2016年年初，天弘公司(发包人)与中星公司(承包人)签订施工合同，约定由中星公司承建御江帝景三期工程1#、2#、4#楼及地下室。后因双方发生争议，经仲裁审理，该合同被解除。2018年12月28日，天弘公司将上述工程发包给衡一公司继续施工，但施工现场存在遗留大量中星公司工程材料未清理，防护设施

未拆除、机械设备未撤离等情形。2019 年 3 月 8 日，天弘公司向衡阳市建设工程质量安全监督站上报了《请求办理安全监督变更手续的报告》，承诺天弘公司愿承担使用案涉设备、设施的一切法律责任。衡一公司按照天弘公司指令，使用中星公司遗留的设备、设施组织施工。2019 年 6 月 25 日，衡一公司施工完毕，并将相关设备、设施移交给天弘公司。天弘公司于 2019 年 7 月 31 日，将御江帝景三期施工场地内的设备、设施等拆除完毕，并进行了公证。

2019 年 6 月 20 日，中星公司向法院起诉，其中一项请求为：判令衡一公司、天弘公司连带赔偿中星公司御江帝景三期工程的施工设施、设备及其他财产的占用费 500 万元（具体金额以司法鉴定确定的金额和司法鉴定出具后的实际占有期间参照司法鉴定意见确定的金额为准）。2019 年 9 月 23 日，中星公司向一审法院申请对案涉项目设备、设施的占有使用费等进行司法鉴定。2020 年 6 月 3 日，鉴定单位天翼公司出具鉴定意见征求意见函，中星公司、天弘公司均书面提供了反馈意见。2020 年 6 月 14 日，天翼公司出具了正式的鉴定意见，其中与脚手架相关的材料数量及费用为：48 ×3.5 钢管 286,852 米，单价 0.39 元/米每月；扣件 424,716 个，单价 0.24 元/个每月。天弘公司对鉴定结论不服，补充提供了案涉项目设备、设施未拆除时的图片和录像资料，并依据未拆除前的设备、设施的实际情况，委托金华正达工程造价咨询有限公司出具了一份专家意见书，并通过法院转交鉴定单位。2020 年 8 月 7 日，天翼公司重新出具了一份鉴定意见，将上述材料数量调整为：48 ×3.5 钢管 218,690.4 米，单价 0.39 元/米每月；扣件 180,391 个，单价 0.24 元/个每月。天弘公司仍然对鉴定意见有异议，申请鉴定人员和其委托的专家证人出庭作证。天翼公司对专家辅助人员提出的外架搭设周长偏差一事进行复核，鉴定计算结果符合图示尺寸、搭设规范要求；对外架搭设高度复核，认可专家辅助人员意见，在鉴定时多算了 1.4 米室内外高差，予以纠正，并将数量调整为：48 ×3.5 钢管 215,891.2 米，单价 0.39 元/米每月；扣件 178,621 个，单价 0.24 元/个每月。

二、各方观点

中星公司：对于鉴定意见中涉及的 48 ×3.5 钢管及扣件数量，中星公司予以认可。

天弘公司：在施工初期委托金华正达工程造价咨询有限公司就本案有关设施数量进行计算的结果为钢管 166,450.45 米、扣件 83,423 个，所以一审鉴定并不客观真实,本案应重新鉴定。

三、裁决要旨

天弘公司并未举证证明天翼公司没有相应鉴定资质。另外,一审已经多次要求补充鉴定,本案鉴定意见尚不存在明显依据不足、鉴定程序严重违法等需要重新鉴定的情形,故对天弘公司重新鉴定的主张不予采纳。

四、法律分析

本案的争议焦点涉及脚手架搭设所使用的钢管、扣件数量计算,此项工作具有较强的专业性,因此天弘公司申请的专家辅助人发挥了很大的作用。鉴定意见也从最初的 48 ×3. 5 钢管 286, 852 米、扣件 424, 716 个,最终降低至 48 ×3. 5 钢管 215, 891. 2 米、扣件 178, 621 个。由此可以看出,对于工程造价等专业性较强的争议问题,当事人可以运用专家辅助人制度,以通过专家辅助人的意见,让鉴定单位发现错误,或者让裁判者对鉴定意见的三性产生合理的怀疑,以争取通过补充鉴定、重新委托鉴定等方式,保障自身合法权利。

第二十六条

工程总承包合同价款优先受偿权的行使

与发包人订立工程总承包合同的承包人,依据民法典第八百零七条的规定请求其承建项目的工程总承包合同价款就工程折价或者拍卖的价款优先受偿,建议予以支持。

裁决指引

本条是关于工程总承包合同价款优先受偿权行使主体和优先受偿范围的规定。

与发包人订立工程总承包合同的承包人,依据《民法典》第 807 条的规定请求其承建项目的工程总承包合同价款,包括设计费、设备购置费、建筑安装工程费的全部合同价款就工程折价或者拍卖的价款优先受偿的,建议仲裁庭予以支持;若工程总承包合同承包范围包含勘察业务,承包人主张勘察费计入优先受偿范围,建议仲裁庭也予以支持。

一、概述

依照《民法典》第 807 条的规定,建设工程价款优先受偿权属于法定优先权,其效力范围不同于抵押权等担保物权,该优先权的效力范围应依法律规定予以确定,而非由当事人约定。建设工程价款优先受偿权制度建立的初衷是保护建筑工人的合法权益,但此项制度并非直接保护建筑工人的工资权益,而是以保护承包人的建设工程价款债权为媒介,间接保护建筑工人的合法权益。

关于建设工程施工总承包合同价款中哪些组成部分能够就建设工程折价或者拍卖的价款优先受偿的问题,《施工合同司法解释(一)》第 40 条规定:"承包人建设工程价款优先受偿的范围依照国务院有关行政主管部门关于建设工程价款范围的规定确定。承包人就逾期支付建设工程价款的利息、违约金、损害赔偿金等主张优先受偿的,人民法院不予支持。"最高人民法院民事审判第一庭编著的《最高人民法院新建设工程施工合同司法解释(一)理解与适用》对于第 40 条第 1 款的理解适用认为全部建设工程价款均可优先受偿,而对于建设工程价款组成,依照国务院有关行政主管部门的规定,主要依据的是住房和城乡建设部、财政部《2013 建安费用组成》。虽然《施工合同司法解释(一)》是针对施工合同纠纷的,但我们认为对于工程总承包合同纠纷中的施工部分价款优先受偿权也应作同样的理解。目前国务院有关行政主管部门尚未明确工程总承包费用项目组成,仅在 2017 年 9 月,住房和城乡建设部网站发布了《建设项目工程总承包费用项目组成(征求意见稿)》,尚未发布正式稿。

建设项目工程总承包是指工程总承包企业按照与建设单位签订的合同,对工程项目的勘察(如有)、设计、采购、施工等实行全过程的承包建设,并对工程的质量、安全、工期和造价等全面负责的工程项目组织实施方式。与传统施工总承包不同,工程总承包合同范围不仅包括施工,一般还包括设计、设备采购,设计费、设备购置费应是工程总承包合同价款的组成部分;而工程总承包合同承包范围若包含勘察业务,勘察费也应是工程总承包合同价款的组成部分。为了提高仲裁审理效率,发挥仲裁解决争议的优势,便于仲裁裁决,降低仲裁成本,防止争议扩大,在承包人主张其承建项目的全部合同价款的优先受偿权时,建议仲裁庭予以支持。

关于建设工程价款优先权的行使主体,《施工合同司法解释(一)》第 35 条规定:"与发包人订立建设工程施工合同的承包人,依据民法典第八百零七条的规定请求其承建工程的价款就工程折价或者拍卖的价款优先受偿的,人民法院应予支持。"该优先权行使主体的认定也应同样适用于工程总承包合同纠纷的裁处。

二、施工合同工程价款项目组成

目前对于施工合同工程价款项目的组成,没有明确的法律层面的规定,主要规定在主管部门的相关规定中,即住房和城乡建设部、财政部印发的《2013 建安费用组成》第 1 条第 1 项中规定,建筑安装工程费用项目按费用构成要素组成划分为人工费、材料费、施工机具使用费、企业管理费、利润、规费和税金。对此,最高人民法院出台的相关理解与适用中对其进行了相应的指引,即关于施工合同项下工程价款的组成,规定依照国务院有关行政主管部门关于建设工程价款范围的规定确定。①

因此，目前而言，建设工程施工价款优先受偿的范围包括人工费、材料费、施工机具使用费、企业管理费、利润、规费和税金。

三、工程总承包合同价款组成

对于工程总承包合同价款的组成，国务院有关行政主管部门并未出台相关规定，故需要参考工程总承包示范文本、其他部门文件或是地方相关规定。值得注意的是，国务院有关行政主管部门发布的征求意见稿，虽未生效，但对确定工程总承包价款项目组成范围亦具有一定参考意义。

（一）2020版《工程总承包合同示范文本》

由住房和城乡建设部、国家市场监督管理总局发布并于2021年1月1日起执行。其第一部分合同协议书第4条中签约合同价具体构成详见价格清单，其中包含设计费、设备购置费、建筑安装工程费、暂估价、暂列金额、双方约定的其他费用。

（二）部分地方关于工程总承包费用项目组成的相关规定

浙江省规定，工程总承包费用项目组成包括勘察设计费、设备购置费、建安工程费、总承包管理费和试运行服务费、不可预见费。其中，勘察设计费中的工程设计费根据不同的设计阶段及工程特点又可分为初步设计费、施工图设计费、技术设计费和其他设计费。②

四川省规定，工程总承包费用项目包括工程费用、工程总承包其他费和工程总承包预备费（暂列金额）；工程费用包括建设项目总投资中的建筑工程费、设备购置费、安装工程费、暂估费用；工程总承包其他费一般包括设计费、暂估价工程服务费、土地及占道使用补偿费、场地准备及临时设施费、检验检测及试运转费、工程保险费和其他专项费等；工程总承包预备费（暂列金额）包括基本预备费和价差预备费。③

福建省规定，建设项目工程总承包费用由勘察设计费、建筑安装工程费、设

---

① 参见最高人民法院民事审判第一庭编著的《最高人民法院新建设工程施工合同司法解释（一）理解与适用》关于第40条的理解适用。

② 参见《浙江省工程总承包计价规则（试行）》第1条。

③ 参见《四川省住房和城乡建设厅关于四川省房屋建筑和市政基础设施项目工程总承包合同计价的指导意见》（2023年1月1日生效）第2条。

备及工器具购置费、工程建设其他费组成。①

江苏省规定,工程总承包费用项目组成如下:工程设计费、建安工程费、设备购置费、工程总承包其他费、暂列金额。②

除此之外,住房和城乡建设部于2018年12月发布公开征求意见的《房屋建筑和市政基础设施项目工程总承包计价计量规范(征求意见稿)》中第3.1.3项规定,建设项目工程总承包费用项目由勘察费、设计费、建筑安装工程费、设备购置费、总承包其他费组成。住房和城乡建设部2017年9月发布公开征求意见的《建设项目工程总承包费用项目组成(征求意见稿)》第3条规定,建设项目工程总承包费用项目由建筑安装工程费、设备购置费、总承包其他费、暂列费用构成;第7条规定,总承包其他费主要包括勘察费、设计费等。以上征求意见稿的内容也可作为辅助性意见。

因此综上所述,建设项目工程总承包费用项目组成,从上述参考资料中总结大致应当包含有勘察费、设计费、建筑安装工程费、设备购置费等。

四、仲裁实务中的注意事项

1.工程总承包模式下,只有与发包人订立工程总承包合同的承包人才享有合同价款优先受偿权,按目前法院的主流观点,实际施工人不属于与发包人订立工程总承包合同的承包人,依法不享有建设工程价款优先受偿权。

2.工程总承包合同被认定无效的情况下,承包人的工程款可依法参照合同约定以折价补偿的方式确定,承包人就工程总承包合同价款享有建设工程价款优先受偿权。

3.工程总承包模式下可以参照新《施工合同司法解释(一)》第41条的规定,即承包人应当自发包人应付工程款之日起18个月内主张建设工程价款优先受偿权。

4.鉴于目前国家层面尚没有关于工程总承包费用组成的相应规定,而各地规定又因模式不同和地方实践不同而有所差异,仲裁庭裁决工程总承包合同价款优先受偿权范围时,首先要依据双方当事人的合同约定,其次还应借鉴各地关

---

① 《福建省房屋建筑和市政基础设施工程总承包模拟清单计价与计量规则》(2020年版)第2.0.1项。

② 《江苏省房屋建筑和市政基础设施项目工程总承包计价规则(试行)》第2.1款。

于工程总承包费用的组成等认定工程总承包合同价款优先受偿的具体范围。同时根据《施工合同司法解释(一)》第40条规定,逾期支付建设工程价款的利息、违约金、损害赔偿金等不应享有优先受偿权。

5.由于当前阶段国内工程总承包模式主要在政府投资和国有企业投资项目中应用,根据《民法典》第807条规定,对于"根据建设工程的性质不宜折价、拍卖"的工程不应支持价款优先受偿权,仲裁庭在审理工程总承包合同优先受偿纠纷时,应注意审查案涉项目是否属于法律规定"根据建设工程的性质不宜折价、拍卖"的情形。

参考依据

1.《民法典》

第八百零七条 发包人未按照约定支付价款的,承包人可以催告发包人在合理期限内支付价款。发包人逾期不支付的,除根据建设工程的性质不宜折价、拍卖外,承包人可以与发包人协议将该工程折价,也可以请求人民法院将该工程依法拍卖。建设工程的价款就该工程折价或者拍卖的价款优先受偿。

2.《施工合同司法解释(一)》

第三十五条 与发包人订立建设工程施工合同的承包人,依据民法典第八百零七条的规定请求其承建工程的价款就工程折价或者拍卖的价款优先受偿的,人民法院应予支持。

第四十条 承包人建设工程价款优先受偿的范围依照国务院有关行政主管部门关于建设工程价款范围的规定确定。

承包人就逾期支付建设工程价款的利息、违约金、损害赔偿金等主张优先受偿的,人民法院不予支持。

3.《最高人民法院新建设工程施工合同司法解释(一)理解与适用》(法律出版社)

4.《2013建安费用组成》

第一条(一) 建筑安装工程费用项目按费用构成要素组成划分为人工费、

材料费、施工机具使用费、企业管理费、利润、规费和税金。

5.2020 版《工程总承包合同示范文本》

第一部分　合同协议书

第四条　签约合同价具体构成详见价格清单，其中包含设计费、设备购置费、建筑安装工程费、暂估价、暂列金额、双方约定的其他费用。（非文件原文，系笔者总结）

6.《浙江省工程总承包计价规则（试行）》

第一条　工程总承包费用项目组成包括勘察设计费、设备购置费、建安工程费、工程总承包管理费和试运行费、不可预见费。其中，勘察设计费中的工程设计费根据不同的设计阶段及工程特点又可分为初步设计费、施工图设计费、技术设计费和其他设计费。（非文件原文，系笔者总结）

7.《四川省住房和城乡建设厅关于四川省房屋建筑和市政基础设施项目工程总承包合同计价的指导意见》

二、工程总承包费用项目组成

（一）工程总承包费用项目包括工程费用、工程总承包其他费和工程总承包预备费（暂列金额）。

（二）工程费用包括建设项目总投资中的建筑工程费、设备购置费、安装工程费、暂估费用……

（三）工程总承包其他费一般包括设计费、暂估价工程服务费、土地及占道使用补偿费、场地准备及临时设施费、检验检测及试运转费、工程保险费和其他专项费等……

（四）工程总承包预备费（暂列金额）……包括基本预备费和价差预备费。

8.《福建省房屋建筑和市政基础设施工程总承包模拟清单计价与计量规则（2020 年版）》

2.0.1　建设项目工程总承包费用由勘察设计费、建筑安装工程费、设备及工器具购置费、工程建设其他费组成。

9.《江苏省房屋建筑和市政基础设施项目工程总承包计价规则（试行）》

2.1　工程总承包费用项目组成如下：工程设计费、建安工程费、设备购置费、工程总承包其他费、暂列金额。

10. 住房和城乡建设部《房屋建筑和市政基础设施项目工程总承包计价计量规范(征求意见稿)》

3.1.3 建设项目工程总承包费用项目由勘察费、设计费、建筑安装工程费、设备购置费、总承包其他费组成。

3.1.4 工程总承包中所有项目均应包括成本、利润和税金。

11. 住房和城乡建设部《建设项目工程总承包费用项目组成(征求意见稿)》

第三条 建设项目工程总承包费用项目由建筑安装工程费、设备购置费、总承包其他费、暂列费用构成。

第七条 总承包其他费。指建设单位应当分摊计入工程总承包相关项目的各项费用和税金支出,并按照合同约定支付给总承包单位的费用。主要包括:

用和税金支出,并按照合同约定支付给总承包单位的费用。主要包括:

(一)勘察费、设计费、研究试验费。

(二)土地租用及补偿费。指建设单位按照合同约定支付给总承包单位在建设期间因需要而用于租用土地使用权而发生的费用以及用于土地复垦、植被恢复等的费用。

(三)税费。指建设单位按照合同约定支付给总承包单位的应由其缴纳的各种税费(如印花税、应纳增值税及其在此基础上计算的附加税等)。

(四)总承包项目建设管理费。指建设单位按照合同约定支付给总承包单位用于项目建设期间发生的管理性质的费用。包括:工作人员工资及相关费用、办公费、办公场地租用费、差旅交通费、劳动保护费、工具用具使用费、固定资产使用费、招募生产工人费、技术图书资料费(含软件)、业务招待费、施工现场津贴、竣工验收费和其他管理性质的费用。

(五)临时设施费。指建设单位按照合同约定支付给总承包单位用于未列入建筑安装工程费的临时水、电、路、讯、气等工程和临时仓库、生活设施等建(构)筑物的建造、维修、拆除的摊销或租赁费用,以及铁路码头租赁等费用。

(六)招标投标费。指建设单位按照合同约定支付给总承包单位用于材料、设备采购以及工程设计、施工分包等招标和总承包投标的费用。

(七)咨询和审计费。指建设单位按照合同约定支付给总承包单位用于社会中介机构的工程咨询、工程审计等的费用。

（八）检验检测费。指建设单位按照合同约定支付给总承包单位用于未列入建筑安装工程费的工程检测、设备检验、负荷联合试车费、联合试运转费及其他检验检测的费用。

（九）系统集成费。指建设单位按照合同约定支付给总承包单位用于系统集成等信息工程的费用（如网络租赁、BIM、系统运行维护等）。

（十）其他专项费用。指建设单位按照合同约定支付给总承包单位使用的费用（如财务费、专利及专有技术使用费、工程保险费、法律费用等）。

案例分析

案 例

北京京诚瑞信长材工程技术有限公司、中冶京诚工程技术有限公司与首钢伊犁钢铁有限公司建设工程施工合同纠纷

案号：（2019）新民初15号

审理法院：新疆维吾尔自治区高级人民法院

裁判类型：一审民事判决

一、案情介绍

2011年6月17日，发包人首钢伊犁钢铁有限公司（以下简称首钢伊犁公司）与承包人北京京诚瑞信长材工程技术有限公司（以下简称京诚瑞信公司）、中冶京诚工程技术有限公司（以下简称中冶京诚公司）签订《总承包合同》。合同协议书主要内容为：1. 工程名称：首钢伊犁公司钢铁技改项目棒材、高速线材工程。工程地点：新疆维吾尔自治区伊犁哈萨克自治州新源县则克台镇首钢伊犁公司厂区。2. 工程总承包内容及范围。（1）主要工程内容：主要工程内容包括年产75万吨连轧棒材生产线一条；年产55万吨高速线材生产线一条；与上述两条生产线配套的公辅设施（其中水处理、轧辊间及现场检化验设施按棒、线材生产线共用考虑）；钢材产品发运和原材料（钢坯除外）进厂均采用汽车运输；两条生产线

的主厂房按并联联体设计；车间采用高架式布置，加热炉和轧线大部分设备布置在车间内标高为+5.5m的平台上。(2)总承包范围：本工程的初步设计、非标设备设计、工厂设计、采购、施工、安装、调试、冷负荷试车、配合热负荷试车和试运行、完成功能考核并通过交工验收、质量保证等。具体内容见技术附件2《总承包方的总承包范围》。……5.合同价款。本项目合同价款为含税人民币55,880万元(大写：伍亿伍仟捌佰捌拾万元整)由承包人包干使用。其中，设备费：28,903万元(含税)，包括本工程范围内所需的设备和材料的供应。建安费：26,527万元(含税)，包括本工程范围内的工程施工、设备安装与调试、冷负荷试车、配合热负荷试车及试运行(含设计变更费用、总承包管理费、技术服务费用、规费、各种特种设备及专项工程检验检测试验费、联合试运转费、培训费、预备费、安全文明施工措施费、其他特殊施工措施费、设备及材料的仓储保管费、风险金等)。设计费：450万元(含税)，包括本工程范围内的非标设计、初步设计、工厂设计(含技术专利费)。

2012年9月26日，京诚瑞信公司向首钢伊犁公司发送《关于棒、线材工程暂停施工的报告》传真一份，内容为：我公司总承包的棒材、高速线材工程，合同总额为58,343万元(含备件)，目前车间主厂房、设备基础、水处理等公铺设施主体结构均已完成，具备设备安装条件；设备采购已全部完成，大部分设备基本制造完成，加热炉、吊车已经安装，引进打包机、打捆机及备件、部分电缆桥架等已发货到现场，累计完成产值约41,000万元(其中建安工程完成15,938万元)。但贵公司仅支付我公司21,500万元工程款，占合同比例36.85%，欠款额度巨大。虽然我公司已垫付近5000万元的资金，但远远无法满足工程需求，目前现场施工难以为继，我公司已无力支撑，决定自2012年10月停止施工。

2015年5月12日，首钢伊犁公司与京诚瑞信公司签订《首钢伊犁钢铁有限公司棒材、高速线材工程建安工程结算协议书》(以下简称《结算协议书》)，主要内容为：鉴于发包人委托承包人总承包的首钢伊犁公司棒材、高速线材工程，于2012年12月停工至今，工程施工已完成的设施、设备等全部移交发包人，按照《总承包合同》，双方协商对已经完成的建安工程合同内工程量进行结算。1.结算价款。(1)建安工程合同内已完工程量结算价款为19,234.9797万元；(2)建安工程合同外增加的工程量及费用(包括停工损失等)暂不结算，待总体项目整体结算时另行一并考虑。上述建安工程合计总价款为19,234.6797万元(明细见合同附表)。2.如果发包人在以后对总承包合同内的工程恢复施工,承包人应予以配合,发生的费用双方另行协商。协议书落款处加盖首钢伊犁公司工程部印章。后附《首钢伊钢棒材、高线工程建安工程决算表(合同内)》表格一张,分别列明主厂房及设备基础工程、线材车间附属建筑等子项实际完成金额,金额合计19,234.6797万元。附表下方加盖首钢伊犁公司工程部印章。

2016年5月27日,首钢伊犁公司与京诚瑞信公司共同确认《棒线材设备用于850工程设备清单》《棒线材已发货设备清单》,确认用于850工程的设备金额为2954.352201万元,已交付现场设备价款为3873.075887万元,合计6827.428088万元。

2016年7月6日,京诚瑞信公司向首钢伊犁公司发送《企业对账函》,载明京诚瑞信公司对首钢伊犁公司棒、线材工程设备供货、建筑安装、技术开发累计收款26,158.9万元,累计已开发票金额20,988.7340万元。落款处加盖首钢伊犁公司计划财务部印章,注明"合同金额无误"。本项目已开具发票金额211,787,340元,其中建安部分开票98,940,000元,设备部分开票111,947,340元,设计部分开票900,000元。

二、各方观点

争议焦点:京诚瑞信公司主张就已完工程价款享有优先受偿权是否成立。

京诚瑞信公司:根据相关法律规定,京诚瑞信公司、中冶京诚公司就本案已完工程价款享有优先受偿权。

首钢伊犁公司:首钢伊犁公司已基本支付完毕建安费用,设计费与设备费至今尚未提供资料及设备,此部分不属于在建工程的固定资产,无法行使优先受偿权。

三、裁决要旨

京诚瑞信公司主张就已完工程价款享有优先受偿权是否成立。《合同法》第286条规定:"发包人未按照约定支付价款的,承包人可以催告发包人在合理期限内支付价款。发包人逾期不支付的,除按照建设工程的性质不宜折价、拍卖的以外,承包人可以与发包人协议将该工程折价,也可以申请人民法院将该工程依法拍卖。建设工程的价款就该工程折价或者拍卖的价款优先受偿。"据此,京诚瑞信公司、中冶京诚公司就已完工程价款享有优先受偿权。首钢伊犁公司认为,工程价款中包含的设计费、设备款不属于在建工程的固定资产,无法行使优先受偿权。对此法院认为,本案双方签订的《总承包合同》在性质上属于建设工程施工合同,合同履行过程中产生的设计费、建筑安装费、设备费均是工程价款的组成部分,京诚瑞信公司、中冶京诚公司对全部工程价款均应享有优先受偿权,法院对首钢伊犁公司的上述抗辩理由不予支持。

四、法律分析

典型的工程总承包模式包括 EPC(设计—采购—施工)、DB(设计—施工)两种,其工作内容相较于传统模式更加丰富,在司法实践中,针对工程总承包项下的设计费、材料采购费是否可享有优先受偿权,存在不同的见解。

在法律规范层面,《民法典》第 791 条第 1 款规定"发包人可以与总承包人订立建设工程合同,也可以分别与勘察人、设计人、施工人订立勘察、设计、施工承包合同",而《民法典》第 807 条中规定的优先受偿权主体是建设工程的承包人,亦未排斥工程总承包模式下的承包人。

当前支持工程总承包人就合同项下包括设计费等在内的工程款享有优先受偿权已经成为主流观点,主要理由包括:(1)合同中约定设计费甚至勘察费应属于工程款的范围,而且一般与工程价款同时结算、同时支付。[①] (2)设计与施工在工程实施期间相互交叉、密不可分,即使工程设计费用与施工费用从财税角度能够得到相对的区分,但设计的价值也恐难从整个工程中剥离出来精确计算。[②]

在司法审判实践中,除本部分引用的新疆高院(2019)新民初 15 号案,明确支持设计费、建筑安装费、设备费作为工程款组成部分均享有优先受偿权外,最高人民法院在审理的 EPC 合同案件中也大多支持 EPC 承包人的工程价款优先受偿权,如(2017)最高法民终 894 号、(2019)最高法民终 134 号、(2020)最高法民终 115 号判决。

---

① 参见最高人民法院民事审判第一庭编著:《最高人民法院新建设工程施工合同司法解释(一)理解与适用》,人民法院出版社 2021 年版,第 359 页。

② 参见朱树英主编:《工程总承包(EPC/DB)诉讼实务:基于裁判文书网之大数据检索研析》,法律出版社 2019 年版,第 329 页。

第二十七条

工程总承包单位保修责任

承包人以分包或联合体分工为由拒绝承担保修责任的，建议不予支持。

裁决指引

本条是关于工程总承包保修责任主体认定的建议。

一、承包人以分包为由拒绝承担保修责任的，建议不予支持

从法理角度讲，《民法典》第465条第2款规定："依法成立的合同，仅对当事人具有法律约束力，但是法律另有规定的除外。"工程总承包合同的当事人为发包人和承包人，根据合同相对性原则，分包人不是工程总承包合同的当事人，承包人以分包为由拒绝履行工程总承包合同项下的保修责任与法理相悖。

《建筑法》第55条规定："建筑工程实行总承包的，工程质量由工程总承包单位负责，总承包单位将建筑工程分包给其他单位的，应当对分包工程的质量与分包单位承担连带责任。分包单位应当接受总承包单位的质量管理。"《工程总承包管理办法》第22条第2款规定："工程总承包单位应当对其承包的全部建设工程质量负责，分包单位对其分包工程的质量负责，分包不免除工程总承包单位对其承包的全部建设工程所负的质量责任。"第25条规定："工程保修书由建设单位与工程总承包单位签署，保修期内工程总承包单位应当根据法律法规规定以及合同约定承担保修责任，工程总承包单位不得以其与分包单位之间保修责任划分而拒绝履行保修责任。"

综上可知，工程总承包单位将部分工程分包的，分包单位对其分包的工程承担质量责任，但不免除总承包单位对分包工程应承担的保修责任。也就是说，保修期内，向发包人承担保修责任的主体是总承包单位。总承包单位将部分设计或施工分包给分包单位，并约定由分包单位承担分包工程质量保修责任的，该约定不能对抗发包人，总承包单位也不能以此为由拒绝就分包单位完成的工作向发包人履行保修责任。

此外，2020 版《工程总承包合同示范文本》专用合同条件附件 3《工程质量保修书》第 4 条还对总承包人将设计业务分包情况下的保修义务作了明确约定。根据该约定，对于涉及结构安全的质量问题，如果总承包人将设计业务分包，应当由原设计分包人或具有相应资质等级的设计人提出保修方案，总承包人实施保修。

二、承包人以联合体分工为由拒绝承担保修责任的，建议不予支持

《建筑法》第 27 条第 1 款规定："大型建筑工程或者结构复杂的建筑工程，可以由两个以上的承包单位联合共同承包。共同承包的各方对承包合同的履行承担连带责任。"《招标投标法》第 31 条第 3 款规定："联合体各方应当签订共同投标协议，明确约定各方拟承担的工作和责任，并将共同投标协议连同投标文件一并提交招标人。联合体中标的，联合体各方应当共同与招标人签订合同，就中标项目向招标人承担连带责任。"《工程总承包管理办法》第 10 条第 2 款规定："设计单位和施工单位组成联合体的，应当根据项目的特点和复杂程度，合理确定牵头单位，并在联合体协议中明确联合体成员单位的责任和权利。联合体各方应当共同与建设单位签订工程总承包合同，就工程总承包项目承担连带责任。"

由此可见，分工协作是联合体成员为完成工程项目相互之间进行的契约型安排，其性质具有内部性，对外联合体应当视为一个整体就其共同承包的工程项目对招标人（发包人）承担连带责任。故联合体各方就共同承包的工程项目向招标人（发包人）承担的是连带责任，该连带责任并不因联合体内部任务分工而免除，承包人更不能以联合体分工为由拒绝承担保修责任，由此联合体一方为了避免损失和承担连带责任，应及时督促责任方在分工范围内履行维修责任。

三、质量问题责任主体存在争议的，可通过质量鉴定方式来确定

《建设工程质量管理条例》第 41 条规定："建设工程在保修范围和保修期限内发生质量问题的，施工单位应当履行保修义务，并对造成的损失承担赔偿责任。"实践中一般的处理原则为，工程总承包单位向发包人承担保修责任后，最终费用应由质量问题责任主体来承担。如联合体成员之间，或发包人与承包人之间就质量问题责任主体发生争议，可依合同约定的质量缺陷责任调查程序或通过质量鉴定的方式来确定。可知,经调查或质量鉴定可以确定责任主体的,应当由该主体承担质量缺陷责任;经鉴定各方均有过错的,按过错比例分担质量问题责任。同时参照《施工合同司法解释(一)》第13条的规定:“发包人具有下列情形之一,造成建设工程质量缺陷,应当承担过错责任:(一)提供的设计有缺陷;(二)提供或者指定购买的建筑材料、建筑构配件、设备不符合强制性标准;(三)直接指定分包人分包专业工程。承包人有过错的,也应当承担相应的过错责任。”

仲裁庭在审理质量缺陷责任主体的争议时,还应关注发包人是否存在前述司法解释所规定的应承担过错责任的情形,尤其是指定分包情形下产生的质量缺陷责任承担。

参考依据

1.《建筑法》

第二十七条　大型建筑工程或者结构复杂的建筑工程,可以由两个以上的承包单位联合共同承包。共同承包的各方对承包合同的履行承担连带责任。

两个以上不同资质等级的单位实行联合共同承包的,应当按照资质等级低的单位的业务许可范围承揽工程。

第五十五条　建筑工程实行总承包的,工程质量由工程总承包单位负责,总承包单位将建筑工程分包给其他单位的,应当对分包工程的质量与分包单位承担连带责任。分包单位应当接受总承包单位的质量管理。

第六十二条　建筑工程实行质量保修制度。

建筑工程的保修范围应当包括地基基础工程、主体结构工程、屋面防水工程和其他土建工程,以及电气管线、上下水管线的安装工程,供热、供冷系统工程等项目;保修的期限应当按照保证建筑物合理寿命年限内正常使用,维护使用者合法权益的原则确定。具体的保修范围和最低保修期限由国务院规定。

2.《招标投标法》

第三十一条　两个以上法人或者其他组织可以组成一个联合体,以一个投标人的身份共同投标。

联合体各方均应当具备承担招标项目的相应能力;国家有关规定或者招标文件对投标人资格条件有规定的,联合体各方均应当具备规定的相应资格条件。由同一专业的单位组成的联合体,按照资质等级较低的单位确定资质等级。

联合体各方应当签订共同投标协议,明确约定各方拟承担的工作和责任,并将共同投标协议连同投标文件一并提交招标人。联合体中标的,联合体各方应当共同与招标人签订合同,就中标项目向招标人承担连带责任。

招标人不得强制投标人组成联合体共同投标,不得限制投标人之间的竞争。

3.《建设工程质量管理条例》

第三十九条 建设工程实行质量保修制度。

建设工程承包单位在向建设单位提交工程竣工验收报告时,应当向建设单位出具质量保修书。质量保修书中应当明确建设工程的保修范围、保修期限和保修责任等。

第四十一条 建设工程在保修范围和保修期限内发生质量问题的,施工单位应当履行保修义务,并对造成的损失承担赔偿责任。

4.《工程总承包管理办法》

第十条 工程总承包单位应当同时具有与工程规模相适应的工程设计资质和施工资质,或者由具有相应资质的设计单位和施工单位组成联合体。工程总承包单位应当具有相应的项目管理体系和项目管理能力、财务和风险承担能力,以及与发包工程相类似的设计、施工或者工程总承包业绩。

设计单位和施工单位组成联合体的,应当根据项目的特点和复杂程度,合理确定牵头单位,并在联合体协议中明确联合体成员单位的责任和权利。联合体各方应当共同与建设单位签订工程总承包合同,就工程总承包项目承担连带责任。

第二十二条 建设单位不得迫使工程总承包单位以低于成本的价格竞标,不得明示或者暗示工程总承包单位违反工程建设强制性标准、降低建设工程质量,不得明示或者暗示工程总承包单位使用不合格的建筑材料、建筑构配件和设备。

工程总承包单位应当对其承包的全部建设工程质量负责,分包单位对其分包工程的质量负责,分包不免除工程总承包单位对其承包的全部建设工程所负的质量责任。

工程总承包单位、工程总承包项目经理依法承担质量终身责任。

第二十五条 工程保修书由建设单位与工程总承包单位签署,保修期内工程总承包单位应当根据法律法规规定以及合同约定承担保修责任,工程总承包单位不得以其与分包单位之间保修责任划分而拒绝履行保修责任。

5.《施工合同司法解释(一)》

第十三条 发包人具有下列情形之一,造成建设工程质量缺陷,应当承担过错责任:

(一)提供的设计有缺陷;

(二)提供或者指定购买的建筑材料、建筑构配件、设备不符合强制性标准;

(三)直接指定分包人分包专业工程。

承包人有过错的,也应当承担相应的过错责任。

第十七条 有下列情形之一,承包人请求发包人返还工程质量保证金的,人民法院应予支持:

(一)当事人约定的工程质量保证金返还期限届满;

(二)当事人未约定工程质量保证金返还期限的,自建设工程通过竣工验收之日起满二年;

(三)因发包人原因建设工程未按约定期限进行竣工验收的,自承包人提交工程竣工验收报告九十日后当事人约定的工程质量保证金返还期限届满;当事人未约定工程质量保证金返还期限的,自承包人提交工程竣工验收报告九十日后起满二年。

发包人返还工程质量保证金后,不影响承包人根据合同约定或者法律规定履行工程保修义务。

6. 2020 版《工程总承包合同示范文本》

第三部分 专用合同条件

附件 3 工程质量保修书

四、质量保修责任

1. 属于保修范围、内容的项目,承包人应当在接到保修通知之日起 7 天内派人保修。承包人不在约定期限内派人保修的,发包人可以委托他人修理。

2. 发生紧急事故需抢修的,承包人在接到事故通知后,应当立即到达事故现场抢修。

3. 对于涉及结构安全的质量问题,应当按照《建设工程质量管理条例》的规定,立即向当地建设行政主管部门和有关部门报告,采取安全防范措施,并由承包人提出保修方案,承包人将设计业务分包的,应由原设计分包人或具有相应资质等级的设计人提出保修方案,承包人实施保修。

4. 质量保修完成后,由发包人组织验收。

案例分析

案　例

唐山国华科技有限公司、宁夏煤炭基本建设公司与辉意有限公司、辉惠有限公司等建设工程施工合同纠纷

案号:(2017)内民终92号

审理法院:内蒙古自治区高级人民法院

裁判类型:二审民事判决

一、案情介绍

2010年6月28日,乌海市天誉煤炭有限责任公司(以下简称天誉公司)与唐山国华科技有限公司(以下简称国华公司)签订《乌海市天誉煤炭有限责任公司300万吨/年重介洗煤厂工程施工总承包合同书》,约定国华公司为施工总承包单位,承建天誉公司300万吨/年重介洗煤厂工程。2010年6月18日,国华公司与宁夏煤炭基本建设公司(以下简称宁煤公司)签订《建筑工程施工合同》,将天誉公司300万吨/年重介洗煤厂工程中的土建、给排水、消防、采暖、照明、防雷、通信工程分包给宁煤公司,同时签订《工程质量保修书》。

2011年5月10日,宁煤公司承建的工程经验收后移交天誉公司使用。2011年9月7日,辉意有限公司、辉惠有限公司、颖丰有限公司与内蒙古双欣能源化工有限公司签订《转让乌海市蒙港投资有限公司100%股权合同书》,约定辉意有

限公司、辉惠有限公司、颖丰有限公司将其拥有的乌海市天誉工贸有限公司和天誉公司的100%股份转让给内蒙古双欣能源化工有限公司。2012年，因洗煤厂变压器基础严重变形，宁煤公司在2012年4月16日至5月25日对此进行返修，致使天誉公司停产40天。2012年9月21日，辉意有限公司、辉惠有限公司、颖丰有限公司及新疆昊天西部投资有限公司与国华公司、宁煤公司签订《工程结算协议书》。同日，宁煤公司向天誉公司和辉意有限公司、辉惠有限公司、颖丰有限公司发出《工程质量保修承诺书》，承诺在工程质量保修期间就所发生的质量缺陷履行保修义务，保修期至2012年11月25日期满。在上述质保期内，天誉公司洗煤厂再次发生工程质量问题，宁煤公司未进行修复。2012年11月19日，辉意有限公司、辉惠有限公司、颖丰有限公司与内蒙古双欣能源化工有限公司签订《关于转让乌海市蒙港投资有限公司100%股权的合同》的补充协议，该补充协议第4条第3款约定："关于洗煤厂及相关配套设施的所有事宜，于本协议签署生效后不再由卖方协助解决，并且不再由卖方承担任何责任；如因工程质量问题（如变电所基础下沉），导致买方遭受损失的，则由买方或目标集团直接向工程承包商主张权利。"

后辉意有限公司、辉惠有限公司、颖丰有限公司作为原告将国华公司、宁煤公司、第三人天誉公司诉至法院，要求判令被告国华公司和宁煤公司承担连带责任向其支付因被告工程质量问题造成原告的损失，共计人民币7,264,337.32元等。第三人天誉公司向一审法院提出诉讼请求，要求判令国华公司、宁煤公司赔偿工程质量返修期间的实际损失及工程地基二次下沉所造成的修复费用2,237,239元，以及停产40天所产生的损失3,047,084.86元，合计5,284,323.86元，并驳回三原告诉讼请求。

北京市建筑工程研究院建设工程质量司法鉴定中心对案涉工程是否存在质量问题进行鉴定，该鉴定中心出具司法鉴定意见认为相关工程不符合设计要求，不符合相关规范条文的规定。并就上述质量问题出具了建议修复方案。北京中威正平工程造价咨询有限公司对案涉修复工程造价进行鉴定，鉴定结论为修复工程造价1,992,646.99元。内蒙古乌海市国力资产评估事务所对因工程质量问题返修对天誉公司造成的停产损失进行司法鉴定，结论为停产期间损失为2,360,863元。

各方的争议焦点在于：国华公司作为总承包人，是否应就分包工程质量承担责任?

二、各方观点

天誉公司(发包人):国华公司和宁煤公司应向其支付因工程质量问题造成的损失并承担连带责任。

国华公司(承包人):第三人曾经指定过土建工程的分包商即宁煤公司,国华公司对宁煤公司所负责的土建工程不存在任何过错,不应该承担责任。《停产经济损失评估报告书》在评估依据、评估方法上均存在问题,不应作为本案的证据。此外,本案诉讼时效已过,应驳回其诉请。

宁煤公司(分包人):第三人的诉请已经超过两年的诉讼时效,其自述 2012 年 11 月就发现工程质量问题,但第三人一直没有向本公司主张权利,早已经超过二年的时效,应予以驳回。本案还存在工程未经验收就使用的事实,由此造成的质量隐患应当由第三人自行负担。至于营业损失则不属于合同订立时应当预见的损失,也不属于合法企业所得,不应获得支持。

三、裁决要旨

一审法院:根据《建筑法》第 29 条第 2 款"建筑工程总承包单位按照总承包合同的约定对建设单位负责;分包单位按照分包合同的约定对总承包单位负责。总承包单位和分包单位就分包工程对建设单位承担连带责任",第 55 条"建筑工程实行总承包的,工程质量由工程总承包单位负责,总承包单位将建筑工程分包给其他单位的,应当对分包工程的质量与分包单位承担连带责任。分包单位应当接受总承包单位的质量管理"之规定,本案中,国华公司是 300 万吨/年洗煤厂工程的总承包商,将承包合同中的部分土建工程发包给具有施工资质的宁煤公司,虽然国华公司在分包合同中约定由宁煤公司对土建工程承担质量责任,但其作为分包合同的发包商对于承包商宁煤公司的施工负有监督管理责任,国华公司应对宁煤公司的工程质量责任向建设单位即天誉公司承担连带责任,承担支付修复工程造价款 1,992,646.99 元的责任。《合同法》第 113 条规定,当事人一方履行合同义务不符合约定,给对方造成损失的,损失赔偿额应当包括合同履行后可以获得的利益。国华公司及宁煤公司应向天誉公司承担赔偿损失的违约责任。鉴于天誉公司在涉案工程整体进行验收前就投入使用以及指定分包商也存在一定过错,综合双方履约情况及过错大小,其自担 30% 的损失较为合理。

二审法院:《建筑法》第 55 条规定,"建筑工程实行总承包的,工程质量由工程总承包单位负责，总承包单位将建筑工程分包给其他单位的，应当对分包工程的质量与分包单位承担连带责任……”本案中，国华公司作为总承包人，应当对分包单位宁煤公司因工程质量问题造成的损失承担连带赔偿责任。《原施工合同司法解释》第12条规定发包人直接指定分包人分包专业工程，造成建设工程质量缺陷的，应当承担过错责任，一审法院已依据该条款判决天誉公司承担过错责任，国华公司提出宁煤公司由天誉公司指定造成其难以监管，即不承担连带责任的理由不能成立。

四、法律分析

本案中，天誉公司将案涉工程发包给国华公司，国华公司将部分工程分包给宁煤公司，宁煤公司分包工程施工质量存在问题，经修复后再次出现质量问题，经司法鉴定为宁煤公司责任。法院依据《建筑法》第29条、第55条认定，宁煤公司作为案涉工程分包方应当承担质量修复以及质量缺陷赔偿责任，而国华公司作为总承包人应当就分包工程质量问题与宁煤公司向发包人天誉公司承担连带责任。该案例是承包人向发包人承担保修责任的具体体现，承包人以分包为由抗辩不承担责任于法相悖，不被支持。

此外，结合本案分包人宁煤公司系发包人天誉公司指定以及天誉公司未经竣工验收即实际使用案涉工程等情况，法院依据《原施工合同司法解释》第12条认定天誉公司对于工程质量损失存在一定过错，判定其自担30%损失，也符合相关法律规定和公平原则。

第二十八条

合同约定低于或高于法定最低保修期限的处理原则

合同约定的保修期限低于法定保修最低期限,承包人以约定保修期限届满为由拒绝在法定保修最低期限内承担保修责任的,建议不予支持。

合同约定的保修期限高于法定保修最低期限,承包人未按约定期限履行保修义务,发包人主张承包人承担违约责任的,建议予以支持。

裁决指引

本条是关于工程总承包背景下,合同约定保修期限与法定最低保修期限不一致时,总承包人按照约定保修期限还是法定最低保修期限承担保修责任的处理原则。

一、保修期限约定与法定不一致情况下的认定

保修期,又称质量保修期、质保期等,即指承包人承担保修责任的时间期限。在我国,保修期源于建筑工程实行的质量保修制度。质量保修制度由法律、行政法规及相关部门规章予以规范。

法定保修期限,是指国家通过法律法规规定的建设工程质量保修期限。约定保修期限,是指当事人通过建设工程施工合同约定的建设工程质量保修期限。

当事人可以约定保修期限,但不可以任意约定期限长短,应受法律、行政法规规定的最低保修期限的限制。由《建设工程质量管理条例》第 40 条的规定可知,法律法规规定了在正常使用条件下建设工程的最低保修期限,约定保修期限不得低于法定最低保修期限,否则,该约定因违背法律、行政法规关于最低期限的强制性规定而无效,总承包人应按照法定最低保修期限承担保修责任。高于法定保修期限的约定,视为总承包人对自身权益的处分,也是双方意思自治达成的合意,无违背法律、行政法规禁止性规定的情形,双方应予遵守。

发承包双方若要对工程质量保修期进行约定,其约定应符合法律、行政法规规定的最低保修期,若约定不明确或双方因理解不同产生工程质量保修期争议时,应认定低于法定最低保修期限的约定无效。总承包人以约定保修期限届满为由拒绝在法定保修期内承担保修责任的,建议不予支持。合同约定的保修期限高于法定最低保修期限,总承包人未按约定期限履行保修义务,发包人主张承包人承担违约责任的,应予以支持。

二、工程总承包项目保修期限的起算点原则上应为工程“竣工验收合格之日”

竣工试验为竣工验收的前置程序,包括竣工试验中的试运行,也是检验工程是否满足验收条件的前提。竣工后试验则为竣工验收之后进行的试验,尤其是对于能源、化工等工程总承包项目,“发包人要求”全部得以实现并不以竣工验收合格为判断标准,而需经竣工后试验程序进一步检验,竣工后试验不满足“发包人要求”的,承包人应承担相应违约责任,而非竣工验收不合格的责任。

司法实践认定建设工程的保修期通常自工程竣工验收合格之日起算,如《建设工程质量管理条例》第 40 条第 3 款规定:“建设工程的保修期,自竣工验收合格之日起计算。”《房建工程质量保修办法》第 8 条规定:“房屋建筑工程保修期从工程竣工验收合格之日起计算。”此外,《施工合同司法解释(一)》第 9 条对于实际竣工日期有争议情况下的认定,也体现了优先以“竣工验收合格之日为竣工日期”的原则。

竣工验收合格之日的认定又要区分履约过程验收的不同情形并结合工程总承包合同的具体约定,如《标准设计施工总承包招标文件》通用合同条款第 18. 3. 5 项与第 18. 3. 6 项均约定:实际竣工日期,以提交竣工验收申请报告的日期为准。第 18. 3. 5 项对应经验收工程合格的情形;第 18. 3. 6 项对应发包人拖延验收的情形,即“发包人在收到承包人竣工验收申请报告 56 天后未进行验收的,视为验收合格”。2020 版《工程总承包合同示范文本》通用合同条件第 8. 2 款对“竣工日期”予以总体规制,即工程的竣工日期以第 10. 1 款“竣工验收”的约定为准;发包人拖延验收的,实际竣工日期以提交竣工验收申请报告的日期为准。通用合同条件第 10. 1. 2 项“竣工验收程序”对如何认定“实际竣工之日”的不同情形予以约定。例如,“工程经竣工验收合格的,以竣工验收合格之日为实际竣工日期……完成竣工验收但发包人不予签发工程接收证书的,视为竣工验收合格,以完成竣工验收之日为实际竣工日期”，即以“竣工验收合格”“完成竣工验收之日”为实际竣工日期；“因发包人原因，未在工程师收到承包人竣工验收申请报告之日起 42 天内完成竣工验收的”，以承包人提交竣工验收申请报告之日作为工程实际竣工日期；在“工程未经竣工验收，发包人擅自使用的”情形下，以转移占有工程之日为实际竣工日期。

三、实践中应注意的相关问题

1. 工程总承包项目涉及区段工程分别验收移交情形的，保修期可分别计算。如《标准设计施工总承包招标文件》第四章第一节“通用合同条款”第 19. 7 款“保修责任”中约定了保修期限的起算点，即“自实际竣工日期起计算。在全部工程竣工验收前，已经发包人提前验收的区段工程，其保修期的起算日期相应提前”。

2. 对于包含竣工后试验的项目，发包人基于项目利益保护在工程总承包合同中约定质保期自竣工后试验通过之日起算的，在其约定质保期绝对期限不低于法定保修期限的情况下，建议予以支持。对于此情况下从竣工验收日期至竣工后试验通过日期的“真空期”，工程总承包单位是否应承担质量责任及责任形式，首先应遵照双方的合同约定，其次如果双方没有约定，建议仲裁庭依照现行法律法规规定，按缺陷责任期认定工程总承包单位的责任承担。

参考依据

1.《建筑法》

第六十二条 建筑工程实行质量保修制度。

建筑工程的保修范围应当包括地基基础工程、主体结构工程、屋面防水工程和其他土建工程，以及电气管线、上下水管线的安装工程，供热、供冷系统工程等项目；保修的期限应当按照保证建筑物合理寿命年限内正常使用，维护使用者合法权益的原则确定。具体的保修范围和最低保修期限由国务院规定。

2.《建设工程质量管理条例》

第三十九条 建设工程实行质量保修制度。

建设工程承包单位在向建设单位提交工程竣工验收报告时，应当向建设单位出具质量保修书。质量保修书中应当明确建设工程的保修范围、保修期限和保修责任等。

第四十条　在正常使用条件下，建设工程的最低保修期限为：

（一）基础设施工程、房屋建筑的地基基础工程和主体结构工程，为设计文件规定的该工程的合理使用年限；

（二）屋面防水工程、有防水要求的卫生间、房间和外墙面的防渗漏，为5年；

（三）供热与供冷系统，为2个采暖期、供冷期；

（四）电气管线、给排水管道、设备安装和装修工程，为2年。

其他项目的保修期限由发包方与承包方约定。

建设工程的保修期，自竣工验收合格之日起计算。

第四十一条　建设工程在保修范围和保修期限内发生质量问题的，施工单位应当履行保修义务，并对造成的损失承担赔偿责任。

3.《房建工程质量保修办法》

第二条　在中华人民共和国境内新建、扩建、改建各类房屋建筑工程（包括装修工程）的质量保修，适用本办法。

第三条　本办法所称房屋建筑工程质量保修，是指对房屋建筑工程竣工验收后在保修期限内出现的质量缺陷，予以修复。

本办法所称质量缺陷，是指房屋建筑工程的质量不符合工程建设强制性标准以及合同的约定。

第四条　房屋建筑工程在保修范围和保修期限内出现质量缺陷，施工单位应当履行保修义务。

第六条　建设单位和施工单位应当在工程质量保修书中约定保修范围、保修期限和保修责任等，双方约定的保修范围、保修期限必须符合国家有关规定。

第七条　在正常使用条件下，房屋建筑工程的最低保修期限为：

（一）地基基础工程和主体结构工程，为设计文件规定的该工程的合理使用年限；

（二）屋面防水工程、有防水要求的卫生间、房间和外墙面的防渗漏，为5年；

（三）供热与供冷系统，为2个采暖期、供冷期；

（四）电气管线、给排水管道、设备安装为2年；

(五)装修工程为2年。

其他项目的保修期限由建设单位和施工单位约定。

第八条 房屋建筑工程保修期从工程竣工验收合格之日起计算。

4.《质保金管理办法》

第二条 本办法所称建设工程质量保证金(以下简称保证金)是指发包人与承包人在建设工程承包合同中约定,从应付的工程款中预留,用以保证承包人在缺陷责任期内对建设工程出现的缺陷进行维修的资金。

缺陷是指建设工程质量不符合工程建设强制性标准、设计文件,以及承包合同的约定。

缺陷责任期一般为1年,最长不超过2年,由发、承包双方在合同中约定。

5.《施工合同司法解释(一)》

第九条 当事人对建设工程实际竣工日期有争议的,人民法院应当分别按照以下情形予以认定:

(一)建设工程经竣工验收合格的,以竣工验收合格之日为竣工日期;

(二)承包人已经提交竣工验收报告,发包人拖延验收的,以承包人提交验收报告之日为竣工日期;

(三)建设工程未经竣工验收,发包人擅自使用的,以转移占有建设工程之日为竣工日期。

6.《标准设计施工总承包招标文件》

第四章 合同条款及格式

第一节 通用合同条款

18.3.5 除专用合同条款另有约定外,经验收合格工程的实际竣工日期,以提交竣工验收申请报告的日期为准,并在工程接收证书中写明。

18.3.6 发包人在收到承包人竣工验收申请报告56天后未进行验收的,视为验收合格,实际竣工日期以提交竣工验收申请报告的日期为准,但发包人由于不可抗力不能进行验收的除外。

19.7 保修责任

合同当事人根据有关法律规定,在专用合同条款中约定工程质量保修范围、期限和责任。保修期自实际竣工日期起计算。在全部工程竣工验收前,已经发包人提前验收的区段工程,其保修期的起算日期相应提前。

7. 2020 版《工程总承包合同示范文本》

第二部分　通用合同条件

1. 1. 4. 7　保修期:是指承包人按照合同约定和法律规定对工程质量承担保修责任的期限,该期限自缺陷责任期起算之日起计算。

8. 2　竣工日期

承包人应在合同协议书约定的工期内完成合同工作。除专用合同条件另有约定外,工程的竣工日期以第 10. 1 条[竣工验收]的约定为准,并在工程接收证书中写明。

因发包人原因,在工程师收到承包人竣工验收申请报告 42 天后未进行验收的,视为验收合格,实际竣工日期以提交竣工验收申请报告的日期为准,但发包人由于不可抗力不能进行验收的除外。

11. 2　缺陷责任期

缺陷责任期原则上从工程竣工验收合格之日起计算,合同当事人应在专用合同条件约定缺陷责任期的具体期限,但该期限最长不超过 24 个月。

单位/区段工程先于全部工程进行验收,经验收合格并交付使用的,该单位/区段工程缺陷责任期自单位/区段工程验收合格之日起算。因发包人原因导致工程未在合同约定期限进行验收,但工程经验收合格的,以承包人提交竣工验收报告之日起算;因发包人原因导致工程未能进行竣工验收的,在承包人提交竣工验收报告 90 天后,工程自动进入缺陷责任期;发包人未经竣工验收擅自使用工程的,缺陷责任期自工程转移占有之日起开始计算。

由于承包人原因造成某项缺陷或损坏使某项工程或工程设备不能按原定目标使用而需要再次检查、检验和修复的,发包人有权要求承包人延长该项工程或工程设备的缺陷责任期,并应在原缺陷责任期届满前发出延长通知。但缺陷责任期最长不超过 24 个月。

案例分析

案　例

山东鑫达鲁鑫防水材料有限公司、北京北方空间建筑科技股份有限公司与辽宁新风企业集团有限公司建设工程施工合同纠纷

案号:(2017)京02民终4920号

审理法院:北京市第二中级人民法院

裁判类型:二审民事判决

一、案情介绍

2008年8月18日,北京北方空间建筑科技股份有限公司(以下简称北方空间公司)与辽宁新风企业集团有限公司(以下简称辽宁新风公司)签订《钢结构及围护系统供货合同》,约定工程名称为新风高压共轨燃油喷射项目一号、二号联合厂房,建工定作范围为本工程地面以上除门、窗、防火涂料、地脚锚栓、屋、墙面内板及虹吸排水等之外的钢结构及压型钢板围护系统的加工制作;提供钢结构及压型钢板围护系统的必要包装、运输,并承担标的物装卸运输费用。同日,北方空间公司与辽宁新风公司还签订《钢结构及围护系统安装合同》,约定北方空间公司负责新风高压共轨燃油喷射项目一号、二号联合厂房钢结构及彩色压型钢板围护系统的安装。

2009年3月16日,北方空间公司与山东鑫达鲁鑫防水材料有限公司(以下简称鑫达鲁鑫公司)签订《北京北方空间钢结构有限公司辽宁新风公司高压共轨燃油喷射项目一号联合厂房厂房钢结构屋面防水系统工程施工合同》,约定承包方式为北方空间公司负责采购保温板,鑫达鲁鑫公司提供0.3毫米厚PE膜、1.2毫米厚表面防滑复合无纺布型PVC防水卷材(鲁鑫牌)及辅料并负责安装。质保期为自验收合格之日起2年。工程质量不合格的,鑫达鲁鑫公司负责无条件在规定期限内返工,并承担质量不合格的违约责任及因此造成的经济损失。

上述合同签订后,鑫达鲁鑫公司按约定开始进行施工。2012年2月15日及

2月28日,北方空间公司曾通过传真方式告知鑫达鲁鑫公司防水工程出现渗漏现象,要求鑫达鲁鑫公司维修。另外,2011年12月16日,辽阳县工程质量监督站出具《质量问题通知单》,其中工程名称为高压共轨一号厂房,形象进度为屋面防水完工。存在问题为该工程屋面防水采用鑫达鲁鑫公司生产的PVC防水卷材,经1年多使用后,该材料存在屋面大面积爆裂渗漏。处理意见为该工程屋面工程必须返工重作,保证使用功能,否则该工程不予以验收。根据《建设工程质量管理条例》第六章第40条第1款第2项规定,屋面防水工程保修期为5年。2012年2月27日,辽宁新风公司委托辽宁省工程质量检测中心对鑫达鲁鑫公司铺设的PVC防水卷材进行质量检测。同年3月12日,该中心出具《防水材料检测报告》,其中断裂伸长率及热处理尺寸变化率不合格。

因防水工程需要重作,2012年3月16日,北方空间公司与案外人签订了多项合同重作了防水工程。2012年6月28日,北方空间公司与辽宁新风公司签订协议书三份,其一,约定为保证辽阳新风一号厂房屋面防水材料质量,经辽宁新风公司指定使用“西卡渗耐”品牌防水卷材,辽宁新风公司同意支付北方空间公司材料差价。其二,约定就新风高压共轨燃油喷射项目联合厂房屋顶漏水物资损失情况达成一致,一号联合厂房屋顶因漏水造成辽宁新风公司的相关经济损失费用可从北方空间公司的工程尾款中扣除,相关经济损失费用经双方确认共计2,629,341.70元。

北方空间公司向一审法院起诉请求:(1)判令鑫达鲁鑫公司赔偿北方空间公司因重作防水工程的花费;(2)要求鑫达鲁鑫公司赔偿北方空间公司因漏水给辽宁新风公司造成的损失;(3)要求鑫达鲁鑫公司赔偿北方空间公司维修所支出的相关费用。鑫达鲁鑫公司向一审法院反诉请求:判令北方空间公司向鑫达鲁鑫公司支付剩余工程款(其中包含质保金),并给付违约金。

二、各方观点

北方空间公司主张:本案争议是鑫达鲁鑫公司是否在防水工程保修期内履行保修义务,是否应当承担未履行保修期内义务所导致的我方费用以及赔偿责任。根据《建设工程质量管理条例》的规定,双方对于质保期2年的约定是无效的。本案工程2009年9月实际交付使用,2011年年底发生大面积渗漏,在保修期内。鑫达鲁鑫公司作为施工单位没有按照合同约定以及法律规定履行保修义务,北方空间公司另行委托其他单位施工重作,相关费用应当由鑫达鲁鑫公司承担,因其没有及时履行保修义务,给北方空间公司造成损害应当由鑫达鲁鑫公司承担。

鑫达鲁鑫公司主张:北方空间公司没有防水施工资质却承接该工程,发包人辽宁新风公司及中标人北方空间公司对此存在重大过错,应承担责任。涉案工程屋面防水本应铺设双层防水材料,而实际仅铺设一层,这是工程发生质量问题最关键的事实和原因,双方约定的工程质保期为 2 年也可对此进行印证。而这种结果是北方空间公司所致,符合《原施工合同司法解释》第 12 条规定发包人承担过错责任的情形。同时,涉案工程未经竣工验收而擅自使用,应适用上述司法解释第 13 条规定处理。

三、裁决要旨

一审法院认为:就维修问题,鑫达鲁鑫公司主张漏水发生时,已超出合同约定的保修期,虽然合同中约定的保修期为 2 年,但依据国务院颁布的《建设工程质量管理条例》,屋面防水工程最低保修期为 5 年,故本案涉诉工程的保修期应认定为 5 年。

二审法院认为:建设工程实行质量保修制度,建设工程在保修范围和保修期限内发生质量问题的,施工单位应当履行保修义务,并对造成的损失承担赔偿责任。建设工程施工合同中约定正常使用条件下工程的保修期限低于法律、行政法规规定的最低期限的,该约定无效。根据《建设工程质量管理条例》第 40 条规定,屋面防水工程正常使用条件下的最低保修期限为 5 年,而本案中,鑫达鲁鑫公司与北方空间公司签订的施工合同中的保修期低于上述行政法规规定的最低期限,故双方之间关于缩短工程保修年限的约定,因违反法律、行政法规的强制性规定而无效。鑫达鲁鑫公司仍应按照 5 年期限承担保修义务。一审法院对此认定正确,二审法院对此予以明确。

四、法律分析

本案双方当事人在合同中明确约定了工程的保修期限为 2 年,但低于《建设工程质量管理条例》第 40 条规定的防水工程最低 5 年的保修期限,被法院认定违反法律法规的强制性规定而无效,说明司法审判实践观点与本条裁决指引内涵相一致,合同约定的保修期限低于法定最低保修期限,承包人以约定保修期限届满为由拒绝在法定最低保修期限内承担保修责任的,不应当予以支持。合同双方当事人意思自治的范围并非任意无限的,仍应当受法律法规的强制性规定的限制,工程总承包合同标的仍为建筑工程项目,工程质量相关问题的处理均应当符合《建筑法》《建设工程质量管理条例》等的规定,本案虽为施工总承包合同纠纷,但在约定质保期低于法定质保期争议的司法裁判标准上,同样适用工程总承包合同纠纷。

第二十九条

缺陷责任调查的费用处理

发承包双方对工程质量缺陷启动缺陷责任调查的，对缺陷责任调查费用承担有约定的从约定，没有约定或约定不明时，建议由造成质量缺陷的责任方承担，双方均有责任的，建议按责任比例分担。

裁决指引

一、缺陷责任归属是发承包双方及仲裁程序确定缺陷修复费用负担的基础，故项目存在质量缺陷、发承包双方对缺陷责任归属存在争议的情况下，有必要对质量缺陷责任进行调查，确认责任归属

工程总承包项目通常包含勘察（如有）、设计、施工、采购等工作，具有环节多、参与方多的特点，无论是哪个参建主体或者环节出了问题，都可能会导致质量缺陷。一般而言，项目质量缺陷产生的原因有：

1. 勘察的原因。勘察文件应当真实、准确，满足建设工程规划、选址、设计、岩土治理和施工的需要。就项目建设基本流程来讲，应当遵循先勘察、后设计、再施工的程序，设计以勘察文件为基础，施工是将设计图纸付诸实施的过程，如果勘察文件质量不符合法律法规、安全标准、技术规范和合同约定，后续工程建设存在质量缺陷，势必难以避免。

2. 设计的原因。工程设计应当由具备法定资质的单位实施，方案设计文件应当满足编制初步设计文件和控制概算的需要，初步设计文件应当满足编制施工招标文件、主要设备材料订货和编制施工图设计文件的需要，施工图设计文件应当满足设备材料采购、非标准设备制作和施工的需要，且所有设计文件应当满足法律法规、安全标准、设计深度、技术规范和合同的要求。设计过程中，如设计质量保证体系不完善，设计工作管理不严格等，不能及时发现设计中存在的问题,就会给项目埋下质量缺陷的隐患。

3. 施工的原因。建筑施工须按照工程设计图纸和施工技术标准,不得偷工减料,工程设计的修改由原设计单位负责,建筑施工企业不得擅自修改工程设计。从实践来看,因施工环节导致工程质量问题的,较为普遍,这既有施工时为获取更高的利润而使用不符合要求的施工材料的原因,也有施工技术水平不高以及管理不善等多方面的原因。

4. 建设单位的原因。我国法律上并未禁止建设单位(甲方)的材料设备采购权,甲供材料设备存在质量缺陷,甲方强行要求设计施工单位降低设计标准、产品质量,甲方指定分包单位,甲方不合理压缩工期等都可能导致建设工程质量缺陷。

5. 监理的原因。监理单位应依照法律、行政法规及有关的技术标准、设计文件和建筑工程承包合同,对承包单位在原材料、构配件及设备的质量控制、分部及分项工程的工程质量等方面,代表建设单位进行监督。实践中,监理单位可能故意配合相关项目建设参与方弄虚作假,降低工程质量标准,甚至质量安全事故也时有发生。

实践表明,项目质量缺陷产生原因颇为复杂,更多情境下质量缺陷的发生是多因一果,既可能有施工的原因,也有设计的原因,甚至还包含勘察等的原因。

《工程总承包管理办法》第 3 条规定,工程总承包是指"承包单位按照与建设单位签订的合同,对工程设计、采购、施工或者设计、施工等阶段实行总承包,并对工程的质量、安全、工期和造价等全面负责的工程建设组织实施方式"。在此定义之下,工程总承包项目因设计、施工的原因产生的质量缺陷,责任一般应由承包人承担。但实践中工程总承包项目具体的承包范围由发承包双方在工程总承包合同中自行约定,同时受制于相应法律规定,比如,政府投资项目方案设计和初步设计通常应由发包人完成,施工图设计由承包人完成,由此即使质量缺陷系设计原因所致,还要进一步确认是设计的哪个阶段导致了缺陷,甚至涉及是否系发包人前期完成的勘察成果所致。在此种模式之下,因为勘察、设计、施工、采购中的任一环节或多个环节之原因导致质量缺陷且发承包双方对缺陷原因有争议的,有必要查明项目质量缺陷产生的原因,在查明质量缺陷原因这一基础事实之后,再结合工程总承包合同关于承包范围等的约定和法律规定,确定质量缺陷责任的归属。

二、缺陷调查费用的承担，应以合同约定为基础确定，以充分尊重合同当事人的意思自治

我国法律层面并未直接规定项目缺陷调查制度，为了解决因缺陷责任归属争议而影响缺陷修复的问题，《标准设计施工总承包招标文件》和2020版《工程总承包合同示范文本》引入了FIDIC体系的缺陷责任调查程序。在工程总承包合同约定的基础之上探讨缺陷调查费用的承担规则是尊重发承包双方意思自治的必然要求，即工程质量缺陷发生后，双方对缺陷责任有争议的，可启动调查程序，此时首先依据双方签订的总承包合同，若合同有关于缺陷调查费用的约定，则尊重当事人意思自治依照合同约定确定调查费用的承担。

（一）《标准设计施工总承包招标文件》对缺陷调查费用承担的约定

《标准设计施工总承包招标文件》第19.2.3项规定，监理人和承包人应共同查清缺陷和（或）损坏的原因，并对调查费用的承担进行了原则约定。依据该项约定，调查费用的承担实际上可区分为两种情形：一是监理人和承包人共同查清缺陷责任后，表明缺陷责任是承包人原因所导致的，缺陷调查费用应由承包人承担；二是监理人和承包人共同查清缺陷责任后，表明缺陷责任是发包人原因所导致的，缺陷调查费用应由发包人承担，且发包人应当支付承包人应获得的合理利润。

（二）2020版《工程总承包合同示范文本》对缺陷调查费用承担的约定

2020版《工程总承包合同示范文本》第11.3.1项约定，缺陷调查原则上按照发包人指导、指示，由承包人进行调查，调查费用的承担约定有四种情形：一是缺陷应由承包人自费负责修复，且缺陷调查由承包人依约实施的，缺陷调查费用由承包人自行承担；二是缺陷不应由承包人自费负责修复，且缺陷调查由承包人依约实施的，承包人有权获得缺陷调查的成本和利润；三是如发包人指示承包人调查任何缺陷的原因，承包人未依照指示开展缺陷调查，该调查由发包人实际实施的，承包人可自费参加调查，如最后查明应由承包人自费进行修补，承包人应承担发包人因调查产生的合理费用；四是如发包人指示承包人调查任何缺陷的原因，承包人未依照指示开展缺陷调查，该调查由发包人实际实施，承包人之后又参与发包人实施的缺陷调查，且最后查明质量缺陷不应由承包人自费进行修补的，承包人应承担其自身参与缺陷调查产生的费用。

如上分析，《标准设计施工总承包招标文件》及2020版《工程总承包合同示

范文本》均对缺陷调查费用进行了约定，且2020版《工程总承包合同示范文本》对多种情形下调查费用的承担，都作了相应约定，具有较强的可实践性，发承包双方可根据项目实际需要参考使用。

《民法典》第5条规定："民事主体从事民事活动，应当遵循自愿原则，按照自己的意思设立、变更、终止民事法律关系。"该条确立了民事领域非常重要的意思自治原则。发包人与承包人在工程总承包合同中关于缺陷调查费用的约定，是合同双方依据意思自治原则，对自己权利义务的设定。基于意思自治原则，发包人、承包人对缺陷调查费用的约定，如不违背法律法规强制性规定，应认定该约定合法有效，故在缺陷调查费用承担有关纠纷案件裁决之时，首先应按照约定进行裁决，以尊重工程总承包合同双方的自由意愿。

三、工程总承包合同未对缺陷调查费用的承担予以约定或约定不明的情况下，建议缺陷调查费用由责任方（均有责任的按比例）承担

对于缺陷调查费用的承担，双方当事人没有约定或约定不明的，作为建设工程合同的一种，应依据《民法典》合同编第十八章的规定以及其他法律、行政法规之规定精神，确定缺陷调查费用的承担。

就勘察、设计、施工及监理的质量责任，《民法典》分别作出了规定，其中第800条对勘察、设计单位的质量责任进行规定，第801条、第802条对施工单位的质量责任进行规定，第796条则对监理的责任进行了规定。

关于发包人的质量缺陷责任，则主要体现在《民法典》第803条、第804条、第805条、第806条，以及《施工合同司法解释（一）》第13条中。如因发包人原因导致质量缺陷，则发包人应依法承担责任。

前述规定是在《民法典》第577条关于违约责任规定的基础上，对"继续履行、采取补救措施或者赔偿损失"等承担违约责任具体形式的进一步明确。从《民法典》规定的精神可以看出，不管是勘察、设计、施工还是监理环节导致质量缺陷，发包人都可以要求缺陷责任方依法赔偿损失，发包人自己原因导致质量缺陷的，亦应承担责任。

依据《民法典》第584条之规定，当事人一方不履行合同义务或者履行合同义务不符合约定，造成对方损失的，损失赔偿额应当相当于因违约所造成的损失，此处的损失应包括直接损失及可得利益损失。项目出现质量缺陷，查明质量缺陷责任归属是发承包双方确定缺陷修复费用负担的基础，故质量缺陷调查有其必要性,缺陷调查费用应为质量缺陷所致损失的一部分,依照法律的规定应由责任方承担,如发承包双方均有责任,则双方均应承担相应责任,以更好地体现公平、合理和利益均衡的原则。

四、本条缺陷调查费用承担规则,参考了 FIDIC 合同文本关于缺陷调查费用的约定

FIDIC 合同文本是把工程技术、法律、经济和管理等有机结合起来的一个合同条件,被称为国际承包工程的"圣经"。FIDIC 合同文本中应用范围很广的红皮书、黄皮书、银皮书(2017 版),均在第 11 条"缺陷责任"中的"11. 8 承包商调查"条款里,对缺陷调查费用的承担作了约定。FIDIC 银皮书 2017 版约定:"如果雇主指示,承包商应在雇主的指导下调查任何缺陷的原因……除非根据第 11. 2 款[修补缺陷的费用]的规定,应由承包商承担修补缺陷费用的情况,否则承包商应有权根据第 20. 2 款[付款和/或竣工时间延长的索赔]的规定,获得调查的成本加利润的支付。"依据该约定,FIDIC 合同文本将缺陷调查费用承担划分为两种情形:第一种情形为依照 FIDIC 合同文本第 11. 2 款"修补缺陷的费用"的约定,如果修补缺陷的费用应当由承包人承担,则缺陷调查的费用,也由承包人承担。第二种情形为依照 FIDIC 合同文本第 11. 2 款"修补缺陷的费用"的约定,如果修补缺陷的费用不应由承包人承担,则缺陷调查费用应由发包人承担,且发包人还应支付承包人合理的利润。FIDIC 文本前述缺陷调查的费用承担规则,简言之即由质量缺陷的责任方承担缺陷调查的费用。

五、质量缺陷调查费用合理性的把握

实践中,工程总承包的发承包双方不可避免会就质量缺陷调查费用的合理性产生争议,特别是在承包人未按约实施质量缺陷调查、发包人自行组织缺陷调查的情况下,承包人常会以发包人单方实施缺陷调查、缺陷调查费用过高为由而不予承认。就质量缺陷调查费用的合理性,建议结合缺陷调查单位是否经过竞争性程序选定、缺陷调查单位是否具备相应资格、是否存在超过缺陷工程范围等过度调查、调查过程中是否排斥了争议相关方的参与和知情权、是否使用不必要的调查措施和机械设备、是否在合理时间完成、调查费用组成合理性等各方面因素判断。

参考依据

1.《民法典》

第五百七十七条　当事人一方不履行合同义务或者履行合同义务不符合约定的,应当承担继续履行、采取补救措施或者赔偿损失等违约责任。

第五百八十四条　当事人一方不履行合同义务或者履行合同义务不符合约定,造成对方损失的,损失赔偿额应当相当于因违约所造成的损失,包括合同履行后可以获得的利益;但是,不得超过违约一方订立合同时预见到或者应当预见到的因违约可能造成的损失。

2.《施工合同司法解释(一)》

第十三条　发包人具有下列情形之一,造成建设工程质量缺陷,应当承担过错责任:

(一)提供的设计有缺陷;

(二)提供或者指定购买的建筑材料、建筑构配件、设备不符合强制性标准;

(三)直接指定分包人分包专业工程。

承包人有过错的,也应当承担相应的过错责任。

3.《房建工程质量保修办法》

第十三条　保修费用由质量缺陷的责任方承担。

4.《标准设计施工总承包招标文件》

19.2　缺陷责任

19.2.3　监理人和承包人应共同查清缺陷和(或)损坏的原因。经查明属承包人原因造成的,应由承包人承担修复和查验的费用。经查验属发包人原因造成的,发包人应承担修复和查验的费用,并支付承包人合理利润。

5.2020版《工程总承包合同示范文本》

11.3　缺陷调查

11.3.1　承包人缺陷调查

如果发包人指示承包人调查任何缺陷的原因,承包人应在发包人的指导下进行调查。承包人应在发包人指示中说明的日期或与发包人达成一致的其他日期开展调查。除非该缺陷应由承包人负责自费进行修补,承包人有权就调查的成本和利润获得支付。

如果承包人未能根据本款开展调查,该调查可由发包人开展。但应将上述调查开展的日期通知承包人,承包人可自费参加调查。如果该缺陷应由承包人自费进行修补,则发包人有权要求承包人支付发包人因调查产生的合理费用。

11.3.2　缺陷责任

缺陷责任期内,由承包人原因造成的缺陷,承包人应负责维修,并承担鉴定及维修费用。如承包人不维修也不承担费用,发包人可按合同约定从质量保证金中扣除,费用超出质量保证金金额的,发包人可按合同约定向承包人进行索赔。承包人维修并承担相应费用后,不免除对工程的损失赔偿责任。发包人在使用过程中,发现已修补的缺陷部位或部件还存在质量缺陷的,承包人应负责修复,直至检验合格为止。

11.3.3　修复费用

发包人和承包人应共同查清缺陷或损坏的原因。经查明属承包人原因造成的,应由承包人承担修复的费用。经查验非承包人原因造成的,发包人应承担修复的费用,并支付承包人合理利润。

11.3.4　修复通知

在缺陷责任期内,发包人在使用过程中,发现已接收的工程存在缺陷或损坏的,应书面通知承包人予以修复,但情况紧急必须立即修复缺陷或损坏的,发包人可以口头通知承包人并在口头通知后48小时内书面确认,承包人应在专用合同条件约定的合理期限内到达工程现场并修复缺陷或损坏。

11.3.5　在现场外修复

在缺陷责任期内,承包人认为设备中的缺陷或损害不能在现场得到迅速修复,承包人应当向发包人发出通知,请求发包人同意把这些有缺陷或者损害的设备移出现场进行修复,通知应当注明有缺陷或者损害的设备及维修的相关内容,发包人可要求承包人按移出设备的全部重置成本增加质量保证金的数额。

11.3.6　未能修复

因承包人原因造成工程的缺陷或损坏,承包人拒绝维修或未能在合理期限内修复缺陷或损坏,且经发包人书面催告后仍未修复的,发包人有权自行修复或委托第三方修复,所需费用由承包人承担。但修复范围超出缺陷或损坏范围的,超出范围部分的修复费用由发包人承担。

如果工程或工程设备的缺陷或损害使发包人实质上失去了工程的整体功能,发包人有权向承包人追回已支付的工程款项,并要求其赔偿发包人相应损失。

6. FIDIC 银皮书 2017 版

11.2　修补缺陷的费用

第 11.1 款[完成扫尾工作和修补缺陷](b)项中提出的所有工作,在下列情况下,其实施中的风险和费用应由承包商承担:

(a)工程的设计;而不是雇主负责的设计部分(如果有);

(b)生产设备、材料或工艺不符合合同要求;

(c)由于承包商负责的事项(根据第 5.5 款[培训]、第 5.6 款[竣工记录]和/或第 5.7 款[操作和维护手册]或其他规定)引起的不当的操作或维护;(或)

(d)承包商未能履行合同规定的任何其他义务。

如果承包商认为此类工作由其他原因引起,承包商应立即向雇主发出通知,而雇主代表应根据第 3.5 款[商定或确定]的规定,商定或确定原因(以及,就第 3.5.3 项[时限]而言,该通知的日期因为第 3.5.3 项规定的商定时限的开始日期)。如果商定或确定该工作是由上述以外的原因引起的,则第 13.3.1 项[指示变更]应使用,如同该工作是由雇主指示的。

11.8　承包商调查

如果雇主指示,承包商应在雇主的指导下调查任何缺陷的原因。承包商应在雇主指示中规定的日期或与雇主商定的其他日期进行调查。

除非根据第 11.2 款[修补缺陷的费用]的规定,应由承包商承担修补缺陷费用的情况,否则,承包商应有权根据第 20.2 款[付款和/或竣工时间延长的索赔]的规定,获得调查的成本加利润的支付。

如果承包商未能按照本款的规定进行调查,调查可以由雇主人员进行。应通知承包商进行这类调查的日期,承包商可自费参加。如果根据第 11.2 款[修补缺陷的费用]的规定,应由承包商承担修补缺陷的费用,雇主应有权根据第 20.2 款[付款和/或竣工时间延长的索赔]的规定,由承包商支付雇主合理发生的调查费用。

案例分析

案　例

山东省倪氏房地产开发有限公司、威海建设集团股份有限公司、文登利丰建设管理有限公司等建设工程施工合同纠纷

案号:(2020)鲁民终2572号

审理法院:山东省高级人民法院

裁判类型:二审民事判决

一、案情介绍

2011年2月13日,山东省倪氏房地产开发有限公司(以下简称倪氏公司)与威海地质工程勘察院(以下简称威海地质勘察院)签订涉案文登万利城4号楼的建设工程勘察合同。倪氏公司与文登利丰建设管理有限公司(以下简称利丰公司)签订包括涉案文登万利城4号楼在内的建设工程勘察合同。上述两份合同签订后,威海地质勘察院与利丰公司联合对涉案文登万利城4号楼进行了地质勘察,并于2011年3月17日出具文登万利城项目4号楼岩土工程勘察报告。

2011年2月23日,倪氏公司与深圳市建筑设计研究总院有限公司(以下简称深圳建筑设计公司)签订涉案工程的《建设工程设计合同》。合同签订后,深圳建筑设计公司依据威海地质勘察院与利丰公司联合出具的文登万利城项目4号楼岩土工程勘察报告等资料,为涉案文登万利城4号楼出具了施工设计图纸。

2011年8月20日,倪氏公司与威海建设集团股份有限公司(以下简称威建公司)签订《建设工程施工合同》,合同同时约定因承包人原因工程质量达不到约定的质量标准的,承包人承担违约责任。合同签订后,威建公司于2011年9月进行施工,2012年4月28日涉案工程地基和基础工程验收合格,2012年7月该工程主体竣工并于2012年工程主体结构验收合格,2012年8月地下室防水底板出现开裂、渗漏、隆起现象,并存在地下室积水。后威建公司于2013年5月进行加

固施工,2013 年 11 月再次出现防水底板开裂、隆起现象,部分框架柱底底板开裂,同时伴有大量地下水涌出。2013 年 12 月 30 日整体工程竣工验收合格。

2018 年 4 月,倪氏公司委托山东建筑工程司法鉴定中心对文登万利城 4 号楼地下室底板、地下车库积水情况进行司法鉴定并出具鲁司鉴登字 370102016 号鉴定检验报告书,鉴定意见为:造成目前出现地下室底板隆起、开裂积水等现象的原因是勘察报告未提供地下水位变化幅度,补充说明提供的地下水位建议值不准确,不符合勘察规范。部分框架柱基础附近未连续浇筑,存在施工冷缝。防水底板厚度偏小。部分底板存在南北方向裂缝,裂缝沿板厚贯通至板底。以上三点不符合《地下防水工程质量验收规范》。防水底板厚度偏小,依上述规范防水混凝土结构厚度不应小于 250mm。混凝土施工存在施工偏差,地下室外墙及顶板存在多处渗漏现象,不符合《混凝土结构工程施工质量验收规范》。施工养护未按规范进行造成柔性防水破坏,是工地管理、防水措施不到位造成的,不符合《建筑施工组织设计规范》。该鉴定意见同时建议:增加地质勘察补勘,根据勘察结果确定是否对基础或底板进行加固,目前已经出现问题部位必须进行防水、强度加固处理。

2018 年 9 月 12 日,倪氏公司诉至法院,要求威建集团、深圳建筑设计公司、利丰公司、威海地质勘察院等赔偿万利城项目 4 号楼质量修复费用及租金损失约 2900 万元。

二、各方观点

倪氏公司主张:根据山东建筑工程司法鉴定中心鲁司鉴登字 370102016 号鉴定检验报告书,目前出现地下室底板隆起、开裂积水等现象系勘察、设计和施工单位原因所致,因此应由相关责任方承担修复费用和租金损失。

威建公司主张:(1)底板抗浮不足属于设计错误,一审中青岛市建筑设计研究院出具的鉴定意见属加固方案而非修复方案,所产生的费用不应由威建公司承担。(2)底板上浮开裂漏水的质量问题不是威建公司施工所致,威建公司不应当承担责任。

利丰公司主张:一审认定的利丰公司应承担主要过错的理由均不成立,应该予以纠正。一审主要依据鉴定意见就过错问题进行判断,而该鉴定意见是倪氏公司诉前单方委托鉴定做出的,就其结论利丰公司有足够理由反驳。

三、裁决要旨

一审法院认为:根据各方当事人对导致诉争工程质量问题原因的论述、本案实际情况,并结合公平原则,一审法院认定涉案工程地质勘察单位承担50%的责任,施工单位承担25%的责任,建设单位即倪氏公司自行承担25%的责任为宜。鉴于利丰公司与威海地质勘察院联合勘察导致诉争工程的质量问题,而威海地质勘察院与倪氏公司订有仲裁协议,故本案认定利丰公司承担25%的责任。一审法院判决:一审鉴定费1,397,000元由倪氏公司负担395,258元,威建公司负担501,171元,利丰公司负担501,171元。

二审法院认为:《建设工程质量管理条例》第3条规定:"建设单位、勘察单位、设计单位、施工单位、工程监理单位依法对建设工程质量负责。"本案中,建设工程出现质量问题,给发包人造成了损害,责任方应就该损害向发包人赔偿。(1)利丰公司(勘察单位)的责任:一审法院确认利丰公司承担25%的责任比例,并无不当。(2)深圳建筑设计公司(设计单位)的责任:本案工程抗浮设计上存在疏漏,且该疏漏与工程受损之间存在因果关系,故深圳建筑设计公司应当承担相应的责任。考虑到抗浮设计上存在疏漏主要是由于勘察报告缺失相关记载,故深圳建筑设计公司承担10%的赔偿责任为宜。(3)威建公司(施工单位)的责任:虽然案涉工程已完成验收手续,但检测意见表明威建公司存在施工瑕疵,且该瑕疵与工程质量存在一定的因果关系,故威建公司仍应承担相应责任。考虑到施工瑕疵并非造成本案工程质量问题的主要原因,威建公司承担10%的赔偿责任为宜。二审法院改判:一审鉴定费1,397,000元,由倪氏公司负担768,350元,由威建公司负担139,700元,由利丰公司负担349,250元,由深圳建筑设计公司负担139,700元。

四、法律分析

质量缺陷责任调查的目的是确认质量问题产生的原因及因果关系,司法实践中,完整的工程质量鉴定应当包括质量问题原因调查、因果关系确认以及修复方案的确定,因此鉴定费用本质上包括了质量缺陷责任调查费用。如本案所示,法院在确认司法鉴定费用的承担主体时,同样是按照造成质量缺陷的过错比例来要求责任主体进行分担的。虽然本案中勘察、设计、施工单位由发包人分别委托,属于传统的施工总承包模式,但各方对工程质量问题的产生均存在不同程度的过错,在合同中对此没有明确约定的情况下,法院最终按照过错比例要求各方分担了鉴定费用,其中也包括了调查费用。

在工程总承包项目中,存在多方主体、多个环节,其实质就是将本案各个不同环节整合在一起,虽然项目模式和合同类型不一样,但就质量缺陷责任承担而言,如合同没有明确约定调查费用承担问题,按照过错责任比例分担相应费用是符合民法理论及司法实践惯例的。

第三十条

发包人委托他人维修费用的处理原则

保修期间，因承包人原因致使工程质量或功能不符合“发包人要求”，经发包人书面通知后，承包人拒绝修复，或维修后仍不能满足“发包人要求”，或者发包人有正当理由拒绝承包人维修的，发包人在书面通知承包人后自行或者委托他人维修所产生的合理费用请求承包人承担的，建议予以支持。

裁决指引

司法实务中应重点关注发包人要求承包人承担第三方维修费用的主张能否成立。审理中，发包人向承包人主张第三方维修费用的诉求，对发包人具有较严格的举证要求，支持发包人要求承包人支付第三方维修费用的主张一般应满足以下几个条件。

一、发包人书面通知承包人拒绝维修或维修后不满足“发包人要求”等情形

工程保修期出现的质量问题，发包人首先应通知承包人进行维修，通常在承包人明确表示不履行维修义务的情况下，发包人有权委托第三方进行维修。这是因为，一方面，当发包人对承包人进行告知时，承包人才能知悉并履行保修义务；另一方面，如发包人未经通知径行委托第三方进行维修，不仅剥夺了承包人维修的机会，还可能导致后期无法对质量问题进行核查，在争议解决过程中无法调查质量问题出现的原因。在实践中，部分工程合同的保修条款会将发包人委托第三方进行维修的前提条件进行细化，如约定经通知后一定期限内承包人仍不履行维修义务，或维修数次仍无法解决质量问题等情形发生时，发包人方有权委托第三方维修。该等约定也会成为判断发包人委托第三方维修程序是否具有正当性的标准。

实践中也应当关注到质量维修问题的复杂性,不宜仅规定承包人拒绝维修时发包人才有权委托第三方维修,这可能导致维修不及时的损失扩大,所以还应考虑在维修后仍不能满足“发包人要求”、发包人有正当理由拒绝承包人维修的情形下,发包人有权委托第三方维修。例如,经常出现承包人表面积极维修实则敷衍了事,屡修不合格,浪费发包人的时间成本,甚至给发包人造成建筑质量顽疾无法根治的负面影响;对于某些突发质量问题,典型如管道漏水、燃气泄漏、消防设施故障等,如果不立即维修可能会造成更大的损害,但承包人拖延维修或合理时间内无法到场维修等,发包人委托第三方维修并主张维修费用由承包人承担的,建议支持。

二、发包人所主张的质量问题应属于承包人的保修范围

适用本条款规则的前提是发包人委托第三方维修的事项属于承包人应承担的保修范围和保修责任。根据工程总承包合同约定,保修期内出现需要修复的质量问题时,属于承包人的承包范围并系承包人的原因所致(当双方对缺陷原因有争议时,可启动缺陷责任调查)时,承包人未按发包人通知要求履行修复义务,发包人委托第三方修复所产生的合理费用可主张由承包人承担;如果经调查或各方确认发包人委托第三方修复的质量问题并非承包人原因所致,而是发包人原因或使用不当、其他方原因或不可抗力等所致,此时应由质量缺陷的责任方承担第三方修复费用或按不可抗力规则处理。

三、发包人所主张的第三方费用具有合理性

本条分析焦点乃是承包人承担第三方维修费用的边界问题,即维修的必要性、合理性。实践中,就第三方维修范围、维修施工工艺、维修材料价格等事项,发承包双方容易产生争议而无法就第三方维修费用金额达成一致。裁决时,除关注发包人是否通知承包人外,还应关注发包人自行委托第三方维修的必要性、合理性,仲裁庭可参照以下因素综合进行确定:(1)发包人是否有证据证明承包人拒绝维修、维修后仍不能满足“发包人要求”、承包人拖延维修等;(2)发包人委托第三方是否通过相应招标投标或竞争性程序,第三方维修单位是否具备相应资质;(3)发包人是否提前告知了承包人第三方维修方案和费用,承包人是否提出了异议;(4)第三方维修范围是否超过了发包人通知承包人维修的质量缺陷的工程范围,存在扩大维修;(5)第三方维修单位是否按维修方案和时间计划完成了维修项目,维修质量是否通过了验收;(6)其他综合案件相关事实仲裁庭认为应当综合考虑的因素。

承包人对发包人委托第三方修复的方案和费用提出异议,并有相应证据或合理理由的,建议仲裁庭可以依举证责任分配,启动维修方案和维修费用的司法鉴定程序,通过具备司法鉴定资质的专业机构从技术和专业角度对于所涉争议的质量问题的维修方案和费用进行鉴定,给出鉴定意见,由各方当事人对司法鉴定报告进行质证后,结合前述情形及案件整体情况,由仲裁庭进行认定。

参考依据

1.《民法典》

第五百八十一条 当事人一方不履行债务或者履行债务不符合约定,根据债务的性质不得强制履行的,对方可以请求其负担由第三人替代履行的费用。

2.《建筑法》

第六十二条 建筑工程实行质量保修制度。

建筑工程的保修范围应当包括地基基础工程、主体结构工程、屋面防水工程和其他土建工程,以及电气管线、上下水管线的安装工程,供热、供冷系统工程等项目;保修的期限应当按照保证建筑物合理寿命年限内正常使用,维护使用者合法权益的原则确定。具体的保修范围和最低保修期限由国务院规定。

3.《建设工程质量管理条例》

第三十九条 建设工程实行质量保修制度。

建设工程承包单位在向建设单位提交工程竣工验收报告时,应当向建设单位出具质量保修书。质量保修书中应当明确建设工程的保修范围、保修期限和保修责任等。

第四十条 在正常使用条件下,建设工程的最低保修期限为:

(一)基础设施工程、房屋建筑的地基基础工程和主体结构工程,为设计文件规定的该工程的合理使用年限;

(二)屋面防水工程、有防水要求的卫生间、房间和外墙面的防渗漏,为 5 年;

(三)供热与供冷系统,为 2 个采暖期、供冷期;

(四)电气管线、给排水管道、设备安装和装修工程,为 2 年。

其他项目的保修期限由发包方与承包方约定。

建设工程的保修期，自竣工验收合格之日起计算。

第四十一条　建设工程在保修范围和保修期限内发生质量问题的，施工单位应当履行保修义务，并对造成的损失承担赔偿责任。

4.《房建工程质量保修办法》

第九条　房屋建筑工程在保修期限内出现质量缺陷，建设单位或者房屋建筑所有人应当向施工单位发出保修通知。施工单位接到保修通知后，应当到现场核查情况，在保修书约定的时间内予以保修。发生涉及结构安全或者严重影响使用功能的紧急抢修事故，施工单位接到保修通知后，应当立即到达现场抢修。

第十二条　施工单位不按工程质量保修书约定保修的，建设单位可以另行委托其他单位保修，由原施工单位承担相应责任。

5.《工程总承包管理办法》

第二十五条　工程保修书由建设单位与工程总承包单位签署，保修期内工程总承包单位应当根据法律法规规定以及合同约定承担保修责任，工程总承包单位不得以其与分包单位之间保修责任划分而拒绝履行保修责任。

6. 2020 版《工程总承包合同示范文本》

11. 3. 6　未能修复

因承包人原因造成工程的缺陷或损坏，承包人拒绝维修或未能在合理期限内修复缺陷或损坏，且经发包人书面催告后仍未修复的，发包人有权自行修复或委托第三方修复，所需费用由承包人承担。但修复范围超出缺陷或损坏范围的，超出范围部分的修复费用由发包人承担。

……

7. FIDIC 合同条件

1999 年版或 2017 年版 FIDIC 系列合同条件约定，如果承包商无故延误修补工作，雇主（或其代表）可以通知承包商并指定修补时间，如果承包商未能在通知的时间内修补缺陷，且该缺陷修补工作属于承包商的责任范围，则雇主可以自行或雇佣他人修补缺陷,并有权向承包商索赔修补费用。①

案例分析

案　　例

西安国中星城置业有限公司与陕西建工第三建设集团有限公司建设工程施工合同纠纷

案号:(2020)陕民终61号

审理法院:陕西省高级人民法院

裁判类型:二审民事判决

一、案情介绍

2011年6月28日,陕西建工第三建设集团有限公司(以下简称陕西建工三公司)与西安国中星城置业有限公司(以下简称国中星城公司)签订西安××城××段(14~17#楼、地库二)《建安工程施工总承包合同》。约定:工程名称为林隐天下一期工程二标段;工程地点在西安高新技术开发区新型工业区××大道××号;工程内容为林隐天下一期工程二标段14~17#楼及地库二;陕西建工三公司的承包范围为林隐天下项目二标段范围内的房心回填土、主体结构及安装管线、室内外粗装修、防水等建筑安装工程。

2014年6月11日,陕西建工三公司将上述工程项目的工程结算资料报送国中星城公司,单方结算工程造价60,620,300.11元。国中星城公司不认可。2017年7月,国中星城公司单方委托陕西小小造价工程师事务所有限公司进行造价

① 参见FIDIC黄皮书2017版第11.4款"未能修补缺陷"规定:"如果承包商不适当地延误了根据第11.1款[完成收尾工作和修补缺陷]中所述的修补任何缺陷或损害,雇主(或其代表)可确定一个日期,要求在该日期或不迟于该日期修补好缺陷和损害。雇主(或其代表)应将该固定日期向承包商发出通知,该通知应允许承包商有合理的时间(适当考虑所有相关情况)修补缺陷和损害。如果承包商未能在该通知中规定的日期修补好缺陷或损害,并且根据第11.2款[修补缺陷的费用]的规定,此项修补工作应由承包商承担费用,雇主可以(自行决定):(a)按合同要求的方式或由他人进行此项工作(包括任何重新试验),由承包商承担费用,但承包商对此项工作将不再负责任。雇主应有权按照第20.2款[付款和/或竣工时间延长的索赔]的规定,要求承包商支付由雇主修补缺陷或损害而合理发生的费用……"

审计,结论为工程造价总额44,534,796.26元。陕西建工三公司不认可。双方因工程造价的结算和维修费用负担无法达成一致,产生纠纷。

二、各方观点

国中星城公司主张:业主报修单、物业公司的情况说明、渗漏水情况现场照片、接待查验单、维修联系单、维修通知单、工程指令单、第三方维修通知函、第三方维修方案及报价、与业主签订的赔偿协议书、向业主支付赔偿款的凭证、质量问题赔付通知单,以及相关函件送达的凭证等多方面资料形成了完整的证据链,足以证明由于陕西建工三公司拒不履行维修义务给国中星城公司造成损失,无论依约还是依法,都应由陕西建工三公司予以赔偿。

陕西建工三公司主张:未收到维修及扣款通知单。按照合同约定,在保修期内,如工程出现质量问题,国中星城公司首先应书面通知陕西建工三公司进行维修,陕西建工三公司收到维修通知后,未在合同约定时间内进行维修,国中星城公司才有权安排第三方维修。

三、裁决要旨

一审法院认为:陕西建工三公司承认收到××室××沟篦子维修通知,没有维修的原因是双方及物业共同到现场查勘,认为系设计缺陷,其无法维修。而陕西建工三公司提交的证据不足以证明是设计缺陷导致其无法维修,故该部分维修费40,245元陕西建工三公司应当承担。对于14－10302阁楼斜屋面渗水维修2590.35元、14－10302渗漏水维修扣款10,018.80元、17－10301屋面采光井渗水维修25,890.20元,三项合计38,499.35元,陕西建工三公司不认可。而国中星城公司举证不足以证明其已通知陕西建工三公司,陕西建工三公司拒不履行维修义务,故该维修费不予认定。

二审法院认为:根据双方签订合同的约定,工程保修期内出现质量缺陷,国中星城公司应当通知陕西建工三公司履行维修义务,通知的记录等保留至保修期结束。国中星城公司虽然在原审提交了其与业主签订的支付赔偿款的协议书及支付凭证以及第三方维修后的支付凭证等相关证据,但是国中星城公司却未提供相关通知陕西建工三公司维修,其拒不维修的记录证明。原审未予认定并无不妥。

四、法律分析

如本案法院观点所示,在质量保修期内,对于建设工程的质量问题,承包人有保修义务。但现实中,出于承包人拒绝维修或无维修能力,发包人因时间紧迫无法等待承包人维修等原因,发包人往往需要委托第三方进行维修,并由承包人承担第三方维修费用。此时,发承包双方针对第三方维修费用的承担易产生争议。审理仲裁案件过程中可以从三方面把握。

(一)维修内容是否属于保修内容

依据《建设工程质量管理条例》第39条及第40条的规定,承包人应对在保修范围和保修期限内发生的质量问题承担保修义务。因此,应首先核实维修内容是否属于保修范围,质量问题是否是发包人或第三方损毁所致。进而,需结合最低保修期限规定及《质量保修书》关于保修期限的约定,综合判断维修内容是否已过保修期限。如不属于保修范围或已过保修期限,承包人无须承担保修责任,即无须承担第三方维修费用。

(二)发包人是否充分履行维修通知义务

1. 承包人在保修期内对工程质量问题进行维修既是义务,也是权利。依据《建设工程质量管理条例》第41条的规定,在保修期内对工程质量问题进行维修是承包人的义务。但同时,依据《房建工程质量保修办法》第9条及第12条的规定,针对保修期内的质量问题,发包人应优先由承包人进行维修,仅在承包人不履行维修义务时,发包人方可另行委托第三方进行维修。综上,承包人在保修期内对工程质量问题进行维修既是义务,也是一种权利。

2. 发包人在已通知承包人进行维修,且承包人明确拒绝维修、明显无维修能力的情况下或法律规定及合同约定的情形下,方有权委托第三方进行维修。在具体履行通知义务上,发包人应满足诚实信用原则,具体体现在通知形式、通知内容及通知的维修期限等方面。如发包人未经通知径行委托第三方进行维修,导致承包人维修权利被剥夺,无法对质量问题进行核查,在后续争议解决过程中无法判断维修的工程量和引发质量问题的原因,从举证责任分配角度,发包人应承担不利后果。

(三)第三方维修费用的合理性证明

在司法实践中,当发承包双方对第三方维修费用是否合理发生争议时,法院通常会将相应举证责任分配给发包人,即发包人需举证证明第三方维修费用的合理性,通常情况下,发包人是难以充分举证的,一方面是由于维修内容繁杂,发包人与第三方签订的《维修合同》难以明确具体的施工范围、内容及价格等;另一方面是由于维修时间紧迫,导致报修单、维修记录、现场影像资料、工程量签证、验收单等资料缺失,从而无法确认具体维修项目。如发包人仅提供无具体施工范围、内容及价格等关键合同要素的《维修合同》,发包人与第三方的结算书及支付凭证,难以被认定为已对第三方维修费用的合理性完成举证责任,发包人需承担举证不能的不利后果,故需要对一系列证据留存加强管理,同时承包人也可从第三方维修方案、材料选取的必要性、合理性,价格对比等角度主动举证证明第三方维修费用不合理。

第三十一条

质保金返还期限约定不明时的处理

当事人对工程质量保证金返还期限未约定或约定不明,承包人主张自建设工程通过竣工验收之日起两年届满后返还的,建议予以支持。发包人主张自竣工后试验通过之日起两年届满后返还的,建议不予支持。

裁决指引

本条是关于工程质量保证金返还期限未约定或约定不明时,保证金何时返还的规定。

一、关于工程质量保证金的概述

(一)质量保证金的概念及性质

1. 质量保证金的概念

《质保金管理办法》第2条第1款规定,建设工程质量保证金是指发包人与承包人在建设工程承包合同中约定,从应付的工程款中预留,用以保证承包人在缺陷责任期内对建设工程出现的缺陷进行维修的资金。根据2020版《工程总承包合同示范文本》通用合同条件的约定,质量保证金是指按约定承包人用于保证其在缺陷责任期内履行缺陷修复义务的担保。① 质量保证金在建设工程领域被广泛应用,在实践活动中,广义的质量保证金还包含质量保证金保函及发承包双方在合同中约定的其他保证方式。②

---

① 参见2020版《工程总承包合同示范文本》第1.1.5.8目规定:"质量保证金:是指按第14.6款[质量保证金]约定承包人用于保证其在缺陷责任期内履行缺陷修复义务的担保。"

② 参见2020版《工程总承包合同示范文本》第14.6.1项"承包人提供质量保证金的方式"规定:"承包人提供质量保证金有以下三种方式:(1)提交工程质量保证担保;(2)预留相应比例的工程款;(3)双方约定的其他方式……"

2. 质量保证金的性质

质量保证金的本质应当为以落实质量保修责任为目的的"金钱担保",将质量保证金认定为"金钱担保"具有合理性。首先,质量保证金出于实现发包人的合同履行利益与安全使用目的所设,在工程质量责任方面承担"担保"的作用;其次,《国务院办公厅关于清理规范工程建设领域保证金的通知》对工程质量保证金推行银行保函制度①,2020 版《工程总承包合同示范文本》关于质量保证金定义的落脚点为"担保",这些文件从侧面凸显了质保金的担保功能;最后,我国买卖合同法律制度亦认为质量保证金具有担保功能,如《最高人民法院关于审理买卖合同纠纷案件适用法律问题的解释》第 15 条规定:"买受人依约保留部分价款作为质量保证金,出卖人在质量保证期未及时解决质量问题而影响标的物的价值或者使用效果,出卖人主张支付该部分价款的,人民法院不予支持。"也就是说,最高人民法院认为质量保证金属于合同的特别担保措施而非一般担保,返还条件未成就时,出卖人的债权人不能就质量保证金申请执行。综上所述,工程质量保证金具有担保功能和金钱属性,故将其作为一种金钱担保方式,不仅有利于审判实务问题的解决,在理论上也更具合理性。②

(二)国外合同体系关于质量保证金及其返还

我国的建筑法体系起步晚于西方发达国家,因此,国外的一些先进建筑法立法经验和交易习惯很值得我们借鉴和学习。

1. FIDIC 合同

FIDIC 将保证金称为"保留金",在黄皮书 2017 版和银皮书 2017 版的合同通用条件中均将其定义为:"雇主根据第 14.3 款[期中付款的申请]的规定扣留的累计保留金,根据第 14.9 款[保留金的发放]的规定进行支付。"

关于保留金的扣留,以 FIDIC 银皮书 2017 版的合同通用条件为例,其在第 14.3 款[期中付款的申请]中约定,承包商应在每个付款期结束后,向雇主提交有关进度报告的报表,在报表中除应当记录承包商认为其有权得到的款项外,还

---

① 参见《国务院办公厅关于清理规范工程建设领域保证金的通知》(国办发〔2016〕49 号)第 2 条规定:"转变保证金缴纳方式。对保留的投标保证金、履约保证金、工程质量保证金、农民工工资保证金,推行银行保函制度,建筑业企业可以银行保函方式缴纳。"

② 参见王毓莹、史智军:《建设工程施工合同纠纷疑难问题和裁判规则解析》,法律出版社 2022 年版。

应当包括根据合同约定雇主应当扣减的保留金，直到扣减金额已达到合同约定的保留金限额为止。

关于保留金的发放，在雇主签发接收证书后，承包商可向雇主申请支付保留金的前半部分，在各缺陷通知期限的最末一个期满日后，承包商可向雇主申请支付保留金的后半部分。这里的"接收证书"系指雇主根据第10条"雇主的接收"的规定签发（或视为已签发）的证书。缺陷通知期限在FIDIC银皮书2017版中是从工程或分项工程（或部分工程）的竣工日期开始计算的。需要注意的是FIDIC银皮书2017版中的竣工日期，是雇主签发的接收证书中规定的日期。

2. 英国土木工程师协会（The Institution of Civil Engineers，ICE）合同①

在ICE合同条件证书与付款部分规定了保证金条款，根据承包商提交的月报表中要求支付的该月完成的永久性价值的规定，扣留的保留金数额应有差别。一部分保留金的扣留是基于雇主认可的、承包人提交的月报表中该月已完成的永久性价值和承包商认为根据合同规定与他的权利有关的价款，按投标书表格附件规定的比例和限额计算的一笔金额。另一部分则是按照工程竣工证书已成为应付项目的剩余支付。

该保留金的返还规定是采用分期返还的方式。保留金的返还根据工程部分或全部实际竣工证书的颁发，按照应付承包商的款项，可以按月度付款报表中保留金的应付金额对应的竣工区段或部分的价值占整个工程已竣工价值的比例扣除此保留金的半数，该部分保留金应在证书颁发14天之内支付。剩余部分应当在缺陷改正期届满或最后一个缺陷改正期结束后14天内支付给承包单位，但若在此期间承包商向雇主提出未清偿债务索赔或有未完成的工程、按照工程师的指令未完成的工程，在工程师认为承包商可再次提出完成遗留工程的费用前，雇主可以继续扣留保留金。

3. 英国联合合同委员会（Joint Contracts Tribunal，JCT）合同②

JCT是英国联合合同委员会的简称，JCT合同规定的每期工程的保修期为本工程的合理使用年限，保修期自发包人发出竣工证书之日起计。保留金采用分期支付的方式，以经过核实的当月完成工程量对应的工程款扣除相应的保留金

① 参见宋瑛：《建设工程质量保证金制度研究》，东北财经大学2016年硕士学位论文。

② 参见宋瑛：《建设工程质量保证金制度研究》，东北财经大学2016年硕士学位论文。

后支付该笔款项。

在竣工证书发出后，支付保留金的一半，在保修完成证书发出及总承包方提交竣工记录后，支付余下的保留金。保留金为总承包工程款的10%，最高不超过合同总价和截至付款证书发出当月累计支付的变更价款的5%。保修期自工程实际竣工之日起计24个月。JCT合同约定发包人对保留金的权益只是受托保管的性质，并没有投资的责任，若发包人根据本合同有权从应支付或将会支付的总承包方的款项中作任何扣除，可由此保留金中扣除。

4. 美国建筑师协会（American Institute of Architects，AIA）合同①

保留金的支付由建筑师检查、证实支付数额，并开具付款证书，承包商提交必要的证明材料后，业主退还保留金。AIA对工程进度款申请方式的规定为：将单项工程完成的比例乘以整个合同总价划分在价格清单中的该项工程的份额，得出合同总额中划分到已完工工程的完成额，然后扣除保留金。合同条件规定返修期为1年。

（三）我国关于质量保证金制度的演变

2005年1月12日，原建设部与财政部联合下发了《关于印发〈建设工程质量保证金管理暂行办法〉的通知》（已失效），明确了质量保证金的概念。该文件自实施以来，规范了建筑质量保证金在实践中的适用条件，平衡了发承包双方的权利义务，对于提升建筑工程的质量起到了很大的作用。

2016年住建部、财政部制定的《质保金管理办法》（建质〔2016〕295号，已失效）也延续了上述定义，不过缺陷责任期的期限由“一般为六个月、十二个月或二十四个月，具体可由发、承包双方在合同中约定”修改为“一般为1年，最长不超过2年，由发、承包双方在合同中约定”。与此同时，删除了保修金的概念，直接将缺陷责任期与工程质量保证金相对应，即建设工程质量保证金是指发包人与承包人在建设工程承包合同中约定，从应付的工程款中预留，用以保证承包人在缺陷责任期内对建设工程出现的缺陷进行维修的资金。

《质保金管理办法》将质保金的预留上限由原先不得高于工程价款结算总额的5%修订为3%，减轻了承包单位的负担，对盘活建筑市场资金有效利用起到积极作用。

---

① 参见宋瑛：《建设工程质量保证金制度研究》，东北财经大学2016年硕士学位论文。

(四)建设工程项目引入质量保证金制度的意义

质量保证金制度的主要目的是在缺陷责任期内,因工程出现质量缺陷需要承包人承担责任时,即便承包人不主动履行义务也有专项的维修资金。

在工程总承包模式中引入质量保证金制度的意义如下。

1. 敦促承包人提高工程质量

当建设工程在缺陷责任期内发生质量问题,承包人不积极履行维修义务时,发包人可以启用预留的质量保证金。该制度间接促使承包人严格把控建设工程的质量。

2. 保护发包人利益

目前,我国信用制度建设尚不完善,失信惩罚机制处于起步阶段,经济发展仅依靠信用制度难具成效,质量保证金作为金钱担保,可以有效约束承包人,保障发包人的权益。

3. 促进社会和谐稳定

质量保证金制度的设立促使承包人自行把控施工进度、提高工程质量、减少因工程质量而产生的矛盾纠纷,从而促进社会的和谐和稳定。

二、工程质量保证金返还期限的一般规定或约定

1.《质保金管理办法》第 10 条规定:“缺陷责任期内,承包人认真履行合同约定的责任,到期后,承包人向发包人申请返还保证金。”第 11 条规定:“发包人在接到承包人返还保证金申请后,应于 14 天内会同承包人按照合同约定的内容进行核实。如无异议,发包人应当按照约定将保证金返还给承包人。对返还期限没有约定或者约定不明确的,发包人应当在核实后 14 天内将保证金返还承包人,逾期未返还的,依法承担违约责任。发包人在接到承包人返还保证金申请后 14 天内不予答复,经催告后 14 天内仍不予答复,视同认可承包人的返还保证金申请。”

2. 2020 版《工程总承包合同示范文本》通用合同条件第 14.6.3 项约定:“缺陷责任期内,承包人认真履行合同约定的责任,缺陷责任期满,发包人根据第 11.6 款[缺陷责任期终止证书]向承包人颁发缺陷责任期终止证书后,承包人可向发包人申请返还质量保证金。发包人在接到承包人返还质量保证金申请后,应于 7 天内将质量保证金返还承包人,逾期未返还的,应承担违约责任。发包人在接到承包人返还质量保证金申请后 7 天内不予答复,视同认可承包人的返还质量保证金申请。发包人和承包人对质量保证金预留、返还以及工程维修质量、费用有争议的，按本合同第 20 条[争议解决]约定的争议和纠纷解决程序处理。"

三、缺陷责任期的一般规定或约定

《质保金管理办法》第 2 条第 3 款规定："缺陷责任期一般为 1 年，最长不超过 2 年，由发、承包双方在合同中约定。"第 8 条规定："缺陷责任期从工程通过竣工验收之日起计。由于承包人原因导致工程无法按规定期限进行竣工验收的，缺陷责任期从实际通过竣工验收之日起计。由于发包人原因导致工程无法按规定期限进行竣工验收的，在承包人提交竣工验收报告 90 天后，工程自动进入缺陷责任期。"

2020 版《工程总承包合同示范文本》通用合同条件第 11.2 款约定："缺陷责任期原则上从工程竣工验收合格之日起计算，合同当事人应在专用合同条件约定缺陷责任期的具体期限，但该期限最长不超过 24 个月。单位/区段工程先于全部工程进行验收，经验收合格并交付使用的，该单位/区段工程缺陷责任期自单位/区段工程验收合格之日起算。因发包人原因导致工程未在合同约定期限进行验收，但工程经验收合格的，以承包人提交竣工验收报告之日起算；因发包人原因导致工程未能进行竣工验收的，在承包人提交竣工验收报告 90 天后，工程自动进入缺陷责任期；发包人未经竣工验收擅自使用工程的，缺陷责任期自工程转移占有之日起开始计算。由于承包人原因造成某项缺陷或损坏使某项工程或工程设备不能按原定目标使用而需要再次检查、检验和修复的，发包人有权要求承包人延长该项工程或工程设备的缺陷责任期，并应在原缺陷责任期届满前发出延长通知。但缺陷责任期最长不超过 24 个月。"

四、发包人要求的承包范围包括竣工后试验的，缺陷责任期应从何时起算

工程总承包项目中，发包人的要求是否全部得以实现并不能完全以竣工验收为判断标准，如需进行竣工后试验，则应当通过竣工后试验程序作出进一步检验，以此判断发包人要求这一合同目的是否得以实现。所以，工业类工程总承包工程通常要求进行竣工试验和竣工后试验两个试验阶段，用以试验机械性能及生产功能、性能等。关于竣工后试验的程序，可参照 2020 版《工程总承包合同示范文本》通用合同条件第 12 条的内容。

关于工程总承包范围包括竣工后试验时，缺陷责任期从何时起算的问题，在工程总承包合同中，工业类总承包人的承包范围一般包含生产设备的安装和调试,生产功能等性能试验需要具备综合试验条件,与之配套的房屋建设和基础设施建设也包含在此类项目内。但是,竣工后试验是在工程竣工验收合格的基础上进行的,竣工后试验未能通过应承担相应违约责任,但不改变工程已竣工验收的法律事实,因此应从竣工验收合格之日起算缺陷责任期。如果默认以竣工后试验作为缺陷责任期的起算时间,对总承包人往往是不公平的,相当于变相延长了总承包人的缺陷责任期和保修期限,也与法律规定、国际惯例和国内示范文本从竣工验收合格日起算缺陷责任期不一致。

五、关于本条文的理解和适用

如前所述,《质保金管理办法》及2020版《工程总承包合同示范文本》均规定或约定了缺陷责任期自建设工程通过竣工验收之日起开始计算,也规定和约定了工程质量保证金应在缺陷责任期届满后返还,缺陷责任期最长不超过两年。故工程总承包合同当事人对于工程质量保证金返还期限首先应当尊重当事人之间的明确约定,如果未约定或约定不明,总承包人主张自建设工程通过竣工验收之日起两年届满后返还的,建议予以支持;发包人主张自竣工后试验通过之日起两年届满后返还的,建议不予支持。该规则符合当事人签约的预期,平衡了双方的权利义务,也便于促使发包人积极在缺陷责任期内组织完成竣工后试验,符合国际惯例和国内示范文本的相应规则。

参考依据

1.《质保金管理办法》

第二条 本办法所称建设工程质量保证金(以下简称保证金)是指发包人与承包人在建设工程承包合同中约定,从应付的工程款中预留,用以保证承包人在缺陷责任期内对建设工程出现的缺陷进行维修的资金。

缺陷是指建设工程质量不符合工程建设强制性标准、设计文件,以及承包合同的约定。

缺陷责任期一般为1年,最长不超过2年,由发、承包双方在合同中约定。

第七条 发包人应按照合同约定方式预留保证金,保证金总预留比例不得高于工程价款结算总额的3%。合同约定由承包人以银行保函替代预留保证金的,保函金额不得高于工程价款结算总额的3%。

第八条　缺陷责任期从工程通过竣工验收之日起计。由于承包人原因导致工程无法按规定期限进行竣工验收的，缺陷责任期从实际通过竣工验收之日起计。由于发包人原因导致工程无法按规定期限进行竣工验收的，在承包人提交竣工验收报告90天后，工程自动进入缺陷责任期。

2.《施工合同司法解释(一)》

第十七条　有下列情形之一，承包人请求发包人返还工程质量保证金的，人民法院应予支持：

(一)当事人约定的工程质量保证金返还期限届满；

(二)当事人未约定工程质量保证金返还期限的，自建设工程通过竣工验收之日起满二年；

(三)因发包人原因建设工程未按约定期限进行竣工验收的，自承包人提交工程竣工验收报告九十日后当事人约定的工程质量保证金返还期限届满；当事人未约定工程质量保证金返还期限的，自承包人提交工程竣工验收报告九十日后起满二年。

发包人返还工程质量保证金后，不影响承包人根据合同约定或者法律规定履行工程保修义务。

3. 2020版《工程总承包合同示范文本》

第二部分　通用合同条件

1.1.5.8　质量保证金：是指按第14.6款[质量保证金]约定承包人用于保证其在缺陷责任期内履行缺陷修复义务的担保。

14.6.2　质量保证金的预留

双方约定采用预留相应比例的工程款方式提供质量保证金的，质量保证金的预留有以下三种方式：

(1)按专用合同条件的约定在支付工程进度款时逐次预留，直至预留的质量保证金总额达到专用合同条件约定的金额或比例为止。在此情形下，质量保证金的计算基数不包括预付款的支付、扣回以及价格调整的金额；

(2)工程竣工结算时一次性预留质量保证金；

(3)双方约定的其他预留方式。

除专用合同条件另有约定外，质量保证金的预留原则上采用上述第(1)种方式。如承包人在发包人签发竣工付款证书后 28 天内提交工程质量保证担保,发包人应同时返还预留的作为质量保证金的工程价款。发包人在返还本条款项下的质量保证金的同时,按照中国人民银行同期同类存款基准利率支付利息。

14.6.3　质量保证金的返还

缺陷责任期内,承包人认真履行合同约定的责任,缺陷责任期满,发包人根据第 11.6 款[缺陷责任期终止证书]向承包人颁发缺陷责任期终止证书后,承包人可向发包人申请返还质量保证金。

发包人在接到承包人返还质量保证金申请后,应于 7 天内将质量保证金返还承包人,逾期未返还的,应承担违约责任。发包人在接到承包人返还质量保证金申请后 7 天内不予答复,视同认可承包人的返还质量保证金申请。

发包人和承包人对质量保证金预留、返还以及工程维修质量、费用有争议的,按本合同第 20 条[争议解决]约定的争议和纠纷解决程序处理。

4. FIDIC 银皮书 2017 版

通用条件

1.1.60　"保留金"系指雇主根据第 14.3 款[期中付款的申请]的规定扣留的累计保留金,根据第 14.9 款[保留金的发放]的规定进行支付。

14.3　期中付款的申请

承包商应在每个付款期结束后,按合同数据中的规定(如果未规定,按每个月结束后)向雇主提交报表。每份报表应:

(a)采用雇主可接受的格式;

(b)按合同数据中的规定,提交一份纸质原件、一份电子副本和附加纸质副本(如果有);(以及)

(c)根据第 4.20 款[进度报告]的规定,详细说明承包商认为其有权得到的款项,并附上证明文件,其中应包括足够的详细资料,以便雇主调查这些款额以及相关的进度报告。

适用时,该报表应包括下列项目,以合同价格应付的各种货币表示,并按下列顺序排列:

(i)截至付款期结束已实施的工程和已提出的承包商文件的估算合同价值[包括各项变更,但不包括以下(ii)至(x)段所列事项];

(ii)按照第13.6款[因法律改变的调整]和第13.7款[因成本改变的调整]的规定,由于法律改变和成本改变,应增减的任何款额;

(iii)至雇主提取的保留金额达到合同数据中规定的保留金限额(如果有)前,用合同数据中规定的保留金百分比乘以根据本款(i)、(ii)和(vi)段所述的款项总额计算的应扣减的任何保留金额;

(iv)按照第14.2款[预付款]的规定,因预付款的支付和付还,应增加和/或扣减的任何款额;

(v)按照第14.5款[拟用于工程的生产设备和材料]的规定,为生产设备和材料应增加和/或扣减的任何款额;

(vi)根据合同或包括第3.5款[商定或确定]规定等其他理由,应付的任何其他增加和/或扣减额;

(vii)根据第13.4款[暂列金额]的规定,为暂列金额增加的任何款额;

(viii)根据第14.9款[保留金的发放]的规定,为发放保留金增加的任何款额;

(ix)承包商使用雇主根据第4.19款[临时公用设施]的规定,提供的公共设施扣除的任何款额;(以及)

(x)雇主根据第14.7款[付款]的规定以前所支付的数额的扣减额。

案例分析

案　例

武汉国机岩土工程有限责任公司与湖北省电力建设第一工程公司建设工程合同纠纷

案号:(2016)鄂01民终5452号

审理法院:湖北省武汉市中级人民法院

裁判类型:二审民事判决

一、案情介绍

2010年1月8日,湖北省电力建设第一工程公司(以下简称省电一公司)与武汉国机岩土工程有限责任公司（以下简称国机公司）签订了《伊拉克华事德（WASSIT）4×330MW亚临界燃油（气）机组工程试桩、工程桩工程施工分包合同》（以下简称《施工分包合同》）。合同约定，对于伊拉克华事德（WASSIT）4×330MW亚临界燃油（气）机组辅助及附属生产工程桩基工程，省电一公司以8143万元的合同价承包给国机公司，承包方式为固定总价承包，此合同价格为国机公司完成本合同项下全部工作的合同价款。合同范围包括试桩及钻孔灌注桩。合同工期为自开工日期起3个月内。合同还对分包、技术文件、规范、图纸的保管和提供、进度计划、安全管理、施工现场管理、雇员、竣工工期的延长、误期赔偿、竣工验收、质保期及责任、质保金、违约、不可抗力等进行了约定。国机公司应在工程移交后一个月内向省电一公司提交完整的竣工资料，省电一公司在收到竣工验收报告后14天内应组织验收。整体工程或其中分单项、单位、分项、分部验收交付的工程，均从初步移交证书（Preliminary Acceptance Certificate，PAC）接收证书开具之日起计算质保期，本工程的质保期为12个月。双方因为质保金返还问题发生争议，诉讼至法院。

二、各方观点

国机公司主张：案涉工程质保期已经到期，应返还质保金。

省电一公司主张：根据《施工分包合同》第二章第48条约定，省电一公司取得业主颁发的本合同所有机组的最终移交证书（Final Acceptance Certificate，FAC）后，由省电一公司在28日内向国机公司支付完全部质保金，这是本案中唯一与质保金的支付有关联的条款内容，也是省电一公司支付质保金的唯一依据。因为案涉工程尚未取得业主颁发的FAC，质保金尚没有满足合同约定的支付条件，国机公司关于支付质保金的请求应予以驳回。

三、裁决要旨

一审法院认为：本案争议焦点为涉案工程保修期是否已经届满及质保金是否应当退还？工程质量保修条款是建设工程施工合同中必不可少的重要内容，其一般均会对质保金的预留比例、使用方法、返还期限以及保修期、缺陷责任期、保修范围、保修责任等进行明确约定，完善的保修条款对于促进承包方加强质量管理、保护业主的合法权益能够起到重要作用，其中，质保金及保修期、缺陷责任期尤其需要予以特别关注，工程保修期限的长短对发、承包双方的利益均有重要的影响。

本案所涉为伊拉克华事德(WASSIT)4×330MW亚临界燃油(气)机组工程EPC合同,EPC是指Engineer(工程设计)、Procure(采购)、Construct(施工),与通常所说的工程总承包含义相似。根据国际惯例,一般EPC工程要经过以下几个步骤:最终完工报告→试运行(性能测试报告的递交与签署)→移交报告的签发(Hand-over Report)→PAC的签发→质保期(warranty)→FAC的签发。PAC是业主向承包商签发的,仅表明承包商按要求完成工程,业主初步接收这一行为。PAC获得之后就是缺陷责任期,承包商有义务对在此期间发生的问题在划分明确权责的前提下保证工程的顺利运行,并解决出现的问题。缺陷责任期结束之后,在充分履行合同义务的情况下,业主向承包商签发FAC,FAC并不在工程验收阶段中。省电一公司辩称国机公司实际工期至2012年5月,根据合同中关于竣工验收的约定,国机公司应在工程移交后一个月内向省电一公司提交完整的竣工资料,省电一公司在收到竣工验收报告后14天内应组织验收。按上述EPC工程的验收过程推断,竣工后还要经历试运行和等待移交报告的签发,因此竣工时间应比工程移交时间稍早,且移交时间应与PAC的签发时间基本吻合。中国火力发电网发布的新闻报道了2013年8月9日伊拉克电力部正式签署了华事德1号机组的PAC,由此推断PAC的签发时间应在2013年8月左右。根据双方合同中关于缺陷责任期及责任的约定,整体工程或其中分单项、单位、分项、分部验收交付的工程,均从PAC接收证书开具之日起计算质保期,本工程的质保期为12个月,工程质保期延长的时间等于由于缺陷或损坏而引起的工程不能使用的时间。而本案中无涉及工程由于缺陷或损坏而不能使用的相关证据,应视2014年8月为其质保期结束的时间。

对于质保金的返还期限问题,双方亦可在合同中不采用缺陷责任期这一概念来代替质保金返还的期限,而是直接明确地约定质保金返还的期限。由于具体分部分项工程的保修期不一致,其中基础设施工程、房屋建筑的地基基础工程和主体结构工程为设计文件规定的该工程的合理使用年限,而该年限通常为50年或更长,如概括约定质保金的返还期限,将导致质保金的返还期限过长,这种适用显然不符合基本的公平原则和市场规律。双方合同约定,省电一公司取得业主颁发的FAC后,在28日内向国机公司支付完国机公司的全部质保金,并未约定质保金具体的退还期限,即属于概括约定,属于合同约定不明的情形,应当适用合同解释方法对该漏洞进行填补。从质保金的性质来看,质保金不是保修费用,质保金是用以保证承包人在缺陷责任期内对建设工程出现的缺陷进行维修的资金,该金额虽被发包人预先扣留,但仍属于承包人所有。如果承包人经通知不履行缺陷修复义务,则发包人可以委托他人修复,并从中扣除修复费用,在缺陷责任期届满后应将剩余部分退还承包人。质保金为缺陷责任期的担保,而不是法定的保修期间的担保,两者概念不同。宜从公平和诚实信用的原则出发,酌定一个合理的缺陷责任期间。因此,在合同对质保金的退还没有具体约定的情形下,应该依据《建设工程质量保证金管理暂行办法》第 2 条适用缺陷责任期的规定,质保金的返还期限最长不宜超过 24 个月,方能衡平发包人与承包人之间的利益,既能满足在建设工程出现缺陷时进行维修的资金需要,又能保障承包人及时获得工程款。保修金的产生、转移与消灭取决于合同的约定以及约定期间是否发生质量维修的事实。本案中,省电一公司并未提出发生保修费用的证据,国机公司起诉时工程竣工已满二年,故省电一公司应当返还质保金,支付全部工程款。

二审法院认为:省电一公司与国机公司就涉案工程签订的《施工分包合同》第二章第 37 条就质保期及责任约定:整体工程或其中分单项、单位、分项、分部验收交付的工程,均从 PAC 接收证书开具之日起计算质保期,本工程的质保期为 12 个月。从前述新闻报道得知涉案工程中的 4 号机组已于 2014 年 4 月 16 日完成了为期 30 天的可靠性运行试验(RTR),按照惯例,在完成为期 30 天的 RTR 后,业主会签署 PAC,前述一审认定的涉案工程中的 1、2、3 号机组于 2013 年年底前也已正式并网发电,可以认定涉案工程全部 4 台机组的 PAC 接收证书开具之日不会迟于 2014 年 5 月,质保期结束的时间应为 2015 年 5 月。根据本案事实能够取得 FAC 的主体为上海电气公司。涉案双方在《施工分包合同》中约定的"省电一公司取得业主颁发的本合同所有机组的最终移交证书(FAC)后,由省电一公司在 28 日内向国机公司支付完全部质保金"是不可能实现的。省电一公司向国机公司支付完全部质保金的条件已经成就。

四、法律分析

从前述法院裁决要旨可以看出,质保金是用以保证承包人在缺陷责任期内对建设工程出现的缺陷进行维修的资金,对于质保金具体的退还期限合同约定不明的情形下,应该依法适用缺陷责任期的规定,方能衡平发包人与承包人之间的利益,既能满足在建设工程出现缺陷时进行维修的资金需要,又能保障承包人及时获得工程款。而该案法院判决援引的《建设工程质量保证金管理暂行办法》已废止,现行为2017年6月20日,住房和城乡建设部、财政部印发的《质保金管理办法》,其中有关缺陷责任期的规定,已由原先规定的一般为6个月、12个月或24个月,修改为一般为1年,最长不超过2年,由发、承包双方在合同中约定。

第三十二条

合同解除后质保金返还

当事人对合同解除后返还质保金有约定的,从其约定。没有约定或者约定不明确的,因发包人违约解除合同,承包人请求返还质保金的,建议予以支持。

裁决指引

一、关于质量保证金、缺陷责任期与质量保修期的辨析

根据《质保金管理办法》,建设工程质量保证金是用以保证承包人在缺陷责任期内对建设工程出现的缺陷进行维修的资金。

缺陷责任期的概念来自 FIDIC 编制的《土木工程施工合同条件》。[①] FIDIC 银皮书 2017 版第 1. 1. 24 项规定:"'缺陷通知期限'或'DNP'系指根据第 11. 1 款[完成扫尾工作和修补缺陷]的规定,通知工程或某分项工程(或部分工程,如果第 10. 2 款[部分工程的接收]适用)存在缺陷和/或损害的期限,如合同数据中所述(如未规定,则为 1 年),也可根据第 11. 3 款[缺陷通知期限的延长]的规定提出延长期。该期限从工程或分项工程(或部分工程)的竣工日期开始计算。"

缺陷责任期与质量保修期的辨析需要明确两种期限的异同。

(一)缺陷责任期与质量保修期的相同点

1. 二者均关乎质量缺陷问题

《房建工程质量保修办法》第 3 条规定的"质量缺陷"和《质保金管理办法》第 2 条规定的"缺陷",二者在内涵上相似,故缺陷责任期与质量保修期均关乎质量缺陷问题。

---

① 参见苑芳圻、王维泉:《工程质量缺陷责任期与保修期的辨析》,载《建设监理》2010 年第 6 期。

2. 发承包双方可在法律允许的范围内对期限进行约定

《建设工程质量管理条例》第 39 条规定："建设工程实行质量保修制度。建设工程承包单位在向建设单位提交工程竣工验收报告时，应当向建设单位出具质量保修书。质量保修书中应当明确建设工程的保修范围、保修期限和保修责任等。"第 40 条规定了具体的保修期最低期限。《质保金管理办法》第 2 条第 3 款规定："缺陷责任期一般为 1 年，最长不超过 2 年，由发、承包双方在合同中约定。"可见，在法律法规允许的范围内，发承包双方可以约定缺陷责任期和质量保修期的期限。

3. 缺陷责任期和质量保修期的起算点相同

《建设工程质量管理条例》第 40 条第 3 款规定："建设工程的保修期，自竣工验收合格之日起计算。"《质保金管理办法》第 8 条规定："缺陷责任期从工程通过竣工验收之日起计……"建设工程行业中，验收合格之日、通过竣工验收之日等表述都在被广泛、普遍使用，其意义基本一致。[①] 因此，一般情况下，缺陷责任期和质量保修期的起算点是相同的。

（二）缺陷责任期与质量保修期的不同点

1. 期限长短不同

缺陷责任期一般为 1 年，最长不超过 2 年，具体期限由发承包双方约定；质量保修期因工程项目及部位不同而有所区别。发承包双方可以约定质量保修期，但约定的质量保修期低于法定最低保修期限的，按法定最低保修期限执行。例如，屋面防水工程及有防水要求的卫生间、房间和外墙面的防渗漏，法定最低保修期限为 5 年，电气管线、给排水管道、设备安装和装修工程，法定最低保修期限为 2 年。

2. 二者与质量保证金的关联关系不同

《质保金管理办法》第 9 条规定："缺陷责任期内，由承包人原因造成的缺陷，承包人应负责维修……"《房建工程质量保修办法》第 9 条规定："房屋建筑工程在保修期限内出现质量缺陷，建设单位或者房屋建筑所有人应当向施工单位发出保修通知。施工单位接到保修通知后，应当到现场核查情况，在保修书约定的

---

① 参见最高人民法院民事审判第一庭编著：《最高人民法院建设工程施工合同司法解释（二）理解与适用：条文·释义·原理·实务》，人民法院出版社 2019 年版，第 179 页。

时间内予以保修。发生涉及结构安全或者严重影响使用功能的紧急抢修事故，施工单位接到保修通知后，应当立即到达现场抢修。”因此，无论在缺陷责任期内还是质量保修期内，承包人应当承担的保修义务的性质是一致的，通常是非出于发包人或第三人不当使用、不按照合理使用目的使用或故意破坏的原因导致工程质量缺陷所引发的质量保修责任。例如承包人未按照建设强制性标准或未按照合同约定的施工工艺、使用的建筑材料或工序路径的安排施工，导致承包人完成的工程质量无法满足合理使用目的、不能达到合同约定的交付标准或满足特殊的发包人要求等，从而需要承包人承担工程竣工验收合格后的质量保修责任。

但是实践中，在缺陷责任期内与在质量保修期内对承包人履行保修义务的约束力度有所不同。在缺陷责任期内，承包人由于受到工程质量保证金的牵制，往往更愿意响应发包人的要求，及时、充分地履行保修义务；而在质量保修期内，由于部分未与缺陷责任期重合的质量保修期不存在工程质量保证金所发挥的担保功能的保障，承包人承担保修责任的积极性可能没有那么强烈。

二、当事人对合同解除后返还质保金有约定的，从其约定

扣留质量保证金的实质是发包人为了敦促承包人在缺陷责任期内落实保修责任所采用的担保手段，对应的一个重要期间是缺陷责任期，本条裁处规则适用的前提为工程总承包合同解除时，项目已经进入施工阶段。

质量保证金的扣留和返还应遵循意思自治原则，可以由发承包双方在合同中加以约定。《质保金管理办法》第 3 条规定：“发包人应当在招标文件中明确保证金预留、返还等内容，并与承包人在合同条款中对涉及保证金的下列事项进行约定：（一）保证金预留、返还方式；（二）保证金预留比例、期限……（五）保证金预留、返还及工程维修质量、费用等争议的处理程序……（七）逾期返还保证金的违约金支付办法及违约责任。”

发承包双方就质量保证金的约定需考虑以下几点规定要求：

1. 质量保证金的扣除比例不得超过 3%。《质保金管理办法》第 7 条和 2020 版《工程总承包合同示范文本》第 14.6.1 项，对此均有规定。限制预留质量保证金的比例对于进一步减轻企业负担、盘活建筑市场资金有效利用具有积极意义。

2. 缺陷责任期不得超过 2 年。

3. 可以通过银行保函代替质量保证金。与限制质量保证金比例的制度要求类似，推行银行保函制度不仅可以起到约束承包人承担维修义务的作用，还可以减轻承包人的资金占用负担。

4. 工程竣工前,承包人已经提供履约担保的,发包人不得同时要求提供质量保证金。根据《国务院办公厅关于清理规范工程建设领域保证金的通知》(国办发〔2016〕49 号)第 4 条的规定:“严格工程质量保证金管理。工程质量保证金的预留比例上限不得高于工程价款结算总额的 5%。在工程项目竣工前,已经缴纳履约保证金的,建设单位不得同时预留工程质量保证金。”《质保金管理办法》和 2020 版《工程总承包合同示范文本》对此也有相应规定。设置履约担保的目的就是在工程总承包合同履行过程中确保承包人按约履行其自身的义务,向承包人收取履约保证金的同时扣留质量保证金会不合理地加重承包人负担,导致发承包双方之间的利益失衡。不允许既收履约保证金又收质量保修金的规则适用期间为工程总承包建设项目完成竣工验收之前,也就是说,若履约担保的功能或效力随着工程总承包建设项目的竣工验收而释放或终止,则发包人仍然有权在工程竣工结算时扣留部分质量保证金,用于督促承包人充分落实质量保修责任以实现发包人对建设项目合理使用的目的。

发承包双方经协商一致,就质量保证金的扣留有明确约定且不违反相关规定的,应按照约定处理。例如,合同约定若工程总承包合同解除,扣留结算价款的 3% 作为质量保证金,则当条件成就时,按该约定处理。

三、当事人对质量保证金没有约定或者约定不明确的,因发包人违约解除合同,发包人应返还质量保证金

虽然《质保金管理办法》规定发包人应在招标文件中对质量保证金相关条款加以明确,但实践中仍存在发承包双方在合同中没有就质量保证金作出明确约定或完全没有约定的情况。

如果合同并未具体约定,且因发包人原因导致合同解除,由于造成该种情形的主要责任在于发包人,按照当事人不能因自己的违约行为受益的法理,发包人应返还质量保证金。发包人原因导致合同解除很大程度上是基于发包人资金紧张,在极端情况下,发包人可能资金链断裂导致工程烂尾,后续也无法继续组织第三方进场施工,如果不退回未完工工程的质量保证金,可能因发包人的原因导致无法满足整个工程竣工验收的条件,进而导致承包人长时间无法取得作为质量保证金预留的工程款。本条裁处规则参照了 2020 版《工程总承包合同示范文本》通用合同条件第 16.2.3 项约定,即因发包人违约承包人按照约定解除合同的,发包人应在解除合同后28天内支付按照合同约定应返还的质量保证金,并退还履约担保。

仲裁机构在审理有关工程总承包合同解除后价款结算的案件时,若发包人以"即使工程总承包合同已经解除,但是合同约定的缺陷责任期未满,或质量保修期未满,或合同约定的返还期限未届至的,发包人亦有权扣留质量保证金"为由拒绝向承包人返还质量保证金,仲裁机构不应支持。同时从另一方面予以考虑,合同解除意味着大部分条款的效力也随之终止,由于质量保证金并非结算和清理条款,当合同对于质量保证金没有约定或约定不明时,发包人扣留质量保证金的行为既无事实前提,也无法律依据,故在此情况下,发包人应在合同解除时将质量保证金支付给承包人。

值得注意的是,不预留质量保证金并不意味着承包人不承担质量保修义务。工程保修阶段包括缺陷责任期和工程保修期。承包人的保修义务属于法定义务,不能通过合同约定予以排除。质量保证金的返还与保修期没有必然联系,所以即便未扣留质量保证金,当工程在保修期内存在质量问题时,承包人依旧应承担质量保修义务。

四、仲裁实务中的注意事项

(一)当事人合同中约定质保金条款的效力

目前,有关规范工程质量保证金的法律制度尚不健全,现行《质保金管理办法》的法律位阶只是部门规范性文件,其对质量保证金的预留时限和预留比例作了规定,即缺陷责任期最长不超过2年,质量保证金预留比例不得高于工程价款结算总额的3%。由此可能引发争议,如果合同约定的缺陷责任期超过2年,质量保证金预留比例高于工程价款结算总额的3%,仲裁庭对该种条款约定的效力如何处理?目前实务中存在争议。笔者倾向于认为,《质保金管理办法》的法律位阶仅是部门规范性文件,属于行政管理范畴,所规定的条款也为倡导性条款,因为该文件并未对违反该条款如何处罚进行规制,也未上升到关于合同效力的效力性规范,工程总承包合同的约定即便突破该办法规定的缺陷责任期和质量保证金预留比例上限,也不会必然导致该约定条款无效。建议仲裁庭在案件审理中仍然要尊重当事人的意思自治,即依照当事人的真实意愿认定约定有效。同理,工程总承包合同约定由承包人以提供银行保函的方式支付质量保证金,保函金额高于工程价款结算总额3%,如约定质量保证金保函比例为5%或6%等,总承包人按约定提交相应比例保函的，建议认定该约定依然是有效的。

（二）关于质量保证金返还的时限问题

本条文的前段规定“当事人对合同解除后返还质保金有约定的，从其约定”，与后面的“没有约定或者约定不明确的”相比，关注的是合同当事人真实意思表示。在合同有效情形下，若当事人约定即使合同解除，发包人也要预留质保金（包括保函和其他担保）一定期限后再返还，应当尊重当事人的约定。如2020版《工程总承包合同示范文本》通用合同条件第16.2.3项约定：“承包人按照本款约定解除合同的，发包人应在解除合同后28天内支付下列款项，并退还履约担保：……（7）按照合同约定应返还的质量保证金……”若当事人在专用合同条件中约定适用该通用合同条件，则发包人依照约定返还质保金的时限为合同解除后28天内。

对于合同没有约定或约定不明确时的质保金返还时限问题，笔者认为因合同没有约定，如裁决认为需要返还质保金，发包人应当在完成合同解除后的价款结算支付时一并将质保金返还；承包人使用保函或其他担保的，建议仲裁机构在裁决中明确，发包人支付承包人工程款的同时，解除前述的保函或其他担保。

（三）合同解除后，承包人请求返还质保金的条件

建设工程项目涉及人民群众生命和财产安全，“百年大计，质量第一”是对每个建设工程项目的基本要求，也是工程项目的承包人是否有权取得工程价款的衡量标准。具体而言，工程质量是否符合合同要求、国家强制性质量标准，是评价建设单位或发包人合同目的是否实现的重要指标，因此在司法实践和仲裁实践中，承包人已完工程质量合格或满足合同约定的质量标准，是承包人主张工程价款的前提条件，也是核心要件，是人民法院或仲裁机构支持承包人工程价款请求的审查重中之重。而工程质量保证金作为工程质量的担保，与工程质量合格与否难以分割，甚至影响到承包人工程价款的优先受偿问题，所以《施工合同司法解释（一）》第39条规定：“未竣工的建设工程质量合格，承包人请求其承建工程的价款就其承建工程部分折价或者拍卖的价款优先受偿的，人民法院应予支持。”

笔者认为，承包人因合同解除主张返还质量保证金的前提条件是其合同解除前已完成的工程部分符合国家强制性质量标准，否则其要承担返工修复义务，至返工修复质量合格后，才能主张返还工程质量保证金。如果承包人已完工程

质量不能满足国家强制性标准,则仲裁机构对承包人的该请求,不应予以支持。

参考依据

1.《建筑法》

第六十二条 建筑工程实行质量保修制度。

建筑工程的保修范围应当包括地基基础工程、主体结构工程、屋面防水工程和其他土建工程,以及电气管线、上下水管线的安装工程,供热、供冷系统工程等项目;保修的期限应当按照保证建筑物合理寿命年限内正常使用,维护使用者合法权益的原则确定。具体的保修范围和最低保修期限由国务院规定。

2.《建设工程质量管理条例》

第三十九条 建设工程实行质量保修制度。

建设工程承包单位在向建设单位提交工程竣工验收报告时,应当向建设单位出具质量保修书。质量保修书中应当明确建设工程的保修范围、保修期限和保修责任等。

第四十条 在正常使用条件下,建设工程的最低保修期限为:

(一)基础设施工程、房屋建筑的地基基础工程和主体结构工程,为设计文件规定的该工程的合理使用年限;

(二)屋面防水工程、有防水要求的卫生间、房间和外墙面的防渗漏,为5年;

(三)供热与供冷系统,为2个采暖期、供冷期;

(四)电气管线、给排水管道、设备安装和装修工程,为2年。

其他项目的保修期限由发包方与承包方约定。

建设工程的保修期,自竣工验收合格之日起计算。

3.《质保金管理办法》

第二条 本办法所称建设工程质量保证金(以下简称保证金)是指发包人与承包人在建设工程承包合同中约定,从应付的工程款中预留,用以保证承包人在缺陷责任期内对建设工程出现的缺陷进行维修的资金。

缺陷是指建设工程质量不符合工程建设强制性标准、设计文件,以及承包合同的约定。

缺陷责任期一般为 1 年，最长不超过 2 年，由发、承包双方在合同中约定。

第三条　发包人应当在招标文件中明确保证金预留、返还等内容，并与承包人在合同条款中对涉及保证金的下列事项进行约定：

（一）保证金预留、返还方式；

（二）保证金预留比例、期限；

（三）保证金是否计付利息，如计付利息，利息的计算方式；

（四）缺陷责任期的期限及计算方式；

（五）保证金预留、返还及工程维修质量、费用等争议的处理程序；

（六）缺陷责任期内出现缺陷的索赔方式；

（七）逾期返还保证金的违约金支付办法及违约责任。

第五条　推行银行保函制度，承包人可以银行保函替代预留保证金。

第六条　在工程项目竣工前，已经缴纳履约保证金的，发包人不得同时预留工程质量保证金。

采用工程质量保证担保、工程质量保险等其他保证方式的，发包人不得再预留保证金。

第七条　发包人应按照合同约定方式预留保证金，保证金总预留比例不得高于工程价款结算总额的 3%。合同约定由承包人以银行保函替代预留保证金的，保函金额不得高于工程价款结算总额的 3%。

第九条　缺陷责任期内，由承包人原因造成的缺陷，承包人应负责维修，并承担鉴定及维修费用。如承包人不维修也不承担费用，发包人可按合同约定从保证金或银行保函中扣除，费用超出保证金额的，发包人可按合同约定向承包人进行索赔。承包人维修并承担相应费用后，不免除对工程的损失赔偿责任。

由他人原因造成的缺陷，发包人负责组织维修，承包人不承担费用，且发包人不得从保证金中扣除费用。

4.《房建工程质量保修办法》

第三条　本办法所称房屋建筑工程质量保修，是指对房屋建筑工程竣工验收后在保修期限内出现的质量缺陷，予以修复。

本办法所称质量缺陷，是指房屋建筑工程的质量不符合工程建设强制性标准以及合同的约定。

第九条 房屋建筑工程在保修期限内出现质量缺陷，建设单位或者房屋建筑所有人应当向施工单位发出保修通知。施工单位接到保修通知后，应当到现场核查情况，在保修书约定的时间内予以保修。发生涉及结构安全或者严重影响使用功能的紧急抢修事故，施工单位接到保修通知后，应当立即到达现场抢修。

5.《施工合同司法解释（一）》

第三十九条 未竣工的建设工程质量合格，承包人请求其承建工程的价款就其承建工程部分折价或者拍卖的价款优先受偿的，人民法院应予支持。

6. 2020 版《工程总承包合同示范文本》

第二部分 通用合同条件

14.6 质量保证金

经合同当事人协商一致提供质量保证金的，应在专用合同条件中予以明确。在工程项目竣工前，承包人已经提供履约担保的，发包人不得同时要求承包人提供质量保证金。

14.6.1 承包人提供质量保证金的方式

承包人提供质量保证金有以下三种方式：

（1）提交工程质量保证担保；

（2）预留相应比例的工程款；

（3）双方约定的其他方式。

除专用合同条件另有约定外，质量保证金原则上采用上述第（1）种方式，且承包人应在工程竣工验收合格后 7 天内，向发包人提交工程质量保证担保。承包人提交工程质量保证担保时，发包人应同时返还预留的作为质量保证金的工程价款（如有）。但不论承包人以何种方式提供质量保证金，累计金额均不得高于工程价款结算总额的 3%。

16.2.3 因发包人违约解除合同后的付款

承包人按照本款约定解除合同的，发包人应在解除合同后 28 天内支付下列款项，并退还履约担保：

（1）合同解除前所完成工作的价款；

（2）承包人为工程施工订购并已付款的材料、工程设备和其他物品的价款；

发包人付款后,该材料、工程设备和其他物品归发包人所有;

(3)承包人为完成工程所发生的,而发包人未支付的金额;

(4)承包人撤离施工现场以及遣散承包人人员的款项;

(5)按照合同约定在合同解除前应支付的违约金;

(6)按照合同约定应当支付给承包人的其他款项;

(7)按照合同约定应返还的质量保证金;

(8)因解除合同给承包人造成的损失。

承包人应妥善做好已完工程和与工程有关的已购材料、工程设备的保护和移交工作,并将施工设备和人员撤出施工现场,发包人应为承包人撤出提供必要条件。

案例分析

案　例

浙江中成建工集团有限公司、天津万炬电子产业投资有限公司建设工程施工合同纠纷

案号:(2018)最高法民终638号

审理法院:最高人民法院

裁判类型:二审民事判决

一、案情介绍

2013年1月30日,天津万炬电子产业投资有限公司(以下简称万炬公司)发包的天津宝坻电子商务产业基地A区项目工程确定浙江中成建工集团有限公司(以下简称中成公司)为中标单位,中标标价为9.25亿元。2013年2月15日,双方根据中标结果签订《天津市建设工程施工合同》(以下简称《备案合同》),合同价款为9.25亿元。

2016年1月14日,万炬公司(甲方)与中成公司(乙方)签署《天津宝坻电子商务产业基地工程A区结算确认函》(以下简称《结算确认函》)。《结算确认函》

载明:“施工过程中由于甲方资金不足导致停工,现经双方友好协商并认真结算,确定已完成工程量如下:……以上各项总计42,121.7194万元(大写:肆亿贰仟壹佰贰拾壹万柒仟壹佰玖拾肆元整)。”双方一致确认,上述结算金额系对截至2016年1月14日的诉争工程已完部分的结算。

二、各方观点

中成公司主张:一审判决扣减5%质保金没有合同和法律依据。一审判决认定万炬公司与中成公司签订的《备案合同》应予解除,却依据该合同判令扣减质保金,自相矛盾。工程款的支付并不意味着工程质保责任的解除,如质保期间中成公司所施工工程出现质量问题,万炬公司可另行主张权利。工程质保金属工程款范围,一审判决把质保金排除在建设工程价款优先受偿权范围之外,没有事实和法律依据,请二审法院予以纠正。

万炬公司主张:案涉工程尚未交付验收,一审判决在万炬公司应付工程款中扣除质保金正确,否则会损害万炬公司的合法权益。质保期结束后,双方再对质保金进行结算并不损害中成公司的利益。

三、裁决要旨

一审法院认为:鉴于诉争工程已经停工,而且中成公司并未将其移交给万炬公司,故质保期尚未起算,万炬公司主张扣减相应金额的质保金,理据充分,应予支持。根据双方庭审的陈述及《备案合同》专用条款第26条的约定,应当扣减42,121.7194万元的5%作为质保金,即21,060,859.5元。由于万炬公司只主张应当扣减2106万元整,没有超出上述金额,一审法院照准。

二审法院认为:关于万炬公司应付中成公司工程款中应否扣除质量保证金以及中成公司享有建设工程价款优先受偿权的范围应否包括质量保证金问题。《合同法》第97条规定,合同解除后,尚未履行的,终止履行;已经履行的,根据履约情况和合同性质,当事人可以要求恢复原状、采取其他补救措施,并有权要求赔偿损失。故案涉《备案合同》解除后,尚未履行的条款应终止履行。根据《质保金管理办法》第2条第1款的规定,建设工程质量保证金为发包人与承包人在建设工程承包合同中约定,从应付的工程款中预留,用以保证承包人在缺陷责任期内对建设工程出现的缺陷进行维修的资金。案涉《备案合同》第26条约定“余款5%作为工程保修款,待工程竣工满1年后7天内支付保修款总价的50%,待工程竣工满2年后7天内支付保修款总价的70%”。该条款系当事人就质量保证金的支付比例及返还时间所作约定。案涉工程至今未完工，缺陷责任期尚未起算，上述质保金条款尚未履行，自《备案合同》解除之时，该条款应终止履行。一审判决仍然依据该条款扣除质量保证金，依据不足。对于中成公司已完工部分，万炬公司并未主张该部分工程存在质量问题需要维修，且承包人的保修义务是法定义务，即便质保金条款终止履行，中成公司仍然应对已完工程的质量问题在保修期内承担保修责任。万炬公司主张扣留质保金，依据不足。

四、法律分析

本案案涉工程尚未完工，系因发包人资金不足导致停工，依据合同有效的观点，应为发包人违约，在此情形下，因发包人违约解除合同的，发包人是否还有权利扣留质量保证金，其主张应否予以支持，一、二审法院的观点截然相反。一审法院认为案涉工程处于停工状态，工程也未从承包人移交给发包人，缺陷责任期尚未起算，故对发包人的请求应予支持；而二审法院认为合同解除后，双方当事人未就是否扣留质保金达成一致（承包人拒绝扣留质保金），当事人尚未履行的终止履行，当然也包括原《备案合同》的质保金扣留条款终止履行，因此对发包人请求扣留质保金的主张不予支持。

本案二审法院改判还考虑到因案涉工程尚未完工，缺陷责任期尚未起算，至于何时起算一直处于不确定状态，而一审法院的判决显然无法判断案涉工程的缺陷责任期何时起算，使得承包人请求返还质保金的权利一直处于无法确定的状态，可能成为永远无法实现的权利，这与民法上的诚实信用原则相悖。二审法院撤销一审判决，改判支持承包人的上诉请求是正确的，因为承包人已完工程部分出现质量问题后，发包人仍然可以在约定或法定的质量保修期限内向承包人主张保修责任。

第三十三条

联合体一方的仲裁主体资格

承包人为联合体的，联合体中的一方可具备独立的仲裁主体资格。

裁决指引

本条是关于在工程总承包合同发包人或承包人一方或双方为联合体的情形下，联合体成员的一方是否有权单独提起仲裁或单独作为被申请人的规定。

本条规定旨在便利仲裁，明确赋予联合体一方以自己名义申请仲裁或以对方联合体一方为被申请人的权利。因此，只要工程总承包合同发承包双方达成仲裁协议后约定有效仲裁条款，即便总承包合同仅由联合体牵头人签署，联合体其他成员也有权以自己名义提出仲裁申请。同时，联合体一方也可以单独被列为被申请人进行仲裁。实践中工程总承包的联合体主要体现在承包人一方，本条理解与适用也以此为基础展开。

一、联合体的法律性质

在相关法律规定中，并无对联合体法律性质的明确定义，比如《招标投标法》第 31 条第 1 款规定："两个以上法人或者其他组织可以组成一个联合体，以一个投标人的身份共同投标。"《建筑法》第 27 条第 1 款规定："大型建筑工程或者结构复杂的建筑工程，可以由两个以上的承包单位联合共同承包。共同承包的各方对承包合同的履行承担连带责任。"《政府采购法》第 24 条第 1 款规定："两个以上的自然人、法人或者其他组织可以组成一个联合体，以一个供应商的身份共同参加政府采购。"

从以上法律条文不难看出，法律更多的是赋予了联合体一种身份，一种参与投标、承包等市场活动的资格，而实际上对联合体的概念并未进行明确定义。2020 版《工程总承包合同示范文本》通用合同条件第 1. 1. 2. 4 目，在法律法规的基础上，对联合体这一概念进行了进一步明确，即“联合体：是指经发包人同意由两个或两个以上法人或者其他组织组成的，作为承包人的临时机构”。

正因为联合体法律性质的特殊性，从而带来法律适用的复杂性，实务中对联合体的法律性质有很多学说，主要有联营说、合伙说、契约型合伙说，未形成统一观点。过往实践中有将联合体认定为联营，依据《最高人民法院关于贯彻执行〈中华人民共和国民法通则〉若干问题的意见（试行）》（已失效）判决联合体成员承担连带责任的案例，也有将联合体认定为合伙，依据合伙判决联合体成员对外承担连带责任的案例。

在《民法典》出台前，有些观点认为联合体系《民法通则》第 52 条规定的合伙型联营。但在《民法典》中并未保留《民法通则》关于联营的相关规定。因此，若再将联合体的性质定义为联营将面临于法无据的窘境。在此情形下，有必要就联合体的法律性质进行研究和探讨。

联合体成立的依据为联合体成员为共同承包工程而签订联合体协议，并依据联合体协议及相关法律规定共同向发包人承担责任。从目前法律就联合体的规定以及实践看，联合体协议较为符合《民法典》中关于合伙合同的规定，联合体协议的性质在一般情形下应为合伙合同，因此，联合体应当认定为合伙法律关系。

将联合体定性为合伙法律关系的主要依据为《民法典》第 967 条的规定，即“合伙合同是两个以上合伙人为了共同的事业目的，订立的共享利益、共担风险的协议”。而联合体协议的内容较为符合上述规定，系两个以上的单位为共同承建工程项目而在联合体协议中明确各自利益并共同向发包人承担责任的协议。

不过需要指出的是，法律中并未明确规定联合体的法律性质，且从法律对联合体的规定来看，也有部分内容与合伙有所区别，比如《民法典》第 968 条规定：“合伙人应当按照约定的出资方式、数额和缴付期限，履行出资义务。”第 969 条规定：“合伙人的出资、因合伙事务依法取得的收益和其他财产，属于合伙财产。合伙合同终止前，合伙人不得请求分割合伙财产。”而联合体协议中一般不会约定各自的出资义务，且联合体各方的收益一般会在联合体中明确，基本不会存在协议终止前一方不得请求分割财产的情形。因此，就联合体及联合体协议的具体定性，应具体案件具体分析。

二、工程总承包中的联合体是否可作为民事主体，是否具备仲裁主体资格

如前所述，从法律性质看，联合体的实质是经过发包人许可作为承包人参与工程项目的，两个及两个以上的具有独立民事主体地位的联合体成员单位基于协议关系所组建的项目组织，具有临时性和依赖性，且没有明确针对其民事主体身份的法律规定，导致其法律性质在实践中存在较大争议。

就"联合体"可否作为民事主体，根据《民法典》的规定，民事主体包括自然人、法人、非法人组织。首先，联合体必然不属于自然人。其次，联合体不是法人。《民法典》第 58 条第 1、2 款规定："法人应当依法成立。法人应当有自己的名称、组织机构、住所、财产或者经费。法人成立的具体条件和程序，依照法律、行政法规的规定。"实践中联合体通常没有自己的名字、组织机构及独立财产，不具备上述条件，不是法人。最后，联合体也不是非法人组织。《民法典》第 102 条规定："非法人组织是不具有法人资格，但是能够依法以自己的名义从事民事活动的组织。非法人组织包括个人独资企业、合伙企业、不具有法人资格的专业服务机构等。"第 103 条规定："非法人组织应当依照法律的规定登记。设立非法人组织，法律、行政法规规定须经有关机关批准的，依照其规定。"虽然如前述分析，联合体与《民法典》中规定的合伙法律关系较为近似，但仍有一定差距，且联合体通常不会按照法律规定进行合伙企业登记，可见联合体不在上述范围内，不是非法人组织。

因此，建设工程总承包合同中的联合体不属于《民法典》规定的自然人、法人或非法人组织。《民事诉讼法》第 51 条规定："公民、法人和其他组织可以作为民事诉讼的当事人。法人由其法定代表人进行诉讼。其他组织由其主要负责人进行诉讼。"联合体不可以作为民事诉讼的当事人参加诉讼，其不具备参加民事诉讼的主体资格。

《仲裁法》第 2 条规定："平等主体的公民、法人和其他组织之间发生的合同纠纷和其他财产权益纠纷，可以仲裁。"显然，建设工程总承包合同中的联合体亦不具备仲裁主体资格，不能作为仲裁程序中的当事人。

三、联合体成员中的一方是否有权申请仲裁，是否有权作为被申请人进行仲裁

根据《仲裁法》第 2 条及第 21 条["当事人申请仲裁应当符合下列条件：(一)有仲裁协议；(二)有具体的仲裁请求和事实、理由；(三)属于仲裁委员会的

受理范围”]之规定,从判断一方当事人可否作为仲裁主体的角度来看,应纳入考量的要件可归纳为:首先,该主体是否属于平等主体的公民、法人和其他组织;其次,仲裁协议是否对该主体有约束力。

《招标投标法》第31条第3款规定:“联合体各方应当签订共同投标协议,明确约定各方拟承担的工作和责任,并将共同投标协议连同投标文件一并提交招标人。联合体中标的,联合体各方应当共同与招标人签订合同,就中标项目向招标人承担连带责任。”《工程总承包管理办法》第10条第2款规定:“设计单位和施工单位组成联合体的,应当根据项目的特点和复杂程度,合理确定牵头单位,并在联合体协议中明确联合体成员单位的责任和权利。联合体各方应当共同与建设单位签订工程总承包合同,就工程总承包项目承担连带责任。”联合体各方应共同与发包人签订工程总承包合同。在建设工程总承包合同发承包双方自愿达成仲裁协议的前提下,联合体成员各自具备法人资格,均为工程总承包合同(仲裁协议)的当事人,受仲裁协议约束,已具备作为适格仲裁主体的条件。在就工程总承包合同发生合同纠纷和其他财产权益纠纷的情况下,联合体成员一方就工程总承包合同纠纷具有利害关系,具有具体仲裁请求和事实、理由时,可以依仲裁条款提出仲裁申请,亦可以作为被申请人进行仲裁。

另外,不应限制联合体成员单独行使申请仲裁的权利,原因在于作为承包人的联合体成员基于工程总承包合同的履行,对发包人享有要求给付工程价款的独立请求权。若联合体成员一方不能单独向发包人申请仲裁,即限制剥夺了联合体成员申请仲裁的权利,导致其无法通过申请仲裁实现实体权益,尤其当联合体另一方不愿意依据工程总承包合同申请仲裁时,将导致联合体一方的权益受到损害且难以救济。仲裁庭在审理工程总承包合同纠纷时,如仅系联合体一方申请仲裁,或申请人仅就联合体一方提起仲裁,仲裁庭可根据案件审理查明事实的需要,征求仲裁当事人意见后将联合体另一方追加为案件当事人以查明事实。

例如,在某工程总承包项目中,若联合体牵头人为设计单位,且联合体协议及工程总承包合同约定由牵头人负责接收发包人支付的工程价款,当发包人向牵头人全额支付了设计费,但是并未支付其他工程款项的情形下,而牵头人基于自身设计费已获得支付或者基于其他考虑,不愿意向发包人提起仲裁时,其他联合体成员如不能单独向发包人提起仲裁,则其合法权益将无法得到维护。这种情况下,就属于不当地限制了联合体成员申请仲裁的权利。

参考依据

1. 2020 版《工程总承包合同示范文本》

第二部分　通用合同条件

1. 1. 2. 4　联合体:是指经发包人同意由两个或两个以上法人或者其他组织组成的,作为承包人的临时机构。

2.《建筑法》

第二十七条　大型建筑工程或者结构复杂的建筑工程,可以由两个以上的承包单位联合共同承包。共同承包的各方对承包合同的履行承担连带责任。

两个以上不同资质等级的单位实行联合共同承包的,应当按照资质等级低的单位的业务许可范围承揽工程。

3.《招标投标法》

第三十一条　两个以上法人或者其他组织可以组成一个联合体,以一个投标人的身份共同投标。

联合体各方均应当具备承担招标项目的相应能力;国家有关规定或者招标文件对投标人资格条件有规定的,联合体各方均应当具备规定的相应资格条件。由同一专业的单位组成的联合体,按照资质等级较低的单位确定资质等级。

联合体各方应当签订共同投标协议,明确约定各方拟承担的工作和责任,并将共同投标协议连同投标文件一并提交招标人。联合体中标的,联合体各方应当共同与招标人签订合同,就中标项目向招标人承担连带责任。

招标人不得强制投标人组成联合体共同投标,不得限制投标人之间的竞争。

4.《招标投标法实施条例》

第三十七条　招标人应当在资格预审公告、招标公告或者投标邀请书中载明是否接受联合体投标。

招标人接受联合体投标并进行资格预审的,联合体应当在提交资格预审申请文件前组成。资格预审后联合体增减、更换成员的，其投标无效。

联合体各方在同一招标项目中以自己名义单独投标或者参加其他联合体投标的，相关投标均无效。

5.《政府采购法》

第二十四条　两个以上的自然人、法人或者其他组织可以组成一个联合体，以一个供应商的身份共同参加政府采购。

以联合体形式进行政府采购的，参加联合体的供应商均应当具备本法第二十二条规定的条件，并应当向采购人提交联合协议，载明联合体各方承担的工作和义务。联合体各方应当共同与采购人签订采购合同，就采购合同约定的事项对采购人承担连带责任。

6.《政府采购法实施条例》

第二十二条　联合体中有同类资质的供应商按照联合体分工承担相同工作的，应当按照资质等级较低的供应商确定资质等级。

以联合体形式参加政府采购活动的，联合体各方不得再单独参加或者与其他供应商另外组成联合体参加同一合同项下的政府采购活动。

7.《建设部项目管理试行办法》

第八条[联合投标]

两个及以上项目管理企业可以组成联合体以一个投标人身份共同投标。联合体中标的，联合体各方应当共同与业主方签定委托项目管理合同，对委托项目管理合同的履行承担连带责任。联合体各方应签订联合体协议，明确各方权利、义务和责任，并确定一方作为联合体的主要责任方，项目经理由主要责任方选派。

8.《工程总承包管理办法》

第十条　工程总承包单位应当同时具有与工程规模相适应的工程设计资质和施工资质，或者由具有相应资质的设计单位和施工单位组成联合体。工程总承包单位应当具有相应的项目管理体系和项目管理能力、财务和风险承担能力，以及与发包工程相类似的设计、施工或者工程总承包业绩。

设计单位和施工单位组成联合体的，应当根据项目的特点和复杂程度，合理确定牵头单位,并在联合体协议中明确联合体成员单位的责任和权利。联合体各方应当共同与建设单位签订工程总承包合同,就工程总承包项目承担连带责任。

9.《民法典》

第二条 民法调整平等主体的自然人、法人和非法人组织之间的人身关系和财产关系。

第五十八条 法人应当依法成立。

法人应当有自己的名称、组织机构、住所、财产或者经费。法人成立的具体条件和程序,依照法律、行政法规的规定。

设立法人,法律、行政法规规定须经有关机关批准的,依照其规定。

第一百零二条 非法人组织是不具有法人资格,但是能够依法以自己的名义从事民事活动的组织。

非法人组织包括个人独资企业、合伙企业、不具有法人资格的专业服务机构等。

第九百六十七条 合伙合同是两个以上合伙人为了共同的事业目的,订立的共享利益、共担风险的协议。

10.《民事诉讼法》

第五十一条 公民、法人和其他组织可以作为民事诉讼的当事人。

法人由其法定代表人进行诉讼。其他组织由其主要负责人进行诉讼。

11.《仲裁法》

第二条 平等主体的公民、法人和其他组织之间发生的合同纠纷和其他财产权益纠纷,可以仲裁。

第二十一条 当事人申请仲裁应当符合下列条件:

(一)有仲裁协议;

(二)有具体的仲裁请求和事实、理由;

(三)属于仲裁委员会的受理范围。

案例分析

案　　例

中冶成都勘察研究总院有限公司与四川三岔湖建设开发有限公司建设工程勘察合同纠纷

案号:(2020)川0191民初706号

审理法院:四川省成都高新技术产业开发区人民法院

裁判类型:一审民事判决

一、案情介绍

2017年2月,四川三岔湖建设开发有限公司(以下简称三岔湖开发公司)就简阳市新民乡滨湖空间旅游项目勘察、设计对外招标。中冶成都勘察研究总院有限公司(以下简称中冶公司)和信息产业电子第十一设计研究院科技工程股份有限公司(以下简称第十一设计院公司)组成联合体进行投标,第十一设计院公司为投标牵头人。2017年4月13日,联合体中标。2017年6月,发包方三岔湖开发公司与承包方中冶公司、第十一设计院公司共同签订《滨湖空间旅游项目勘察设计合同》,合同主要内容为:工程项目包括工程勘察方案、总体规划设计、方案优化、初步设计、施工图设计、概算编制以及后期服务等勘察、设计相关工作;勘察设计周期为75天;委托方分别向设计承包方和勘察承包方支付费用,设计费暂定为6,800,000元,勘察费暂定为1,500,000元;对支付勘察费和设计费的进度款,分别进行约定,其中勘察费第一次付费金额为300,000元,时间为合同签订并生效后5日内;履约保证金为暂定合同金额的10%,在中标后5个工作日内以现金或保函方式缴纳,在施工图设计完成且通过审查后30日内无息退还;在合同履行期间,发包方要求终止或解除合同,承包方未开始勘察设计工作的,不退还发包方已付的费用,已开始勘察设计工作的,发包方应根据承包方已进行的实际工作量支付费用,不足一半时,按该阶段勘察、设计费的一半支付,超过一半时,按该阶段勘察设计费的全部支付;如果本合同任何一方因受不可抗力事件影响而未能履行其在本合同下全部或部分义务,该义务的履行在不可抗力事件妨害其履行期间应予中止。2017 年 8 月 25 日,三岔湖开发公司就案涉合同的勘察和设计项目分别向简阳市住房和城乡规划局进行备案。

合同签订后,中冶公司于 2017 年 8 月 18 日向三岔湖开发公司转账支付履约保证金 150,000 元,于 2017 年 9 月 1 日向三岔湖开发公司开具了 300,000 元的等额增值税专用发票(含税),税额为 16,981.13 元,但三岔湖开发公司未依约在合同签订并生效后 5 日内支付第一次勘察费进度款,中冶公司至今未进场勘察。中冶公司于 2019 年 9 月向三岔湖开发公司邮寄律师函,要求三岔湖开发公司依约支付工程款并承担违约责任。

另查明,本案诉讼前,中冶公司因本案诉讼需要与四川天闻律师事务所签订委托代理合同,支付律师费 20,000 元。2018 年 11 月 6 日,成都天府国际空港新城管委会致函三岔湖开发公司,以三岔湖开发公司按原天府新区资阳片区规划的部分项目与修编后的空港新城规划不符为由,要求对未实施的原新民家园二、三期及起步区市政道路等项目于 2018 年 10 月 31 日终止实施,并移交成都高新区管理。

二、各方观点

原告中冶公司观点:其为联合体成员,实际履行了合同,有权以自己的名义作为原告主张权利。

被告三岔湖开发公司观点:第十一设计院公司为联合体代表,代表联合体处理一切事务,原告仅是该项目中的实施单位,原告越过第十一设计院公司向被告主张权利与投标文件约定不符。原告在本案中的主体身份不适格,其诉讼请求不应得到支持。

三、裁决要旨

关于原告的主体资格问题。虽然案涉合同是中冶公司及案外人第十一设计院公司组成承包联合体与发包人三岔湖开发公司共同签订,但中冶公司与第十一设计院公司是不同的权利义务主体,合同约定中冶公司履行勘察义务,第十一设计院公司履行设计义务,双方在合同中各自的权利义务不相同,可以进行区分。同时三岔湖开发公司也是分别向设计承包方和勘察承包方支付费用,故即使案外人第十一设计院公司未对三岔湖开发公司提起诉讼,原告仍有权就与三岔湖开发公司之间的合同权利义务内容单独提起诉讼,其原告的主体身份适格。

四、法律分析

联合体成员彼此之间均系《民法典》所规定的独立民事主体,在工程总承包模式下,承包人如果是联合体,各成员共同与发包人签订合同,在各自分工范围内具体履行合同,向发包人承担连带责任,各自的权利义务可以进行区分。联合体成员之一单独提起诉讼或仲裁符合诉权的实质性要件,应予支持,避免合同履行及权利救济的僵局,也有利于降低争议解决的成本。

第三十四条

联合体资质及其等级要求的认定

承包人联合体成员不具备与其承包或分工范围相适应的勘察、设计或施工资质的，建议认定工程总承包合同无效。

承包人联合体成员有勘察、设计或施工同类资质的，且按照联合体分工承担相同性质工作的，按照较低的资质等级确定联合体的资质等级。

裁决指引

本条是关于工程总承包联合体成员资质对合同效力的影响与如何认定联合体资质的规定。

一、对“承包人联合体成员不具备与其承包或分工范围相适应的勘察、设计或施工资质的，建议认定工程总承包合同无效”的理解

（一）在建设工程领域实行资质许可制度属于法律和行政法规的强制性规定

《建筑法》第13条规定：“从事建筑活动的建筑施工企业、勘察单位、设计单位和工程监理单位，按照其拥有的注册资本、专业技术人员、技术装备和已完成的建筑工程业绩等资质条件，划分为不同的资质等级，经资质审查合格，取得相应等级的资质证书后，方可在其资质等级许可的范围内从事建筑活动。”第26条规定：“承包建筑工程的单位应当持有依法取得的资质证书，并在其资质等级许可的业务范围内承揽工程。禁止建筑施工企业超越本企业资质等级许可的业务范围或者以任何形式用其他建筑施工企业的名义承揽工程。禁止建筑施工企业以任何形式允许其他单位或者个人使用本企业的资质证书、营业执照，以本企业的名义承揽工程。”

可见，在建筑工程领域，无论是勘察单位、设计单位还是施工单位，都应具备相应的资质才能承揽业务(按照建筑业资质改革不再实行资质管理的工程除外)。虽然从上述《建筑法》第13条和第26条的条文本身来看,其对资质的要求仅限于建筑工程领域,但《建筑法》第81条也明确规定:“本法关于施工许可、建筑施工企业资质审查和建筑工程发包、承包、禁止转包,以及建筑工程监理、建筑工程安全和质量管理的规定,适用于其他专业建筑工程的建筑活动,具体办法由国务院规定。”

因此,从总体上来看,我国的资质要求覆盖了建设施工的各个专业领域。

(二)在建设工程领域,不具备相应资质承揽业务将导致所签订的合同无效

《民法典》第153条第1款规定:“违反法律、行政法规的强制性规定的民事法律行为无效。但是,该强制性规定不导致该民事法律行为无效的除外。”《民法典》该条从总体上对民事法律行为无效进行了概括性的规定,具体落实到建设工程领域的资质管理方面就是,如果法律、行政法规的强制性规定要求建设工程相关企业承揽业务应取得相应资质,则不具备资质要求的承揽行为和承揽合同将归结为无效,而在建设工程相关法律、行政法规中,也确实有相关的具体规定,比如上述《建筑法》第13条和第26条,以及《建设工程勘察设计管理条例》《招标投标法》《招标投标法实施条例》等法律、行政法规均对勘察、设计和施工环节的资质作了具体的规定。

结合《施工合同司法解释(一)》第1条规定[“建设工程施工合同具有下列情形之一的,应当依据民法典第一百五十三条第一款的规定,认定无效:(一)承包人未取得建筑业企业资质或者超越资质等级的;(二)没有资质的实际施工人借用有资质的建筑施工企业名义的……”]可看出,在建设工程领域不具备相应资质承揽业务将导致所签订的合同无效。

(三)《工程总承包管理办法》对资质要求的规定具有指导意义

近年来随着工程总承包模式的大量推广和应用,我国相应地出台了不同专业工程领域的工程总承包管理办法,对工程总承包模式下承揽工程做了专门的指导和规范。例如在铁路建设专业领域,早在2006年原铁道部即颁布了《铁路建设项目工程总承包办法》,其中第2条规定:“本办法所称铁路建设项目工程总承包,是指建设单位(或业主,下同)通过招标将建设项目的施工图设计、采购和施工委托给具有相应资质的工程总承包单位(或联合体,下同),工程总承包单位按照合同约定,对施工图设计、物资设备采购、工程实施实行全过程承包,对工程

的质量、安全、工期、投资、环保负责的建设组织方式。”第 15 条第 1 项规定，“工程总承包单位必须具有与工程总承包建设项目相适应的资质”。在房屋建筑和市政基础设施方面，住房和城乡建设部、国家发展和改革委员会于 2020 年联合颁布了《工程总承包管理办法》，其中第 10 条第 1 款规定：“工程总承包单位应当同时具有与工程规模相适应的工程设计资质和施工资质，或者由具有相应资质的设计单位和施工单位组成联合体……”在机场工程领域，中国民用航空局也于 2021 年颁布《运输机场专业工程总承包管理办法（试行）》，在第 9 条作出了与《工程总承包管理办法》相同的资质要求规定。湖南、福建、广西等省、区均以省水利厅规范性文件的形式出台了有关水利建设项目的工程总承包管理办法，对水利工程领域的工程总承包资质问题进行规范。上海市住房和城乡建设委员会颁布的《上海市建设项目工程总承包管理办法》也作出了同样的双资质要求的规定。

（四）承包人联合体成员不具备与其承包或分工范围相适应的勘察、设计或施工资质的，建议认定工程总承包合同无效

从上述规定可见，国家对于勘察、设计、施工是有明确资质规定的，当违反该强制性规定时，将导致相应的勘察、设计、施工合同无效。对于工程总承包项目，虽然目前有关主管部门比如住建部强调总承包单位应具备相应的设计和施工资质，但因部委规范性文件对于资质规定尚不构成行政许可，不足以以此为由判断工程总承包合同效力，但强调设计和施工双资质有利于促进设计施工整合，充分发挥工程总承包模式的优势特征。同时，工程总承包模式因包含设计和施工，还可能包含勘察，这些内容如前所述是有明确法律规定要求具备相应资质的，因此在工程总承包模式下，如果总承包单位或其联合体就其承包范围或分工范围的勘察、设计、施工活动，不具备相应资质，违反了法律强制性规定，应进而认定相应的工程总承包合同无效。

二、对“承包人联合体成员有勘察、设计或施工同类资质的，且按照联合体分工承担相同性质工作的，按照较低的资质等级确定联合体的资质等级”的解读

在作为整体的联合体满足国家有关规定或者招标文件对资质条件的要求的情况下，联合体各组成单位应根据工程总承包项目的分工分别具备相应的资质并根据分工认定联合体的资质等级。

(一)联合体中多个成员具有同一专业资质

联合体中存在多个成员具有同一专业资质,且按照联合体协议分工承担相同性质工作时,该如何认定资质?

《建筑法》第27条第2款规定:“两个以上不同资质等级的单位实行联合共同承包的,应当按照资质等级低的单位的业务许可范围承揽工程。”《招标投标法》第31条第2款规定:“联合体各方均应当具备承担招标项目的相应能力;国家有关规定或者招标文件对投标人资格条件有规定的,联合体各方均应当具备规定的相应资格条件。由同一专业的单位组成的联合体,按照资质等级较低的单位确定资质等级。”《政府采购法实施条例》第22条第1款规定:“联合体中有同类资质的供应商按照联合体分工承担相同工作的,应当按照资质等级较低的供应商确定资质等级。”由此可知,当承包人联合体成员具有同类资质且按照联合体分工承担相同性质工作时,按照资质等级较低的单位确定联合体的资质等级。例如,A和B两家设计院参与工程总承包联合体,A具备建筑工程甲级资质、B具备建筑工程乙级资质,A负责研发楼和三个生产车间的设计工作,B负责办公楼的设计工作,此模式下应按照建筑工程乙级资质认定联合体在该项目的设计资质等级。

(二)组成联合体各方分别具有不同专业资质

当联合体各方分别具有不同类别的资质时,判定联合体的资质等级相对简单,应根据各单位自身所具有的资质等级确定联合体的资质等级。

(三)组成联合体各方专业资质有交集

组成联合体的各方资质等级有交集时,依据联合体协议对成员的分工以及优势互补原则,每家单位应当具备其分工所需具备的相应的资格条件。当出现同类资质且承担相同类别工作时,需要根据各自具体分工,按照等级较低的资质确定联合体的相应资质等级。在此笔者举例说明如下:

某EPC项目招标,要求联合体具有建筑工程施工总承包一级资质和建筑工程设计甲级资质。拥有建筑工程施工总承包特级资质的施工企业A与拥有建筑工程设计甲级资质和建筑工程施工总承包二级资质的设计院B组成联合体,投标该项目,但在资格审查阶段,招投标资格审查委员会认定该联合体仅具有建筑工程施工总承包二级资质,不符合招标文件要求,未予以通过资格审查。

我们认为,上述项目资格审查委员会的认定是值得商榷的,在我国目前的建设工程领域，建筑业企业同时拥有设计资质和施工资质是较为常见的情形，不应片面地认定只要联合体成员具有同类资质，就采用“就低不就高”的原则予以认定，这显然不合理，且严重限制了工程总承包模式的推广和发展。当联合体成员出现同类资质时，应结合其具体分工承揽的工作内容，综合判断是否适用“就低不就高”的原则，如联合体成员之间存在同类资质，但分工并不相同，则不应机械地适用“就低不就高”的原则，而是按照各成员自身所具有的资质等级确定联合体的资质等级；当联合体成员之间有同类资质且有相同分工时，才应适用“就低不就高”原则。

三、联合体资质现状分析

工程总承包领域联合体成员的资质现状可以分为三种情形：一是联合体多个成员均拥有同类资质，例如，多个成员都是同专业的施工或设计资质。二是联合体成员的资质属于不同种类，例如一方拥有设计资质，另一方拥有施工资质。三是联合体成员一方有资质，另一方没有资质，例如一方拥有设计和施工资质，另一方是设备生产企业，该种情形较为特殊。

（一）联合体多个成员均拥有同类资质

在联合体内多个成员均具有同类资质时，还需结合分工是否相同综合判断资质，如分工也相同，则可按照较低的资质等级确定联合体的该项资质等级；如分工不同，则不能机械适用“就低不就高”原则，而应根据各成员分工确定联合体的该项设计或施工的资质等级。

（二）联合体成员的资质属于不同种类

资质认定的“就低不就高”原则适用于联合体各方的资质属于同类且分工相同的情形，当资质属于不同种类时，联合体各方根据自己的资质种类和等级承担相应的工作和责任，这也是《招标投标法》第31条的立法理念。

（三）联合体成员一方有资质，另一方没有资质

如前述分析，以房屋建筑和市政基础设施项目为例，目前我国就工程总承包资质的主要要求为工程总承包单位需要同时具有“双资质”或者由“具有相应资质的设计单位和施工单位组成联合体”。那么随之而来的一个问题是，没有任何工程资质的企业，如供货单位、融资单位，能否作为联合体成员参与工程总承包？在这一问题上分别有两种观点。

一种观点认为，没有任何工程资质的企业不可以作为联合体成员参与工程总承包项目投标。主要理由为：一方面，现有规定中将工程总承包单位的资质明确规定为"应当具有设计、施工资质"，那么联合体应该是具有设计、施工资质的单位的联合体；另一方面，要求联合体各方均具有相应资质，既可以避免相关单位利用联合体形式挂靠资质进行投标的情形，也可以避免无资质单位实际承担相关有资质要求的工程范围内工作的风险。

另一种观点认为，没有任何工程资质的企业可以作为联合体成员参与工程总承包项目投标。主要理由为：一方面，现有规定要求工程总承包单位具有设计和施工资质，但是工程总承包并非仅有设计和施工，还可能包含采购甚至运营，在此情形下，联合体成员按照各自分工参与投标并不违反相关法律规定。另一方面，《招标投标法》第 31 条第 2 款规定"联合体各方均应当具备承担招标项目的相应能力"，并未提出需要特定资质的要求。因此，在工程总承包项目的招标范围中有不需要建筑业资质的范围时，比如设备采购、融资、运营等，应该允许不具备设计或施工资质单位参加联合体分工相应工作，但该不具备相应资质的联合体方不应承包或分工需要资质的工作。

就上述两种观点，我们认为需要具体问题具体分析，比如房建或市政项目中，如果该项目招标范围即为设计和施工工作，那么联合体各方应具备相应资质，没有资质的主体不应成为联合体成员，但如房建项目为装配式，或者风电、石化等项目招标范围包括装置设备制造，则不宜简单否定没有资质的相应制造业或专业企业进入联合体。住建部于 2017 年发布的《"十三五"装配式建筑行动方案》规定："装配式建筑项目可采用'设计—采购—施工'（EPC）总承包或'设计—施工'（D – B）总承包等工程项目管理模式。政府投资工程应带头采用工程总承包模式。设计、施工、开发、生产企业可单独或组成联合体承接装配式建筑工程总承包项目，实施具体的设计、施工任务时应由有相应资质的单位承担。"根据该规定，具有资质的企业可以与开发、生产企业组成联合体承接装配式建筑工程总承包项目，但是项目中有资质要求的工作需要联合体中有相应资质的成员承担，否则将因资质不足问题导致工程总承包合同无效。在该种情形的联合体资质认定中，无资质要求部分工作内容可由相应生产企业承担，且不影响联合体整体资质。同时，工程总承包项目中除了设计和采购工作外，还可能包含其他专业事项比如运营，若不允许这部分工作对应的专业单位作为联合体成员参与工程总承包项目投标,不利于工程总承包模式的发展和业主合同目的的实现。

综上,在审理建设工程总承包合同纠纷过程中,对联合体进行资质审查时,应注意区分联合体成员不同组成情形而形成的资质状况,进而判断工程总承包合同是否有效。

参考依据

1.《民法典》

第一百五十三条 违反法律、行政法规的强制性规定的民事法律行为无效。但是,该强制性规定不导致该民事法律行为无效的除外。

违背公序良俗的民事法律行为无效。

2.《建筑法》

第十三条 从事建筑活动的建筑施工企业、勘察单位、设计单位和工程监理单位,按照其拥有的注册资本、专业技术人员、技术装备和已完成的建筑工程业绩等资质条件,划分为不同的资质等级,经资质审查合格,取得相应等级的资质证书后,方可在其资质等级许可的范围内从事建筑活动。

第二十六条 承包建筑工程的单位应当持有依法取得的资质证书,并在其资质等级许可的业务范围内承揽工程。

禁止建筑施工企业超越本企业资质等级许可的业务范围或者以任何形式用其他建筑施工企业的名义承揽工程。禁止建筑施工企业以任何形式允许其他单位或者个人使用本企业的资质证书、营业执照,以本企业的名义承揽工程。

第二十七条 大型建筑工程或者结构复杂的建筑工程,可以由两个以上的承包单位联合共同承包。共同承包的各方对承包合同的履行承担连带责任。

两个以上不同资质等级的单位实行联合共同承包的,应当按照资质等级低的单位的业务许可范围承揽工程。

第八十一条 本法关于施工许可、建筑施工企业资质审查和建筑工程发包、承包、禁止转包,以及建筑工程监理、建筑工程安全和质量管理的规定,适用于其他专业建筑工程的建筑活动,具体办法由国务院规定。

3.《招标投标法》

第三十一条　两个以上法人或者其他组织可以组成一个联合体，以一个投标人的身份共同投标。

联合体各方均应当具备承担招标项目的相应能力；国家有关规定或者招标文件对投标人资格条件有规定的，联合体各方均应当具备规定的相应资格条件。由同一专业的单位组成的联合体，按照资质等级较低的单位确定资质等级。

联合体各方应当签订共同投标协议，明确约定各方拟承担的工作和责任，并将共同投标协议连同投标文件一并提交招标人。联合体中标的，联合体各方应当共同与招标人签订合同，就中标项目向招标人承担连带责任。

招标人不得强制投标人组成联合体共同投标，不得限制投标人之间的竞争。

4.《政府采购法实施条例》

第二十二条　联合体中有同类资质的供应商按照联合体分工承担相同工作的，应当按照资质等级较低的供应商确定资质等级。

以联合体形式参加政府采购活动的，联合体各方不得再单独参加或者与其他供应商另外组成联合体参加同一合同项下的政府采购活动。

5.《施工合同司法解释(一)》

第一条　建设工程施工合同具有下列情形之一的，应当依据民法典第一百五十三条第一款的规定，认定无效：

(一)承包人未取得建筑业企业资质或者超越资质等级的；

(二)没有资质的实际施工人借用有资质的建筑施工企业名义的；

(三)建设工程必须进行招标而未招标或者中标无效的。

承包人因转包、违法分包建设工程与他人签订的建设工程施工合同，应当依据民法典第一百五十三条第一款及第七百九十一条第二款、第三款的规定，认定无效。

6.《工程总承包管理办法》

第十条　工程总承包单位应当同时具有与工程规模相适应的工程设计资质和施工资质，或者由具有相应资质的设计单位和施工单位组成联合体。工程总承包单位应当具有相应的项目管理体系和项目管理能力、财务和风险承担能力，以及与发包工程相类似的设计、施工或者工程总承包业绩。

设计单位和施工单位组成联合体的，应当根据项目的特点和复杂程度，合理确定牵头单位，并在联合体协议中明确联合体成员单位的责任和权利。联合体各方应当共同与建设单位签订工程总承包合同，就工程总承包项目承担连带责任。

7.《“十三五”装配式建筑行动方案》

（六）推行工程总承包。

各省（区、市）住房城乡建设主管部门要按照“装配式建筑原则上应采用工程总承包模式，可按照技术复杂类工程项目招投标”的要求，制定具体措施，加快推进装配式建筑项目采用工程总承包模式。工程总承包企业要对工程质量、安全、进度、造价负总责。

装配式建筑项目可采用“设计—采购—施工”（EPC）总承包或“设计—施工”（D－B）总承包等工程项目管理模式。政府投资工程应带头采用工程总承包模式。设计、施工、开发、生产企业可单独或组成联合体承接装配式建筑工程总承包项目，实施具体的设计、施工任务时应由有相应资质的单位承担。

8.《铁路建设项目工程总承包办法》

第二条 本办法所称铁路建设项目工程总承包，是指建设单位（或业主，下同）通过招标将建设项目的施工图设计、采购和施工委托给具有相应资质的工程总承包单位（或联合体，下同），工程总承包单位按照合同约定，对施工图设计、物资设备采购、工程实施实行全过程承包，对工程的质量、安全、工期、投资、环保负责的建设组织方式。

第十五条 工程总承包单位的基本条件

一、工程总承包单位必须具有与工程总承包建设项目相适应的资质；

二、工程总承包单位不得与建设单位有直接利益关系，也不得与项目施工监理单位有直接利益关系；

三、承担项目初步设计的单位不得参与工程总承包联合体，其下属分公司、子公司及其控股公司也不得参与工程总承包联合体；

四、招标文件规定的其他条件。

案例分析

案例一

贵州省冶金建设公司、四川省冶金设计研究院建设工程施工合同纠纷

案号:(2015)川民终字第664号

审理法院:四川省高级人民法院

裁判类型:二审民事判决

一、案情介绍

2008年3月3日,德昌铁合金(集团)有限公司(以下简称德铁公司)与四川省冶金设计研究院(以下简称川冶设计院)签订《建设工程设计合同》,约定:发包人德铁公司委托设计人川冶设计院承担德铁公司环保技改搬迁工程设计。合同签订后,川冶设计院完成了部分设计任务,德铁公司支付了部分设计费。

2011年1月23日,四川华硅冶金设备有限公司(以下简称华硅公司)、川冶设计院、贵州省冶金建设公司(以下简称贵冶公司)三方签订《联合体协议书》,约定:华硅公司、川冶设计院、贵冶公司自愿组成德铁公司环保技改搬迁项目总承包联合体,共同参加德铁公司环保技改搬迁一期工程标段施工投标。华硅公司为德铁公司环保技改搬迁项目(一期标段)投标联合体的牵头人,合法代表联合体各成员负责本招标项目投标文件编制和合同谈判活动,代表联合体提交和接受相关的资料、信息及指导,并处理与之有关的一切事务,负责合同实施阶段的主办、组织和协调工作。联合体将严格按照招标文件的各项要求,递交投标文件,履行合同,并对外承担连带责任。

2011年1月25日,德铁公司与华硅公司签订案涉《总承包合同》,约定本工程采用设计、采购、施工(EPC)/交钥匙工程总承包方式。设计及施工管理方采用联合体的方式投标,联合体的权利、义务、分工和组织形式在联合体协议中约定,但无论怎样约定,联合体成员之一或全部必须按照国家法律对发包人承担连带责任。承包人不得将本工程向投标联合体以外的第三人分包或转包(含肢解

后的转包),外委制造加工项目除外。

该项目对投标人资质的要求:设计单位具有冶金工程设计乙级及以上设计资质和相应的建筑设计资质;设备制造安装单位具有机电设备安装工程专业承包乙级及以上资质;建筑施工单位应具有建筑施工二级及以上资质。而"牵头人"华硅公司并不具备承揽该项目的上述相应资质。

二、各方观点

贵冶公司认为:华硅公司不具备承揽建设工程的法定资质,不具备加入联合体共同投标的主体资格条件,本案联合体投标不具有合法性,据此中标所签订的《总承包合同》也不具有合法性,为无效合同。

川冶设计院认为:该项目对投标人资质要求为设计单位具有冶金工程设计乙级及以上设计资质和相应的建筑设计资质,设备制造安装单位具有机电设备安装工程专业承包乙级及以上资质,建筑施工单位应具有建筑施工二级及以上资质。中标联合体牵头人华硅公司并不具备实施该项目的相应资质,明显违反了《招标投标法》第 31 条的规定。

华硅公司认为:德铁公司是民营企业,参照招标投标法进行招标,和政府采购及国有企业适用招标投标法是有区别的,《总承包合同》合法有效。

三、裁决要旨

根据《招标投标法》第 31 条第 2 款的规定:"联合体各方均应当具备承担招标项目的相应能力;国家有关规定或者招标文件对投标人资格条件有规定的,联合体各方均应当具备规定的相应资格条件。由同一专业的单位组成的联合体,按照资质等级较低的单位确定资质等级。"本案中华硅公司总体负责项目的合同签订、工程施工、工程管理及投产试生产等所有总承包工作,但华硅公司既不具有建筑施工资质,也不具有参与本案工程组成联合体的主体资格,华硅公司、贵冶公司、川冶设计院组成的联合体属于不具有案涉工程项目联合投标资格的联合体。对于华硅公司的主体资质,以及招标投标法对联合体投标方式的具体规定,作为招标人的德铁公司应当是明知的。故贵冶公司、川冶设计院上诉主张案涉工程的投标、中标违反《招标投标法》第 31 条的规定的理由成立,本案联合体投标、中标均违反了《招标投标法》的规定,其投标、中标行为当属无效,《总承包合同》无效。

四、法律分析

在目前的建设工程市场中,通过组成联合体来承揽建工业务的方式是被法律法规认可的一种承揽方式。《建筑法》第27条第2款同时规定:“两个以上不同资质等级的单位实行联合共同承包的,应当按照资质等级低的单位的业务许可范围承揽工程。”该条款的立法目的主要是防止不具备资质的建筑市场主体通过与具备资质的主体组成联合体的方式,规避法律和建设单位招标文件对于资质的要求。对于建筑市场主体通过该种方式规避法律和建设单位招标文件对于资质的要求而签订的合同,应予以否定性评价,认定合同无效。

案 例 二

日照华生资源有限公司与钢研晟华科技股份有限公司、北京市工业设计研究院有限公司建设工程合同纠纷

案号:(2019)鲁11民初190号

审理法院:山东省日照市中级人民法院

裁判类型:一审民事判决

一、案情介绍

2018年10月19日,日照华生资源有限公司(以下简称日照华生)就新建3#转底炉及1#、2#转底炉升级改造项目的设计及工程建设进行招标,投标人资质条件、能力要求为冶金行业(金属材料工程)甲级资质或者具备同等承包能力的联合体。同日,钢研晟华科技股份有限公司(以下简称钢研晟华)作为甲方与乙方北京市工业设计研究院有限公司(以下简称北京工业院)签订日照华生三期转底炉项目联合体协议书,约定:甲乙双方本着强强联合之意,充分发挥各自优势,组成联合体,共同参与日照华生循环经济部新建3#转底炉及1#、2#转底炉升级改造工程总承包投标,甲方作为联合体主体单位,乙方为联合体配合单位,协议自分包合同签订后自动失效等。同年11月15日,日照华生向钢研晟华、北京工业院下发工程中标通知书。

2018年11月20日,日照华生作为发包人与承包人钢研晟华、北京工业院在

日照华生签订《1#、2#转底炉升级改造项目工程合同》，约定工程地点为日照钢铁有限公司院内。工程承包范围为1#、2#转底炉升级改造项目，为EPC工程总承包。同日，日照华生作为发包人与承包人钢研晟华、北京工业院在日照华生签订《新建3#转底炉项目工程合同》，约定工程内容为新建3#转底炉生产线及配套设施。工程承包范围为项目的"三通一平"、地质勘察、设计、地质勘察等全过程承包，承包人对工程的完整性负责，即EPC工程总承包。

2019年1月，钢研晟华与北京工业院因费用问题出现分歧，日照华生协调未果。同年1月28日，日照华生去函北京工业院，要求北京工业院3日之内答复是否继续履行合同，并同时告知钢研晟华，否则视为北京工业院不再履行该合同，由此造成的一切后果由北京工业院承担。同日，北京工业院向日照华生出具一份关于联合体合作项目分工问题的说明，称在项目实施过程中，钢研晟华存在违背联合体协议现象，要求进行纠正，否则将提出终止联合体合作形式，并要求日照华生对此给予干预。此后北京工业院退出联合体。

同年5月9日，日照华生去函钢研晟华，以联合体没有及时组织推进项目建设且已经解散，日照华生需要调整项目建设方案为由，邀请钢研晟华进行结算谈判。同年5月27日，日照华生再次去函钢研晟华，以联合体已经解散，钢研晟华作为联合体主办人和合同的主要责任人无力单方继续履行合同，已构成根本违约为由，要求钢研晟华自收到通知之日起10日内返还日照华生前期支付的工程预付款7260万元。同年6月3日，钢研晟华致函日照华生，认为日照华生与钢研晟华、北京工业院签订的新建3#转底炉项目及1#、2#转底炉升级改造项目至本函件发出之日止尚未解除，且钢研晟华、北京工业院在合同履行过程中并无任何过错或违约行为，因此不同意返还日照华生工程预付款。

二、各方观点

日照华生主张：钢研晟华、北京工业院作为联合体，共同签订、共同施工、共同建设上述合同项目，是一体的不可分割的主体。任何一方均无法独立完成上述项目，任何一方终止上述项目也意味着整个联合体终止项目。案件审理过程中，日照华生变更诉讼请求，将请求确认《新建3#转底炉项目工程合同》及《1#、2#转底炉升级改造项目工程合同》合同解除变更为确认合同无效。

钢研晟华主张：招标文件明确无误地表明，投标人须拥有冶金行业甲级资质或者具备同等承包能力。日照华生对钢研晟华不具备冶金行业甲级资质但具备同等承包能力是完全清楚且接受认同的，涉案项目中1#、2#转底炉工程当年就是由钢研晟华的母公司钢铁研究总院来完成的。日照华生作为招标人，在对钢研晟华提交的投标文件进行评标过程中，始终未剥夺钢研晟华的投标资格，其向钢研晟华发出《工程决标通知》，说明其对中标主体资质的要求并非必然条件。《招标投标法》第31条第2款规定："联合体各方均应当具备承担招标项目的相应能力；国家有关规定或者招标文件对投标人资格条件有规定的，联合体各方均应当具备规定的相应资格条件……"日照华生一系列行为表明，其默认和接受钢研晟华虽不具备冶金行业甲级资质但具备同等承包能力的事实。日照华生变更请求为确认涉案合同无效，目的就是规避其应承担的违约责任，试图免除或者减轻其民事责任。合同合法有效，钢研晟华不存在违约行为。

北京工业院认为：钢研晟华签订了联合体协议，但不按合同履行，北京工业院没有收到相应款项，所以退出。如果不退出，北京工业院的利益无法得到保障，退出不是北京工业院单方面的原因。日照华生主张原合同因资质问题无效，北京工业院支持该说法，联合体只有钢研晟华的话，是没有资质承揽涉案项目的。

三、裁决要旨

根据《招标投标法》第31条第1款和第2款的规定："两个以上法人或者其他组织可以组成一个联合体，以一个投标人的身份共同投标。联合体各方均应当具备承担招标项目的相应能力；国家有关规定或者招标文件对投标人资格条件有规定的，联合体各方均应当具备规定的相应资格条件。由同一专业的单位组成的联合体，按照资质等级较低的单位确定资质等级。"钢研晟华与北京工业院组成联合体，共同投标、中标日照华生新建3#转底炉和1#、2#转底炉升级改造项目工程并与日照华生签订工程总承包合同，钢研晟华与北京工业院均应当具备承担招标项目的相应能力或者符合国家有关规定或招标文件对投标人资格条件要求。钢研晟华未提供有效证据证明其具备承担招标项目的相应能力。

根据《合同法》《建筑法》《建设工程质量管理条例》等法律、行政法规的规定承包人必须具有与承揽的建设工程相应的资质等级。钢研晟华不具备承担招标项目的相应能力且不符合国家有关规定或招标文件对投标人资格条件要求，根据《原施工合同司法解释》第1条的规定，新建3#转底炉及1#、2#转底炉升级改造项目工程合同无效。

四、法律分析

在本案中,尽管投标阶段招标人对于参与投标的联合体中不具备相应资质的一方未提出异议,但工程总承包合同是否有效,不以招标人是否认可投标人不具备资质为前提,现组成联合体中的一方不具备与其分工范围内工作相适应的资质,签订的工程总承包合同即为无效合同。

第三十五条

承包人为联合体的主体责任

承包人为联合体，发包人要求联合体各方成员承担连带责任的，建议予以支持；承包人以联合体内部约定为由主张承担按份责任或不承担责任的，建议不予支持，但是发承包双方另有约定的除外。

裁决指引

本条是关于工程总承包人为联合体时责任承担的规定。根据该条规定，总承包人为联合体时，发包人有权要求联合体各方成员承担连带责任，总承包人不得以联合体内部约定为由进行抗辩。

一、从法律规定角度看，承包人联合体各方成员应对发包人承担连带责任

《民法典》第178条第3款规定："连带责任，由法律规定或者当事人约定。"建筑业相关法律有对承包人联合体各方成员对发包人承担连带责任的相关规定，如《建筑法》第27条第1款中规定："大型建筑工程或者结构复杂的建筑工程，可以由两个以上的承包单位联合共同承包。共同承包的各方对承包合同的履行承担连带责任。"《招标投标法》第31条第3款规定："联合体各方应当签订共同投标协议，明确约定各方拟承担的工作和责任，并将共同投标协议连同投标文件一并提交招标人。联合体中标的，联合体各方应当共同与招标人签订合同，就中标项目向招标人承担连带责任。"《政府采购法》第24条第2款规定："以联合体形式进行政府采购的，参加联合体的供应商均应当具备本法第二十二条规定的条件，并应当向采购人提交联合协议，载明联合体各方承担的工作和义务。联合体各方应当共同与采购人签订采购合同，就采购合同约定的事项对采购人承担连带责任。"

除了上述法律规定外，现有的关于工程总承包的部分规范性文件也规定了联合体作为工程总承包人时各方成员应承担连带责任,如《工程总承包管理办法》第10条第2款规定:“设计单位和施工单位组成联合体的,应当根据项目的特点和复杂程度,合理确定牵头单位,并在联合体协议中明确联合体成员单位的责任和权利。联合体各方应当共同与建设单位签订工程总承包合同,就工程总承包项目承担连带责任。”

综上,从法律规定角度来看,承包人联合体各方成员应就工程总承包项目对发包人承担连带责任,联合体一方不得以联合体协议另有约定为由向发包人抗辩,主张不承担责任或承担按份责任。

二、联合体连带责任免除条款的效力

(一)工程总承包合同中如有免除联合体连带责任条款,建议认定为有效

联合体承担的连带责任分为法定连带责任及约定连带责任,合同缔约方可依其合意免除合同中约定的连带责任(如2020版《工程总承包合同示范文本》第4.6.1项约定,“经发包人同意,以联合体方式承包工程的,联合体各方应共同与发包人订立合同协议书。联合体各方应为履行合同向发包人承担连带责任”),但是对于法定的连带责任能否协议免除,应当做具体分析,而非直接以违反强制性法律规定认定无效。

《民法典》第153条第1款规定:“违反法律、行政法规的强制性规定的民事法律行为无效。但是,该强制性规定不导致该民事法律行为无效的除外。”司法实践中,效力性强制性规定的理论适用也在不断被质疑,效力性强制性规定与管理性强制性规定无明显区分标准,绝大多数强制性规定没有明确规定违反规定的法律行为的效力,而从其文义也难以断定,对二者的判断通常只能由法官通过其自我认知来明确。对此,最高人民法院在《九民会纪要》中对强制性规定的识别作出明确规定,其第30条第2款规定:“人民法院在审理合同纠纷案件时,要依据《民法总则》第153条第1款和合同法司法解释(二)[①]第14条的规定慎重判断‘强制性规定’的性质,特别是要在考量强制性规定所保护的法益类型、违法行为的法律后果以及交易安全保护等因素的基础上认定其性质,并在裁判文书中充分说明理由……”同时也再一次明确了违反强制性规范并非一律无效,对违反

---

① 《最高人民法院关于适用〈中华人民共和国合同法〉若干问题的解释(二)》(法释〔2009〕5号,已失效)。

管理性强制性规定如“关于经营范围、交易时间、交易数量等行政管理性质的强制性规定”的行为,应根据具体情形认定合同效力。

《施工合同司法解释(一)》第 1 条对于施工合同的无效情形进行了列举,分别为无资质或超越资质、借用资质、应招标未招标或中标无效以及工程转包、违法分包四种。

在探究联合体法定连带责任时,我们应当首先探寻该规定的规范目的与规范重心,然后再对其做具体区分,最后确定合同条款效力。施工联合体连带责任的制度设计从目的解释角度而言,是法律为最大保障发包人在施工合同中的权益,而以较为严格的责任形式约束联合体各方对发包人承担责任。从另外一个角度来说,联合体连带责任的规范重心在于“责任”,通过严格的责任形式促使联合体各方在工程总承包合同中厘清责任范围,促使各方积极履约,以一个较为明确的责任形式避免联合体各方推诿塞责。据此,联合体连带责任的规定更趋近于对一方当事人进行保护的强制性规范[①],法律赋予发包人要求联合体承担责任的权利,但是否主张或者放弃系其对自我权利的处分,如果一概认定为无效,可能事与愿违。因此,我们应该尊重发包人的意思表示,在没有其他无效事由的情况下,免除联合体连带责任的条款应当被认定为有效。

(二)联合体内部约定的责任分担方式,不免除联合体各方对发包人的连带责任

《民法典》第 465 条第 2 款规定:“依法成立的合同,仅对当事人具有法律约束力,但是法律另有规定的除外。”基于该条所述的合同相对性原则,发包人并非联合体内部约定的当事人,因此联合体内部约定的责任分担方式,对发包人不具有法律约束力。即使发包人在投标、缔约、履约过程中知悉该联合体内部的责任分担约定,也不代表其突破合同相对性受到该内部约定的限制。

因此,承包人以联合体内部约定为由主张承担按份责任或不承担责任的,损害了发包人的合法权益,建议不予支持。通过协议条款免除联合体连带责任的,应限于发包人作为当事人的合同,即该连带责任免除条款应当包含于发承包双方依法签订并成立的合同中。

---

① 参见杨代雄:《〈民法典〉第 153 条第 1 款评注》,载《法治研究》2020 年第 5 期。

三、承包人联合体成员的连带责任范围

上述法律规定,对联合体的连带责任范围并未明确规定,联合体成员应就整个工程总承包项目承担连带责任。但是在工程总承包项目实施过程中,从纵向关系看,作为承包人的联合体有对“上”的责任和对“下”的责任,招标人、采购人作为发包方,我们称为联合体的上游主体,除发包人外,下端的分包商、材料设备供应商、机械租赁商等,我们称为联合体的下游主体。

从法律规定来看,联合体各方对招标人、采购人、发包人承担连带责任的法律规定是明确的,故而对“上”的连带责任一般不会存在适用差异,在实务中鲜有争议。但对“下”的连带责任则因现行法律、行政法规中没有进行明确规定导致存在较大的适用差异,产生了两种截然不同的法律观点,一种观点认为联合体对“下”也应承担连带责任,另一种观点认为依据合同相对性原则,一方对其未参与的对“下”合同无须承担连带责任。关于对“下”应否承担连带责任,详见本裁决指引第36条及其理解与适用。

参考依据

1.《民法典》

第一百五十三条 违反法律、行政法规的强制性规定的民事法律行为无效。但是,该强制性规定不导致该民事法律行为无效的除外。

违背公序良俗的民事法律行为无效。

第一百七十八条 二人以上依法承担连带责任的,权利人有权请求部分或者全部连带责任人承担责任。

连带责任人的责任份额根据各自责任大小确定;难以确定责任大小的,平均承担责任。实际承担责任超过自己责任份额的连带责任人,有权向其他连带责任人追偿。

连带责任,由法律规定或者当事人约定。

第四百六十五条 依法成立的合同,受法律保护。

依法成立的合同,仅对当事人具有法律约束力,但是法律另有规定的除外。

第九百六十七条 合伙合同是两个以上合伙人为了共同的事业目的,订立的共享利益、共担风险的协议。

2.《建筑法》

第二十七条　大型建筑工程或者结构复杂的建筑工程,可以由两个以上的承包单位联合共同承包。共同承包的各方对承包合同的履行承担连带责任。

两个以上不同资质等级的单位实行联合共同承包的,应当按照资质等级低的单位的业务许可范围承揽工程。

3.《招标投标法》

第三十一条　两个以上法人或者其他组织可以组成一个联合体,以一个投标人的身份共同投标。

联合体各方均应当具备承担招标项目的相应能力;国家有关规定或者招标文件对投标人资格条件有规定的,联合体各方均应当具备规定的相应资格条件。由同一专业的单位组成的联合体,按照资质等级较低的单位确定资质等级。

联合体各方应当签订共同投标协议,明确约定各方拟承担的工作和责任,并将共同投标协议连同投标文件一并提交招标人。联合体中标的,联合体各方应当共同与招标人签订合同,就中标项目向招标人承担连带责任。

招标人不得强制投标人组成联合体共同投标,不得限制投标人之间的竞争。

4.《政府采购法》

第二十四条　两个以上的自然人、法人或者其他组织可以组成一个联合体,以一个供应商的身份共同参加政府采购。

以联合体形式进行政府采购的,参加联合体的供应商均应当具备本法第二十二条规定的条件,并应当向采购人提交联合协议,载明联合体各方承担的工作和义务。联合体各方应当共同与采购人签订采购合同,就采购合同约定的事项对采购人承担连带责任。

5.《工程总承包管理办法》

第十条　工程总承包单位应当同时具有与工程规模相适应的工程设计资质和施工资质,或者由具有相应资质的设计单位和施工单位组成联合体。工程总承包单位应当具有相应的项目管理体系和项目管理能力、财务和风险承担能力,以及与发包工程相类似的设计、施工或者工程总承包业绩。

设计单位和施工单位组成联合体的,应当根据项目的特点和复杂程度,合理确定牵头单位,并在联合体协议中明确联合体成员单位的责任和权利。联合体各方应当共同与建设单位签订工程总承包合同,就工程总承包项目承担连带责任。

6. 2020 版《工程总承包合同示范文本》

1. 1. 2. 4 联合体:是指经发包人同意由两个或两个以上法人或者其他组织组成的,作为承包人的临时机构。

4. 6. 1 经发包人同意,以联合体方式承包工程的,联合体各方应共同与发包人订立合同协议书。联合体各方应为履行合同向发包人承担连带责任。

4. 6. 2 承包人应在专用合同条件中明确联合体各成员的分工、费用收取、发票开具等事项。联合体各成员分工承担的工作内容必须与适用法律规定的该成员的资质资格相适应,并应具有相应的项目管理体系和项目管理能力,且不应根据其就承包工作的分工而减免对发包人的任何合同责任。

4. 6. 3 联合体协议经发包人确认后作为合同附件。在履行合同过程中,未经发包人同意,不得变更联合体成员和其负责的工作范围,或者修改联合体协议中与本合同履行相关的内容。

7.《九民会纪要》

30.【强制性规定的识别】合同法施行后,针对一些人民法院动辄以违反法律、行政法规的强制性规定为由认定合同无效,不当扩大无效合同范围的情形,合同法司法解释(二)第 14 条将《合同法》第 52 条第 5 项规定的“强制性规定”明确限于“效力性强制性规定”。此后,《最高人民法院关于当前形势下审理民商事合同纠纷案件若干问题的指导意见》进一步提出了“管理性强制性规定”的概念,指出违反管理性强制性规定的,人民法院应当根据具体情形认定合同效力。随着这一概念的提出,审判实践中又出现了另一种倾向,有的人民法院认为凡是行政管理性质的强制性规定都属于“管理性强制性规定”,不影响合同效力。这种望文生义的认定方法,应予纠正。

人民法院在审理合同纠纷案件时,要依据《民法总则》第 153 条第 1 款和合同法司法解释(二)第 14 条的规定慎重判断“强制性规定”的性质,特别是要在考量强制性规定所保护的法益类型、违法行为的法律后果以及交易安全保护等因素的基础上认定其性质,并在裁判文书中充分说明理由。下列强制性规定,应当认定为“效力性强制性规定”：强制性规定涉及金融安全、市场秩序、国家宏观政策等公序良俗的；交易标的禁止买卖的，如禁止人体器官、毒品、枪支等买卖；违反特许经营规定的，如场外配资合同；交易方式严重违法的，如违反招投标等竞争性缔约方式订立的合同；交易场所违法的，如在批准的交易场所之外进行期货交易。关于经营范围、交易时间、交易数量等行政管理性质的强制性规定，一般应当认定为“管理性强制性规定”。

8.《施工合同司法解释(一)》

第一条　建设工程施工合同具有下列情形之一的，应当依据民法典第一百五十三条第一款的规定，认定无效：

(一)承包人未取得建筑业企业资质或者超越资质等级的；

(二)没有资质的实际施工人借用有资质的建筑施工企业名义的；

(三)建设工程必须进行招标而未招标或者中标无效的。

承包人因转包、违法分包建设工程与他人签订的建设工程施工合同，应当依据民法典第一百五十三条第一款及第七百九十一条第二款、第三款的规定，认定无效。

案例分析

案　例

淮安市金湖交通投资有限公司、广东龙浩公路桥梁工程有限公司等建设工程合同纠纷

案号：(2021)苏08民初793号

审理法院：江苏省淮安市中级人民法院

裁判类型：一审民事判决

一、案情介绍

2018年11月5日，原告淮安市金湖交通投资有限公司(以下简称金湖交通投资公司)向被告广东龙浩公路桥梁工程有限公司(以下简称龙浩工程公司)发

出《中标通知书》，确定联合体龙浩工程公司、龙浩集团有限公司、广东泛珠勘察设计有限公司（以下简称泛珠公司）、浩邦建设集团有限公司（以下简称浩邦公司）为淮安金湖通用机场EPCO（设计—采购—施工—运营）总承包项目的中标人（以下统称被告联合体），中标价为214,290,400元。2018年12月28日，原告金湖交通投资公司与被告联合体签订《淮安金湖通用机场EPCO（设计—采购—施工—运营）总承包项目中（设计—采购—施工）分项合同》，约定了各方权利与义务。

2019年9月12日，上海华东民航机场建设监理有限公司向被告浩邦公司出具工程开工令，同意金湖通用机场民航专业工程定于2019年9月20日开工。

2019年10月21日，被告泛珠公司编制的《淮安金湖通用机场民航专业工程施工图设计》经复核审查合格。2020年4月1日，淮安金湖通用机场非民航专业工程施工图设计文件经审查合格。2020年3月24日，案涉工程取得建设工程规划许可证。

2019年5月20日，中国民生银行广州分行向原告开具《预付款保函》，同意为被告出具最高偿付总金额不超过20,678,040元的独立保函，有效期不超过2020年5月19日。

2021年6月30日，原告向被告联合体发出《催告履行合同义务律师函》，认为被告未将工程全部施工结束，要求其在接到函之日起30日内将全部工程竣工验收并交付原告，否则双方合同解除。被告复函认为其并不构成根本性违约，工期滞后主要有疫情影响、资金支付比例过低、融资困难、垫资建设成本过高等因素。

2021年8月6日，原告向被告发出《关于对淮安金湖通用机场项目广东龙浩公路桥梁工程有限公司联合体延误工期违约行为扣除违约金的通知》，认为根据合同专用条款第4.5款误期赔偿相关条款，被告需承担误期违约金1071万元，并从工程计量款中直接扣除。被告同年8月13日复函认为，项目自2019年9月12日正式开工建设起累计完成产值占合同价的80.48%，主要剩余工程为：机库钢结构工程、民航专业设备采购及安装工程、室内外安装工程、场内附属道路工程、其他设备及安装工程。目前已经垫资11,028万元，无法继续垫资，建议原告再投入4000万元以建成并完成验收；如不愿意继续合作，应全额支付被告垫付的资金，同时签订解除合同协议书，互不追究责任。

2021年8月16日，被告龙浩工程公司收到原告《关于对淮安金湖通用机场项目广东龙浩公路桥梁工程有限公司联合体违约行为解除合同的通知》，原告认为被告实际工期存在严重延误，同时被告在其提供的履约保函于2020年5月19日期满后未提供有效履约保函，根据合同专用条款第4.5款误期赔偿条款，竣工验收日期延误超过15天，发包方有权解除合同。同时根据合同通用条款第18.1.2项，发包人有权因承包人未遵守第14.2.1项履约保函的约定书面解除合同或者解除合同的部分工作。在原告催告其履行义务的前提下被告仍没有履行义务的行为和诚意，原告决定通知被告解除双方签订的总承包项目中的(设计—采购—施工)分项合同。

庭审中，原告主张以双方签订合同的次日即2018年12月29日作为被告开工时间，合同总工期360天，故认为违约金应从2019年12月24日起算至2021年8月6日，共计720天，联合体依法向原告支付违约金1071万元。被告则认为，因原告未依约支付预付款，根据合同通用条款约定应顺延工期，故工期起止时间应为2020年5月4日至2021年4月29日，同时应扣除疫情、天气等不可抗力因素对工期的影响。

另查明，据双方当事人陈述，案涉工程停工后，剩余工程系由第三方继续施工，目前尚未竣工验收和交付。法院于2022年9月16日对施工现场调查，案涉项目所涉土建、安装及道路、绿化等工程形象进度已经完工，室内专业设备未见安装，现场亦未见有单位组织施工。

二、各方观点

金湖交通投资公司主张：原告通过招投标程序确定被告联合体作为中标单位，双方于2018年12月28日签订《淮安金湖通用机场EPCO(设计—采购—施工—运营)总承包项目中(设计—采购—施工)分项合同》，约定工程质量标准应满足国家作业和当地颁布的有关工程设计的规范规程，且应保证一次性验收合格。同时，双方在专用条款中就逾期竣工所承担之责任及工程进度款支付均明确作了约定，其中，专用条款第4.5款约定：因承包人原因造成工期延误，超过15天的，发包人有权单方解除合同。然而施工期间，被告联合体由于自身的原因，致工程不能按照约定总工期完成相应工程量，且严重滞后，其间未经原告同意，将部分工程整体转发包给第三人施工，由于双方之间的矛盾，其转发包工程处于停工状态。因案涉项目被列为省重大项目，需接受省主管部门的督查与考核，原告曾多次现场督促被告联合体采取一切有效措施,确保工程如期竣工,并先后于2021年6月30日、2021年7月16日分别向被告联合体发送律师函催告履行合同义务,然被告联合体至今未作任何表示,现整个施工现场处于基本停工状态,尚有近1/3工程量未完成,按合同约定的竣工验收期间已逾期近700天。被告联合体无能力、无诚意适当履行案涉合同的各项义务,原告案涉合同目的已无法实现,为避免原告经济损失及减轻行政考核责任,请求法院依法作出判决。

被告联合体主张:(1)案涉项目工期延误并非被告单方原因造成,原告也存在诸多影响工期的行为。根据合同通用条款第4.2.2项规定,以承包人收到发包人按第5.2.1项提供的项目基础资料、现场障碍资料以及第14.3.2项约定的预付款后的第5日,作为设计开工日期。设计开工时间应从2020年5月4日起算。2020年上半年新冠疫情的暴发导致项目人员不能按时到工地,受高温、低温和雨季等灾害天气影响导致间歇性停工。(2)原告利用主体优势地位破坏契约精神,造成项目纠纷。被告联合体中标案涉项目设计、采购、施工、运营四个部分,原告诱导被告联合体分开签署设计、采购、施工合同和运营合同后,将运营合同违法授予厦门蒲龙通用航空有限责任公司,导致被告联合体不能享受运营收益,损害了被告联合体的合法权益。(3)被告联合体一直在诚信履行合同,分别在2019年10月21日取得施工图设计审查报告,2019年12月19日取得初步设计评审报告,2020年4月1日取得施工图审查合格书,原告因资金紧张寻求贷款,被告联合体配合原告以本项目建设资金名义贷款2.5亿元,原告承诺该款用于解决农民工工资和材料款,但是该款被原告挪作他用,导致资金不足出现工期延误。原告为了自身考核业绩单方终止合同并将机场设备采购安装自行实施"甩项"分包,被告为了保障项目完工,配合原告指定的第三方完成了剩余工程的分包,损害了被告的利益,请求驳回原告的全部诉讼请求。

三、裁决要旨

法院认为,《最高人民法院关于适用〈中华人民共和国民法典〉时间效力的若干规定》第1条规定:"民法典施行后的法律事实引起的民事纠纷案件,适用民法典的规定。民法典施行前的法律事实引起的民事纠纷案件,适用当时的法律、司法解释的规定,但是法律、司法解释另有规定的除外。民法典施行前的法律事实持续至民法典施行后,该法律事实引起的民事纠纷案件,适用民法典的规定,但是法律、司法解释另有规定的除外。"《民法典》第788条规定:"建设工程合同是承包人进行工程建设,发包人支付价款的合同。建设工程合同包括工程勘察、设计、施工合同。”本案原告与被告联合体之间签订的淮安金湖通用机场(设计—采购—施工)分项合同系 EPC 承包模式,即建设单位作为业主将建设工程发包给总承包单位,由总承包单位承揽整个建设工程的设计、采购、施工,并对所承包的建设工程的质量、安全、工期、造价等全面负责,最终向建设单位提交一个符合合同约定、满足使用功能、具备使用条件并经竣工验收合格的建设工程承包模式。联合体各方应共同与发包人签订合同协议书,为履行合同向发包人承担连带责任。

双方履约过程中因原告未足额支付预付款,被告所提的工期顺延事由符合合同约定和法律规定,顺延后被告的开竣工日期应为 2020 年 5 月 4 日至 2021 年 4 月 29 日,此前施工所产生的逾期时间不应计算违约金,由此工期延误期间应从 2021 年 4 月 30 日计算至 2021 年 8 月 6 日,合计 98 天,结合案涉合同约定的工期延误违约金 2000 元/天,认定本案被告联合体应承担的工期延误违约金为 196, 000 元。

四、法律分析

就联合体承包合同承担连带责任,在多部法律中均有明文规定,如《建筑法》第 27 条第 1 款规定:“大型建筑工程或者结构复杂的建筑工程,可以由两个以上的承包单位联合共同承包。共同承包的各方对承包合同的履行承担连带责任。”《招标投标法》第 31 条第 3 款规定:“联合体各方应当签订共同投标协议,明确约定各方拟承担的工作和责任,并将共同投标协议连同投标文件一并提交招标人。联合体中标的,联合体各方应当共同与招标人签订合同,就中标项目向招标人承担连带责任。”《政府采购法》第 24 条第 2 款规定:“以联合体形式进行政府采购的,参加联合体的供应商均应当具备本法第二十二条规定的条件,并应当向采购人提交联合协议,载明联合体各方承担的工作和义务。联合体各方应当共同与采购人签订采购合同,就采购合同约定的事项对采购人承担连带责任。”

由于联合体成员向发包人承担的是法定连带责任,理论界和实务界就承包人系联合体时应对发包人承担连带责任几乎没有争议,上述案例也体现了这一点。但联合体是否需要对项目中的分包单位、采购单位等下游单位承担连带责任存在较大争议,将在其他条文中予以规定及分析。

第三十六条

联合体成员对外签订合同的连带责任认定

除发包人外，与承包人联合体某一成员有分包、采购、租赁等合同关系的当事人，要求联合体其他成员承担连带责任的，建议不予支持，法律、行政法规另有规定或当事人另有约定的除外。

裁决指引

本条是关于承包人联合体某一成员与发包人以外的主体签订合同时，认定联合体其他成员责任的规定。

一、联合体一方成员是否对其他成员对外签订的分包、采购、租赁等合同承担连带责任一直是裁判的争议点

该争议点造成同案不同判现象时常出现，形成该现象的主要原因有以下几点。

（一）联合体作为承包人承担责任需区分内外责任的特殊性

如本裁决指引第33条理解与适用所述，联合体不是一个典型的民事主体，不能独立承担民事责任，最终的民事责任仍应由组成联合体的成员来承担。在联合体作为承包人的情形下，存在两层法律关系：一是联合体各方之间应当签订联合体协议，形成一个内部合同关系，以约定的形式规定联合体成员各自责任和相互责任；二是联合体作为承包人时，联合体各方应当共同与发包人签订合同，形成另一个对外（上）合同关系。此外，联合体各方也会共同或分别与发包人以外的下游主体签订合同，形成其他对外（下）合同关系。可见，当联合体成员出现履约不能的情况时，对于责任承担问题，应区分为对内责任和对外责任两种情况。

（二）法律规范对联合体“对下”承担连带责任的模糊性

如本裁决指引第35条所分析，多部法律均明确规定了联合体各方对上（招标人、采购人、发包人）承担连带责任的情形，故而在实务中鲜有争议。但是《建筑法》第27条中规定，“共同承包的各方对承包合同的履行承担连带责任”，《工程总承包管理办法》第10条中规定，“联合体各方应当共同与建设单位签订工程总承包合同，就工程总承包项目承担连带责任”。前述条文均没有清晰地阐明联合体在哪些范围内、对哪些合同相对人承担连带责任，就联合体一方成员对其他成员对下（分包方、供应方、设备生产方等）签订的分包合同、买卖合同、租赁合同等是否承担连带责任，是否属于“承包合同的履行”，是否能做扩大或类推解释，实践中一直有争议。比如（2021）最高法民申6087号①案件就认为：案涉分包工程发包人的权利义务应由联合体成员共同承担，案涉履约保证金50万元系耀龙公司代表联合体向赣基公司、贺某群收取；故判令中水八局作为发包人应向赣基公司、贺某群支付剩余工程价款，退回履约保证金及支付债务迟延履行期间的利息，顺洋公司、耀龙公司对中水八局的上述给付义务承担连带清偿责任正确。至于中水八局再审主张依其与顺洋公司之间的约定不应承担发包人责任的问题，法院认为，此系联合体成员之间内部责任的分担问题，不影响联合体成员外部责任的连带承担。案外人中科琪林公司系联合体成员，赣基公司、贺某群在本案中并未对其主张权利，故无必要参加本案诉讼，其权利义务应在联合体的相关协议范围内依法处理。

而（2016）鄂0922民初433号②案件则认为“按照合同的相对性原则，联合体中的合肥未来公司和中国移动大悟公司不是施工合同的当事人，不享有合同权利亦不承担合同义务”。

（三）需要关注当下部分省份对工程总承包联合体的特别规定

浙江省住房和城乡建设厅、浙江省发展和改革委员会颁布的《关于进一步推进房屋建筑和市政基础设施项目工程总承包发展的实施意见》（浙建〔2021〕2号）第24条规定：“联合体各方应当共同与建设单位签订工程总承包合同，就工程总承包项目承担连带责任。涉及项目分包的，联合体各方应当共同与分包单位签订分包合同，就分包工程承担连带责任。”

---

① 中国水利水电第八工程局有限公司、江西赣基集团工程有限公司等建设工程施工合同纠纷。

② 大悟县振源电力设备有限公司与深圳市安芯数字发展有限公司、合肥未来计算机技术开发有限公司等建设工程施工合同纠纷。

新疆维吾尔自治区住房和城乡建设厅、新疆维吾尔自治区发展和改革委员会颁布的《新疆维吾尔自治区房屋建筑和市政基础设施项目工程总承包管理实施办法》第31条第1款规定："工程总承包单位应当对其总承包的全部建设工程质量负总责。分包单位对其分包工程的质量负责。分包不免除工程总承包单位对其承包的全部建设工程的法定质量责任。工程总承包项目以联合体方式承包的，联合体各方应当共同与分包单位签订分包合同，按照分包合同共同承担责任。"

上述规定并未普遍适用于全国各地，也未通过国家级别的法律法规、部门规章或司法解释等形式予以固定，但在其所管辖范围内确定了工程总承包联合体应对下共同签约的制度，较大程度上致使市场主体理解联合体各方应对下承担连带责任，考虑到这并非法律规定和司法解释，仲裁庭应对此谨慎参考。

二、本条确定了"除法律规定和合同约定外，联合体一方成员对其他成员对外签订的分包、采购、租赁等合同不应承担连带责任"的规则

（一）联合体作为承包人承担责任应区分上下游

如本裁决指引第35条所分析，承包人联合体对外承担责任应区分上下游，而本条审理指南主要针对联合体对下游的责任，因此，本条指南开宗明义指出"除发包人外"，清楚地将发包人和其他合同主体区分开。虽然《建筑法》《工程总承包管理办法》关于联合体成员承担连带责任范围的描述均较为模糊，无法区分是对"上游合同"的履行，还是对"下游合同"的履行。但是，鉴于"上下游合同"主体不同，合同范围不同，履行对象不同，建议不应当做扩大解释，应当做限缩解释，严格执行合同相对性基本原则，"对承包合同的履行"应指对发包人与联合体签订的"上游合同"的履行，进而将裁判尺度统一成对发包人合同的履行承担连带责任，对分包商、材料供应商合同的履行一般不能推定为承担连带责任，只有在合同有约定或法律有规定的情况下才承担连带责任。

（二）认定连带责任，应严格按《民法典》第178条第3款执行

联合体是否承担连带责任，应当依据《民法典》第178条第3款"连带责任，由法律规定或者当事人约定"之规定，即认定连带责任或依据法律规定，或依据当事人约定，其他情况均不能作为认定连带责任的依据。由于连带责任较其他责任法律后果的严重性，实践中裁判者认定连带责任应当慎重。

关于"当事人约定"的连带责任，无论是《招标投标法》还是《政府采购法》，

抑或2020版《工程总承包合同示范文本》均要求联合体签订联合体协议。应当说,签订联合体协议是常态,也有利于联合体各方明确权利和责任,避免纠纷。虽然存在联合体协议,但由于约定方式的不同或者约定不明确,还存在以下情形:

首先,在联合体协议中,如果明确约定了“联合体各方对外的连带责任”、“联合体一方有权代表”或“第三人可向联合体各方主张权利”诸如此类涉及下游主体合同的条款,当“对下”合同当事人有证据证明其签约时知晓联合体该约定时,则构成了约定的联合体承担连带责任认定依据之一。

其次,在联合体协议中没有或者虽然有关于责任分配的约定,但约定不明。一般不能认定联合体成员“对下”承担连带责任。2021年1月1日施行的《民法典》第465条第2款规定:“依法成立的合同,仅对当事人具有法律约束力,但是法律另有规定的除外。”相对于《合同法》的规定,此条增加一个“仅”字,显然更加强调了合同相对性原则。合同相对性遵循主体相对性、内容相对性以及责任相对性的三性原则广为接受,多样蓬勃的市场环境促生了复杂纠缠的法律关系,适当突破合同相对性有利于填补规则漏洞,维护社会公平正义。但应当注意的是,对合同相对性的突破,在没有合同当事人明确约定的情况下,依据的是法律规定,作为现有规则的补充,应当审慎而行,不应成为常态。因此,联合体成员无约定或约定不明且无明确法律依据前提下,原则上不应“对下”承担连带责任。联合体成员一方未经其他成员授权,以自己名义单独“对下”签订合同,这种情况下若仍要求其他成员对无从知晓、超出预期判断和几乎无法控制的合同细节承担连带责任,也明显不符合法律精神。尤其是工程总承包模式下让联合体设计单位对联合体施工单位的分包承担连带责任,显然较为严重损害了联合体设计单位的权利,将极大影响到设计单位参与工程总承包项目的热情,影响该模式在国内的健康持续发展。

(三)认定联合体承担连带责任应在坚持合同相对性原则下综合分析和判断

原则总与例外共存,严守合同相对性并不意味着机械地套用合同相对性原则简单认定联合体成员不承担连带责任。关于联合体承担连带责任的问题,在准确把握合同相对性原则的基础上还需结合合同缔约的背景、合同目的、签订过程、履约事实等综合因素加以分析和判断,构成债的加入或担保的,可依相关法律规定进行裁决。

参考依据

1.《民法典》

第一百七十八条 二人以上依法承担连带责任的,权利人有权请求部分或者全部连带责任人承担责任。

连带责任人的责任份额根据各自责任大小确定;难以确定责任大小的,平均承担责任。实际承担责任超过自己责任份额的连带责任人,有权向其他连带责任人追偿。

连带责任,由法律规定或者当事人约定。

第四百六十五条 依法成立的合同,受法律保护。

依法成立的合同,仅对当事人具有法律约束力,但是法律另有规定的除外。

2.《建筑法》

第二十七条 大型建筑工程或者结构复杂的建筑工程,可以由两个以上的承包单位联合共同承包。共同承包的各方对承包合同的履行承担连带责任。

两个以上不同资质等级的单位实行联合共同承包的,应当按照资质等级低的单位的业务许可范围承揽工程。

3.《招标投标法》

第三十一条 两个以上法人或者其他组织可以组成一个联合体,以一个投标人的身份共同投标。

联合体各方均应当具备承担招标项目的相应能力;国家有关规定或者招标文件对投标人资格条件有规定的,联合体各方均应当具备规定的相应资格条件。由同一专业的单位组成的联合体,按照资质等级较低的单位确定资质等级。

联合体各方应当签订共同投标协议,明确约定各方拟承担的工作和责任,并将共同投标协议连同投标文件一并提交招标人。联合体中标的,联合体各方应当共同与招标人签订合同,就中标项目向招标人承担连带责任。

招标人不得强制投标人组成联合体共同投标,不得限制投标人之间的竞争。

4.《政府采购法》

第二十四条　两个以上的自然人、法人或者其他组织可以组成一个联合体，以一个供应商的身份共同参加政府采购。

以联合体形式进行政府采购的，参加联合体的供应商均应当具备本法第二十二条规定的条件，并应当向采购人提交联合协议，载明联合体各方承担的工作和义务。联合体各方应当共同与采购人签订采购合同，就采购合同约定的事项对采购人承担连带责任。

5.《工程总承包管理办法》

第十条　工程总承包单位应当同时具有与工程规模相适应的工程设计资质和施工资质，或者由具有相应资质的设计单位和施工单位组成联合体。工程总承包单位应当具有相应的项目管理体系和项目管理能力、财务和风险承担能力，以及与发包工程相类似的设计、施工或者工程总承包业绩。

设计单位和施工单位组成联合体的，应当根据项目的特点和复杂程度，合理确定牵头单位，并在联合体协议中明确联合体成员单位的责任和权利。联合体各方应当共同与建设单位签订工程总承包合同，就工程总承包项目承担连带责任。

6. 2020版《工程总承包合同示范文本》

4.6.1　经发包人同意，以联合体方式承包工程的，联合体各方应共同与发包人订立合同协议书。联合体各方应为履行合同向发包人承担连带责任。

4.6.2　承包人应在专用合同条件中明确联合体各成员的分工、费用收取、发票开具等事项。联合体各成员分工承担的工作内容必须与适用法律规定的该成员的资质资格相适应，并应具有相应的项目管理体系和项目管理能力，且不应根据其就承包工作的分工而减免对发包人的任何合同责任。

4.6.3　联合体协议经发包人确认后作为合同附件。在履行合同过程中，未经发包人同意，不得变更联合体成员和其负责的工作范围，或者修改联合体协议中与本合同履行相关的内容。

案例分析

案例一

中国电建集团河北工程有限公司(原河北省电力建设第一工程公司)、中国电建集团贵州电力设计研究院有限公司建设工程施工合同纠纷

案号:(2020)黔27民再65号

审理法院:贵州省黔南布依族苗族自治州中级人民法院

裁判类型:再审民事判决

一、案情介绍

中国电建集团河北工程有限公司(以下简称电建河北工程公司)、中国电建集团贵州电力设计研究院有限公司(以下简称电建贵州电力设计院)、江苏路成工程有限公司(以下简称江苏路成公司)、河北佳源交通设施有限公司(以下简称河北佳源公司)知悉平塘县交通建设有限责任公司招标平塘县公路安全生命防护工程项目建设后,于2017年8月8日签订《联合体协议书》组成联合体参加投标,《联合体协议书》约定电建河北工程公司为联合体的牵头人,同时约定联合体将严格按照资格预审文件和招标文件的各项要求,递交资格预审申请文件和投标文件,履行合同,并对外承担连带责任。

2018年8月9日电建河北工程公司作为牵头人,向平塘县交通建设有限责任公司进行投标。中标“平塘县公路安全生命防护工程项目投资建设”项目后,联合体以电建河北工程公司为中标人,其他公司为联合体成员与平塘县交通建设有限责任公司签订《平塘县公路安全生命防护工程项目投资建设合同》。

2017年9月27日陈某锋与江苏路成邱县分公司就“平塘县农村公路防护栏工程安装公里”签订《劳务分包合同》后,开展了对工程的施工。后因欠付工程款,陈某锋向一审法院起诉请求由电建河北工程公司、电建贵州电力设计院、江苏路成公司对原告起诉的劳务工程款1,115,760.00元及利息、诉讼费、保全财产申请费、保险公司保单等费用共同承担连带责任。

二、各方观点

陈某锋主张：联合体各方应对其债务承担连带责任。

电建河北工程公司主张：法院依照《建筑法》第27条及《联合体协议书》中"联合体对外承担连带责任"之规定判决联合体成员对招标人以外的主体承担连带责任，是对联合体成员"对外承担连带责任"的不当扩大，属于认定事实和适用法律错误。

电建贵州电力设计院主张：《建筑法》第27条第1款规定，"大型建筑工程或者结构复杂的建筑工程，可以由两个以上的承包单位联合共同承包。共同承包的各方对承包合同的履行承担连带责任"，该条款明确共同承包方对承包合同的履行承担连带责任。法院将《建筑法》第27条的规定进行了扩大解释，违反了该条款的立法目的和意义。法院以《联合体协议书》第3条"联合体将严格按照资格预审文件和招标文件的各项要求，递交资格预审申请文件和投保文件，履行合同，并对外承担连带责任"进行剥离，作扩大化解释，直接认定联合体成员对外也承担连带责任是错误的。

三、裁决要旨

法院认为：电建河北工程公司与平塘县交通建设有限责任公司签订的《平塘县公路安全生命防护工程项目投资建设合同》及电建河北工程公司、电建贵州电力设计院、江苏路成公司、河北佳源公司签订的《联合体协议书》均系各方当事人真实意思表示，且不违反法律及行政法规的强制性规定，应合法有效。虽然再审申请人主张"联合体对外承担连带责任"是指对招标人承担连带责任，但从《联合体协议书》及《平塘县公路安全生命防护工程项目投资建设合同》的内容看，《联合体协议书》《平塘县公路安全生命防护工程项目投资建设合同》不仅约定联合体成员在投标过程中的职责，还对联合体成员的各自分工进行了明确，因此应认定联合体对外承担连带责任的范围应包括投标后中标项目相关合同的签订及履行。

四、法律分析

本案中，审理法院主要系基于联合体成员之间的协议约定，认定联合体其他成员对某一成员对外签订的分包合同需承担连带责任。尽管该认定突破了合同相对性原则，但基于《联合体协议书》不仅是对于联合投标、承包工程过程事宜的约定，还同时约定了中标后实际履约过程的各方分工及责任承担原则，属于各方真实意思表示，在不违反法律及行政法规的强制性规定的情况下，应属于合法有效。但值得注意的是，本案联合体各方约定的是"对外"并非直接约定"对下"，案件审理过程中还是应当进一步探究"对外"是否仅包括"对上"还是也指向了"对下"，严格适用合同相对性原则和避免损害联合体其他成员方利益。

案 例 二

李某、中国水利水电第八工程局有限公司等建设工程施工合同纠纷

案号：(2021)最高法民申 7296 号

审理法院：最高人民法院

裁判类型：再审民事判决

一、案情介绍

2002 年 4 月，湖南自立投资有限公司（以下简称自立公司）与案外人中国水利水电第八工程局有限公司（以下简称水电八局）组成联合体中标建设怀化市二环路改建工程项目。嗣后，水电八局退出，2013 年 8 月 13 日，湖南教建集团有限公司（以下简称教建公司）与自立公司组成联合体参加了该项目的投标，并中标获得投资建设及施工总承包资格。

2013 年 8 月，自立公司与教建公司组成联合体中标获得怀化市二环路改造工程项目投资建设及施工总承包资格后，自立公司将其中的部分工程发包给无工程施工资质的自然人李某。李某又将其所承包工程中的部分工程于 2013 年 3 月 15 日分包给甘某并签订了无效的《经济责任承包协议书》。李某与自立公司、教建公司因工程款纠纷诉至法院，经一审、二审，最终判决教建公司不承担连带责任，李某不服向最高人民法院申请再审被驳回。

二、各方观点

李某主张：教建公司作为中标联合体成员之一，应对工程款的支付承担连带责任。

教建公司主张：李某和教建公司没有合同关系，应严格按照合同相对性原则，不应由教建公司对李某债务承担连带责任。

三、裁决要旨

关于教建公司是否应当承担连带责任的问题。《经济责任承包协议书》系李某与自立公司双方签订，二审法院基于合同的相对性原则，认为教建公司并非合同的相对方，不应对自立公司欠付李某的工程款承担连带责任，并无不当。

四、法律分析

合同相对性原则作为合同的基本原则，在《民法典》颁布后，增加一"仅"字，更凸显其重要性，"相对性"原则作为债法的灵魂或基石，实践中应当切实贯彻和执行。本案坚持合同相对性，判决联合体成员"对下"不承担连带责任，与本条审理指南确立的目的是一致的。

联合体作为一种特殊的组织形式，无法定或约定的事由，不能随意突破合同相对性原则。与"合同相对性"原则相对应地存在一些例外规定，如《民法典》规定的代位权、撤销权，但这些例外情形无一不是建立在明确的法律规定的基础之上，以此体现对合同双方意思自治的尊重和满足更高位阶的公平正义原则的要求。

第三十七条

独立保函在工程总承包联合体的适用

承包人为联合体，开立人根据联合体各方或者一方申请以发包人作为受益人开具了独立保函的，建议认定为联合体已经履行向发包人提供独立保函的义务。

裁决指引

本条是关于独立保函在工程总承包合同中适用的规定。在工程的承发包阶段、履约阶段，发包人、总承包人、分包人都可采取独立保函的形式提供担保，独立保函已有专门的司法解释，不同阶段和主体采取独立保函担保的均可适用独立保函的相关规定。本条对可能存在争议的联合体部分成员申请开立保函的情况予以规定。

一、条文的延伸理解

（一）独立保函适用在工程总承包合同中的意义

基于独立保函见索即付的特征，其运用于工程实践中，通常免除了受益人对基础法律关系项下对方当事人违约的举证责任，减少工程各方在传统保证责任下的谈判成本，更有利于受益人高效获得赔付。

根据《住房和城乡建设部等部门关于加快推进房屋建筑和市政基础设施工程实行工程担保制度的指导意见》（建市〔2019〕68 号），多部门推行以工程保函替代保证金，倡议提高工程所涉投标保证金、履约保证金、工程质量保证金、农民工工资保证金等各类保证金的保函替代率。其中，专门建议农民工工资支付保函全部采用具有见索即付性质的独立保函，以加强对农民工合法权益保障力度。

2021 年 1 月 27 日发布的《住建部工程保函示范文本》制定了包括投标保函、预付款保函、支付保函、履约保函在内的示范文本，每类保函提供独立保函与非独立保函两种，共计 8 份《工程保函示范文本》。由此可见，住建部等政府部门对工程领域采用独立保函持支持和鼓励态度。

（二）独立保函在工程总承包合同中的适用情形

根据用途的不同，独立保函可分为投标保函、履约保函、预付款保函、留置金保函和维修保函等。[①]

1. 投标保函指银行、保险公司或其他保证人向招标人承诺，当申请人（投标人）不履行其投标所产生的义务时，担保人应在规定的金额限度内向受益人付款。

2. 履约保函指保证人承诺，当申请人（承包人）不履行他与受益人（业主）之间订立的合同时，应由担保人在约定的金额限度内向受益人付款。此类保函除应用于工程承包业务外，同样适用于货物的进出口交易。

3. 预付款保函，又称还款保函，指担保人（银行）根据申请人（合同中的预收款人，通常情况下是总承包合同的承包人或分包合同的分包人、供应商）的要求向受益人（合同中的预付款人，通常是总承包合同的发包人或分包合同的承包人）开立的，保证一旦申请人未能履约，或者未能全部履约，将在收到受益人提出的索赔后向其返还该预付款的书面保证承诺。

4. 留置金保函也称"滞留金保函"或"尾款保函"，是指出口商或承包人向银行申请开出的以进口商或工程业主为受益人的保函，保证在提前收回尾款后，如果卖方提供货物或承包工程达不到合同规定的质量标准，出口商或承包商将把留置的款项退回给进口商或工程业主。否则，担保银行将根据保函约定的担保责任赔偿进口商或工程业主。

5. 维修保函亦作质量保函，一般指在工程项目竣工后，银行担保承包人所承建的工程项目在保修期内或维修期内符合合同所规定的规格和质量标准，如在此期间工程质量与合同规定不符，承包人又不愿维修，担保人收到业主的相符索赔后向其支付担保范围内的金额。质量保函金额一般为合同总额的 2% ~10%，有效期由双方共同商定。为防止业主随意索赔，通常质量保函设置控制条件，如第三方授权机构出具的证明，证明被维修是承包人原因造成或者证明工程质量

---

① 参见李燕：《〈见索即付保函统一规则〉和〈国际备用信用证惯例〉之比较》，载《西南政法大学学报》2003 年第 3 期。

不符合合同规定的质量标准。

独立保函虽常见于承包人投标阶段的投标担保或施工过程中的履约担保，但并非仅适用于该种情形，《住房和城乡建设部等部门关于加快推进房屋建筑和市政基础设施工程实行工程担保制度的指导意见》第3条第3项规定了“招标人要求中标人提供履约担保的，应当同时向中标人提供工程款支付担保”。同时，住建部公布的2020版《工程总承包合同示范文本》通用合同条件第2.5.3项也列明，“发包人应当向承包人提供支付担保。支付担保可以采用银行保函或担保公司担保等形式，具体由合同当事人在专用合同条件中约定”。故发包人作为支付工程款的一方，也负有提供工程款支付担保的义务，发包人和承包人都可能成为提供保函担保的责任人。

二、联合体各方或者一方申请为发包人开立了独立保函，应认定为联合体履行了合同约定的提供独立保函的担保义务

如本裁决指引第33条所分析，从性质和特点来看，联合体为针对某一项投标或某一项工程，由两个或两个以上法人或者其他组织组成的临时性非独立法人组织形态，并以该联合体身份参与投标或工程①，是承包人的临时机构。同时，如本裁决指引第35条所释明，除与发包人另有约定外，无论联合体内部如何约定责任分担方式，在面对发包人时，均应认定联合体各成员对发包人承担连带责任。

在此前提下，承包人联合体向发包人提供的独立保函，可理解为就其成员对发包人承担合同责任提供的担保措施。而根据《最高院关于独立保函的规定》第1条第1款的规定：“本规定所称的独立保函，是指银行或非银行金融机构作为开立人，以书面形式向受益人出具的，同意在受益人请求付款并提交符合保函要求的单据时，向其支付特定款项或在保函最高金额内付款的承诺。”在独立保函内容符合工程总承包合同要求的情况下，无论该独立保函是由联合体各方共同申请开具，还是联合体其中一方成员申请开具，均不影响发包人在支付条件达成时依据该独立保函提取款项的权利，均可达成联合体向发包人提供独立保函的担保目的。因此，开立人根据联合体各方或者一方申请，以发包人作为受益人开具了独立保函的，建议认定为联合体已经履行向发包人提供独立保函的义务。

① 参见魏佳：《EPC总承包合同法律问题初探》，中国政法大学2011年硕士学位论文。

三、裁处实践中应注意的问题

（一）既有担保特征又有独立保函特征的情况认定

由于《最高院关于独立保函的规定》相对不如《民法典》物权编担保物权分编、司法解释以及实践中形成的裁判规则翔实，实践中存在一份保函中既体现出独立保函的特征，同时兼具担保特征的情况。司法实践中，对于此类保函的性质认定存在分歧：一种观点是，具有《最高院关于独立保函的规定》第 3 条规定情形之一的即认定性质为独立保函，如（2014）武海法商字第 00823 号案；第二种观点是，在符合独立保函特征的情形下，如果将基础法律关系违约设定为赔付前提，则违反了独立性，故应认定为传统担保形式，如（2016）粤 03 民初 2515 号案、（2019）新 21 民终 284 号案。

（二）保函最高限额

根据《最高院关于独立保函的规定》，符合其第 3 条规定情形之一的即可认定为独立保函，但该条款同时规定“保函未载明据以付款的单据和最高金额的除外”，因此仲裁庭在审理独立保函纠纷时，除了审查保函是否属于司法解释所规定的独立保函三种情形外，还应重点审查保函是否载明了担保最高金额，如果保函未载明担保的最高金额，则不宜认定为独立保函。

（三）如何理解单单相符、单据相符

《最高院关于独立保函的规定》第 7 条和第 8 条围绕独立保函的单据性原则，分别规定了表面相符的认定标准、开立人独立审查单据的权利和义务。在单据审查标准方面，采用严格相符原则，但如果存在不足以产生单据及单函之间歧义理解的微小不符点，仍构成表面相符。

审单规则经历了适用标准的变迁——从早期的“镜像标准”“实质相符”到现在国际主流审单标准“严格相符”原则。严格相符原则可以用于判断开立人是否具有独立担保项下的付款义务，从而为当事人之间的权利义务关系提供依据；也可以排除那些缺乏根据的索款请求，更加确定、清晰，更易于为银行的审单员所掌握，也利于排除审单过程中的自由判断情形，从而降低银行被卷入基础交易的可能性。此种严格相符原则的价值取向已经形成了广为接受的业务实践经验，为大多数判例法和学者所支持。

参考依据

1.《最高院关于独立保函的规定》

第一条第一款 本规定所称的独立保函,是指银行或非银行金融机构作为开立人,以书面形式向受益人出具的,同意在受益人请求付款并提交符合保函要求的单据时,向其支付特定款项或在保函最高金额内付款的承诺。

第三条 保函具有下列情形之一,当事人主张保函性质为独立保函的,人民法院应予支持,但保函未载明据以付款的单据和最高金额的除外:

(一)保函载明见索即付;

(二)保函载明适用国际商会《见索即付保函统一规则》等独立保函交易示范规则;

(三)根据保函文本内容,开立人的付款义务独立于基础交易关系及保函申请法律关系,其仅承担相符交单的付款责任。

当事人以独立保函记载了对应的基础交易为由,主张该保函性质为一般保证或连带保证的,人民法院不予支持。

当事人主张独立保函适用民法典关于一般保证或连带保证规定的,人民法院不予支持。

2.《住房和城乡建设部等部门关于加快推进房屋建筑和市政基础设施工程实行工程担保制度的指导意见》

三、分类实施工程担保制度

……

(三)着力推行履约担保。招标文件要求中标人提交履约担保的,中标人应当按照招标文件的要求提交。招标人要求中标人提供履约担保的,应当同时向中标人提供工程款支付担保。建设单位和建筑业企业应当加强工程风险防控能力建设。工程担保保证人应当不断提高专业化承保能力,增强风险识别能力,认真开展保中、保后管理,及时做好预警预案,并在违约发生后按保函约定及时代为履行或承担损失赔付责任。

(四)强化工程质量保证银行保函应用。以银行保函替代工程质量保证金的，银行保函金额不得超过工程价款结算总额的3%。在工程项目竣工前，已经缴纳履约保证金的，建设单位不得同时预留工程质量保证金。建设单位到期未退还保证金的，应作为不良行为记入信用记录。

……

3.《住建部工程保函示范文本》

4. 2020版《工程总承包合同示范文本》

第二部分　通用合同条件

2.5.3　发包人应当向承包人提供支付担保。支付担保可以采用银行保函或担保公司担保等形式，具体由合同当事人在专用合同条件中约定。

案例分析

案　　例

中国电建集团北京勘测设计研究院有限公司等与丽江五郎河水电开发有限公司信用证欺诈纠纷

案号：(2019)京03民终10555号

审理法院：北京市第三中级人民法院

裁判类型：二审民事判决

一、案情介绍

2014年4月14日，丽江五郎河水电开发有限公司(以下简称五郎河公司)作为发包方向承包方中国水电顾问集团北京勘测设计研究院有限公司(现为中国电建集团北京勘测设计研究院，以下简称电建公司)－中国水利水电第四工程局有限公司联营体发出《中标通知书》。2014年5月28日，各方签订《五郎河流域水井水电站EPC工程总承包合同文件》，约定：合同总价为174,318,000元，合同计划工期为35个月；承包人应在签订合同的同时向发包人提供由银行出具的，以发包人为受益人，金额为合同总价的10%不可撤销无条件见索即付的履约保函。

2014年5月8日,农行朝阳支行作为担保人向五郎河公司出具履约保函,载明:鉴于五郎河公司接受电建公司于2014年3月3日参加五郎河流域水井水电站EPC工程总承包的投标,发包人与承包人将就项目签订工程承包合同,我方愿意就履行合同向你方提供保证担保;担保金额为合同总金额的10%。

2018年7月12日,五郎河公司向农行朝阳支行递交索款函,载明:根据2014年5月8日贵行向本公司出具的履约保函(见索即付),贵行承诺为委托人(电建公司)按照《云南丽江五郎河流域水井水电站EPC工程总承包合同》的约定向我公司承担不可撤销的担保责任,现委托人未按照合同约定履行合同义务,本公司要求贵行履行该保函项下的付款承诺,在7个工作日内向本公司支付数额为人民币17,431,800元的款项,请贵行在约定期限内将该款项付入如下账户。……本着信守契约精神的原则,我司要求联合体继续履行合同约定的义务和责任,同时要求贵行履行保证担保责任。

二、各方观点

如何确定本案中电建公司申请开立的履约保函的性质。

电建公司在上诉状中按照独立保函欺诈纠纷的思路进行主张,但在庭后提交的代理意见中,电建公司补充认为:涉案保函不属于独立保函,而是属于一般保证担保,五郎河公司不享有见索即付权。

五郎河公司主张,本案属于见索即付的独立保函,以基础关系为由提起上诉无事实和法律依据。

三、裁决要旨

《最高院关于独立保函的规定》已经对独立保函的概念和界定方法作出了清晰明确的规定,其第1条即规定:"本规定所称的独立保函,是指银行或非银行金融机构作为开立人,以书面形式向受益人出具的,同意在受益人请求付款并提交符合保函要求的单据时,向其支付特定款项或在保函最高金额内付款的承诺。"该司法解释第3条第1款规定:"保函具有下列情形之一,当事人主张保函性质为独立保函的,人民法院应予支持,但保函未载明据以付款的单据和最高金额的除外:(一)保函载明见索即付;(二)保函载明适用国际商会《见索即付保函统一规则》等独立保函交易示范规则;(三)根据保函文本内容,开立人的付款义务独立于基础交易关系及保函申请法律关系,其仅承担相符交单的付款责任。"根据上述司法解释,本案中履约保函系以银行作为开立人,以书面形式向五郎河公司出具的,同意在五郎河公司请求付款并提交符合保函要求的单据时,向其在保函最高金额内付款的承诺;在履约保函的标题处明确载明见索即付。本案的履约保函完全符合上述司法解释的规定,在法律性质上应为独立保函。

《最高院关于独立保函的规定》第14条第2款规定:“止付申请人以受益人在基础交易中违约为由请求止付的,人民法院不予支持。”法院据此认为:独立保函独立于委托人和受益人之间的基础交易,出具独立保函的银行只负责审查受益人提交的单据是否符合保函条款的规定并有权自行决定是否付款,其付款义务不受委托人与受益人之间基础交易项下抗辩权的影响。此外,正如109号指导案例确立的裁判要点第2点所载明的:“受益人在基础合同项下的违约情形,并不影响其按照独立保函的规定提交单据并进行索款的权利。”根据上述司法解释并参照指导案例的裁判要点,具体到本案,无论五郎河公司在基础合同中有无违约,基于独立保函的独立性,都不影响五郎河公司进行索款的权利,因此五郎河公司有无违约行为都不影响本案的裁判结果。

四、法律分析

根据本案可以明确,案涉保函系联合体成员一方向银行申请开立,最终因保函性质产生争议后,法院首先对保函的性质进行了认定,在本案中虽然保函开立申请一方主张履约保函的性质并非独立保函,而是一般保证担保,但是根据保函实际约定的权利义务以及相关的约定内容,最终可以判定该保函系独立保函。据此,联合体一方申请开立了独立保函的,可以认定履行了向发包人提供独立保函担保的义务。

第三十八条

联合体行使优先受偿权

承包人联合体中的任意一方均有权就其承包或分工范围主张建设工程价款优先受偿权；承包人联合体中一方放弃其优先受偿权的，建议认定其效力不及于其他联合体成员。

裁决指引

本条是关于工程总承包中，总承包人是联合体形式时，联合体成员行使工程价款优先受偿权的规定。

一、建设工程合同承包人优先受偿权的制度沿革

1999年《合同法》第286条规定的工程价款优先受偿权是一项新的法律制度。这项制度赋予承包人工程价款债权就该工程折价或者拍卖的价款优先受偿的权利，目的是对农民工等建筑工人的工资权益予以优先保护。由于立法的高度概括及相关配套规定缺乏，该项制度在理论和适用中存在争议。这些争议包括如何确定享有工程价款优先受偿权的主体。从法律条文看，只有与发包人订立建设工程施工合同的承包人才有权主张建设工程价款优先受偿权。但司法实践中，实际施工人甚至农民工等个人都向法院起诉主张工程价款优先受偿权。由于工程价款优先受偿权涉及承包人、抵押权人、发包人及其他债权人利益，如果不能将行使权利的主体明确，就不能真正实现此项法律制度的目的，甚至会导致恶意诉讼出现。因此，在考量设计工程款优先受偿权制度时，不应只关注保障农民工工资这一个制度价值，也应重视保护承包人，以平衡建筑行业的各方利益。

《民法典》第807条基本完全保留了《合同法》第286条的内容，只是文字表述上将“除按照建设工程的性质不宜折价、拍卖的以外”改为“除根据建设工程的

性质不宜折价、拍卖外”，以及将“也可以申请人民法院”改为“也可以请求人民法院”。

涉及工程价款优先权制度的问题需要理论上的深入研究和司法实践的不断摸索。《最高人民法院关于建设工程价款优先受偿权问题的批复》（已失效）、《原施工合同司法解释（二）》（已失效）及《施工合同司法解释（一）》与优先受偿权相关内容都是司法实践经验总结的重要表现。

二、承包人联合体中的优先受偿权

（一）对行使优先受偿权的承包人的简要分析

根据《民法典》第 807 条“发包人未按照约定支付价款的，承包人可以催告发包人在合理期限内支付价款。发包人逾期不支付的，除根据建设工程的性质不宜折价、拍卖外，承包人可以与发包人协议将该工程折价，也可以请求人民法院将该工程依法拍卖。建设工程的价款就该工程折价或者拍卖的价款优先受偿”之规定，建设工程价款优先受偿权的主体是承包人。

而就承包人的概念，根据《民法典》第 791 条第 1 款“发包人可以与总承包人订立建设工程合同，也可以分别与勘察人、设计人、施工人订立勘察、设计、施工承包合同。发包人不得将应当由一个承包人完成的建设工程支解成若干部分发包给数个承包人”之规定，建设工程的承包人包括工程的勘察人、设计人与施工人，也包括承包工程勘察、设计、施工工作的总承包人。

由于《民法典》的规定较为原则，且《施工合同司法解释（一）》第 35 条规定“与发包人订立建设工程施工合同的承包人，依据民法典第八百零七条的规定请求其承建工程的价款就工程折价或者拍卖的价款优先受偿的，人民法院应予支持”，其仅规定了“施工合同”的承包人享有优先受偿权。因此，在分析联合体做总承包人且其中一方当事人行使优先受偿权问题时，应分析该主体是否属于享有优先受偿权的主体，同时还需根据优先受偿权的性质来界定。

（二）总承包人享有优先受偿权

如前所述，根据《民法典》的规定，承包人享有建设工程价款优先受偿权，而与发包人订立工程总承包合同的总承包人属于建设工程的承包人，其承包范围亦涵盖了《施工合同司法解释（一）》第 35 条中享有优先受偿权的建设工程施工合同。因此，总承包人享有建设工程价款优先受偿权这一观点在实践中并无争议。该观点亦有较高层级的司法观点及判例佐证，如最高人民法院（2017）最高法民终894号案,法院认为工程总承包人属于法律及司法解释规定的承包人,因而判决总承包人对其施工的工程享有优先受偿权。

(三)传统勘察设计合同的勘察人、设计人是否享有工程价款优先权的争议

尽管工程的勘察人、设计人、施工人皆为建设工程的承包人,但对于是否所有承包人都是工程价款优先受偿权人,有两种理解:

第一种观点认为,《民法典》第807条规定的建设工程合同,应作狭义解释,仅指建设工程施工合同,不应包括勘察合同与设计合同。其基本理由是当年《合同法》第286条的立法初衷是解决长期存在的拖欠工程价款问题。解决施工企业的工程款被拖欠问题在于保障建筑工人的劳动报酬得以实现。尽管勘察费用、设计费用也有可能被拖欠,但远没有拖欠工程价款严重。客观上,勘察人员、设计人员的境遇也大大优于建筑工人的境遇。更为重要的一点在于勘察单位、设计单位处于有利的位置,如果发包人拖欠费用,勘察单位、设计单位可以不向发包人提交有关基础资料和概预算等文件。另外,由于勘察、设计费用相对有限,开发商都有相应的支付能力,故工程价款优先受偿权制度适用于勘察合同与设计合同的意义不大。

第二种观点认为,《民法典》第788条第2款明确规定建设工程合同包括勘察、设计、施工合同。同时依字面理解,《民法典》第807条规定的承包人应当包括勘察人、设计人。当发包人拖欠勘察费用或者设计费用时,赋予勘察人、设计人工程价款优先受偿权,既有利于勘察人、设计人债权的实现,也符合法律保护智力成果的精神。

(四)工程总承包人、合同承包人价款优先受偿权范围应及于合同约定勘察设计费、设备采购款、建安费用

具体详见本规则第26条的理解与适用的表述。

(五)承包人联合体中的任意一方均有权就其承包或分工范围主张建设工程价款优先受偿权;承包人联合体中一方放弃其优先受偿权的,其效力不及于其他联合体成员

实务中存在的总承包模式主要包括:(1)设计采购施工总承包或交钥匙总承包(EPC模式);(2)设计+施工总承包(D+B)模式。在总承包模式中,工程总承包主体可能是同时具有与工程规模相适应的工程设计资质和施工资质的企业,也可能由具有相应资质的设计单位和施工单位组成联合体,合同中约定的设

计费甚至勘察费应属于工程款的范围，而且一般与工程价款同时结算、同时支付。因而总承包人联合体成员可以就相关费用主张优先权。“联合体”并非独立法人主体，而是各独立法人成员结合组成的临时机构，依据本裁处规则第33条，“承包人为联合体的，联合体中的一方可具备独立的仲裁主体资格”。就对联合体成员权利充分保护角度而言，应允许联合体成员在主张权利同时，就其承包或分工范围主张建设工程价款优先受偿权，同时考虑到工程总承包的联合体内部之间的分工相对明确，为了避免一方放弃优先受偿权，尤其是牵头单位放弃优先受偿权时，损害其他联合体成员的合法权利，承包人联合体中一方放弃优先受偿权的，建议认定其效力不及于其他联合体成员。

参考依据

1.《民法典》

第七百九十一条第一款　发包人可以与总承包人订立建设工程合同，也可以分别与勘察人、设计人、施工人订立勘察、设计、施工承包合同。发包人不得将应当由一个承包人完成的建设工程支解成若干部分发包给数个承包人。

第八百零七条　发包人未按照约定支付价款的，承包人可以催告发包人在合理期限内支付价款。发包人逾期不支付的，除根据建设工程的性质不宜折价、拍卖外，承包人可以与发包人协议将该工程折价，也可以请求人民法院将该工程依法拍卖。建设工程的价款就该工程折价或者拍卖的价款优先受偿。

2.《合同法》

第二百八十六条　发包人未按照约定支付价款的，承包人可以催告发包人在合理期限内支付价款。发包人逾期不支付的，除按照建设工程的性质不宜折价、拍卖的以外，承包人可以与发包人协议将该工程折价，也可以申请人民法院将该工程依法拍卖。建设工程的价款就该工程折价或者拍卖的价款优先受偿。

3.《施工合同司法解释(一)》

第三十五条　与发包人订立建设工程施工合同的承包人，依据民法典第八百零七条的规定请求其承建工程的价款就工程折价或者拍卖的价款优先受偿的，人民法院应予支持。

第三十六条 承包人根据民法典第八百零七条规定享有的建设工程价款优先受偿权优于抵押权和其他债权。

第三十七条 装饰装修工程具备折价或者拍卖条件,装饰装修工程的承包人请求工程价款就该装饰装修工程折价或者拍卖的价款优先受偿的,人民法院应予支持。

4.《原施工合同司法解释》

第二十六条 实际施工人以转包人、违法分包人为被告起诉的,人民法院应当依法受理。

实际施工人以发包人为被告主张权利的,人民法院可以追加转包人或者违法分包人为本案当事人。发包人只在欠付工程价款范围内对实际施工人承担责任。

5.《原施工合同司法解释(二)》

第二十四条 实际施工人以发包人为被告主张权利的,人民法院应当追加转包人或者违法分包人为本案第三人,在查明发包人欠付转包人或者违法分包人建设工程价款的数额后,判决发包人在欠付建设工程价款范围内对实际施工人承担责任。

第二十五条 实际施工人根据合同法第七十三条规定,以转包人或者违法分包人怠于向发包人行使到期债权,对其造成损害为由,提起代位权诉讼的,人民法院应予支持。

6.《工程总承包管理办法》

第十条 工程总承包单位应当……由具有相应资质的设计单位和施工单位组成联合体……

设计单位和施工单位组成联合体的,应当根据项目的特点和复杂程度,合理确定牵头单位,并在联合体协议中明确联合体成员单位的责任和权利。联合体各方应当共同与建设单位签订工程总承包合同,就工程总承包项目承担连带责任。

案例分析

案　例

四川华西建筑装饰工程有限公司与盘水市钟山区励砺旅游文化产业投资有限公司、四川奥地建筑设计有限公司建设工程施工合同纠纷

一审案号:(2018)黔民初 122 号

二审案号:(2020)最高法民终 58 号

一审审理法院:贵州省高级人民法院

二审审理法院:最高人民法院

裁判类型:一审、二审民事判决

一、案情介绍

2016 年 12 月 24 日,四川华西建筑装饰工程有限公司(以下简称华西装饰公司)与四川奥地建筑设计有限公司(以下简称奥地设计公司)、陕西华萃路桥工程有限责任公司签订《联合体协议书》,约定共同参加中国农耕历史文化(凉都国学馆)博览园(二期)项目投标。奥地设计公司为联合体牵头人,代表联合体各成员负责本招标项目投标文件编制和合同谈判活动,并负责合同实施阶段的主办、组织和协调工作。联合体各成员单位内部的职责分工为:奥地设计公司负责建筑设计,陕西华萃路桥工程有限责任公司负责市政公用工程施工、华西装饰公司负责装饰装修,各自承担相应的责任,履行相应的义务,负责相应的债权债务。

2017 年 2 月 28 日,上述联合体作为承包人与发包人盘水市钟山区励砺旅游文化产业投资有限公司(以下简称励砺旅文公司)签订《中国农耕历史文化(凉都国学馆)博览园二期(EPC)总承包合同》,约定工程内容及规模为建筑面积 17,800.2 平方米,配套室内外装修、广场喷泉、雕塑、污水处理、停车场、道路、桥梁等全部工程。

华西装饰公司施工后,案涉工程的监理单位(六盘水市规划设计研究院)、勘察设计单位(奥地设计公司)、建设单位(励砺旅文公司)、质量监督单位(六盘水

大河经济开发区管委会建筑安装工程质量监督站)共同出具《工程质量验收会议结论》,表明经华西装饰公司施工的"36栋别墅、国学酒店、国学馆、接待中心、水景广场餐厅、商业街、内外装饰工程"等工程质量符合验收规范。

2018年1月22日,励砺旅文公司、华西装饰公司和奥地设计公司共同签订《工程结算审核认定表》,载明华西装饰公司施工范围内的装饰装修工程结算审定金额为164,686,659.88元。截至2018年9月17日,励砺旅文公司向华西装饰公司支付工程款共计9320万元。

华西装饰公司对励砺旅文公司和奥地设计公司提起诉讼,要求:二公司支付工程款72,186,659.88元人民币及逾期付款利息损失;奥地设计公司支付增加的工程款11,093,270.80元及逾期付款利息;确认对该工程折价或拍卖价款享有优先受偿权。后华西装饰公司撤销对奥地设计公司的诉讼请求。

二、各方观点

华西装饰公司是否有权主张建设工程价款优先受偿权。

华西装饰公司主张:2017年2月28日,被告与原告及其他联合体成员签订了《中国农耕历史文化(凉都国学馆)博览园二期(EPC)总承包合同》,原告系该EPC合同的联合体成员,负责本项目的装饰装修工程。合同签订后,原告如约履行了自己的装饰装修工程,其承包范围内的装饰装修工程已全部交付给了被告,且该总承包合同范围内的工程被告已投入使用。2018年1月23日,原、被告及审计单位就原告承建范围内的装饰装修工程签订了《工程结算审核认定表》,几方确认了原告承建范围内的装饰装修工程的造价金额(具体金额详见《工程结算审核认定表》)。结算办理完毕,被告却未按总承包合同第14.1.1.4目"竣工验收后支付至总产值的80%"及第14.1.1.5目"竣工结算审计后,支付至审定总价的95%,余款作为质保"的约定支付工程款,仅支付部分工程款后,余款至今拒不支付。鉴于上述事实,原告为维护自己的合法权益,特向法院提起诉讼,请求法院支持原告的诉讼请求。

励砺旅文公司主张:第一,原告在签订合同之时就知道该项目为融资建设的项目,所以合同约定的付款时间为审核确定之后,口头约定是融资到位之后再支付,所以被告没有违约。第二,案外人陕西华萃路桥工程有限责任公司作为施工方的联合体应当到庭,因为根据招投标的要求,之所以要求联合体进行投标,是为了避免交叉施工和沟通不畅,影响整个工期以及工程质量。第三,原告方施工质量不合格,应当进行修复,因为需要进行修复,所以原告方没有将工程交给被告方。第四,本案合同约定的总价款为 27,103.20 万元。但是我方向奥地设计公司询问之后了解到,我方已实际支付了 417,081,073 元,已经远远超出了工程建设施工合同约定的总价款,而且在2018 年9 月,我方向奥地设计公司又支付了款项,奥地设计公司也向原告支付了 70 万元,但是原告的诉状中并没有将此款扣除,故请求驳回原告的全部诉讼请求。

三、裁决要旨

法院认为:对于华西装饰公司关于确认其工程价款对工程享有优先受偿权的请求,依照《原施工合同司法解释(二)》第 19 条“建设工程质量合格,承包人请求其承建工程的价款就工程折价或者拍卖的价款优先受偿的,人民法院应予支持”,以及第 22 条“承包人行使建设工程价款优先受偿权的期限为六个月,自发包人应当给付建设工程价款之日起算”之规定,虽然华西装饰公司作为案涉工程的联合承包人之一,其施工的装饰装修工程已经监理单位、勘察设计单位、建设单位、质量监督单位共同认可符合质量规范,华西装饰公司本可就其承建工程的折价或者拍卖的价款享有优先受偿权,但因双方已于2018 年1 月 22 日就华西装饰公司的施工工程价款进行结算,2018 年 1 月 22 日应为发包人励砺旅文公司给付工程价款之日,而华西装饰公司直至2018 年9 月 17 日才诉至法院请求确认其享有建设工程价款优先受偿权,故从应付工程款之日起算,华西装饰公司已超过了 6 个月的优先权行使期限,其不再享有优先受偿权,故法院对华西装饰公司关于确认其对工程享有优先受偿权的请求,不予支持。

四、法律分析

工程总承包项目中,总承包人为联合体的,负责施工的联合体成员有权就发包人欠付工程款主张建设工程价款优先受偿权,但应符合优先受偿权的行使期限。

第三十九条

中标后联合体一方退出的合同解除

承包人的联合体部分成员未经发包人同意退出联合体或将其分工范围内工作转给其他成员实施的，发包人主张解除工程总承包合同或主张联合体承担违约责任的，建议予以支持。

裁决指引

本条是关于工程总承包模式下，承包人联合体的部分成员擅自退出联合体或将其分工范围内工作转给其他成员实施时，发包人的合同解除权、主张联合体承担违约责任的规定。

一、联合体一方退出或将其分工范围内工作转给其他成员实施的情形

组建联合体承接工程能够发挥不同主体的优势从而实现强强联合。联合体各方职责分工不同，如前述规则中所述，联合体成员可能分别负责勘察、设计、施工、采购、管理运营或仅负责融资等事务。对某一项目而言，具体参与联合体的各方资质条件、实施条件、履行情况、利益诉求不同，加之联合体中标后因联合体内部出现矛盾、部分成员失去履约能力或资格条件、联合体成员为谋取利益有意策划、联合体一方违反联合体协议导致联合体协议解除、外部因素影响等因素，可能会出现联合体成员中标后履约过程中部分成员退出的情形。联合体部分成员将其分工范围内的工作转给其他成员实施的情形，主要指在联合体各成员内部进行工作变更调整。例如，原本承担勘察工作的成员，将勘察工作转给设计单位实施；或原本采购工作由单独成员负责，现由施工单位一并采购；联合体施工单位将其分工范围内的部分或全部工作转给联合体设计单位；等等。

二、发包人的解除权

根据《民法典》第 562 条及第 563 条的规定，在联合体部分成员出现第一点

所述情形时，发包人可根据合同约定或根据法定事由行使解除权。

如发承包双方在工程总承包合同中明确约定，在联合体部分成员未经发包人同意退出联合体或将其分工范围内工作转给其他成员实施的情况下，发包人有权解除合同，则解除合同的事由发生时，发包人可以依据合同约定解除合同。

虽然各方未在工程总承包合同中对相关情形作出明确约定，但联合体成员未经发包人同意退出或转让分工范围内的工作，背离了发包人确认联合体中标时的意愿，扰乱了招标投标秩序，损害了其他投标人利益，属于联合体的重大违约行为，发包人应有权解除合同。实务中联合体一方往往因业绩、品牌、信誉等因素，为提高中标率而强强联合，与其他单位组成联合体投标，或者是设计和施工单位分别以各自资质、业绩联合后投标，中标后如果另一方退出或将其分工范围内工作转给其他联合体成员，会导致联合体一方实际上借用另一方资质、业绩、信誉等中标，损害其他投标人利益，破坏招标投标秩序，或导致施工联合体退出由联合体设计单位负责施工、设计联合体退出由联合体施工单位负责设计，此时中标人不得不将施工或设计进行分包，甚至将设计主体或施工主体结构分包，严重损害了发包人利益，影响合同目的实现。而且根据法律规定，组成联合体投标后，联合体成员不得更换增减，当工程总承包联合体部分成员退出或将其分工转给其他成员时，实际上相当于联合体成员发生了减少，影响了当时投标条件、评标基础和定标结果，损害了发包人和其他投标人利益。

需要强调的是，联合体成员不能通过联合体内部协议的约定，来对抗发包人的合同解除权。例如，某联合体协议约定一方退出另一方继续负责退出方的相应工作范围，但该等联合体成员内部的约定仅能约束各联合体成员，发包人仍有权根据总承包合同约定或法律规定行使其合同解除权。

三、发包人行使解除权的例外情形

工程总承包的联合体情况相对传统施工总承包联合体更为复杂，可能有多家单位组成联合体中标，比如出现 A、B、C、D 四家单位组成的联合体中标，各方均具备招标文件要求的资质和能力，A 和 B 负责设计，C 和 D 负责施工。此时如果 B 退出或将其分工的设计工作转给 A，由 A 同时承担 B 分工范围内设计工作，当联合体各方均同意，且 B 的退出或工作转让，不会导致发包人合同目的的实现受到影响，也不构成明显损害其他投标人利益时，参照适用最高人民法院发布的《九民会纪要》第 47 条“约定解除条件”的规定，即便合同约定的解除条件成就，也应当综合考虑违约情形的严重程度、违约是否影响合同目的的实现等因素来确定是否解除合同,以便最大限度维护合同的继续履行、遵守诚实信用原则。建议仲裁庭结合案件整体情况及合同已经履行情况具体判断,不宜仅以未经发包人同意为由裁决解除合同。但该联合体成员退出,未经发包人同意,并不对发包人产生约束力,发包人如要求退出方对联合体其他成员方的履约和违约行为承担连带责任,建议予以支持。

四、联合体违约责任的承担

(一)违约责任的承担方式

发包人不解除合同或合同未达到解除条件的,根据《民法典》第 577 条规定,发包人有权主张联合体承担继续履行、采取补救措施或者赔偿损失等违约责任。根据《民法典》第 582 条及第 583 条规定,对违约责任没有约定或者约定不明确,依据《民法典》第 510 条的规定仍不能确定的,发包人根据标的的性质以及损失的大小,可以合理选择请求承包人承担修理、重作、更换、退货、减少价款或者报酬等违约责任,且在履行义务或者采取补救措施后,发包人还有其他损失的,承包人应当赔偿损失。发包人解除合同的,根据《民法典》第 566 条第 2 款的规定,解除合同与承担违约责任并不冲突,发包人可以同时要求解除合同并主张联合体承担违约责任。

(二)违约责任的承担主体

参考《政府采购法》第 24 条及《工程总承包管理办法》第 10 条的规定,联合体各方应当共同与建设单位签订工程总承包合同,就工程总承包项目承担连带责任。讨论联合体中部分成员退出或转让分工范围工作情况下违约责任的承担,重点在于确定违约责任的承担主体。联合体作为工程总承包项目承包人的,签订总承包合同的主体应是联合体各成员(包括联合体各成员共同授权联合体中一方代表联合体与发包人签订工程总承包合同),发包人可直接依据合同约定主张联合体各方的违约责任。不论其中部分成员是否已退出联合体或将工作转让给其他成员,在符合违约责任构成条件的情况下,均需承担相应责任,且如本书前述规则所述,联合体各成员对发包人承担连带责任,即便联合体内部存在其他不同约定,也无法对抗发包人。

参考依据

1.《民法典》

第五百六十二条　当事人协商一致,可以解除合同。

当事人可以约定一方解除合同的事由。解除合同的事由发生时,解除权人可以解除合同。

第五百六十三条　有下列情形之一的,当事人可以解除合同:

(一)因不可抗力致使不能实现合同目的;

(二)在履行期限届满前,当事人一方明确表示或者以自己的行为表明不履行主要债务;

(三)当事人一方迟延履行主要债务,经催告后在合理期限内仍未履行;

(四)当事人一方迟延履行债务或者有其他违约行为致使不能实现合同目的;

(五)法律规定的其他情形。

以持续履行的债务为内容的不定期合同,当事人可以随时解除合同,但是应当在合理期限之前通知对方。

第五百六十六条　合同解除后,尚未履行的,终止履行;已经履行的,根据履行情况和合同性质,当事人可以请求恢复原状或者采取其他补救措施,并有权请求赔偿损失。

合同因违约解除的,解除权人可以请求违约方承担违约责任,但是当事人另有约定的除外。

主合同解除后,担保人对债务人应当承担的民事责任仍应当承担担保责任,但是担保合同另有约定的除外。

第五百七十七条　当事人一方不履行合同义务或者履行合同义务不符合约定的,应当承担继续履行、采取补救措施或者赔偿损失等违约责任。

第五百八十二条　履行不符合约定的,应当按照当事人的约定承担违约责任。对违约责任没有约定或者约定不明确,依据本法第五百一十条的规定仍不能确定的,受损害方根据标的的性质以及损失的大小,可以合理选择请求对方承担修理、重作、更换、退货、减少价款或者报酬等违约责任。

第五百八十三条 当事人一方不履行合同义务或者履行合同义务不符合约定的，在履行义务或者采取补救措施后，对方还有其他损失的，应当赔偿损失。

第五百八十四条 当事人一方不履行合同义务或者履行合同义务不符合约定，造成对方损失的，损失赔偿额应当相当于因违约所造成的损失，包括合同履行后可以获得的利益；但是，不得超过违约一方订立合同时预见到或者应当预见到的因违约可能造成的损失。

2.《政府采购法》

第二十四条 两个以上的自然人、法人或者其他组织可以组成一个联合体，以一个供应商的身份共同参加政府采购。

以联合体形式进行政府采购的，参加联合体的供应商均应当具备本法第二十二条规定的条件，并应当向采购人提交联合协议，载明联合体各方承担的工作和义务。联合体各方应当共同与采购人签订采购合同，就采购合同约定的事项对采购人承担连带责任。

3.《工程总承包管理办法》

第十条 工程总承包单位应当同时具有与工程规模相适应的工程设计资质和施工资质，或者由具有相应资质的设计单位和施工单位组成联合体。工程总承包单位应当具有相应的项目管理体系和项目管理能力、财务和风险承担能力，以及与发包工程相类似的设计、施工或者工程总承包业绩。

设计单位和施工单位组成联合体的，应当根据项目的特点和复杂程度，合理确定牵头单位，并在联合体协议中明确联合体成员单位的责任和权利。联合体各方应当共同与建设单位签订工程总承包合同，就工程总承包项目承担连带责任。

4.《九民会纪要》

47.【约定解除条件】合同约定的解除条件成就时，守约方以此为由请求解除合同的，人民法院应当审查违约方的违约程度是否显著轻微，是否影响守约方合同目的的实现，根据诚实信用原则，确定合同应否解除。违约方的违约程度显著轻微，不影响守约方合同目的的实现，守约方请求解除合同的，人民法院不予支持；反之，则依法予以支持。

5. 2020 版《工程总承包合同示范文本》

第二部分　通用合同条件

1.1.1.6　《发包人要求》：指构成合同文件组成部分的名为《发包人要求》的文件，其中列明工程的目的、范围、设计与其他技术标准和要求，以及合同双方当事人约定对其所作的修改或补充。

1.4.4　发包人对于工程的技术标准、功能要求高于或严于现行国家、行业或地方标准的，应当在《发包人要求》中予以明确。除专用合同条件另有约定外，应视为承包人在订立合同前已充分预见前述技术标准和功能要求的复杂程度，签约合同价中已包含由此产生的费用。

案例分析

案　例

石家庄龙翔矿业有限公司与甘肃省工商建筑工程总公司、甘肃荣欣伟业建筑拆迁有限公司建设工程施工合同纠纷

一审案号：(2013)西民二初字第00729号

二审案号：(2014)石民六终字第00796号

一审审理法院：河北省石家庄市桥西区人民法院

二审审理法院：河北省石家庄市中级人民法院

裁判类型：一审、二审民事判决

一、案情介绍

2013年8月3日，甘肃荣欣伟业建筑拆迁有限公司(以下简称荣欣公司，联合体主办人)和甘肃省工商建筑工程总公司(以下简称工商总公司，联合体成员)签订《联合体协议》，约定其二者自愿组成联合体，建构筑物拆除工程由联合体主办人负责，由双方组成项目管理部具体实施。2013年8月6日，石家庄龙翔矿业有限公司(以下简称龙翔公司)与荣欣公司、工商总公司签订两份协议，约定联合体共同承担合同项下的全部责任和义务，联合体成员之间相互承担连带责任。

在此三份合同签订之前的2013年7月17日,荣欣公司、工商总公司共同向龙翔公司出具《承诺书》,承诺其意向成为案涉工程的承包人,将严格按照有关的要求进行施工,对自行停工承担责任。2013年7月29日,荣欣公司向工商总公司出具《承诺书》,承诺联合体在上述工程中发生的一切劳务、经济纠纷及出现的安全事故等重大意外,与工商总公司无关,由荣欣公司独立承担责任。

2013年8月4日,荣欣公司与黄某麦签订《协议书》,约定黄某麦带领劳务队进行被告荣欣公司承包的上述工程的施工,并向荣欣公司交纳30万元保证金。劳务队进入上述现场施工后,因2013年8月28日发生停工现象,龙翔公司2013年9月1日向荣欣公司和工商总公司发出通知函,要求立即恢复施工。

工商总公司于9月10日回函,称与荣欣公司多次沟通后其决定退出联合体,由荣欣公司独立承担上述施工工程,施工期间的一切活动由荣欣公司独立承担责任,特此提出免责声明,并将其与荣欣公司2013年9月5日签订的关于联合体解体的协议附后。但龙翔公司称没有收到过该回复函,工商总公司未提供证据证明其向龙翔公司送达了该回复函。

2013年11月12日,河桥镇调解委员会为龙翔公司、荣欣公司、工商总公司及黄某麦出具调解书,四方当事人达成以下调解协议:(1)龙翔公司与黄某麦没有任何法律关系,相互没有任何权利义务关系。(2)龙翔公司代荣欣公司和工商总公司向黄某麦支付投资款及相关费用44万元,此笔款项于调解书签订后次日汇入黄某麦指定账户。(3)联合体及黄某麦承诺,保证今后不再以任何方式干扰龙翔公司正常施工。(4)上述款项只是龙翔公司为顾全大局,平息事端,并且保证工程的顺利进行,代替联合体向当事人黄某麦支付,不代表龙翔公司应当向联合体支付该款项;龙翔公司与联合体之间的纠纷,双方应当根据合同约定和法律规定,协商解决,或由法院判决,最终以调解或法院判决结果为准。另外,该调解书载明,因联合体不具备履行该工程的实力,仅仅施工几天就停工,龙翔公司已与联合体解除前述两份协议。2013年11月22日,龙翔公司依调解书的约定向黄某麦支付了44万元。

另查明,荣欣公司在注册成立时存在虚假注册情形。2013年11月26日,兰州市七里河区人民法院作出(2013)七刑初字第668号刑事判决书。

二、各方观点

龙翔公司认为:联合体工商总公司、荣欣公司与龙翔公司三方是合作签订合同,如果工商总公司退出,应承担连带责任。

荣欣公司认为:荣欣公司相关问题已经由兰州市七里河区法院作出判决,河桥镇调解委员会也已经调解处理,不应再次处理,但上述判决针对的是虚报注册资本,河桥镇调解的是联合体与黄某麦之间的纠纷,并非同一法律关系,法院应依法对龙翔公司与联合体之间的纠纷作出裁决。

工商总公司认为:一审法院应当中止审理本案,且其存在认定事实错误、适用法律错误。

三、裁决要旨

龙翔公司与工商总公司、荣欣公司签订上述协议后,对龙翔公司来讲,工商总公司、荣欣公司联合体是一个整体,且在联合体协议书中写明,荣欣公司为联合体主办人,工商总公司为联合体成员,在工程中的行为代表的均是联合体。荣欣公司与黄某麦签订协议,约定由黄某麦的劳务队进行上述工程的拆除工作,为联合体履行合同期间其内部的行为,不影响联合体对龙翔公司的权利义务。

工商总公司仅与荣欣公司达成了解散联合体的一致意见,上述协议为工商总公司、荣欣公司和龙翔公司共同签署的合同,应由三方共同协商,被告工商总公司并未提供证据证明龙翔公司认可其退出联合体,因此,工商总公司辩称的其已经退出联合体,不予承担责任的主张,不予支持。龙翔公司依调解协议代替联合体向黄某麦支付了44万元,联合体应予偿还,因此,对龙翔公司关于联合体须偿还其44万元的请求,予以支持。

四、法律分析

本案中,工商总公司、荣欣公司作为联合体是一个整体,工商总公司与荣欣公司达成的解散联合体的意见是单方行为,其退出联合体并未征得龙翔公司的同意,工商总公司主张退出联合体后不承担协议义务的行为,损害了龙翔公司的利益,不应对龙翔公司发生法律约束力,工商总公司、荣欣公司应偿还龙翔公司44万元。

第四十条

争议评审结论在仲裁审理中的效力

当事人通过争议评审程序，由评审小组作出的评审意见或评审决定，可以在仲裁审理中作为证据使用。

评审小组依据发包人和承包人合同约定作出的争议评审决定，一方当事人主张另一方未履行争议评审决定而给其造成损失赔偿的，仲裁庭可予支持，但仲裁裁决不予支持争议评审决定的除外。

当事人书面认可争议评审意见或决定后，仲裁程序中一方当事人再行对该争议事项申请鉴定的，建议仲裁庭不予支持。

裁决指引

一、争议评审程序

争议评审程序依申请启动，工程总承包合同约定发生争议可通过争议评审程序解决争议的，当事人可以单方或共同向争议评审机构提交争议评审申请材料。当事人共同申请启动争议评审程序的，各方均为申请人；申请人单方申请启动争议评审程序的，须将同一争议关系中未主动申请争议评审程序的相对人列为被申请人，争议评审机构在收到由单方申请人提出的申请后，应当依职权通知被申请人。争议评审机构收到争议评审申请后应协调各方进入争议评审程序。当事人按照争议评审程序从评审专家库中选定评审专家或者从评审专家库外选定其他人员组成临时性的争议评审组，评审组按照评审程序对争议事项做出专业评审。当事人之间可以自行约定评审规则，未约定评审规则的，应当按照受理争议的评审机构的争议评审规则或指南执行。

二、通过争议评审程序解决争议条款的效力

发包人和承包人合同中关于通过争议评审程序解决争议的约定符合民商事

活动中的意思自治原则，对当事人具有约束力，当事人也可在争议发生后通过书面形式约定采取争议评审程序解决争议。传统争议解决方式主要是诉讼/仲裁，但诉讼/仲裁一定程度上存在争议解决周期长、成本高、滞后性的弊端，不利于项目建设顺利推进。随着建筑业改革推行工程总承包模式，工程总承包合同纠纷的专业性问题突出，争议评审机制可以及时、快速、低成本、高质量解决双方在项目建设过程中的争议，同时有利于项目正常建设的推进，最高人民法院近年来一直积极倡导市场主体多元化解决争议，争议评审制度的建立有利于缓解国内司法审判压力，提高司法审判质量，实践中应予鼓励。

争议评审机构的专家通常具备相应专业知识，可以充分发挥其专业知识优势解决履约过程中技术、造价、质量、工期等方面的争议，与刚性的司法鉴定这一纯粹的法定程序相比，柔性的争议评审机制具有明显的优势。由行业专家进行争议评审，源于国际惯例和成熟经验，扎根于工程总承包行业土壤，有利于有针对性地解决复杂的专业问题；发生争议及时进行评审，有利于快速化解建设方、承包方的争议和矛盾，缩小争议差距，促成项目的顺利推进和建设；当事人自选专家以专业技术资源和能力，独立、客观、公平、公正进行争议评审，有利于合理降低解决争议所承受的经济负担，有利于落实多元化调解机制，推动行业自治，化解社会矛盾，促进社会和谐发展和进步。因此，当事人约定将争议评审机制嵌入司法程序之前，充分体现了意思自治的司法原则。目前国内实践当中山东省高级人民法院已率先推出“评调裁一体化”工作方法，2020 年 8 月 21 日，由山东省高级人民法院联合山东省工程建设标准造价协会下发的《建设工程领域纠纷“评调裁一体化”工作办法》开始试行，就办理途径、事实梳理、调解、争议评审、繁简分流、监督指导等方面提出具体要求，其宗旨为促进建设工程合同争议多元化解，把非诉讼纠纷解决机制挺在前面，有效降低解纷成本，加强诉源治理。

三、争议评审结果的证据地位

争议评审结果可以分为争议评审意见和争议评审决定两类。①

争议评审小组依据当事人申请对争议事项作出的参考结果称为争议评审意见。争议评审意见送达当事人后，当事人可以遵照执行。当事人对评审意见有异议可以另行商议，也可以就争议事项另行提起仲裁或者诉讼，评审意见可以在

---

① 参见 FIDIC 银皮书 2017 版关于争议解决条款的规定。

仲裁或者诉讼中作为证据并接受质证。评审意见的结果可以拆分成独立执行的若干项,当事人只针对其中一项或者几项有异议的,不影响其他各项的效力。

争议评审小组依据各方当事人共同申请作出,且当事人受其约束的争议评审结果称为争议评审决定。争议评审决定作出后,即对各方当事人产生约束效力,不论当事人是否提出书面异议,均应遵照决定执行。

争议当事人未能遵守或履行争议评审意见或决定,启动诉讼或仲裁程序的,争议评审意见或争议评审决定可以作为证据使用并接受质证。

四、不予执行争议评审决定的损失赔偿

争议评审意见因当事人未约定接受该意见约束,故不具有强制约束力,但事后书面认可争议评审意见的,则争议评审意见对当事人具有约束力。当事人共同向争议评审机构申请且事先明确表示受争议评审结果约束的,争议评审机构作出的评审决定对当事人具有约束力,一方当事人不得因不满争议评审决定而不予执行。一方当事人主张另一方未履行争议评审决定而给其造成损失要求赔偿的,仲裁庭可予支持,但仲裁庭最终裁决不予支持争议评审决定的除外。

当事人也可以根据争议评审结果达成调解协议,共同向有管辖权的人民法院或仲裁机构申请司法或仲裁确认,当事人可以根据法院或仲裁机构出具的确认文书申请强制执行。

五、争议评审结果确认后申请鉴定的不予支持

《民诉法解释》第 121 条第 1 款规定了当事人申请鉴定,人民法院不予准许的两种情形:一是申请鉴定的事项与待证事实无关联;二是申请鉴定的事项对证明待证事实无意义。《施工合同司法解释(一)》第 30 条规定:“当事人在诉讼前共同委托有关机构、人员对建设工程造价出具咨询意见,诉讼中一方当事人不认可该咨询意见申请鉴定的,人民法院应予准许,但双方当事人明确表示受该咨询意见约束的除外。”具体到本条规范,争议评审小组中的技术或者经济专家就质量或造价争议在此基础上作出争议评审意见或决定且当事人书面认可的,此时经由争议评审小组评审的争议事项已经不再属于本案的待证事实,而属于双方已经认可的无争议事实,由此建议不予准许。经争议评审并确认后不予鉴定的机制,有助于提高诉讼或仲裁程序的效率和审判质量,缓解司法审判压力,减少不必要的重复鉴定和诉讼成本。

参考依据

1.《民法典》

第五条　民事主体从事民事活动,应当遵循自愿原则,按照自己的意思设立、变更、终止民事法律关系。

第六条　民事主体从事民事活动,应当遵循公平原则,合理确定各方的权利和义务。

2.《民事诉讼法》

第七十九条　当事人可以就查明事实的专门性问题向人民法院申请鉴定。当事人申请鉴定的,由双方当事人协商确定具备资格的鉴定人;协商不成的,由人民法院指定。

当事人未申请鉴定,人民法院对专门性问题认为需要鉴定的,应当委托具备资格的鉴定人进行鉴定。

3.《民诉法解释》

第一百二十一条　当事人申请鉴定,可以在举证期限届满前提出。申请鉴定的事项与待证事实无关联,或者对证明待证事实无意义的,人民法院不予准许。

人民法院准许当事人鉴定申请的,应当组织双方当事人协商确定具备相应资格的鉴定人。当事人协商不成的,由人民法院指定。

符合依职权调查收集证据条件的,人民法院应当依职权委托鉴定,在询问当事人的意见后,指定具备相应资格的鉴定人。

4. FIDIC 银皮书 2017 版

关于争议解决条款的规定,内容较多,不一一列举。

5.《争议评审规则(2014 修订)》

6《建设工程领域纠纷"评调裁一体化"工作办法》

7.《北京仲裁委员会建设工程争议评审规则》(2009 年)

8.《律师为政府投资项目建设工程争议评审阶段提供法律服务操作指引》(2015 年)

9.《施工合同司法解释(一)》

第三十条 当事人在诉讼前共同委托有关机构、人员对建设工程造价出具咨询意见,诉讼中一方当事人不认可该咨询意见申请鉴定的,人民法院应予准许,但双方当事人明确表示受该咨询意见约束的除外。

案例分析

一、案情介绍

2017年11月20日,西海岸公司(化名)与市政公司(化名)签订《道路恢复工程建设工程施工合同》,价格形式为固定单价。合同履行期间,施工单位、咨询单位在量价核算过程中发现,中标清单第040202015001项水泥稳定碎石的综合单价为20.7元/m^2,明显低于市场价格,招标控制价为20.72元/m^2,亦明显低于市场价格。经查明,水泥稳定碎石在2017年7月《青岛材价》中发布价格为96元/吨,招标人在编制招标控制价时,错录为96元/m^3,导致招标控制价严重偏离市场价格。因涉案项目为政府投资,整个项目的审计工作由审计局整体把控,发承包双方均认可出现价格偏差的原因系招标控制价错误,但是一方认为应当调整,一方认为应当按照合同执行。审计局基于对调价合规性的考虑,为防止国有资产的流失,要求发承包双方出具一个价格调整的法律依据。

二、各方观点

一方当事人认为水泥稳定碎石材料的结算价格为96元/m^3,一方当事人认为是96元/吨。

争议焦点:水泥稳定碎石材料的结算价格应以合同价格为准还是以市场价格为准。

三、评审和裁决

一般来说,常规的争议评审程序依申请人申请启动,然后由申请人选定评审员组成评审组,评审组基于约定的评审类型作出评审决定,整个评审过程的任务就是评审员利用专业知识和法律依据解决申请人的争议问题。但是在本案中,双方申请人在申请启动争议评审程序之前就已经对争议事项进行过磋商,一方当事人认为水泥稳定碎石材料的结算价格为96元/m^3,一方当事人认为是96元/吨,无法达成一致。启动争议评审程序的目的是让争议评审组从专业知识和法律依据等角度进行分析，确认水泥稳定碎石材料的价格应当如何确定。

因此，本案的争议评审要旨在于：(1)招标控制价可否修改，若修改是否会导致国有资产流失；(2)争议评审结果能否作为审计局认可的法律依据。

评审组根据《民法典》《建筑法》等有关法律和《2013 版清单计价规范》等的规定，结合该项目相关约定，参照工程造价的行业惯例，作出如下评审结果：(1)招标控制价中水泥稳定碎石材料的价格应当参照 2017 年 7 月《青岛材价》发布的材料价格进行调整，重新确定招标控制价。(2)基于《道路恢复工程建设工程施工合同》第 12.3.4.2 目的规定，水泥稳定碎石材料的价格应当考虑 ±3% 的价格涨跌风险，并考虑报价浮动率的影响。(3)水泥稳定碎石材料的价格计算规则为：$S=96\times(1-3\%)\times(1-0.19\%)=92.943$ 元/吨，不含规费和税金的综合单价应由 20.7 元/m^2 调整为 37.34 元/m^2，并将 37.34 元/m^2 核定为该材料的中标价。

西海岸公司据此申请仲裁，要求仲裁委确认材料价格为 37.34 元/m^2 并按此价格进行结算，仲裁委认可争议评审结果并出具仲裁裁决书，市政公司根据裁决内容支付工程款并顺利通过审计。

四、法律分析

争议评审程序的基础法律逻辑是意思自治，申请人各方在约定争议评审的类型后，将评审权利交给评审组，评审组应当客观、公正、公平地进行评审。评审组的权利由申请人赋予，其权威性由争议评审机构把控，在争议评审程序中，评审机构应当建立自己的争议评审专家库，专家库中收录的评审专家应当符合一定的标准要求，申请人可以从专家库中选定评审员，也可以在专家库外选定评审员，并由选定的评审员组成评审组出具争议评审意见。本案中双方发生争议后，选择争议评审程序得出专家评审意见，既避免了贸然启动诉讼或仲裁的审判风险，又避免擅自调整合同价款的合规风险，而且在争议评审机构意见的基础上，通过仲裁程序对争议评审意见予以确认，得以妥善、高效、低成本地解决了双方的争议。

后　　记

随着国家鼓励建筑业大力推行工程总承包模式的深入，当下工程总承包纠纷案件逐渐增多，从项目招标投标、合同效力、计价方式、变更与索赔、“发包人要求”的适用、联合体的复杂法律问题、竣工验收及试验、竣工结算、合同解除、司法鉴定、独立保函、优先权、争议评审机制等争议问题，都成为纠纷案件审理的重点和难点。

为此，2022年3月建纬律师事务所开启重要研究课题：《建设项目工程总承包合同纠纷仲裁案件的审理指南》（以下简称《工程总承包案件审理指南》），建纬研究院院长朱树英担任课题组组长，建纬全国各地办公室共计219名专业律师加入课题组，并根据分工开展调查、分析、研究、编写等具体工作。赣江新区国际仲裁院对此课题高度重视，与建纬所合作共同推进该课题，同时赣江新区国际仲裁院组建了工程总承包（EPC）中心并由建纬研究院朱树英院长担任中心主任。2022年7月30日，《工程总承包案件审理指南》初稿完成，8～9月，先后在杭州、湘潭、广州、南宁、成都、廊坊、青岛、北京等地进行调查和论证，长沙、广州、南宁、北海、玉林、柳州、梧州、成都、廊坊、青岛等多地仲裁机构及建设领域有关专家参与研讨论证，课题组于9月11日在北京和上海两地同时以线上线下方式组织高层次、高规格的法律与行业的专家论证会，对进一步完善课题研究水平和提高课题质量起到了重要作用。在前期充分调研和论证基础上，《工程总承包案件审理指南》于2022年10月28日定稿，赣江新区国际仲裁院于2022年11月13日以赣仲发〔2022〕17号文首先印发实施该指南。

在此基础上，建纬所组织核心专业力量进行《〈建设项目工程总承包合同纠纷仲裁案件的审理指南〉理解与适用》的编写，先期经过执笔人、复核人、交叉审稿人的起草和完善，后由朱树英、邵万权、韩如波、宋仲春律师分工并整体审定，历时近六个月终于付梓，不负期待与广大读者见面。

本书编写人员名单如下（按姓氏笔画排序）：

于文、王守军、王红元、王治、王树友、王洪飞、王峰、王潇、车丽、孔祥强、石俊瑜、龙晓忠、卢安龙、史鹏舟、华心萌、向锐、刘彦林、汤枭剑、孙静、李大伟、李孔攀、李俊华、李靖祺、李毓松、吴迪、邱富民、汪铭、沈琦、宋玉祥、宋仲春、张立群、张志文、张良、张馨元、陈宁宁、陈军、陈兵、陈修宇、林金、林桢、尚晓民、周珊珊、庞思凡、郑冠红、郎启政、赵钎妘、赵雪银、侯文增、侯伟华、骆训雄、袁书朋、袁海兵、贾帼硐、徐荣兰、高舒婷、郭娜、唐砬、唐浩、黄亚江、黄克海、黄琦、曹满堂、章剑飞、章梦涵、阎军、尉燕芳、彭丹、蒋烽、韩如波、韩朝芹、程歌、廖其春、廖建新、樊地建、戴勇坚、魏来、魏博田

《工程总承包案件审理指南》《〈建设项目工程总承包合同纠纷仲裁案件的审理指南〉理解与适用》，旨在提高案件审理的准确性和可操作性，为国内建设项目工程总承包司法审判提供建议和意见。

课题组特此向《工程总承包案件审理指南》《建设项目工程总承包合同纠纷仲裁案件审理指南理解与适用》的参与人员表示感谢，向参与课题论证及在编写过程中给予指导和关心的各界领导和专家表示诚挚谢意，对本书汇总、校对、编排工作的律师张良、王洪飞、袁维、阎军及律师助理高舒婷一并表示感谢。

由于工程总承包纠纷裁处尚缺乏系统的裁判规则和司法解释，加之自身经验能力所限，难免有存在争议及不足之处，敬请读者能够批评指正！

《建设项目工程总承包合同纠纷仲裁案件的审理指南》课题组

2023 年 5 月 1 日